新訂

木造住宅の見積り

阿 部 正 行 著

財団法人 経 済 調 査 会

推薦のことば

木材をはじめ地元の材料と地元の建築職人の技能を活用し，地域の気候風土に合った住宅建築を進めることは，地域経済活性化のためにも大いに期待されているところです。

このためには地元で仕事をする地場工務店が地域住民の信頼を得て，住宅づくりを担うことが必要です。大手住宅メーカー，ローコスト住宅業者などとの厳しい受注競争の中で，地域住民の信頼を得るためには，その施工技能を活かして品質・性能に優れた住宅を供給すると同時に，住宅ユーザーの価格面の不安感を解消することも大切です。

あらかじめ販売価格が明示されている商品化住宅とは違い，ユーザーの要望，生活実態に合わせて建てられる注文住宅では，ユーザーの価格面に対する不安感は大きく，それだけにわかりやすく信頼される見積りの提示が必要だと言えます。

一般建築工事の見積りは，発注者，受注者ともに建築の設計，積算，施工という専門家同士ですが，住宅建築の発注者は素人の一般消費者がほとんどです。ユーザーの不安感解消のためには，専門的な詳しい見積りより，いかにわかりやすい見積りをするかが問われます。

本書は1985年に創刊された「積算資料ポケット版」を使って，わかりやすい見積書をどう作るかをテーマに，昭和63年（1988年）に初版が発行されたもので，平成３年（1991年）の改訂版を経て，今回，新訂版発行ということです。受注者側の設計・施工業者だけでなく住宅ユーザーの読者も多いと聞いています。住宅の発注者，受注者間の価格に対する不安感解消，信頼を高めるためにも，本書が役立つことを期待して，ここに推薦する次第です。

平成17年12月

社団法人全国中小建築工事業団体連合会
専務理事　　城　戸　正　昭

推薦のことば

総理府の統計によると，国民の８割以上が木造の戸建て住宅に住みたがっている。それは長い長い伝統にはぐくまれてきた木造住宅がわれわれの心の底に根をおろしているからでもあろうが，木造住宅が日本の気候風土にもっとも適したものであることを国民が肌で感じているからにほかならない。

事実，しっかりと建てられた木造住宅は，夏涼しく冬暖かいばかりか，大きい湿度の調節機能を持っている。そして暖かみというか，さわって肌にやさしいだけでなく，住んでみての安全性も大きい。有害な反射光を出さないことで目にもやさしく，音の反響も木の香りも，はては二次放射能の少ないことまで，要するに全くの健康住宅なのである。地震にも強く，火災にも安全に建てられることを証明した多くのデータもある。そして何よりも他の工法の住宅より安く建てられるのである。

だがしかし，この木造住宅にも不満の声が無いわけではない。それは，坪単価いくら，あるいは何々工事一式いくら，といった見積りの不明確さである。工事屋と施主の信頼関係があればそれでよいではないか，と言ってみても，それは合理性を尊ぶ近代人には通用しない。この不分明さは間違いなく積算の難しさから来ている。的確な積算をおこなって住宅の質と価格の対比が容易になることは，それだけで木造住宅の信頼度を著しく高めることになるであろう。より合理化された木造住宅が，より普及してゆくことが日本のこれからの住生活には極めて大切なことではないだろうか。

平成３年２月

㈶日本住宅・木材技術センター
上　村　　　武

推薦のことば

この数年来，行政と業界に共通する課題として木造住宅の振興がクローズアップされ，木造の良さを見直す機運が社会的に高まってきています。

いま官民連携による木造住宅振興施策が，各地域で推進されていますが，こうしたなかでも，新設住宅に占める木造住宅の比率は一貫して下降線を辿っていて，その供給を担っている大工・工務店を取り巻く環境は年々厳しさを増しています。

もともと木造住宅の建築は，地域の需要に応じて地域で生産される地域産業といわれていますが，このような需給を支えるものは，需要者である住民と生産者である大工・工務店の信頼関係に他なりません。

「'86よこはま住宅フェア」でのアンケート調査によると，5,672人の回答のうち，2,098人が業界への要望として“わかりやすい見積書”をあげ，他の事項を大きく引離しています。このことは実際に作成されている見積書は，施主にとってはいかに難解であるかを物語るばかりか，ひいては，業者不信へと繋がりかねない問題をも内包しているということができます。

そうであれば，わかりやすい見積書によって，建築の素人である施主に工事の内容を充分に理解してもらった上で，契約―施工という道筋が踏まれるならば，その見積書は，トラブルを未然に防ぎ，揺ぎない信頼を得るに大きな役割りを果たすことは間違いないでしょう。

本書はわかりやすい見積書を作成するために留意すべき事柄から，木拾いの実際までを平易にまとめたもので，これまで木造住宅を対象とした手引書が見当たらなかっただけに，本書の誕生を喜ぶものであります。

大工・工務店の立場にたった１冊として，広く活用をおすすめします。

昭和63年６月

全国建設労働組合総連合

住宅対策部長　谷内　富三

新訂にあたって

初版発行（昭和63年）から改訂版を含め17年が過ぎました。この間，住宅の仕事に携わっている方々をはじめ一般消費者の読者を含め，多くのご感想・ご質問・ご意見のお手紙をいただきました。まずお礼申しあげます。

17年間には，住宅をとりまく環境も様々な動きがありました。中でも旧建設省による住宅価格を1/3引き下げるというアクションプログラムと，その後続いた無理なコストダウンや産直住宅運動，「秋田県木造住宅」による欠陥住宅騒ぎ，そして品確法の施行へと続きました。

最近では悪徳リフォーム業者による被害も大きな社会問題として取り上げられています。そしてその都度，議論されてきたのが，価格の透明性を高めるべきだ，詳しい見積りを，しっかりした契約書を，という対症療法的な議論，ともすれば中小零細業者を排除しかねない議論でした。

詳しく分厚く立派な見積りや契約書を作る前に，信頼をベースに地域の中で仕事を続ける地場業者にもっと目を向けたいものです。もともと住宅の仕事は，地場業者が担ってきました。電気製品や車でも故障した時のことを考えると，できるだけ近くの長年仕事を続けそうな店から買おうとします。住宅はなおさらです。このためには地場業者が，わかりやすい見積りをして地元ユーザーの信頼をより高めていただきたいと思います。

戸建て住宅のユーザーは建築には素人の一般消費者がほとんどです。立派な詳しい見積書より，わかりやすいことの方が大切ではないでしょうか。そうした思いを抱きながら，本書の新訂作業を進めてきました。

新訂にあたっては，出版部の松浦哲也氏には大変ご苦労をおかけしました。この場を借りてお礼申し上げます。

今後とも読者の皆さんからのご意見・ご指摘をお寄せいただきますようお願い申しあげます。

平成18年1月

著　　者

まえがき

住宅の見積りは他の一般建築物の場合にくらべ，見積りを提示する側にとっても受けとる側にとっても，とくに「つくりやすく，わかりやすい」という簡明さが必要です。これはその双方が職人さんと一般消費者であり，建築の，とくに工事費積算の専門家というわけではないからです。

一方で，住宅建築ほどお客さんと施工者側（見積り作成者）との相互の意志疎通が必要な建築物もありません。建築内容（同時に見積り内容）に対するお客さんの関心が高く，その意向が正しく反映されていることが必要だからです。住まいに対する好みが多様化している昨今，こうした傾向はますます増大していくものと考えられます。

これまで木造住宅の見積りについて，いくつかの提言もなされてきましたが，その内容が高度なものであればあるほど，建築あるいは積算の専門的な話しとなって，住宅の見積りに最も必要な簡明さからは遠ざかっていたのが現状です。木造住宅の見積りがやさしいものだとは決して言いませんが，難しくしようとすれば，いくらでも難しく学問的なものになってしまい，現実の施工実態からもかけ離れたものになるおそれがあります。

木造住宅の見積りが難しく，わかりにくいという場合に，まず木工事の数量算出が考えられますが，それ以前の基本的な要因として，施工の実態と見積りの考え方がうまく重なり合わないところにもあるように思われます。

こうした中で，いかにわかりやすく，使いやすい見積りをするかというのが本書のテーマでした。はたしてどの程度目的を達しているのか，いささか不安な面もありますが，本書を日常業務の中で少しでも役立てていただければ幸いです。また実際に仕事に携わっておられる皆様方からの見積りに関してや本書の内容についてのご意見，ご指摘をお寄せいただければと願っています。

本書は全建総連東京都連合会積算委員会が作成した「木造住宅工事単価積算資料」をもとに「積算資料ポケット版」を使って，昭和61年以降，建築新聞誌上に「木造住宅の見積り」として連載してきた内容をもとに追加加筆してとりまとめたものです。本書の執筆，とりまとめにあたっては多くの方々のご指導とご協力をいただきました。とくに全建総連・住宅対策部長の谷内富三氏，全建連・企画部長の城戸正昭氏および同じ職場（経済調査会）の五十嵐隆顧問には長年にわたりご指導とはげましを，また内容については全建総連積算委員会の委員各位をはじめ建設工業経営研究会専務理事藤本伸氏，梶原工務店梶原忠治氏，大留工務店田中昭郎氏，岡田工務店岡田縣治氏に，専門的な立場からのご指導を，図版，写真，資料のご提供を山室滋氏ほか巻末に記した各団体・各社のご協力をいただきました。誌上をかりて厚くお礼申し上げます。

終わりに編集を担当し，終始縁の下の力持ちの役割をはたしていただいた木村謙造氏には，その巨躯に甘えた訳ではありませんが，多大なご苦労をかけてしまいました。こうした多くの方々のご好意によってはじめて本書を出すことができました。改めて感謝の意を表する次第です。

昭和63年６月

著　　者

目　　次

第Ⅰ編　わかりやすく正確な見積書の作成

第Ⅱ編　建築本体工事費

第Ⅲ編 設備工事費

第Ⅳ編 付帯工事費，諸経費，別途費用

第Ⅰ編　わかりやすく正確な見積書の作成

第１章　木造住宅の見積りの現状と課題

工事費の見積り・積算は，大工・工務店にとって，仕事の始まりとなる重要な作業ですが，これまで，大工・工務店の本来業務である「工事施工」業務のかげにあって，あまり関心がもたれなかったというのが現実です。

工事費の見積りを通して建築費を正確に把握することは，経営にかかわる利益をはっきりさせるとともに，工事施工の合理化・改善のための基礎データを得ることにもつながります。また，事業展開の前提となるお客さんを獲得するために「見積り」業務を欠かすことはできませんし，建築内容とその費用を説明することによって，お客さんの不安感に応える役目ももっているはずです。

単に仕事を得るための目的だけでなく，わかりやすく，正確な見積りをすることによって，お客さんの「信頼」を得るという積極的な意味を見積り業務のなかに見出し，活用していきたいものです。

□木造住宅への関心の高さと不振の背景

各種のアンケート調査結果で，木造住宅は相変わらず根強い国民的な好みの高さをみせていますし，特に近年，木に対する関心もこれまでになく高まっています。こうした一方で，実際の木造住宅の建築戸数の比率は年々低下傾向が続いています。

木造住宅に対する消費者側の好感情に反して，実際の需要とのこうしたギャップは，どこに原因があるのでしょうか。

「木造住宅は建築費が高い」「技術者が不足している」「販売面が弱い」「防火面からの規制」「技能者不足かつ施工面が不安」等々，さまざまな角度から言及されていますが，基本的には「需要者側の感覚の変化や要望に対して供給者側の対応が立ち遅れている」といえます。

木造住宅建築におけるユーザー側の不安・不満のなかで

① 価格が不明確で，高いのか安いのか判断がつかない

② 費用に対する説明が十分になされない

という項目は，常に大きな比率を占めています。

木造住宅の活性化のためには，販売・宣伝力あるいはデザイン・意匠面にもっと力を注ぐべきだともいわれていますが，もっと基本的なことは，地場産業（住宅建築はもともと地場産業で，その土地土地の気候風土，生活習慣を熟知した地元の大工・工務店が供給してきた）として，地元住民の信頼感をどのように守っていくか，そのためにはもっと建築内容と建築費をわかりやすく説明し，理解を求めようとする姿勢が大切です。

本質的な部分を避けて，慣れない販売や宣伝力に頼ろうとしたり，技術的な面でも，ことさら屋根の「そり」とか社寺建築風な技術に走ったり，逆に安易にファッション化を目指したりするより，その土地土地の気候風土や生活習慣に根ざした実用的で住みやすい住まい造りを，適正な価格で供給してゆくことが基本です。

建築内容とその費用について，お客さんがどこまで理解できるかは難しいところですが，お客さんの側から考えますと，一生一度の買物であり，「わかりたい，わかろうと努力している」ことは確かです。施工面と価格面はわかりにくいだけに常に大きな不安感をもっているはずです。

これに対して，どうせ素人にはわからないからという姿勢では，お客さんとの信頼感は生まれません。少しでもわかってもらおうとする姿勢が，信頼感につながりますし，わかりやすい見積書を提示することにつながってゆくことになります。

□見積書の現状

木造軸組住宅の見積りは，一般のビル建築に比べ，使用する材料の総量は少ないものの，種類とその変化が多いため，それだけ複雑なのが普通です。

昔のように建築様式が単純で，使用材料もほぼ決まっていた時代には，坪単価いくらで足りていたし，施主側もそれで納得していましたが，近年使用する材料や設備機器の種類が多くなり，お客さんの好みも多様化していますので，建築する住宅もその内容によって価格の幅が広がっています。坪単価だけで建築費を表現することが困難になってきました。

見積りの結果としての坪単価で，予算額との比較や高い安いをいうことはできても，坪単価で全体の費用を計画することや，施工内容を打ち合わせたり，約束することは難しくなってきたわけです。とはいえ，木造住宅の詳しい，正確な見積書の作成には大きな困難があることも現実です。その一つには，これまで見積書は「難しい」，つまり見積書を作成する側と受け取る側との共通の「言葉」がなかったため，見積書が提示されても素人の立場であるお客さんにはわからない，だから「見積書を出しても，総額の金額以外は形式的になってしまう」という感覚にありました。

木造住宅の見積りに関する参考書が，一般のビル建築用の書式に準じたもの（建築の専門家を対象にしたもの）で，お客さんである一般消費者を意識した「わかりやすい見積書」の普及に力が注がれなかったことも大きな要因です。

いま一つの要因として，木造住宅の供給を担ってきた大工・工務店にとっては，施工そのものが本来業務であるため，見積書作成等の事務的な仕事は副次的なものとして考えられ，多くの時間がかけられないという現実がありました。見積りの必要性，果たす役割はわかっていても，十分な対応ができないでいたというのが現状ということができます。

わが国のごく自然な生活感覚になじみ，またユーザーの嗜好も高い木造住宅が伸びていくためには，費用に対する信頼を得ることがますます欠かせないものになっています。

木造住宅の見積書をいかにわかりやすく，しかも合理的に早く作成するかというのが本書のテーマです。これまでの見積書の良い点は残し，変える部分は思い切っていままでの考え方を捨て，新しい提言をしています。

（写真提供：日本住宅新聞社）

（写真提供：日本住宅新聞社）

第2章　見積書の役割と必要な内容

住宅の見積書は，これまでわかりにくいといわれてきました。それではわかりやすい見積書をどのように作るのかを考えなければなりませんが，その前に，見積書のもつ役割について考えてみる必要があります。

住宅の見積りが，一般の消費者にわかりにくい背景には，見積書のもつ基本的な役割が忘れられ，形式的になっていることが最も大きな要因だからです。

住宅の発注者である一般の消費者に，内容を理解されることよりも，全体金額を示すことと，内訳については，下請との契約金額との調整，また単に書類を整えることに重点がおかれて書かれていることが多いためです。

その端的な現れが，見積りの基本的な表現である（数量×単価）という形で表現できるものを「一式」で計上したり，一般にわかりやすい単位である「カ所」「本」「枚」「長さ」「面積」で表現できるものを，「体積（m^3）」や「重量（kg，t）」で表示していることにあります。

□なぜ，わかりやすい見積書が必要か

住宅の見積書が形式的に書かれているのには，それなりの背景があります。もともと，木造住宅の建築にあたっては，見積りという行為はあっても内訳明細書としての見積書の提示はありませんでした。いくつかの使用材料の約束と間取りの計画で，あとは「専門家である大工さんにおまかせします」という形が一般的だったわけです。

使用材料・工法が，その地方地方でほぼ決まっていた時代には，作るほうも坪単価と総額のなかで工夫をこらし，良心的に仕事をする。発注者・受注者間に信頼関係が住民の流動性がほとんどない，地域社会のなかで築かれていたわけです。

建築材料・設備機器の種類が増加し，また建築様式についてのお客さんの希望が多様化している現在では，従来の坪単価による概算では間に合わなく

なり，お客さん側も費用の内訳についてのはっきりした説明を求める傾向が強まってきました。なぜなら，お客さん自身が予算と建築内容との検討を進め，自分の好み・考え方を住まいの中に生かしたいと考えるようになり，このためには見積書の内容を理解する必要があるからです。

これが，わかりやすい見積書が必要になってきた大きな背景です。

□見積書の役割とは

見積書は基本的には「提供価格または費用を，営業政策を加味して，お客さんに提示する」ことですが，住宅の見積書は，一般の見積書にはない次のような役割をもっていると考えられます。

1. 費用の内訳構成を説明する
2. 使用する材料や施工の範囲を確認し，約束する（工事仕様書的な役割を果たす）
3. 受・発注者間相互の意志疎通のベースとなる

見積書は全体費用を提示すると同時に，内訳書および内訳明細書を示すことによって，全体費用の背景を説明する役割をもっています。住宅建築が受注生産品であることによるもので，一つ一つの費用の積み重ねの結果として全体費用があるわけで，見積額は受注者側の意志が反映されていると同時に，発注者側の意志も反映されたものであるべきです。これが1.の役割で，2.の役割として，見積書の内訳明細書は全体費用の背景を説明していると同時に，使用する材料の種類（品質）や数量，工事の範囲を確認し，約束することがあります。このように，費用と施工内容との関係をはっきりさせ，理解し合うことによって，3.の役割であるお客さん（発注者）と施工者（受注者）側との打合せ・話合いの基礎となります。仕様変更や追加工事等の相談も，見積書をもとに話し合い，結果もまた見積書に反映されなければなりません。こうした費用負担あるいは費用変更について適正な判断を助ける役割をもつことが大切であり，住宅建築におけるトラブルの大半は，この役割が忘れられていることにあります。

一般に見積額の提示は，完成された商品であれば，仕入価格や生産原価にいくら掛けて販売するかで決められますが，建築工事の場合は，一つ一つ異なる建物が注文に合わせて作られます。このため，建築費の見積りは「これこれの材料を使って，これこれの作業をしますので，これだけの費用が必要です。当社の見積額はこれだけです」という売り手側の意志表示でなければなりません。つまり，単に総額を提示するだけでなく，総額の内訳を示すことによって，費用の範囲や使用材料のグレードをきちんと説明し，お互いの意志を理解し合うことを助けるものであることが必要なわけです。

あたりまえの話ですが，前述の住宅の見積書のもつ基本的な意味を表しています。一つには建築費用の全体金額を説明していること，いま一つには使用する材料・工法・作業の範囲を説明し，これを確認・約束していること，さらにこうしたことが，お客さんとの意志疎通を図るための基礎となる役割を果たしているということです。

□見積書に必要な内容

以上の見積書の役割を考えますと，住宅の見積書にはできるだけ平易な表現，わかりやすい内容であることが必要です。わかり切ったことを，なぜ言うかというと，現実の見積書の多くが，こうした基本的な立場から離れて形式的となり，結果として見積書本来の役割を見失っているからです。

住宅の見積書がどうあるべきかの検討がなされないままに，一般建築工事（ビル建築等）の見積り方法が利用されてきたため，住宅建築の施工実態に合わないだけでなく，見積書の内容が一般にわかりにくく，また作成する側にも大きな負担を強いるものになっていました。

住宅の見積りを単に詳しいものにしようとして，一般建築工事の見積り方法を使っても，見積書本来の役割，つまり「発注者側と受注者側との意志疎通の手段」という役割は果たせないばかりか，お客さんの信頼感を得ることも困難になります。

住宅の見積書のもつ役割とビル建築等の見積書のもつ役割は，目的は同じであっても一方は建築の専門家同士であり，一方は建築には素人の立場である一般消費者ですから，基本的に大きな違いがあります。

少々硬い表現になりますが，「工事費内訳書標準書式」「建築数量積算基準」作成のための研究委員会が，旧建設省（現，国土交通省）をはじめ官民共同

で設けられ（昭和24年４月），書式作成の基本目的として

「工事費に関する発注者・受注者双方の相互協議や実務処理という業務を，適正かつ円滑に処理しやすいように……云々」

としています。

住宅の見積書も目的は同じですが，「適正かつ円滑に処理しやすい」方法は，当然異なってくることが必要です。

その前提として，お客さんの信頼が得られる見積書であり，そのためにはわかりやすい見積書であることが必要であると同時に，住宅の施工実態に合ったものであり，さらに比較的容易に作成できるものであることも必要です。

第３章以降で具体的に説明しますが，これまでの住宅の見積りが詳しすぎてよくわからないものであったり，わからないという前提で形式的に見積書を作成していたのでは，お客さん側は，どんな材料をどう使って，どこまで費用に含まれているのか不安感をもったままとなります。また，見積りを提出する側もこの見積額で利益が出るのかどうか，やってみなければわからないという状態となってしまうわけです。

次に施工実態に合った見積りであることも大切なことです。

かつて本書の内容が前述の「標準書式」「数量積算基準」と異なる部分があり，そのことを指摘した批判がありましたが，これは木造住宅という規模の小さな建築工事の施工実態とビル建築等を対象にした基準とは異なるため，実際の施工内容に合わせて記述している部分です。

例えば工事科目の分け方では屋根工事は「標準書式」にはありませんでした。また基礎の土工事の余幅やのり幅の取り方，内部仕上げの寸法の計測・計算位置，襖や障子の数量単位などが異なる部分でした。

今回の「標準書式」「数量積算基準」の改訂では，このうち屋根工事は新しい科目として取り上げられ，基礎・土工事の余幅の考え方も，本書の内容に近いものに変更になりました。また「木製建具」「金属製建具」が「建具」として一体化されるなど，これまで本書で提案してきた内容に変わった部分もあります。本書の内容が基準と異なることを非難されていたのですが，木造住宅の施工実態に合った見積り方法の方が望ましいのは言うまでもないことです。

第3章　見積書の書式と書き方

木造住宅の見積書の役割が，一般建築工事の見積書と特に異なる点は，見積りの相手が一般消費者であり，わかりやすい内容が必要であることにあります。また作成する側も本来業務は建築施工そのもの，つまり職人であり，見積書作成に多くの時間をかけられないという現実があり，できるだけ簡単に早く作成できることが必要です。その中に見積書の役割をいかに盛り込んでいくかが，木造住宅の見積書書式のあり方として，考えなくてはならない課題です。

これまでの一般建築工事見積書式（標準書式）に準じて作成された見積書は，詳しさや見積り項目の分量で，一見，信頼性が高いようにみえますが，一般には作成に時間がかかりすぎて手に負えないのが普通ですし，必ずしもユーザー側の信頼感を得ているとはいえないようです。

木造住宅の見積書式を説明する前に，一般建築工事の見積書式（標準書式）について，若干説明します。

3.1　建築工事内訳書標準書式

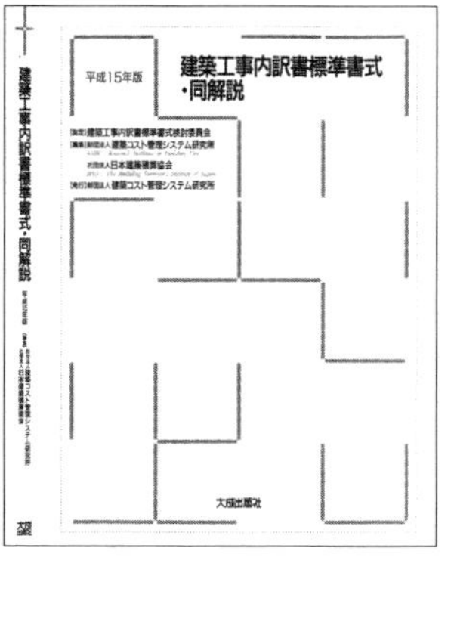

昭和24年，当時の建設省管理局営繕部と建設工業経営研究会との共同主唱によって設けられた官民共同の「工事費内訳明細書書式研究委員会」が，建築工事見積書式の基準作成の最初で，翌25年5月に，同研究委員会で「建設請負工事工事費内訳明細書標準書式」が作成されています（図3.1参照）。

これは工事費内訳明細書の書式が，発注者・受注者双方によってまちまちであっては，工事費に関する相互協議や実務処理上，不都合があり，これらの業務を適正かつ円滑に処理しやすいように定める必要があるとして作成されたもので，その後昭和33年５月，43年10月に一部改訂が行われています。

同研究委員会は，昭和46年９月に「建築積算研究会」となり，現在は建築コスト管理システム研究所に設けられた「建築工事内訳書標準書式検討委員会」および「建築工事建築数量積算研究会」で検討・改訂を重ね，平成15年版として発表されています（図3.2参照）。現在の「同検討委員会および同積算研究会」の構成員は学識経験者，および官・民の21団体です。

図 3.1　見積書標準書式の検討

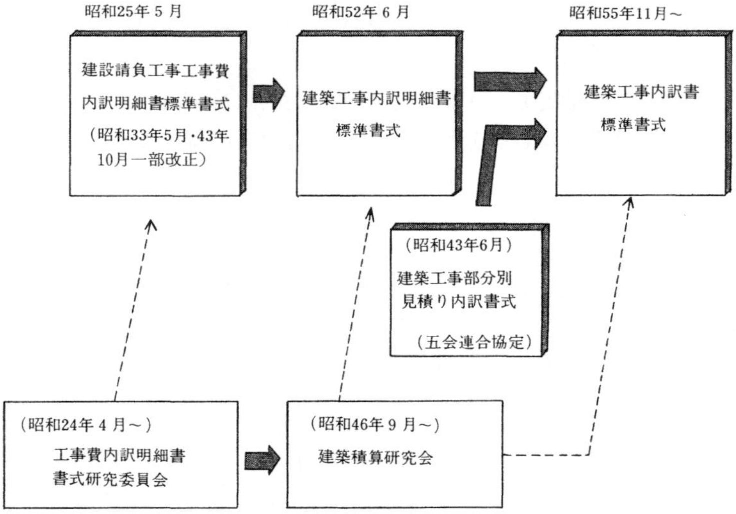

図 3.2　建築工事工種別内訳書標準書式

平成　　年　　月　　日 作成

金　　　　　　　　　　　　円

（工事価格 金　　　　　　　　　　　　円）

（種目別内訳）

名　称	摘　要	数　量	単位	金　額	備　考
直接工事費					
Ⅰ 庁　舎	構造、規模　新築	1	式		
Ⅱ 囲　障	新設	1	式		
Ⅲ 構内舗装	新設	1	式		
Ⅳ 屋外排水	新設	1	式		
Ⅴ 植　栽	新植	1	式		
計					
共通費					
Ⅰ 共通仮設費		1	式		
Ⅱ 現場管理費		1	式		
Ⅲ 一般管理費等		1	式		
計					
合計（工事価格）					
消費税等相当額		1	式		
総合計（工事費）					

表 3.1　部分別書式による積算価額の構成

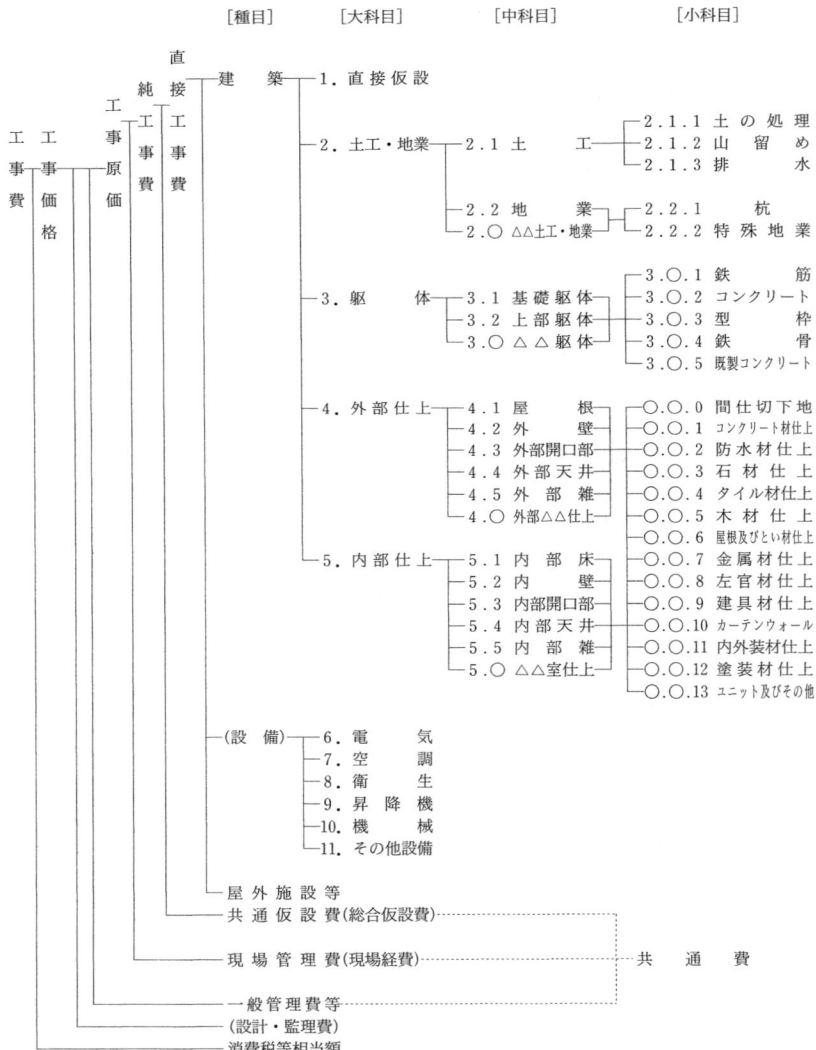

［種目］　［大科目］　［中科目］　［小科目］

- 工事費
  - 工事価格
    - 工事原価
      - 純工事費
        - 直接工事費
          - 建築
            - 1．直接仮設
            - 2．土工・地業
              - 2.1 土工
                - 2.1.1 土の処理
                - 2.1.2 山留め
                - 2.1.3 排水
              - 2.2 地業
              - 2.○ △△土工・地業
                - 2.2.1 杭
                - 2.2.2 特殊地業
            - 3．躯体
              - 3.1 基礎躯体
              - 3.2 上部躯体
              - 3.○ △△躯体
                - 3.○.1 鉄筋
                - 3.○.2 コンクリート
                - 3.○.3 型枠
                - 3.○.4 鉄骨
                - 3.○.5 既製コンクリート
            - 4．外部仕上
              - 4.1 屋根
              - 4.2 外壁
              - 4.3 外部開口部
              - 4.4 外部天井
              - 4.5 外部雑
              - 4.○ 外部△△仕上
            - 5．内部仕上
              - 5.1 内部床
              - 5.2 内壁
              - 5.3 内部開口部
              - 5.4 内部天井
              - 5.5 内部雑
              - 5.○ △△室仕上
                - ○.○.0 間仕切下地
                - ○.○.1 コンクリート材仕上
                - ○.○.2 防水材仕上
                - ○.○.3 石材仕上
                - ○.○.4 タイル材仕上
                - ○.○.5 木材仕上
                - ○.○.6 屋根及びとい材仕上
                - ○.○.7 金属材仕上
                - ○.○.8 左官材仕上
                - ○.○.9 建具材仕上
                - ○.○.10 カーテンウォール
                - ○.○.11 内外装材仕上
                - ○.○.12 塗装材仕上
                - ○.○.13 ユニット及びその他
          - (設備)
            - 6．電気
            - 7．空調
            - 8．衛生
            - 9．昇降機
            - 10．機械
            - 11．その他設備
          - 屋外施設等
        - 共通仮設費(総合仮設費)
      - 現場管理費(現場経費)
    - 一般管理費等
    - (設計・監理費)
  - 消費税等相当額

共通費 = 共通仮設費(総合仮設費)、現場管理費(現場経費)、一般管理費等

3.2　木造住宅の見積書式

以上のように，建築工事費見積書の標準書式および数量積算基準が，長い年月と検討過程を経て定められていますが，これらはいずれも公共工事やビル建築等大型建築工事を対象としており，発注者を官公庁または設計事務所，受注者を建築施工業者と，いずれの場合も建築の専門家を対象としたものです。

木造住宅の見積書式についてのこのような研究は，残念ながらこれまで行われておりません。（社）日本建築積算協会による提言と準備作業が，一時行われていましたが，最終的な結論までには至っていないようで，またいくつかの木造住宅見積りについての参考書も出版されていますが，いずれも共通して一般建築工事の標準書式・数量積算基準を基本としています。

木造住宅の見積書式はできるだけ簡便なもので，わかりやすい内容のものが必要です。木造住宅でも，施工者とお客さんの間に設計事務所が入ることが多いので，一般建築工事の標準書式でいいのだという議論もありますが，お客さんとの意志疎通という点だけでなく，住宅建築の施工実態が，一般ビルのものと大きく異なる部分もあります。見積書を作成する立場からも，お客さんにわかりやすい内容に努めるという立場からも，両面から，できるだけ簡便で，わかりやすい内容のものが必要といえます。

（1）　木造住宅の見積書はどうあるべきか

標準書式の工事費の構成および工種別科目区分と比較して，木造住宅の場合の見積書がどうあるべきかを整理すると，次のとおりです。

1.　部分別見積り方法の考え方が必要であるが，現状では工種別書式をベースとする

標準書式には，工種別内訳書式と部分別内訳書式の２通りの考え方があります。部分別の考え方は，躯体と建物各部位（床・壁・天井等）別の仕上げ工事にまとめて計上していこうとする考え方で，一般の人にはわかりやすく，コストプランにも適しています。

工種別の方法では木工事・左官工事・タイル工事というように，工種工程

別に計上していくもので，これまでほとんどの見積りが，この方法で行われています。各下職ごとの予算配分やコスト管理がしやすいという受注者側の都合が優先されているわけですが，わかりやすい見積書を提示していく考え方からは，できるだけ部分別の考え方を取り入れた見積りに移行させていきたいものです。

木工事を例にとると，構造材を中心に木工事に計上し，下地組み（根太・胴縁・野縁・たる木等）下地板から仕上げまで含めて，それぞれ屋根工事・内装工事等に計上することになりますが，数量の計測・計算上も，そのほうが効率的な部分もあります。すぐに工種別から部分別の方法への変更は無理だとしても，今後の検討課題だといえます。

2.　工事費の構成をできるだけ単純にする

工事費の構成は，標準書式が図3.3のように直接工事費・共通仮設費→純工事費・現場管理費→工事原価・一般管理費等→工事価格となっているのに対し，木造住宅の場合は建築本体工事費・設備工事費・付帯工事費→諸経費→見積額（合計額）（設計料・確認申請手数料等が必要な場合は別記）とし，特に科目の分類内訳は表3.2の比較のように簡便な構成とすることが必要です（工事費の構成については第４章で詳しく説明します）。

図 3.3　工事費の構成の比較（消費税部分を除く）

・工種別内訳書標準書式

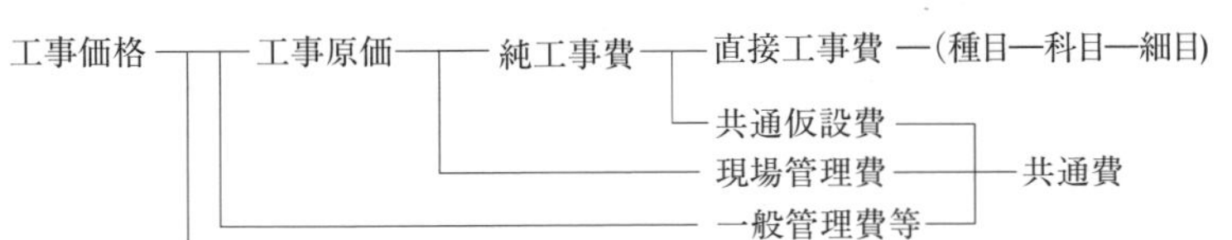

• 木造住宅における工事費の構成

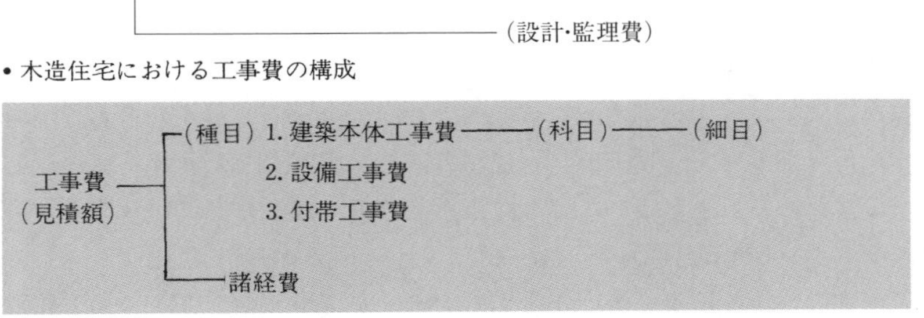

表 3.2　科目区分の比較（設備工事を除く建築工事のみ）

工種別内訳書 標準書式	部分別内訳書 標準書式	木造住宅見積書書式 —本書例による—	木造住宅見積書書式 —将来のあり方—
1．直接仮設	1．直接仮設	1．仮設工事	1．仮設工事
2．土工	2.1土工		
3．地業	2.2地業	2．土・基礎工事	2．土・基礎工事
4．鉄筋	2.○ △△土工地業		
5．コンクリート	3.1基礎躯体	3．木工事	3．躯体工事
6．型枠	3.2上部躯体		
7．鉄骨	3.○ △△躯体	4．屋根・板金工事	4．屋根・外装工事
8．既製コンクリート	4.1屋根		
9．防水	4.2外壁	5．石・タイル工事	5．内装工事
10．石	4.3外部開口部		
11．タイル	4.4外部雑	6．左官・吹付工事	6．開口部・建具工事
12．木工	4.○ 外部△△仕上		
13．屋根及びとい	5.1内部床	7．建具工事	7．その他工事
14．金属	5.2内部壁		
15．左官	5.3内部開口部	8．内外装工事	
16．建具	5.4内部雑		
17．カーテンウォール	5.○ △△室仕上	9．塗装工事	
18．塗装			
19．内外装		10．雑工事	
20．ユニット及びその他			
21．発生材処理			

3.3　木造住宅の見積書式と書き方

（見積書の構成）

見積りのための書式を大別すると，図3.4のように，

1．見積書（表紙）

2．工事費内訳書

3．工事費内訳明細書

の３種類から構成されます。

それぞれの標準書式として，建築積算研究会による「工種別内訳書標準書式」（図3.2参照）がありますが，そのままでは使いにくいのが現状です。

このため，各社各様に工夫をこらした様式が使われていますが，見本として図3.5，3.6，3.8を木造住宅の標準書式として示します。

図 3.4　見積書の構成

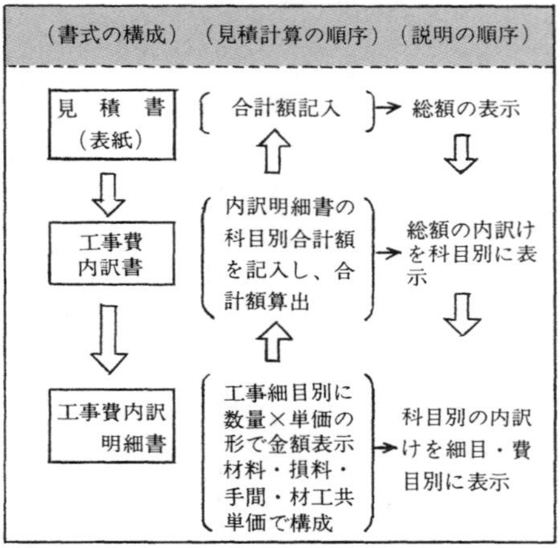

（1）見積書（表紙）（図3.5）

いわゆる御見積書というもので，見積書全体の表紙となります。工事費の総額を記入し，お客さんに対して下記のとおりお見積りします（ので，ご発注をお願いします）という意志を表した書類です。総額の見積額以外には次のような内容を表示します。

① 工事名・工事場所・工期

② 工事概要（建築面積・階数・構造・工事範囲等）

③ 別途費用（見積金額に含まれない項目を明示します）

④ その他（支払条件・見積有効期間等）

（2）工事費内訳書

総額表示の見積書と内訳明細書との中間に位置する書式で，各工事科目ごとの合計額を一式で計上しています。さらにこの合計額が１枚目の見積額となるわけですが，値引きがある場合はここで表示します。

図 3.5　木造住宅見積書書式見本(1) —見積書表紙—

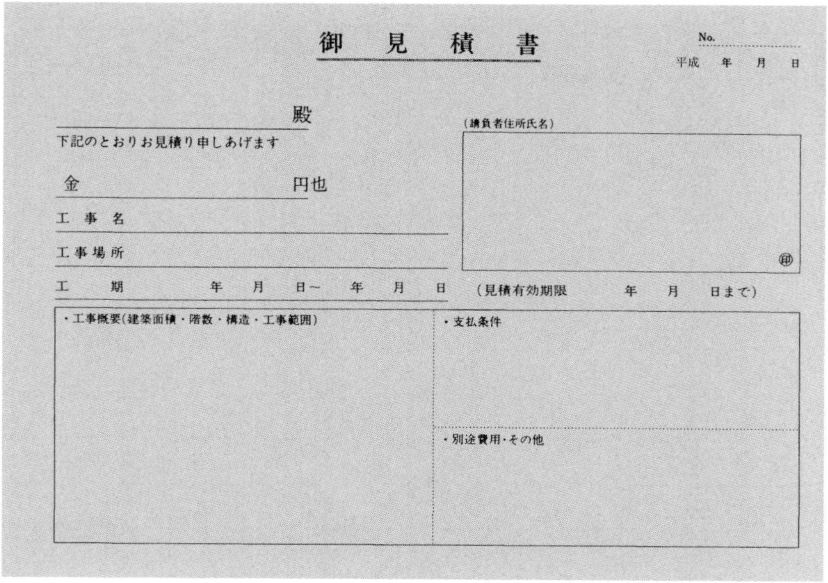

御　見　積　書

No.

平成　年　月　日

殿

下記のとおりお見積り申しあげます

金　　　円也

工　事　名

工事場所

工　　期　　年　月　日～　年　月　日

（請負者住所氏名）

㊞

（見積有効期限　　年　月　日まで）

・工事概要（建築面積・階数・構造・工事範囲）

・支払条件

・別途費用・その他

図 3.6　木造住宅見積書書式見本(2) —工事費内訳書—

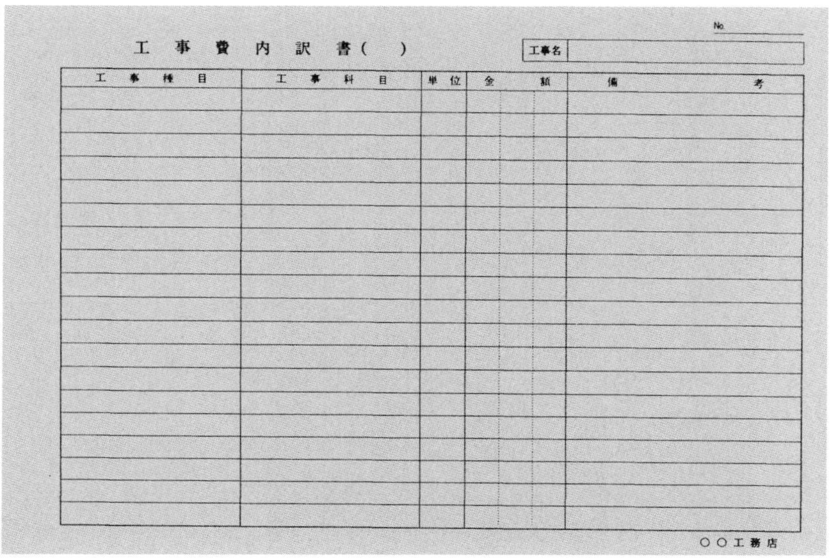

No.

工　事　費　内　訳　書（　）

工事名

工　事　種　目	工　事　科　目	単位	金　　額	備　　考

○○工務店

図 3.7　一般建築工事の標準書式記載例（科目別内訳書）

（科目別内訳）

名　　称	摘　　要	数 量	単 位	金　　額	備　　考
I 庁　　舎					
1．直接仮設		1	式		
2．土　　工		1	式		
3．地　　業		1	式		
4．鉄　　筋		1	式		
5．コンクリート		1	式		
6．型　　枠		1	式		
7．鉄　　骨		1	式		
8．既製コンクリート		1	式		
9．防　　水		1	式		
10．石		1	式		
11．タイル		1	式		
12．木　　工		1	式		
13．屋根及びとい		1	式		
14．金　　属		1	式		
15．左　　官		1	式		
16．建　　具		1	式		
17．カーテンウォール		1	式		
18．塗　　装		1	式		
19．内 外 装		1	式		
20．ユニット及びその他		1	式		
21．発生材処理		1	式		
計					

一般建築工事では次頁の標準書式のように種目内訳と科目内訳とに分けて作成しますが，木造住宅の場合はまとめて記入します。また，内訳明細書の書式と同じものを使用し，内訳書としての書式を用意しないことも多いですが，明細書書式より簡便な書式としています。

（3）　工事費内訳明細書

見積書の基本となるもので，見積書作成という場合は，この内訳明細書を作成することを表しています。

書式の様式は，さまざまな表現の違いはありますが，一般の建築工事の工種別内訳書標準書式のものと，ほぼ同様のものが使用されています。表現の違いとは項目のとり方，言葉の違いで下図のような事例がありますが，基本的な意味は同じです。

木造住宅内訳明細書の項目のとり方

名称	内容	数量	単位	単価	金額	備考

（これまでの事例によるさまざまな表現）

名称	摘要	数量	単位	単価	金額	備考
	内容	単位	数量			摘要
	仕様					

図 3.8　木造住宅見積書書式見本(3) ―工事費内訳明細書―

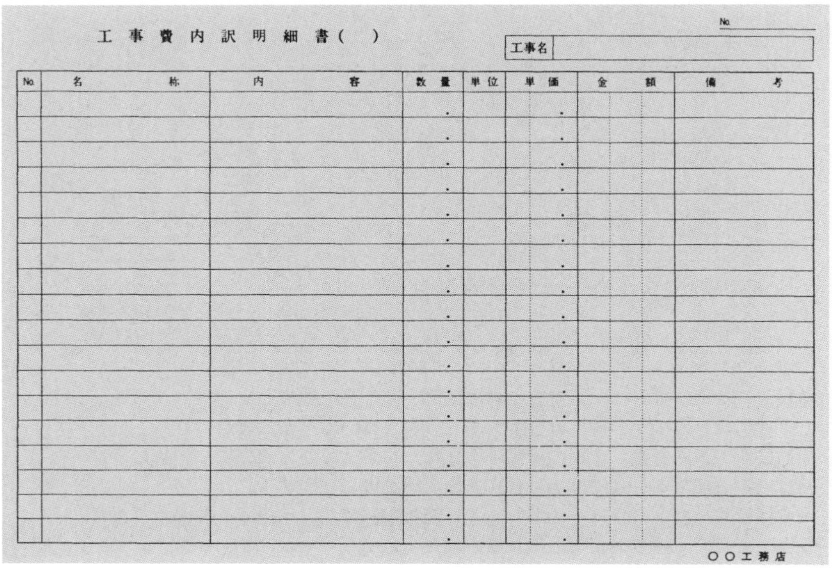
No.

工　事　費　内　訳　明　細　書（　）

工事名

No.	名称	内容	数量	単位	単価	金額	備考

○○工務店

（4） 工事内容変更合意書

これまでの工事費見積書とは，使い方は別になりますが，工事内容の変更に応じてこの書式を用意しておけば，その都度見積書を作成したり，単なる口約束による後々のトラブルを避けることができます。

住宅建築の場合，発注者側の希望が変わる場合や施工上の都合によるものとの両面から工事内容の変更が生じますが，このような簡単な書式を取り交わすことで，お客さんの信頼感も違ってきます。

図 3.9　工事内容変更合意書書式見本

工事　工事内容変更合意書　平成　年　月　日

様

下記のとおり工事内容を変更することに
合意いたします。

（お客様名）＿＿＿＿＿＿＿＿＿＿ 印

（担当者名）＿＿＿＿＿＿＿＿＿＿ 印

No.	変更個所	変更内容	変更後費用				変更前費用	費用の増減額（▲減少）	特記事項
			数量	単位	単価	金額			
			合計						

作成者名

＊種別・科目・細目とは：工事費の各段階ごとの項目を整理していうときの言葉で，種別はいくつかの科目の合計であり，科目はいくつかの細目の合計という関係にある。内訳書および内訳明細書では，科目までを内訳書に，細目および細目内訳（部分別書式では小科目）を内訳明細書に表現する。

直接仮設・コンクリート・型わく・鉄筋等が**科目**で，水盛りやりかた・石こうボード張り・調合ペイント塗り等が**細目**である。

第４章　木造住宅の工事費の内容

木造住宅の見積書の役割・書式について説明してきましたが，見積りをするための基本的な知識である工事費とは何なのか，その内容について説明します。「4.1の工事費の構成」では，木造住宅の工事費はどのような工種で構成され，一般建築工事とどう違うのか，どのような区分・計上の仕方が望ましいかを，「4.2の単価の種類と使い方」では，見積書に値入れする単価の基本的な知識について説明します。

4.1　工事費の構成

工事費は個々の作業についての費用のことであったり，いくつかの費用を合算した建造物全体の費用をいう場合との２通りがあります。

一般に木造住宅の工事費というと，後者の意味ですが，工事費の基本的な意味を知るためには，前者の意味を説明する必要があります。ここでは，まず全体の工事費について木造住宅の工事費の構成について説明し，さらに基本的な工事費の意味と単価との関係を説明します。

木造住宅の工事費の構成は，できるだけ簡単な内訳構成が望ましく，特に科目の区分は，木造住宅の施工内容の実態に合わせて単純にすることが必要です。すでに第３章でもふれたとおりですが，一般建築工事における標準書式と比較しながら，その内容を説明します。

一般建築工事の標準書式による工事費の構成と，木造住宅の工事費の構成は，表4.1と表4.2のとおりですが，木造住宅のものは，標準書式として統一，決められたものではありません。一つの考え方として提示しているもので，各社各様に適した方法で改良・工夫して使われることが望ましいものです。一般建築工事標準書式による工事費の構成（表4.1）と比較して，次の点が異なっています。基本的な考え方は同じですが，わかりやすく簡便にするという目的から，次の点を変えています。

1.　一般になじみのない表現を避けている

工事原価・純工事費・直接工事費等の一般になじみのない言葉を使っていません。難しい表現を使うことで見積書に権威をもたせようとするのは，住宅の見積書にはふさわしくないと考えます。

表 4.1　工種別内訳書標準書式（工事費の構成）

［種目］　［科目］　［中科目］　［細目］　―記載例

- 工事費
  - 工事価格
    - 工事原価
      - 純工事費
        - 直接工事費
          - 建　築
            - 1．直接仮設
            - 2．土　工
            - 3．地　業
            - 4．鉄　筋
            - 5．コンクリート
            - 6．型　枠
            - 7．鉄　骨
            - 8．既製コンクリート
            - 9．防　水
            - 10．石
            - 11．タイル
            - 12．木　工
            - 13．屋根及びとい
            - 14．金　属
            - 15．左　官
            - 16．建　具
            - 17．カーテンウォール
            - 18．塗　装
            - 19．内外装
            - 20．ユニット及びその他
            - 21．発生材処理
          - （設　備）
            - 1．電　気
            - 2．空　調
            - 3．衛　生
            - 4．昇降機
            - 5．機　械
            - 6．その他設備
          - 屋外施設等（囲障、構内舗装、屋外排水、植栽等）
          - （とりこわし）
        - 共通仮設費（総合仮設費）
      - 現場管理費（現場経費）
    - 一般管理費等
  - （設計・監理費）
  - 消費税等相当額

共通費：共通仮設費（総合仮設費）、現場管理費（現場経費）、一般管理費等

表 4.2　木造住宅の工事費の構成

（種　別）　（科　目）　（細　目）

- 見積額（合計）
  - A．建築本体工事費
    - 1．仮　設　工　事
    - 2．土・基 礎 工 事
    - 3．木　　工　　事
      - 構　造　材
      - 造　作　材
      - 板　　　材
      - 銘　　　木
      - 床•フローリング
      - 合　　　板
      - 断　熱　材
      - 釘　・　金　物
      - 大　工　手　間
    - 4．屋根・板金工事
    - 5．石・タイル工事
    - 6．左　官　工　事
    - 7．建　具　工　事
    - 8．内 外 装 工 事
    - 9．塗　装　工　事
    - 10．雑　　工　　事
  - B．設 備 工 事 費
    - 1．住宅設備工事
    - 2．衛生器具設備工事
    - 3．給排水・給湯工事
    - 4．電気設備工事
    - 5．冷暖房・空調工事
  - C．付 帯 工 事 費
    - 1．宅地造成工事，解体撤去
    - 2．外構・造園工事
    - 3．昇 降 設 備
    - 4．地　下　室
    - 5．ガス・浄化槽工事・その他
  - 諸　経　費
  - 別　記（別途費用）
    - （1.家具・装飾費用）
    - （2.照明器具）
    - （3.地鎮祭・上棟式費用）
    - （4.設計・確認申請費用）

2．　種目を単純に

住宅建築は一般に1棟建築ですから，A棟建築・B棟建築等の区分や，共通仮設（各棟に共通して必要な仮設費用）は不要です。共通仮設として計上される費目のうち，木造住宅で必要な場合もありますが（仮設電気・水道費・安全費等）仮設工事の中に含めて計上します。

3. 諸経費部分はまとめて

一般建築工事では，共通仮設費，現場管理費，一般管理費等を，それぞれ率計算等で分けて算出し，共通費としていますが，木造住宅の場合は，現場経費の施工者側負担部分と一般管理費等（利益を含む）を合わせ，諸経費としてまとめて計上しています。区分して計上して，その違いを説明するほどのものではないからです。現場経費の施工者側負担部分という意味は，住宅建築で設計事務所がはいる場合に，現場経費が設計料に含まれる場合があるからです。

4. 科目・細目はできるだけ単純に

建築本体工事費の科目構成や細目構成は，できるだけ単純化することが，望ましい。建築本体工事の科目分類も，工種別内訳書標準書式では21科目となっていますが，木造住宅の例では10科目としています。

工種別内訳書標準書式は，工事の施工状況に合わせた科目順であり，職種別区分に近い科目となっているため，施工現場での下請管理や施工管理・実行予算との関係もわかりやすいという特長がありますが，業者側の都合で決めた内容構成といえます。このため，建築の素人であるお客さんにはわかりにくいものになっています。

これに対して木造住宅の工事費の構成では，以上の特長を生かしながら，できるだけ建築主にもわかりやすいように部分別の考え方も入れ改良したものです。標準書式では，これまでの「総合仮設」が共通仮設に，「現場経費」が土木工事と同じ表現の現場管理費に，「諸経費」という表現を止め，共通費に，などの変更をしていますが，木造住宅の建築業界の中では，まだほとんどなじみがなく，新しい表現は使われていないようです。このため本書では従来どおり「現場経費」「諸経費」という表現を続けています。

（1）　木造住宅工事費の構成の特長

・建築本体工事

一般建築工事の科目区分に比べて大幅に単純化しています。科目の区分，配列順は，さまざまな考え方や事例がありますが，区分はできるだけ単純に，配列は施工工程順（作業が行われる順序）を基本にしています。また，特に木造住宅で事例の少ない「鉄骨・カーテンウォール等」は削除しています。

科目区分の比較

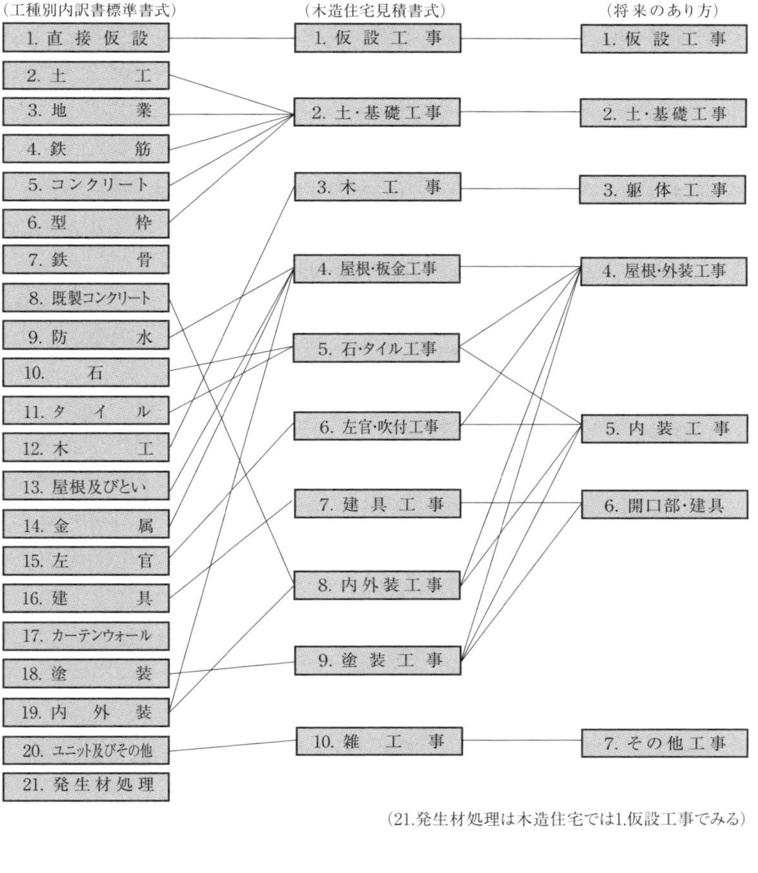

（21.発生材処理は木造住宅では1.仮設工事でみる）

・設備工事

これまで住宅の見積書の中には，建築本体工事と設備工事とを区分しないで，建築本体工事の雑工事の後に電気設備工事・給排水衛生工事……と続けて計上することもありましたが，一般に設備工事は外注であること，発注者側で予算の配分・検討に便利な点を考え，建築本体工事と区分して計上します。年々，設備工事費のウェイトが高くなっていることや発注者側の関心も高まっていることも理由の一つです。

また，これまで雑工事の中に計上していた「キッチンセット」「洗面化粧台」「下駄箱」などを，住宅設備工事として一つの科目に取り上げました。この費用が増加し，雑工事費が大きくなりすぎたためです。また住宅でも換気が義務付けられたことやエアコンなど冷暖房が一般化してきたため，これまで，付帯工事としていた「冷暖房・空調工事」も設備工事として取り上げました。

・付帯工事

一般には建築工事の中には含まれない費用で，別途工事となる部分です。見積り段階で，これらの費用を含めて提示する必要がある場合に，科目を分けて計上します。宅地造成工事や外構・造園工事，ホームエレベーター，地下室などの工事費です。工事費の範囲を明確にするためや一般の建築費との比較の意味からも，分けて表現したいものです。

・諸経費

一般の建築工事での諸経費の算出については，大いに議論のあるところですが，木造住宅の見積りではなかなか説明しきれない部分です。現場経費と一般管理費とに分けて表示することは，木造住宅では現実的ではありません。

現実には諸経費を計上せず「原価でサービスします」という傾向があるのも事実ですが，そのまま信用するお客さんは少なくなっています。10～15％程度（本当はもっと必要ですが）は，きちんと計上したほうが良心的といえますが，なかなか難しいのも現実のようです。

・別　途

設計・監理料や地鎮祭の費用など別途費用は見積りに含める場合に計上します。サービスとするところもあるかと思いますが，サービスならサービスと明記するようにして，含まなければ，見積書の表書き（表紙）に別途費用で見積額に含まない旨，はっきりさせる必要があります。これらの費用は別なのだという常識は，建築業者の常識であり，お客さんにも常識だとは考えないで下さい。

図 4.1　工事費（単価）の基本構成

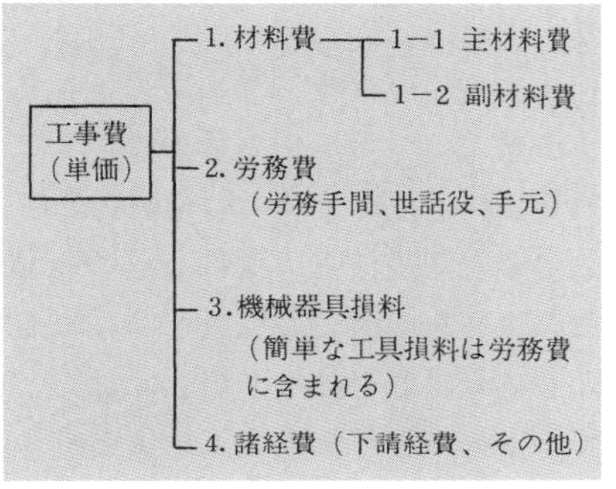

（2）　単価のとらえ方

工事費全体の構成については以上のとおりですが，個々の作業についての費用も，一つの工事費（単価）です。見積書を具体的に作成するとき，一つの作業についてどの段階で数量を拾い，値入れしていくか，実際に見積書を作って経験のある人なら，悩んだことがある，あるいは悩んでいることと思われます。

工事費の内容を詳細に調べてみると，いくつもの材料の組合せ，積上げによって構成されています。そして，いくつかの段階で単位当たりの工事費（単価）があり，そのどの段階で見積書に表現すればよいかを迷うわけです。取り上げる工事費（単価）の段階によって，見積書は複雑にも簡単にもなります。

一つの作業の費用（工事費・単価）は，基本的には図4.1のように，①材料費，②労務費，③機械器具損料，④諸経費から構成されています。

材料費は材料歩掛り*×材料単価，労務費は労務歩掛り*×労務単価であり，見積りの基本はこれらの一つ一つを計算し，積み上げることにありました。

工事費を構成する費用が，このように分析され，その結果をベースにして費用算出すべきという考え方は，確かに説得力があり，合理的であるようにみえます。しかし，こうした基本的な考え方，見積書の書き方は，一部を除いて実際には使われなくなっています。この背景には，考え方は正しくても，理論上のことであり，実用的ではないことにあります。一つには計算に時間がかかりすぎるということ，いま一つには，実際の施工実態，取引実態とマッチしなくなっているということがあるからです。

---

*歩掛り：ある１単位の仕事量に必要な材料または労務量の係数で，たとえば１日１人の作業員の掘削土量が$1.5m^3$とすると，$1^{人工} \div 1.5m^3 \fallingdotseq 0.67$ ($0.67^{人工}/m^3$) となる。

(3) 施工単価・複合単価・部分別単価

以上のような単価算出の方法に代わって使われるようになってきたのが，工事費を一つの取引き価格としてとらえた材工共の施工単価の考え方です。材料価格が，その時々の需給状態によって変動するように，専門工事業者における材料費，施工手間を含めた施工単価も，好不況によって上下します。この単価を工事費の見積りにも使っていこうとする考え方です。また，あらかじめ歩掛りを使って積上げ計算をして用意した「複合単価」や，さらにいくつかの複合単価や施工単価を組み合わせて（下地から仕上げまで）作成された部分別単価があります。

見積書を作成するときに，どの段階で，どういう単価を使って費用を表現するかは，もっと自由に考えてよいし，また見積書の良否を決める大きな要素です。

4.2 単価の種類と使い方

木造住宅の見積りでは，見積書に表現される単価の内容に対する関心が，一般ビル建築の場合に比べ低いといえます。

一般建築工事の積算が「建築工事費を①事前に　②設計図書に基づき　③各部分計算の集積の形で予測すること」であり，一つ一つの部材の数量算出と値入れ単価の水準が，見積り結果を大きく左右します。ビル等の建築では一つ一つの材料の使用数量が大きいため，単価水準のわずかな差も，大きな金額の差となるからです。

これに対して，木造住宅の工事費見積りでは，材料種類は多いものの，それぞれ個々の使用量が少ないため，単価水準に対する意識は低くなります。むしろ設計段階を含めて，材料・工法別の比較データ，つまり何を使い，それが他といくら違うのかという関心のほうが高い。

このように，住宅建築における見積りでは，一般ビル建築とは違った立場から，データの整理と使用が必要です。わかりやすい見積書をつくるために，と同時にお客さんへ説明しやすいということが必要です。このためには，単に材料の価格だけでなく，施工手間を含めた仕上がりのコスト比較，さらには建築後のメンテナンス費用まで含めた知識をもちたいものです。

(1)　単価の種類

単価の種類を，単価の中に含まれる費用の構成内容によって区分すると，表4.3のように，材料価格，手間代，材工共単価に区分されます。

表4.3　費用の構成内容による単価区分

区分・名称		内容	事例
材料価格		材料のみの価格	木材・かわら等
手間代		施工費，材料と分けて計上する場合に使用（簡単な工具損料等を含む）	大工手間，掃除・片付費等
材工共単価	施工単価	材料・手間を含めて一つの取引価格として形成される単価	タイル張り，モルタル塗り等
	合成単価（複合単価 部分別単価）	積上げ計算で合成された複合単価。 下地から仕上げまでを含んだ部分別単価	布基礎1m当たり単価等

また，単価を把握する段階によって区分すると，表4.4のような種類があります。見積りに使用する単価は，市況単価，資料単価が基本です。

表4.4　費用の把握する段階による単価の区分

区分・名称	内容	使われ方
仕入単価（外注単価）	材料購入実績（仕入）単価，または専門工事業者（下職）との取引単価で，見積りの値入れにそのまま使うことは少ない	実行予算や原価管理用に使用
市況単価（相場）	仕入単価，外注単価に近いが見積りに使用するのは，仕入実績単価ではなく市中の相場（市況）によるのが基本	見積りに使用
資料単価	「積算資料ポケット版」など，物価資料の掲載単価，市況単価と同じと考えてよい。見積りの値入れに説得力がある	見積りに使用
カタログ価格（定価）	メーカーが発表する価格で設計単価，上代（じょうだい）単価ともいわれている。見積りには割引きをして使用	見積りには割引きをして使用

(2) どの段階で単価を表現するか

木造住宅の見積りには，一般建築工事と異なり，できるだけ早く作成できることと，わかりやすい表現であることが必要です。たとえば，基礎工事について考えてみますと，図4.2のように「とび工事費」，つまり一式建坪単価（実際の施工実態はこれが多い）から，コンクリート工の材料，打ち手間さらに生コンクリートの材料内訳（表4.5参照）まで分けられます。

図 4.2　基礎工事の見積りをどの段階で書くか

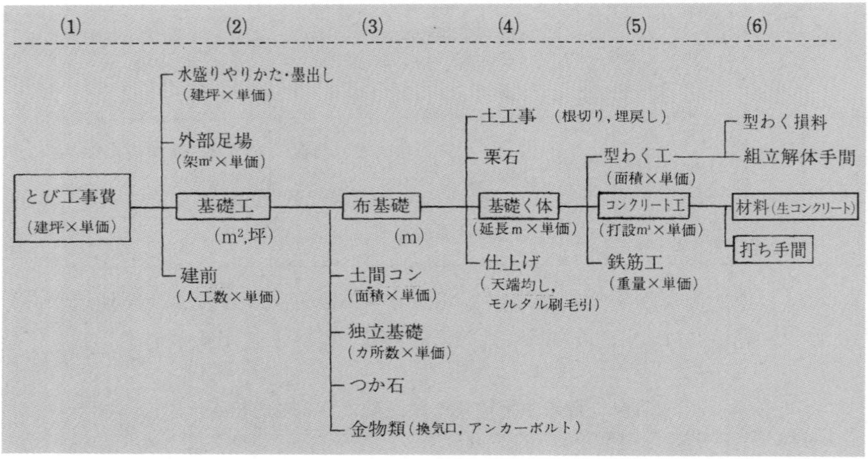

コンクリート工の内訳は表4.6のように，材料と打ち手間から構成され，打ち手間は表にみるように，労務歩掛り（コンクリート工および普通作業員の数量）と単価（同職種の単価—労務単価—）によって算出されます。材料についても材料と練り手間に，さらに材料は表4.5のようにセメント・砂・砂利（砕石）の材料歩掛り（調合表）と材料価格から計算されます。

このように工事費（単価）は，細分化しようとすれば際限なく詳しくなりますので，見積りを詳しくしようとすれば，いくらでも詳しく書けるわけです。しかし，そうすることによって，見積りが正確になるというものではありません。

どの段階で見積書に表現すれば，わかりやすく，早くできるかが大切です。

表4.5　コンクリート1 m^{3}当たりの調合表

材料名	単位	1：4：8	1：3：6	1：2：4
セメント	kg	175	235	350
砂	m^3	0.48	0.45	0.45
砂利	m^3	0.96	0.92	0.90
水	—	適量	適量	適量
備考		無筋コンクリート		鉄筋コンクリート

表4.6　コンクリート工1 m^{3}当たりの単価表

（打ち手間とも・機械練り）

名称	単位	数量	単価	金額	摘要
材料	m^3	1.0	9,582	9,582	材料調合表による
ミキサ損料	h	0.35	497	174	
コンクリート工	人	0.36	17,100	6,156	
普通作業員	〃	0.24	14,100	3,360	
その他	式	1.0	—	2,928	
合計	m^3	1.0	—	22,200	

※コンクリート工＝特殊作業員

上表のようなコンクリート工1 m^{3}当たりの単価表やコンクリート1 m^{3}当たり調合表などは，さすがに使われなくなっていますが，これまで木造住宅の見積書は詳しすぎているというのが実感ですし，それがわかりにくいという要因になっていることも事実です。

概算見積りであれば，最初の段階の「とび工事費」または(2)の段階でよいし，詳細な設計見積りでも(3)の布基礎1 m当たり単価ないし(4)の基礎躯体1 m当たり単価の段階で十分です。(5)の型わく・コンクリート・鉄筋工に分けて計上する方法は，鉄筋コンクリート造建築のく体工事の見積り方法です。木造住宅の場合は，見積りに時間がかかりすぎ現実的でないだけでなく，発注者側の理解の範囲を超えています。

(3) 値　入　れ

数量算出後，見積内訳明細書に数量を記入し，「数量×単価＝金額」の計算をするのに必要な単価を入れることを「値入れ」といっています。

見積書の値入れには，これまで説明してきたさまざまな単価から，それぞれの項目にふさわしい単価を採用して使いますが，住宅等の見積りでは木材価格や設備機器等，材料価格がはっきりしているものを除いては「材工共単価」を使用することが，わかりやすく簡便な見積書作成という立場から，望ましいといえます。

基本は自社の仕入価格，協力会社からの見積りあるいは契約単価等をベースに見積り時の値入れ単価を設定しておきますが，最近は新聞の折込チラシやホームセンターの販売価格，さらにインターネットなど，ユーザー側にも価格情報に触れる機会が増えています。自社の単価だけでなくそうした情報にも目をくばって，単価設定をすることが望まれます。

価格情報誌としてユーザー側にも広く利用されているのが「積算資料ポケット版」（年2回発行）です。仮設工事から順に工種別見積りに必要な材料価格，材工共価格を調査・収録した資料になっているほか，規格・寸法，メーカー名，問い合わせ先など住宅の設計資料としても使われています。本書はこの「積算資料ポケット版」を使ってわかりやすい見積りをする方法を解説しているものです。本書で説明している各工種の価格は2005年後期編（2005年4月調べ）の同ポケット版掲載価格です。実際の見積り時には，その時点の最新版掲載価格をご参照ください。

値入れにあたって注意が必要な点は次のとおりです。

1.　単価はできるだけわかりやすい単位の価格で

価格にはそれぞれいくつかの単位による価格があります。数量に対する単価ですから，数量の単位と同じ単位の価格を採用することはいうまでもない

ことですが，使用する材料によって，
個数（個，カ所，本，枚），
長さ（m，cm，mm），
面積（m^2，坪，尺坪），
体積（m^3，石），
重量（kg，t）
等が使われますが，複数の単位が使用できる場合には，数量をわかりやすい単位で計上し，わかりやすい単位の価格で計上することが，住宅の見積りにおいては特に大切です。

わかりやすい単位 ←	→わかりにくい単位
個数（個,カ所,本,枚）長さ（m）	面積（㎡），体積（m^3），重量（kg，t）

木材を例にとると柱材1本3,000円など本単位は現物対比でわかりやすいのですが，m^3単価で「1$m^3$15万円です」といわれても，一般には見当がつかないのが普通です。一方，たる木材と梁材など寸法の違うものや杉と檜など樹種の違うものは㎥単価で表現すると比較しやすくなります。重量（kg，t）や体積（m^3，ℓ）などは種類や寸法の違うものの価格比較や価格変動をみる場合には便利ですが，現物対比ではわかりにくい単位です。

住宅の見積りでは個数や本数など，できるだけわかりやすい単位で，次いで長さ（m）や面積（m^2）などで表現することが望まれます。

2.　価格の内容をよく知って使用する

「数量は設計数量で，ロス分は単価に含める」ということを誤って解釈するケースがあります。複合単価（材工共単価）で，単価の中に材料ロス分を含んでいる場合にいえることで，材料と手間を分けて計上する場合の材料価格は，取引価格（市況価格）そのものを使用し，ロス分は数量でみることになります。

運搬費は，仮設材など材料価格とは別途の費用が必要な場合や工場で製作加工され，現場までの運搬費を別途にみる必要のある材料以外は，現場着価格で値入れし，運搬費は計上しないのが原則です。

3．一式計上はできるだけ避ける

見積り内訳明細書での表現は「数量×単価」が基本で，一式計上はできるだけ避けたいものです。ただ「一式」という単位を「材工共単価」と同様にドンブリ勘定というのは，両方とも「ドンブリ勘定」という言葉の意味を「ドンブリ飯・鉢」のドンブリと誤解した主張で，「一式」という単位は合計額や付属品一切を含んだという意味の「ちゃんとした正式」の単位です。

とくに仮設工事は標準書式（図3.7，20頁参照）に倣って一式計上をすることが多いのですが，わかりやすい見積書を作成するためにはできるだけ「数量×単価」で表現するようにします。

仮設水道・電気など数量で表現しにくいものや，率計算，合計額で計上する場合など，一式計上がやむをえない場合もありますが，その場合も算出内容をできるだけ表示することが望まれます。（例：○○の○％，工事費○○円および使用料○カ月分等）

第5章　木造住宅の数量算出方法

5.1　数量算出の基礎

数量算出とは図面等の設計資料から，見積書に計上する材料，労務の必要数量を計測・計算することです。見積りを行うときの大半の時間が，この数量算出にかかりますので，要領よく正確に行いたいものです。このためには，数量拾い・集計の①書式，②順序，③方法，④単位を決めて，混乱や単純ミス，拾いもれ，重複をなくすことが必要です。

木造住宅における数量算出の基準を，施工実態や「わかりやすい」という観点から，検討・設定することが望ましいのですが，これまで標準書式と同様，決められておりません。これまで一般に行われている方法をもとに，「木造住宅の数量算出方法」を整理して，数量の表し方・種類・計測・計算方法について説明します。

一般建築工事の数量算出には，前に説明したように「建築数量積算基準」が発表されており，建築数量算出の基準とされています。

この基準は，その冒頭に（総則　1.）「本基準は工事費（積算価額）を積算するための建築数量の計測・計算の方法を示すものであって，RC造・SRC造・S造・RC-W造等の標準的な建築物について定めたものである」としているように，木造住宅建築は対象にしておりません。

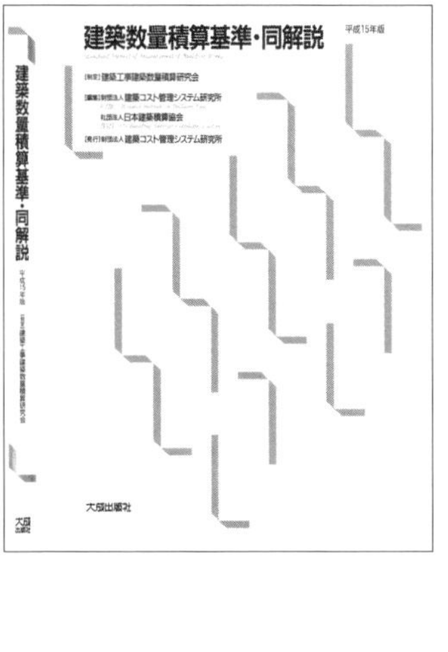

木造住宅の施工実態からこの基準でみると，なじまない部分も多いものですが，わが国の建築数量積算の基準ですから，その内容の一部を紹介しておきます。

5.2 建築数量積算基準 建築工事建築数量積算研究会・2000年3月

この数量積算基準は財団法人建築コスト管理システム研究所内に設置された官民合同の「建築工事建築数量積算研究会」において検討，発表されたものです。従来の「建築積算研究会」時の基準と基本的に同じですが，字句の表現が全面的に変更されたほか，基礎の根切り土量の計算など，従来，施工実態に合っていなかった部分が，いくつか変更になっています。

以下，内容の一部を紹介します。

第1編　総　則

5　本基準において単位及び端数処理は原則として次による。
(1)　長さ，面積，体積及び質量の単位はそれぞれ，m，m^2，m^3及びtとする。
(2)　端数処理は，4捨5入とする。
(3)　計測寸法の単位はmとし，小数点以下第2位とする。また，計算過程においても小数点以下第2位とすることができる。なお，設計図書から得られる電子データの小数点以下第2位以下の数値については，その数値を活用し，端数処理をおこなわなくてよい。
(4)　内訳書の細目数量は，小数点以下第1位とする。ただし，100以上の場合は整数とする。

第3編　土工・地業　第1章　土工　第2節　土工の計測・計算

2　土の処理の計測・計算
(2)　根切り
根切りとは，基礎，地下構築物等を施工するための土の掘削をいい，その数量は計算上根切り側面を垂直とみなし，その根切り面積と根切り深さとによる体積とする。
根切り面積とは，原則として基礎又は地下構築物等の底面の設計寸法による各辺の左右に余幅を加えて計算した面積をいう。
1)　根切り深さとは，根切り基準線から基礎，地下構築物等の底面までの深さに，捨コンクリート及び砂利地業等の厚さ等を加えたものをいう。ただし，地下構築物等で総掘り後の独立基礎，布基礎，基礎梁等のための根切りについては，総掘りの根切り底を根切り基準線として計測し，総掘りと区別する。
2)　余幅は，作業上のゆとり幅に，土質と根切り深さとに応ずる係数を乗じた法幅（根切り基準線における根切りの広がり）の½を加えた幅をいう
作業上のゆとり幅は，0.5mを標準とする。
法幅の土質と根切り深さに応ずる係数は，適切な統計値によるものとし，指定のない場合は普通土の係数は
①　根切り深さが1.5m未満の場合は0とし，法を設けない。
②　根切り深さが1.5m以上5.0m未満は0.3を標準とする。
③　根切り深さが5.0m以上は0.6を標準とする。
また，山留め壁と躯体間の余幅は1.0mを標準とする。
（以下，省略）

第６編　仕　上

第１章　間仕切下地　第２節　間仕切下地の計測・計算

２　材種による特則

(3)　木　材

1)　木材による間仕切下地は，原則として面積を数量とする。

2)　木材による間仕切下地について，材料としての所要数量を求める必要があるときは，設計寸法による長さをｍ単位に切り上げた長さと，設計図書の断面積とによる体積に５％の割増をした体積とする。ただし，長さの短いものなどについては切り使いを考慮するものとする。また第１編総則５(3)の定めにかかわらず，断面の辺の長さは小数点以下第３位まで計測するものとし，計算の過程における体積については小数点以下第４位とする。

3)　前項の定めにかかわらず，適切な統計値によることができる。

第２章　仕　上

第２節　仕上の計測・計算　２　主仕上の計測・計算

(1)　計測・計算する寸法

1)　主仕上の数量は，原則として躯体又は準躯体表面の設計寸法による面積から，建具等開口部の内法寸法による面積を差し引いた面積とする。ただし，開口部の面積が１か所当たり0.5m^2以下のときは，開口部による主仕上の欠除は原則としてないものとする。

2)　1)の定めにかかわらず，壁高さの計測長さは設計図書の天井高さとする。

3)　1)の定めにかかわらず，主仕上の表面から躯体又は準躯体の表面までの仕上代が0.05ｍを超えるときは，原則としてその主仕上の表面の寸法で計測・計算する。

(2)　欠除部分の処理

1)　各部分の取合による欠除

壁部分の梁小口，天井又は床部分の柱小口等で，その面積が１か所当たり0.5m^2以下のときは，その部分の仕上の欠除は原則としてないものとする。

2)　器具類による欠除

衛生器具，電気器具，換気孔，配管，配線等の器具の類による各部分の仕上の欠除が１か所当たり0.5m^2以下のときは，その欠除は原則としてないものとする。

3)　附合物等による欠除

面積が１か所当たり0.5m^2以下の附合物又は高さもしくは幅が0.05ｍ以下の幅木，回縁，ボーダー等による各部分の仕上げの欠除は，原則としてないものとする。

(3)　凹凸のある仕上

各部分の仕上の凹凸が0.05ｍ以下のものは，原則として凹凸のない仕上げとする。

ただし，折板等凹凸による成型材については，その凹凸が0.05ｍを超える場合においても設計寸法による見付面積を数量とする。

(4)　附合物等の計測・計算

附合物等について計測・計算するときは，原則として主仕上の設計寸法に基づく長さ，面積又はか所数を数量とする。ただし，幅木，回縁，ボーダー等の開口部による欠除が１か所当たり0.5ｍ以下のときは，その欠除は原則としてないものとする。

(5) 役物類の計測・計算
特殊の形状，寸法等による仕上，仕上の出隅，入隅及びこれらに類するもの又は附合物等の役物類は，材種による特則に定めのない限り，その欠除は原則としてないものとする。
(6) 仕上ユニットの計測・計算
建具類，カーテンウォール，その他の仕上ユニットの数量は，その内法寸法による面積又はか所数による。
（以下，省略）

(4) 石　材

1) 石材による主仕上の計測・計算に当たっては，第２章第２節２の(1)の計測・計算する寸法の定めにかかわらず，その主仕上の表面の寸法を設計寸法とする面積から，建具類等開口部の内法寸法による面積を差し引いた面積とする。ただし，開口部の面積が１か所当たり$0.1m^2$以下のときは，その主仕上の欠除は，原則としてないものとする。

(6) 木　材

1) 木材による開口部の枠，額縁等の数量は，原則として内法寸法によるか所数又は内法寸法に基づく周長を数量とする。
2) 木材による開口部の枠，額縁等の材料としての所要数量を求める必要があるときは，ひき立て寸法による設計図書の断面積と，内法寸法による長さに両端の接合等のために必要な長さとして10％を加えた長さによる体積に，５％の割増をした体積とする。
ひき立て寸法が示されていないときは，設計図書（仕上がり寸法）の断面を囲む最小の長方形の辺の長さに削り代として，片面削りの場合は0.003ｍを，両面削りの場合は0.005ｍを加えた寸法をひき立て寸法とする。ここでは第１編総則５(3)の定めにかかわらず，断面の辺の長さは小数点以下第３位まで計測・計算するものとし，計算過程における体積については，小数点以下第４位とする。
3) 幅木，回縁，ボーダー等の数量は，原則として長さを数量とする。なお，材料としての所要数量を求める必要があるときは，ひき立て寸法による断面積と，またひき立て寸法が示されていないときは仕上がり寸法に前項2）による削り代を加えた断面積と長さによる体積に５％の割増をした体積とする。
4)～7)（省略）

以上，原文のまま。詳しくは（財）建築コスト管理システム研究所（03-3434-1530）編集・発行の「建築数量積算基準・同解説」があります。

5.3　木造住宅の数量算出方法

大型建築物の場合は全体の数量が大きいため，わずかな計測の差が全体として大きな数量の差や金額の差となりますが，木造住宅では同時に多くの戸数を建築する場合でない限り，多少の差が大きな差になるというより，あまり細かいところまで計測・計算をすると，かえって施工の実態と合わなくなってしまいます。かといって適当でいいというのではなく，だれでも容易に理解できる考え方で，できるだけ早く計算できることのほうが優先されるということです。

図5.1のような仕上げまたは仕上下地の計測・計算の場合，基準では仕上げ（表面処理，主仕上げ，附合物，仕上下地）の計測の対象は，原則として，躯体または準躯体表面の設計寸法による面積（図の②），あるいは，主仕上げの表面から躯体表面までの仕上代が0.05mを超えるときは主仕上げの設計寸法または図示の寸法による〔Ⅲ2.2.1通則1）(4)(5)〕とされており，計測の対象は躯体表面または主仕上げの数量を原則にしているため，②または④の寸法によることになっています。

これに対して木造住宅の数量算出では，ほとんどの場合（仕上げも含めて）①の心々寸法や材料の市場寸法による枚数計上が行われています。このほうが施工実態に合っているし，早く計算ができ，わかりやすいからです。

図 5.1　仕上げの寸法計測の考え方

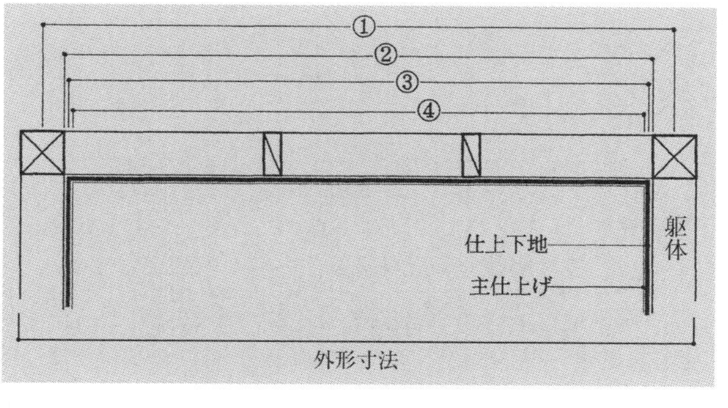

□木造住宅の数量算出

木造住宅の数量算出には，これまで検討された結果としての「基準」があるわけではありません。前述の「建築数量積算基準」を参考にした，こうあるべきだという意見はありますが，各社各様の考え方で統一されないまま行われているのが現状です。

ここに示した「方法」はできるだけわかりやすく使えるように設定した一つの考え方で，必ずしも完成されたものではありません。今後，木造住宅の振興のためにも「木造住宅数量積算基準」として，広く検討され設定されることを期待したいものです。

1．数量の表し方

（1.1　単位の表示）

①	個	（カ所，個，本，枚，台，袋，組など）
②	時間	（h，日，人）
③	長さ	（m，巻）
④	面積	（m^2，畳，坪）
⑤	重量	（kg，t）
⑥	体積	（m^3，l）
⑦	その他	（一式）

（1.2　数量の計測・表示基準）

	数量の計測・計算過程	価格に対応する数量の表示
⑴カ所，個など	整数とする	整数とする
⑵本，枚などで，切り使いされるもの	¼または⅓までとし，それ以下は¼，または⅓に切り上げる	½までとし，それ以下は½に切り上げる
⑶m, m^3, kg, 人など一般的な数量	小数点以下３位を四捨五入し，２位までとし，100以上の数字は整数とする。	小数点以下２位を四捨五入し，１位までとし，100以上の数字は整数とする。
⑷木材の材積計算，重量 t 表示が必要な場合は，小数点以下４位を四捨五入し３位までとする。		

見積り上の数量算出の数量の表し方を示しており，材料寸法等の表示は別になります。数量の計測・計算では小数点以下何位までとるかによって，合計数値が違ってきますから，計測・計算の過程では小数点以下２位まで，価格に対応させて表示（合計）するときは１位までを基本にしたものです。

〔例〕

			(単位をｍとする)		(小数点以下を２位まで表示)	
① 長さ	455mm	⟶	0.455m	⟶	0.46m	
	1 818mm	⟶	1.818m	⟶	1.82m	
② 面積	$0.46 \times 1.82 = 0.8372(m^2)$			⟶	$0.84m^2$	⟶(イ)
	$(0.455 \times 1.818 = 0.82719m^2)$			⟶	$0.83m^2$	⟶(ロ)

（注）上記のように面積計算をする場合(イ)のように計算をし，(ロ)の方法はとらないことになります。

③　価格に対する場合の表示

0.46m　⟶　0.5m

$0.84m^2$　⟶　$0.8m^2$

2.　数量の種類

2.1	設計数量	設計図書で示された出来形の設計寸法から計測あるいは計算される数量で，材料の「かさね」や「ロス」を含まない数量
2.2	計画数量	仮設工事や土工事のように施工計画に基づく数量。
2.3	所要数量	定尺寸法による切りむだや施工上のロスを含んだ数量で一種の予測数量。設計数量にロス率または割増をした数量が所要数量となる。

3. 数量の計測・計算方法

（3.1　寸法の計測）

3.1.1　設計寸法または図示の寸法（図面から物指により読み取ることのできるいわゆる分一（ぶいち）による寸法）を基準にし，構造材，内部仕上げ材を含めて柱心による心々寸法による計測を原則とする。

3.1.2　天井高は設計寸法または図示の寸法による計測を原則とする。

3.1.3　外壁等の外部仕上げ材は建物外形寸法による計測を原則とする。

3.1.4　コンクリートの数量は設計寸法による断面積×長さによる体積とし，型わく数量は型わくを必要とするコンクリートの側面等の面積とする。

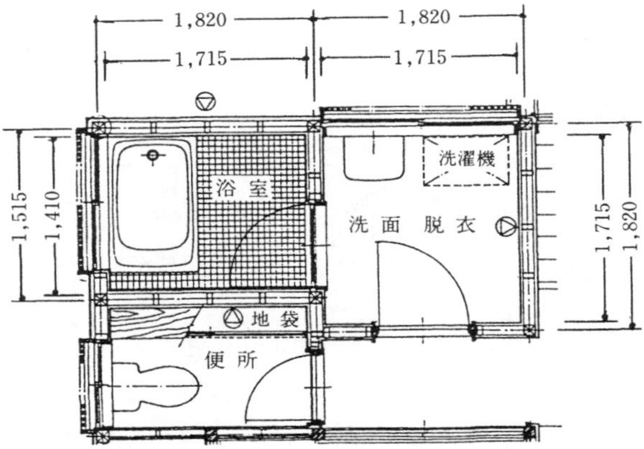

上図のような場合

（心々では）浴室　$1.82 \times 1.515 \rightarrow 1.82 \times 1.52 \fallingdotseq 2.77\text{m}^2$

洗面　$1.82 \times 1.82 \rightarrow 1.82 \times 1.82 \fallingdotseq 3.31\text{m}^2$

（内のり寸法では）浴室　$1.715 \times 1.41 \rightarrow 1.72 \times 1.41 \fallingdotseq 2.43\text{m}^2$

洗面　$1.715 \times 1.715 \rightarrow 1.72 \times 1.72 \fallingdotseq 2.96\text{m}^2$

のように，心々で計測する場合と内のり寸法では異なりますが，木造住宅の場合は，仕上げも含めて，心々で計測することを原則にしようとするものです。

（3.2　欠除の見方）

3.2.1　開口部，取合部分，器具類，附合物による１カ所当たり0.5m^{2}以下の欠除はないものとする。

3.2.2　石材による仕上げの場合は１カ所当たり0.1m^{2}以下の欠除はないものとする。

3.2.3　幅木，回り縁，付けかもい，なげし，化粧柱等による仕上げの欠除は幅または高さの寸法を問わずないものとする。

3.2.4　間柱，たて胴縁の計測において，高さ0.75m以下の開口部による欠除はないものとする。

3.2.5　布基礎コンクリートにおける鉄筋，小口径管（スリーブ等），換気口によるコンクリートの欠除はないものとする。

仕上げおよび構造体の計測において，開口部等による数量の控除を，一定の基準を設けて，それ以下の欠除はないものとして計測しようというものです。

図のような外壁面積に対する開口部の控除は①～⑥のうち，③，⑥が0.5m^{2}以下ですから欠除はないとみなし，①，②，④，⑤の合計面積分を欠除分として計上します。

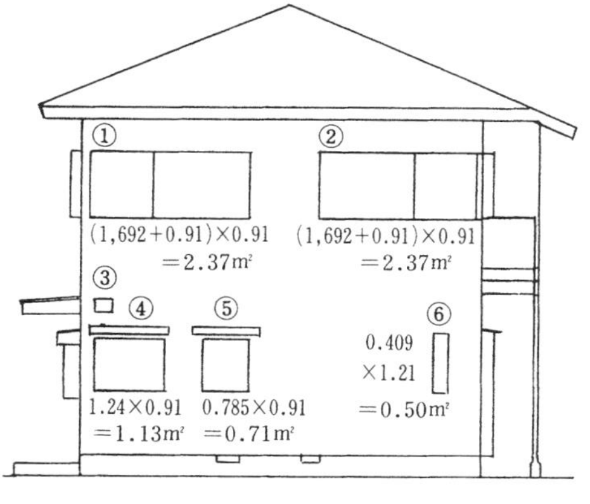

また内装の欠除は，開口部以外の幅木，回り縁，付けかもい，なげし，化粧柱等の控除は一切みないことにしました。現実の施工実態として控除している場合は，実態に合わせた基準として運用してください。

(3.3)　所要数量

3.3.1　木材および仕上げ材で，本，枚の単位で計上できるものは，市場寸法による定尺物の一本，一枚拾いをする。長さの計測が必要な場合は継手，仕口に要する長さおよびロス分を含めて0.91mを1.0mに換算して長さを計測する。

3.3.2　木材・鋼材の設計数量から所要数量を求める場合は，次のロス率を乗じた数量とする。

木材	設計数量×1.10
合板類	設計数量×1.15
鋼材	設計数量×1.05

3.3.3　木材板類の板そばの仕口形状による割増は次のとおりとする。

突付け，添え付け	10%
実はぎ	15%
合じゃくり，羽重ね	15%

3.3.4　木材造作材でひき立て寸法が示されないため，仕上げ寸法に削り代をみる必要がある場合は，片面削りの場合３mm以上，両面削りの場合は５mm以上を加えた市場寸法とする。

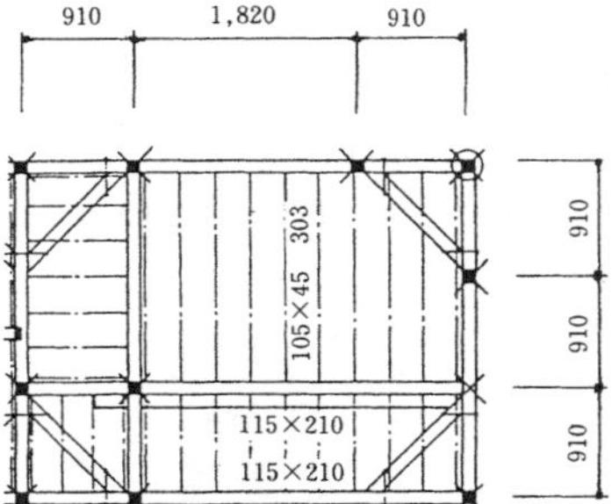

図のような２階床組図からはり，胴差を拾う場合，一本拾いが基本です。

市場定尺長さは10.5cm角の場合３m，４mですから，次のようになります。

1.　２階ばり11.5×21.0cm平角材

↔　3.0m材　⟶２本

2.　胴差・甲乙ばり・妻ばり

10.5×10.5cm正角材

↔4.0＋1.0＋1.0⟶6.0m

↕3.0＋3.0＋3.0⟶9.0m

（0.91mを１mに換算して計測）

6.0＋9.0＝15.0m分　３m材５本分または４m材３本分＋３m材１本分

（3.4　略算法による数量算出）

> 3.4.1　根太組み，胴縁組み，野縁組み，たる木など，下地組みの必要数量は，単位面積（m^2，枚）当たりの概算数値を用いて算出することができる。
>
> 3.4.2　複雑な形状の面積や勾配のある長さ，面積の数量は，近似する長方形の面積に置き換える方法（複雑な形状の面積）や勾配による伸び率を使用した計算方法によって算出することができる。
>
> 3.4.3　労務数量（人工数），塗装面積，組立・接合のためのボルト，溶接延長，釘・金物類，モルタル，接着剤等の数量は，適当な統計値を用いて，数量を計上する。

略算法に必要な概算・換算データおよび統計値の一部は，以下のように，それぞれの工種の中で，また巻末資料に示しています。

表8.9　胴縁の概算数量（木工事）171頁
表8.12　野縁の概算数量（木工事）179頁
表8.15　部屋の広さ別　内壁材必要枚数（木工事）193頁
図11.3　面坪の考え方（左官工事）254頁
図13.1　たたみの寸法（内外装工事）281頁

4. 勾配のある数量

図 5.2　勾配伸び率

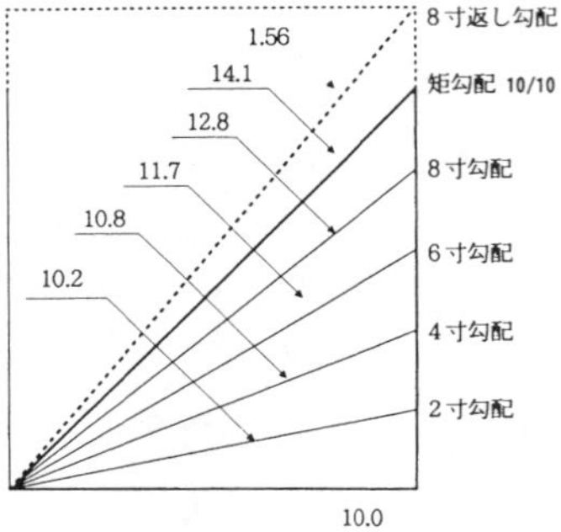

屋根のたる木長さや野地板面積など勾配のある部位の数量は，図5.2および表5.1勾配による伸び率表を使って計算します。

勾配は3寸勾配，4寸勾配，矩（かね）勾配，返し勾配などという言い方をし，図面では⊿3，あるいはそれぞれ3/10，4/10，10/10，12/10と分数で表示されます。

3寸勾配とは図5.2のように水平長さ10に対して，高さ3の勾配という意味です。水平長さ10に対して，高さも同じ10の勾配（角度は45°）の場合を矩勾配，それ以上の勾配を「返し勾配」という言い方をしています。

勾配が大きくなるほど斜辺の伸び率が大きくなるのは，図のとおりです。また勾配伸び率は，たる木や破風（はふ）板などの長さだけでなく，屋根の面積計算などにも使えます。単純な切妻屋根だけでなく寄棟屋根や複雑な形状の屋根でも勾配が同じであれば，水平面積の合計にこの勾配伸び率を使って計算できます。

詳しくは木工事「小屋組の拾い」で説明しています。勾配伸び率および隅棟の流れ長さ，水平距離に対する伸び率は次頁の表5.1のとおりです。

（3.5　計上の対象としないもの）

> 仕上げ材の構成部材や接合材料等で，主材料の複合単価の中に含まれている材料は，計測の対象としない。
>
> 例：パテ，シール，コーキング，布貼り等の重ね代，石張り，れんが積みの取付金物，目地材，モルタル等

表 5. 1 勾配による伸び率表

屋　根　勾　配			勾配伸び率	隅棟伸び率	
尺貫法(寸)	分数勾配	角度勾配	対水平	対流れ長さ	対水平
0.5	0.5/10	2° 51′ 45″	1.0005	1.414	1.415
1.0	1.0/10	5° 42′ 88″	1.005	1.411	1.418
1.5	1.5/10	8° 31′ 51″	1.011	1.408	1.423
2.0	2.0/10	11° 18′ 36″	1.02	1.400	1.428
2.5	2.5/10	14° 02′ 11″	1.03	1.393	1.44
3.0	3.0/10	16° 41′ 57″	1.04	1.385	1.45
3.5	3.5/10	19° 17′ 24″	1.06	1.375	1.46
4.0	4.0/10	21° 48′ 05″	1.08	1.365	1.47
4.5	4.5/10	24° 13′ 40″	1.10	1.35	1.48
5.0	5.0/10	26° 33′ 54″	1.12	1.34	1.50
5.5	5.5/10	28° 48′ 39″	1.14	1.33	1.52
6.0	6.0/10	30° 57′ 49″	1.17	1.32	1.54
6.5	6.5/10	33° 01′ 26″	1.19	1.31	1.56
7.0	7.0/10	34° 59′ 31″	1.22	1.29	1.58
7.5	7.5/10	36° 52′ 12″	1.25	1.28	1.60
8.0	8.0/10	38° 39′ 35″	1.28	1.27	1.62
8.5	8.5/10	40° 21′ 52″	1.31	1.26	1.65
9.0	9.0/10	41° 59′ 14″	1.35	1.25	1.67
9.5	9.5/10	43° 31′ 52″	1.38	1.24	1.70
10.0 (矩)	10/10	45° 00′ 00″	1.41	1.23	1.73
9寸返し	11/10	47° 43′ 35″	1.49	1.21	1.79
8寸返し	12/10	50° 11′ 40″	1.56	1.19	1.86

5.4 数量算出の順序

木工事に限らず建築工事費は「数量×単価」の集合体ですから，見積り・積算業務では，まずこの「数量」の把握が必要です。

数量には，①建物の部位の数量と②その部位をつくるために必要な材料数量や労務数量とがあります。①建物の部位の数量とは，床や壁，屋根の面積や窓の箇所数などで，②の材料，労務数量には柱の本数，たたみの枚数，大工職人の人工（にんく）数などがあります。①は図面対比で比較的わかりやすいのに対し，②は図面上に表れていないことが多く，①の建物部位の数量から計算されることが多いものです。このため数量をどういう順序で把握するかが大切になってきます。

これから順を追って説明，事例建物を例に具体的に計測・計算，整理をしますが，大まかには次のようにします。

1. 建物平面のたてよこ寸法，高さ寸法など基本的なデータの整理
2. 外部の東西南北面，屋根の形状，内部の間取り寸法の整理
3. 窓や出入口など内外部の仕上数量に影響を与えるデータの整理
4. 2.3. より内外部の仕上調書，同集計表で建物各部位の仕上げ数量の把握
5. 木拾い，木材数量の把握（一部4. の仕上げ数量による）
6. 4. の仕上げ数量をもとに材料，労務数量の把握

下見積りの各段階でそれぞれ必要な数量を計測・計算する方法もありますが，同じ数量を何回も拾ったり，同じ数量であるはずの数字が工種によって異なったりすることが多発します。木造住宅の場合，多少の数量の違いは避けられませんし，全体工事費にもそれほど影響はありませんが，同じであるはずの数字が違うのは説明にも困りますし，そのために時間を費やすのは得策とはいえません。そうしたことを防ぐためにも合理的な手順で整理したいものです。

ただ本書は見積りがテーマで，建築数量の詳しい把握方法については省略しています。自社の建築コスト把握のためなど詳しくは拙書「入門・木造住

宅の積算実務（彰国社刊)」をご参照ください。

建築数量の算出は，効率よく，できるだけ正確に行うことが望まれます。このためには，同じ数量を２度も３度も拾ったり，拾いモレを無くす工夫が必要です。

とくに多いのが工種別に仮設，基礎，木工事など施工工程順に拾うケースですが，この場合，同じ数量を何回も拾いがちになります。例えば建具の寸法は，建具工事でも必要ですし，枠材は木工事で，その塗装は塗装工事で必要です。木工事の下地板は内外部の仕上げと共通しています。

全体の数量算出の手順は,図5.3のように「基本数量」→「開口部･建具表」→「仕上調書」→「木拾い」→「部位別数量」という順序です。

以上は図面が，すでにあるという前提での見積りや過去の自社事例の分析のための手順です。

構想段階あるいは基本設計の段階での数量把握，さらに自社仕様の設定のための建築数量の検討では，少し手順が違ってきます。図5.4のように間取り計画が建築計画の中心になり，開口部や収納プランも，間取り計画と同時

図 5.3　手順図

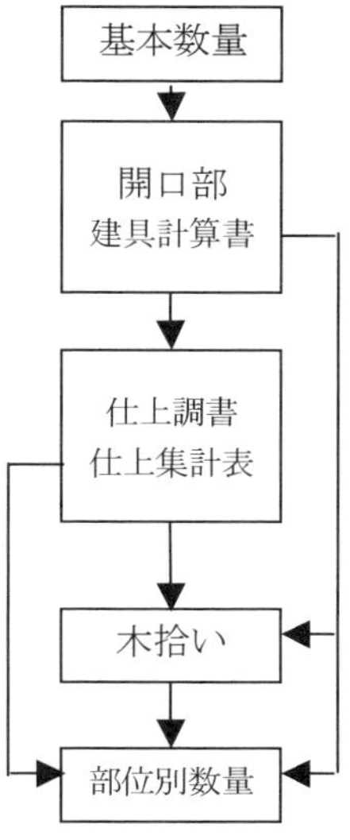

図 5.4　建築プラン時の手順

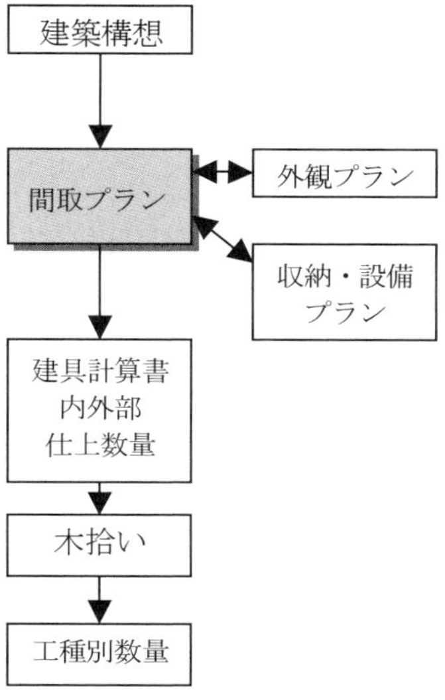

並行的に行われます。

基本数量から内部数量「仕上調書」までの部位数量の内容は表5.2のとおりです。

表 5.2　建物の各部位数量と数量調書

区　　分	内　　容	調　　書
・基本数量	建物平面寸法，建築面積，床面積，工事面積 階数，高さ，間取り	基本数量計算書 (61頁)
・他に影響を与える数量	開口部（外部開口部，内部開口部材） 造り付け家具，設備機器，収納	開口部・建具表 (260～261頁) 住設機器・収納調書
・外部仕上数量	屋根形状・勾配・面積 軒回り（とい，破風，鼻隠し） 軒天，外壁，庇，霧除け	外部仕上調書 (省略)
・内部仕上数量	床・壁・天井，内法（幅木，畳寄，回縁，長押など） その他仕上材（框材，階段，カーテンボックスなど）	内部仕上調書 (68～69頁) 内部仕上集計表 (70～71頁)

建築数量の中には，平面図上の「たて」「よこ」の寸法や矩計図の「床高さ」「軒高」「天井高」「屋根勾配」など，基本的な数量があります。こうした数量データは各工種にわたって何回も使われるため，まず最初に整理しておくようにします。

次に他に影響を与える数量として「開口部」等のデータを整理，この基本的な数量と開口部データをもとにして，各部屋別の仕上調書，屋根や外装などの外部仕上調書で，内外部の仕上げ数量を整理するという手順です。

その後に，木拾いという順序になりますが，これは木拾いの中でも，最も繁雑な，下地組や仕上げ造作材の拾いを，図面からではなく内外部の仕上げ数量から逆に計算するためです。

5.5　事例建物の数量算出

これまで建築数量積算基準および木造住宅での数量算出について説明してきました。では見積りに必要な数量をどう計測し整理するのか，具体的な事例建物をもとに説明します。

事例は全国建設労働組合総連合・東京都連合会のご好意により，同連合会の積算委員会が作成した「工事単価積算資料」(97春期版）を使用させていただきました。

(事例建物の紹介）①立面図

（南側立面図）

（東側立面図）

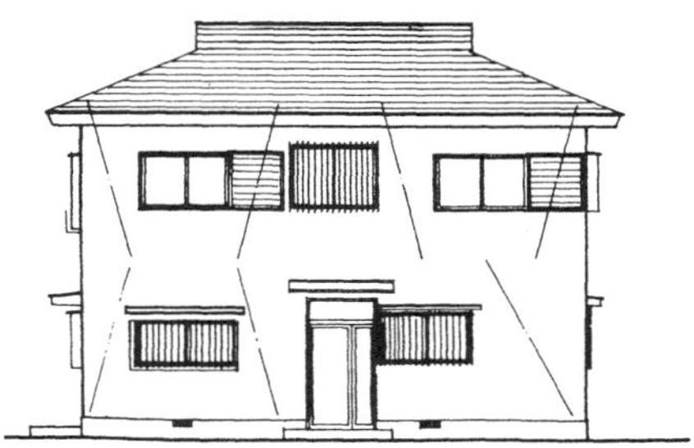

（北側立面図）

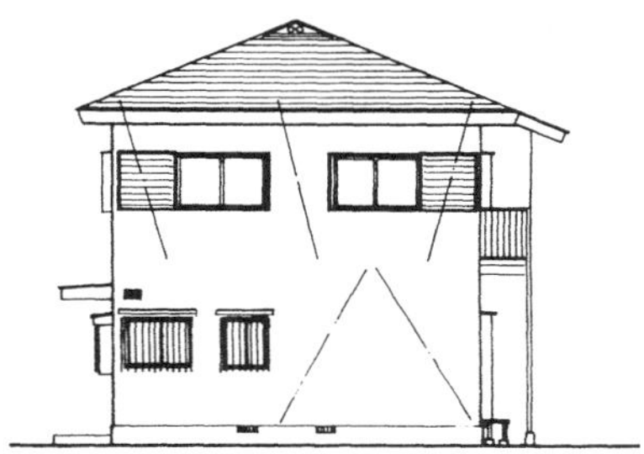

（西側立面図）

② 1階平面図

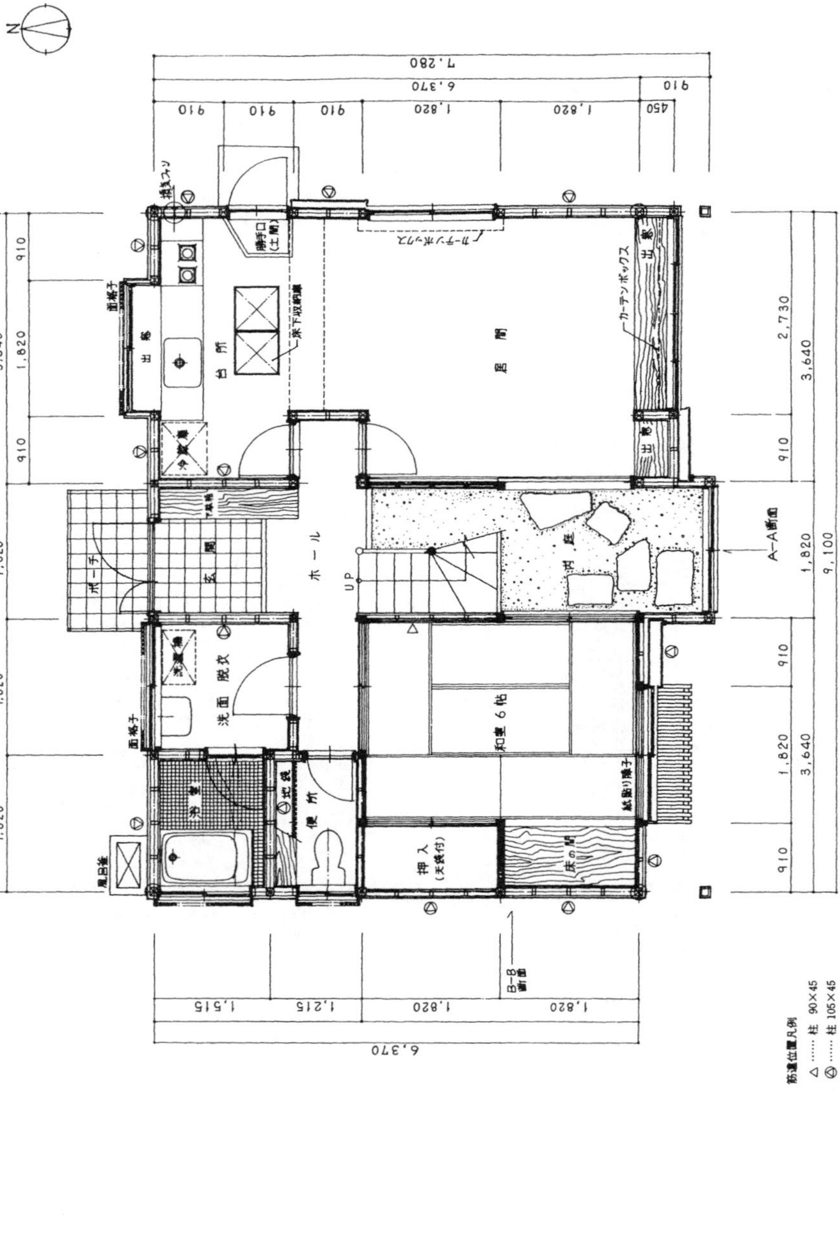

N
7,280
6,370
910
450
1,820
9,100
3,640
2,730
1,515
1,215
居間
台所
ホール
玄関
ポーチ
和室 6帖
洗面 脱衣
浴室
便所
押入（天袋付）
床の間
中庭
出窓
勝手口（土間）
床下収納庫
カーテンボックス
紙貼り障子
面格子
風呂釜
下足箱
UP
A—A断面
B—B断面
筋違位置凡例
△……柱 90×45
◎……柱 105×45

③２階平面図

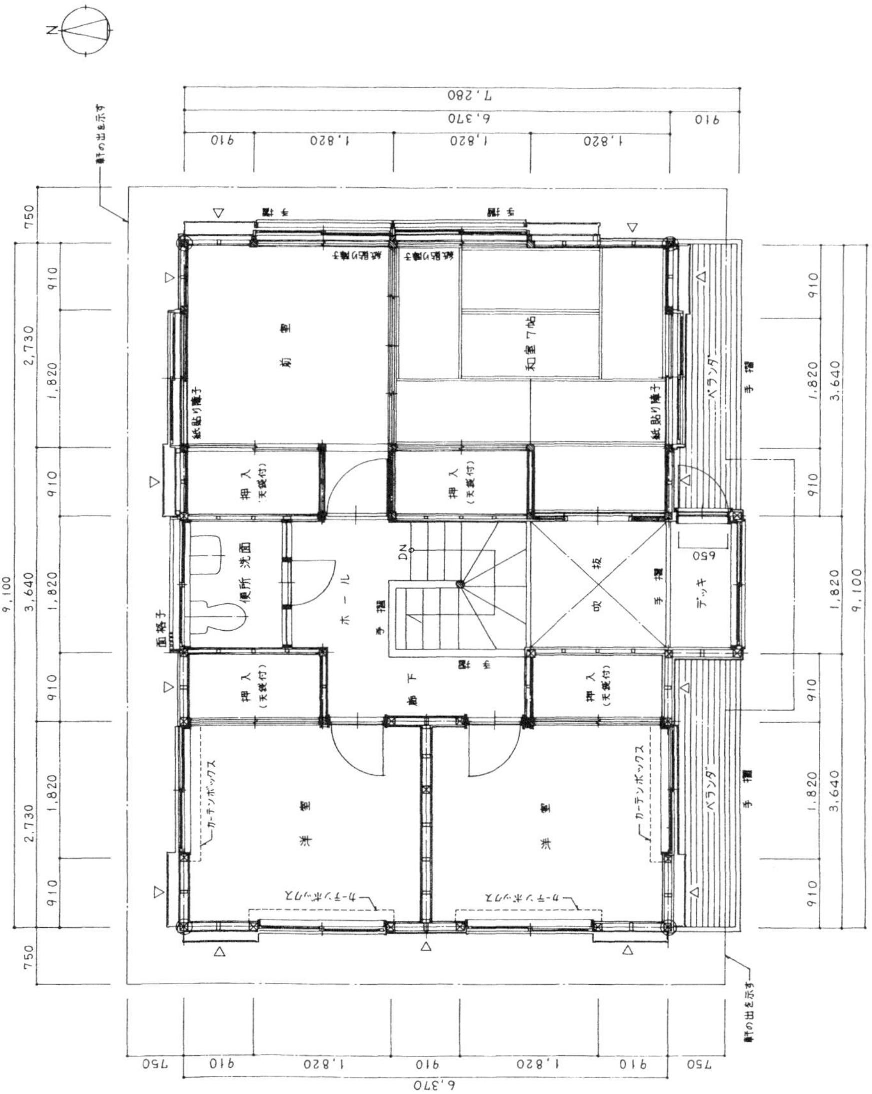
N
7,280
6,370
910
1,820
9,100
3,640
2,730
750
和室７帖
ベランダ
デッキ
ホール
廊下
押入（天袋付）
便所 洗面
洋室
吹抜
手摺
カーテンボックス
紙貼り障子
面格子
軒の出を示す
DN
650

④基礎伏図と１階床伏図

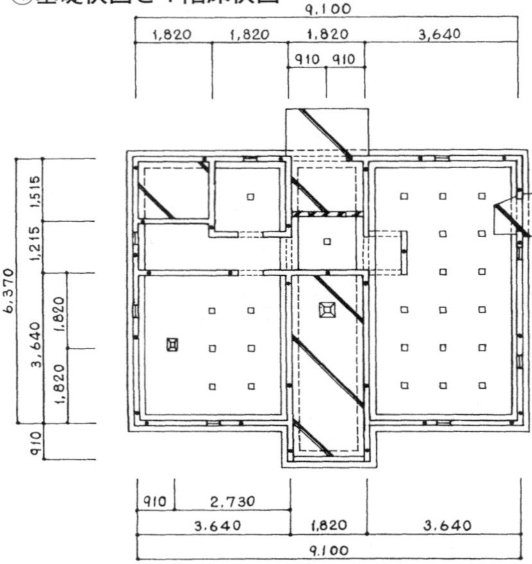

（基礎伏図）

■基礎凡例

- 布基礎 巾120 下巾400
- 〃 巾120 高500
- アンカーボルト $13^{\phi}\ell=380$
- 外部床下換気孔スチール 120×300 ＯＰ
- 独立基礎 上150ロ 下300ロ
- 束石 ＣＢ150×150ロ
- 土間コンクリート㋐60

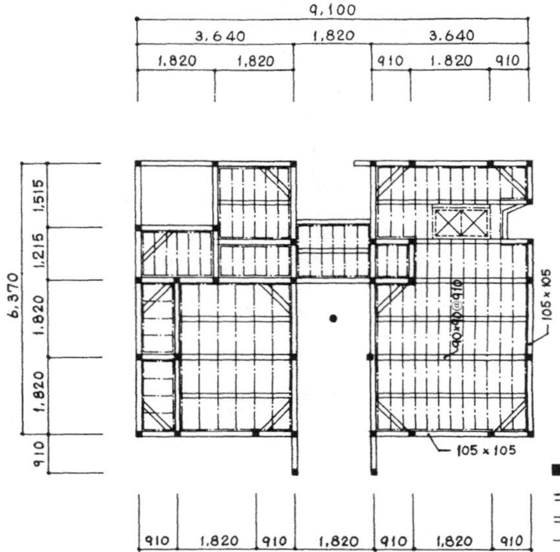

（１階床伏図）

■１階床凡例

- 土台 105×105
- 大引 90×90 @910
- 根太 45×36 Ａ@455（タタミ床のみ）
  Ｂ@303
- 火打土台 90ロ/2

⑤２階床伏図と小屋伏図

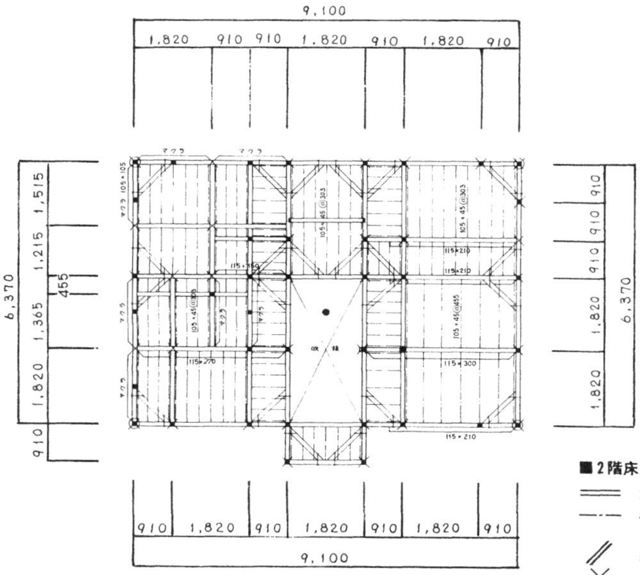

（２階床伏図）

■２階床凡例

105×105（特記なき限り）

根太 105×45 A @455
B @303

火打梁 90×90 13$^{\phi}$ボルト締め

一階柱

二階柱

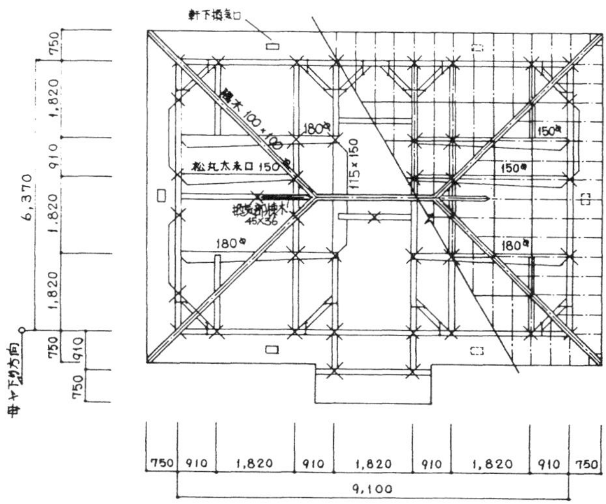

（小屋伏図）

■小屋梁凡例

105×105（特記なき限り）

タルキ B75$^{\square}$/2 @455

母屋 90×90 @910

隅木、棟木 100×100

二階柱

火打梁 90×90 13$^{\phi}$ボルト締め

⑥ A-A 断面図

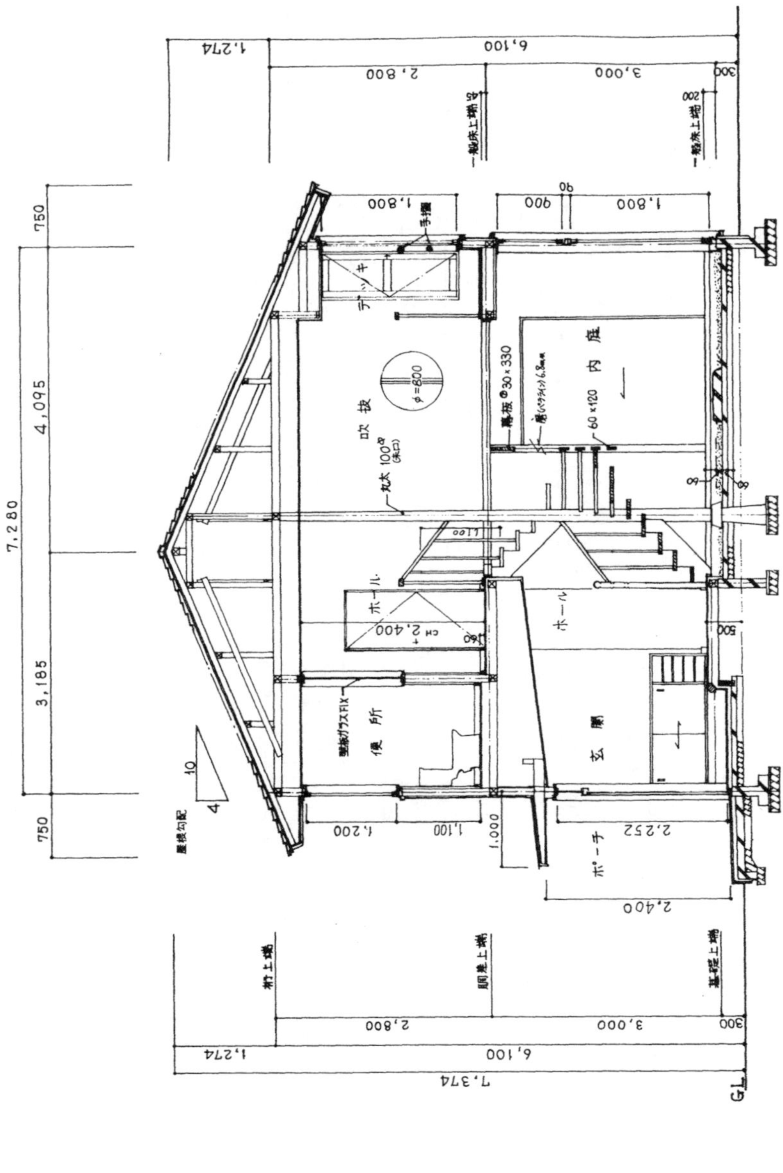

吹抜
内庭
玄関
便所
ホール
ポーチ
デッキ
手摺
7,280
4,095
3,185
750
6,100
1,274
7,374
2,800
3,000
300
2,400
GL

⑦矩計図

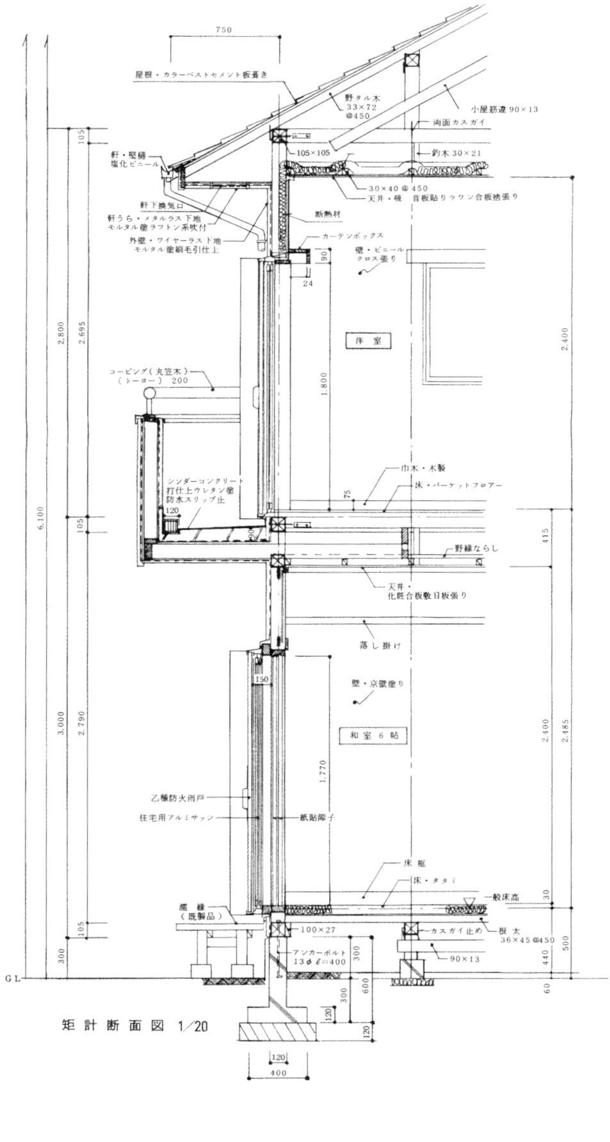

矩計断面図 1/20

（1）まず基本データの整理から

建築数量の算出では，まず基本的な数量を最初に整理します。住宅建築での基本的な数量には，1.建物全体の広さや高さなどの「工事概要」と2.外部基本数量，3.内部基本数量があります。いずれも各仕上げ数量計測・計算の前提となるデータです。これを最初に整理しておかないと同じ寸法を図面から何回も測ることになります。

1．　工事概要（面積，高さのデータなど）

1-1．　敷地面積，建築面積

建築面積は1，2階別に平面図上の「たて」「よこ」の寸法から計算します。図面には柱または壁心寸法（心々寸法）がmm単位で記入されていますが，前述の数量基準通りm単位で心々寸法のまま計算します。

建築面積には広い意味での床面積や工事面積など建築規模を表現する一般的な使われ方と，従来からよく使われている「建坪」に相当する敷地面積に対する建築面積，つまり建築基準法上でいう「建築面積」があります。

建築コストに関係するのは，実際に施工する工事面積ですが，一般には床面積単位で表現されることが普通です。いずれも内部の仕上寸法による面積ではなく，壁や柱の中心線で囲まれた心々寸法による面積とします。

建築面積，1，2階床面積，工事面積の関係は図のとおりですが，ここでは1，2階床面積とその他の工事面積に分けて整理します。

事例建物では次頁の表5.3基本数量計算書のとおりです。

図 5.5　建築面積，床面積，工事面積

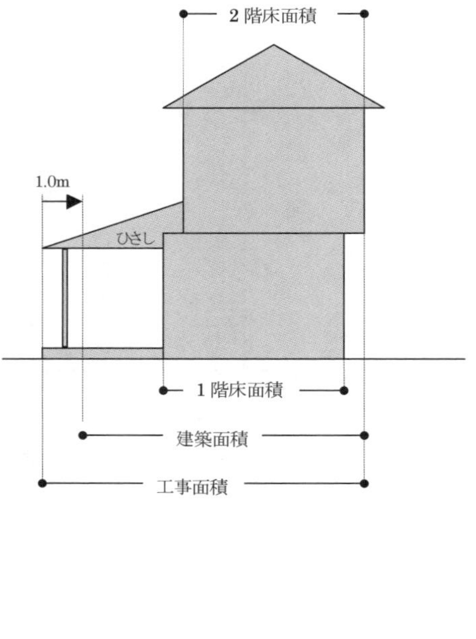

表 5.3　基本数量計算書

○○邸新築 工事　　基 本 数 量 計 算 書　　平成○年○月○○日作成

敷地面積	132.0 m²（40坪）		高さ	軒高 6.0 m、外壁仕上高 5.75 m、1F 3.0 m、2F 2.45 m、基礎地上高 0.3 m	
建築面積	合計	118.8 m²（36坪）	内訳	1F床面積 59.4 m²（18坪）、2F床面積 59.4 m²（18坪）	
その他面積	玄関ポーチ 1.97 m²（1.875×1.05 m）、ベランダ 6.6 m²（3.64×0.91×2 m）				

1.外部基本数量（外形寸法）

外壁	全壁面積	実面積	計算、内訳
北面	50.17 (m²)	39.37 (m²)	(L9.205×H5.45)　控除分 10.8 (m²)
東面	40.25	31.49	(L7.385×　〃　)　8.76
南面	49.62	28.39	(L9.205×H5.45)−(2.73×0.2)　21.23
西面	40.25	35.33	(L7.385×H5.45)　4.92
合計	180.84	134.58	

屋根面積	勾配係数	水平面積	計算、内訳
94.56 m²	1.08	85.90+1.66	[{9.1+〈0.75×2〉}×(6.37+〈0.75×2〉)]+[0.91×(1.82+〈0.45×2〉)]=85.90

（その他の面積）

2.内部基本寸法（心々寸法）

No.	部位・室名	基本寸法 ①↔	基本寸法 ②↕	面積①×② m²	面積①×② 帖	周長 (①+②)×2	壁高	控除前壁面積	開口部など控除分
	(1F)								
1	浴室	1.82	1.515	2.76	1.7	6.67	2.3	15.31	AW3、AD2、浴槽.
2	洗面・脱衣	1.82	1.82	3.31	2.0	7.28	2.4	17.47	AW1、AD2、WD1
3	便所	1.82	1.215	2.21	1.3	6.07	2.4	14.57	AW4、WD2、WD3
4	玄関	1.82	1.515	2.76	1.7	= 4.85	2.5	12.13	AD1
5	ホール・廊下	1.82 2.73	1.215 0.91	4.69	2.8	= 6.98	2.4	16.75	WD1×3、WD2、WD4
6	和室6帖	2.73	3.64	9.94	6.0	12.73	2.4	30.58	WD4、F1、床の間、S1、S2
7	内庭・階段室	1.82	4.55	8.28	5.0	= 10.92	3.0	32.76	S1、AW8、WD5
8	台所	3.64	1.82	6.62	4.0	= 8.19	2.4	19.66	WD1、AW2、AD3
9	居間	2.73 3.64	0.91 3.64	15.73	9.5	= 13.65	2.4	32.76	AW6、AW7、WD5
10	押入	0.91	1.82	1.66	1.0	5.46	2.4	13.10	F1
11	床の間	0.91	1.82	1.66	1.0	5.46	2.4	13.10	
	(2F)								
12	洋室 A	2.73	3.185	8.70	5.25	11.83	2.4	28.39	AW1×2、WD2、WD3
13	〃 B	2.73	3.185	8.70	5.25	11.83	2.4	28.39	AW1、AW5、WD2、WD3
14	便所・洗面	1.82	1.365	2.48	1.5	6.37	2.4	15.29	AW2、WD1、そでガラス
15	ホール・廊下	1.82 0.91	1.365 2.73	4.97	3.0	= 8.19	2.4	19.66	WD1、そでガラス、WD3×2、WD4
16	階段・吹抜	1.82	3.64	6.62	4.0	= 5.46	2.4	13.10	S3
17	デッキ	1.82	0.91	1.66	1.0	= 3.64	2.4	8.74	AD1、AW7
18	和室・前室	2.73 0.91	2.73 0.91	8.28	5.0	= 12.74	2.4	30.58	S1、S2、F1、F2、WD4
19	〃 7帖	2.73 0.91	3.64 1.82	11.60	7.0	= 14.56	2.4	34.94	F1、F2、S2、S3、S4.
20	押入1.2(洋)	0.91	1.82	1.66	1.0	5.46	2.4	13.10	WD2
21	〃 3.4(和)	0.91	1.82	1.66	1.0	5.46	2.4	13.10	F1

1-2. 高　さ

高さのデータ（垂直寸法）には，建築設計上，次のように様々な寸法があります。

垂直寸法＝軒高　（外壁面積計算）
基礎高
床高
天井高（内壁面積計算）
階高
棟高　（妻壁面積計算）

それぞれの関係は図5.6のようになっています。以上のうち建築数量把握に関係するデータは，軒高（外部壁高）と天井高（内部壁高）ですが，簡単なようで，最も混乱しやすいデータです。

図 5.6　高さのデータ

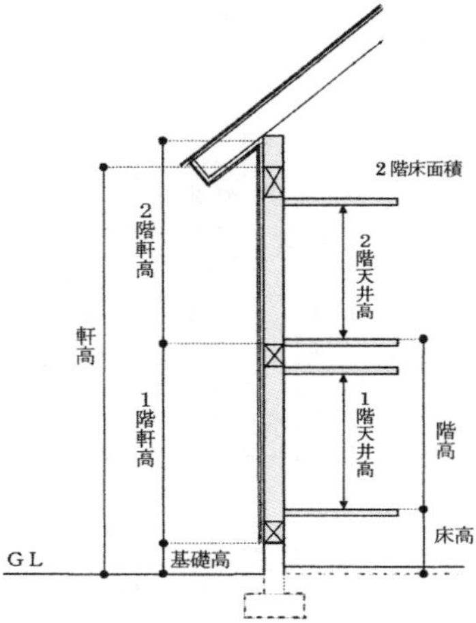

矩計図は施工のための図面であり，必ずしも建築数量を把握するためのものではないため，必要な寸法が記入されていないことがあります。とくに外壁仕上げの高さは図面上の軒高（軒高は地盤面から軒桁または柱の上端）とは異なり，基礎上端から壁仕上げ面上端になり，壁仕上げ面上端は軒天の形状によっても変わってきます。矩計図から必要な寸法を読み取って整理してください。

高さのデータは内外部の仕上げ数量計算のもとになりますから，とくに複雑な形状の建物では最初にしっかりと整理し後で混乱しないようにすることが必要です。妻壁部分がある場合は棟高が必要になったり，内部天井に傾斜天井があることもあります。図面に寸法表示がない場合は図面から物差で読み取ることも必要です。

ここではこのうち外部の建築数量に関係するデータを整理します。内部の天井高さは3. 内部基本数量として部屋ごとに整理します。

その他面積として，この事例建物では玄関ポーチ，ベランダの面積を整理しています。

2.　外部基本数量（外形寸法）

外部仕上げには，次のようなものがあります。

表 5.4　外部の仕上げ項目

屋　　根	軒　　天	外　　壁
屋根仕上面積 鼻かくし長さ 破風板長さ 雨とい長さ 庇（面積・箇所数）	軒天面積	外壁仕上面積 幕板長さ 付梁長さ 付柱長さ

このうち外部基本数量では外壁面積，屋根面積，その他の面積について整理します。

外壁面積

外壁面積は東西南北面，１，２階ごとの外形寸法（心々寸法＋柱形）と壁高から，まず全壁面積を計算し，次に開口部など仕上げのない面積を控除して，必要な壁仕上げ面積を把握します。平面図上の建物形状が出入りがあっても立面図の各面の最大寸法で計算します。ただ凹部がある場合は，立面図上に表れない壁を平面図で確認するなどの注意が必要です。外形寸法は図面に表示されている寸法に柱型の寸法（両端に半本分，合わせて1本分）を加算した寸法です。

事例建物のように総2階建てで寄棟屋根の場合は，外形寸法×高さで総面積は簡単に計算できますが，通常は１，２階別に外形形状に応じて計算します。

全壁面積から仕上げのない壁面積を控除して実面積を計算しますが，これは建具表など他に影響するデータを整理した後で記入するようにします。

外部建具や外壁仕上げがない雨戸部分などです。

屋根面積

軒の出を含めて屋根の水平投影面積や鼻隠しや破風など軒回りの長さを計算し，これに勾配による伸び率を使って面積や長さ等の計算をします。

図 5.7　外壁面積の算出

（南側立面図）

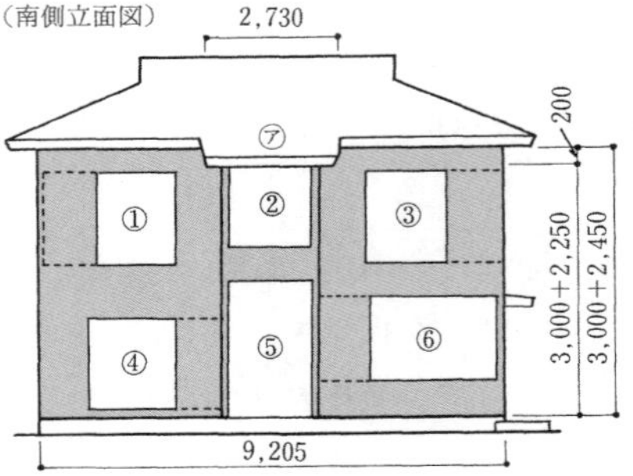

・壁　（全）　面積9.205×5.45＝50.17
・控除分　⑦　2.73×0.2＝0.55
①＋②　1.692×1.788×2＝6.06
③＋④　1.692×1.757×2＝5.94
⑤　1.692×（1.79＋0.91）＝4.57
⑥　2.604×1.788＝4.66

・50.17－（0.55＋6.06＋5.94＋4.57＋4.66
＝28.39（m²）

（東側立面図）

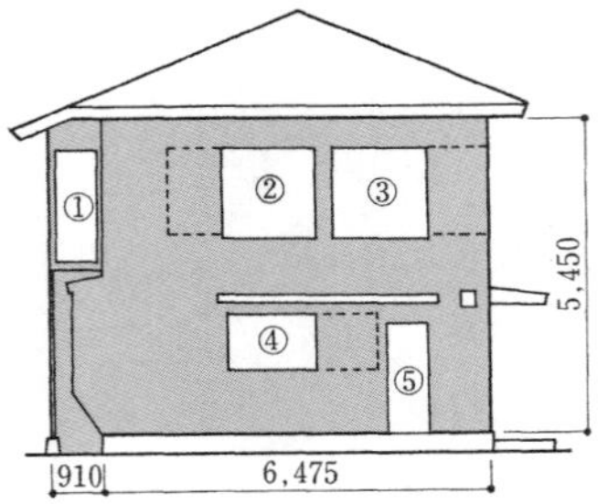

・壁　（全）　面積（0.91＋6.475）
×5.45＝40.25
・控除分　①　0.65×1.755＝1.14
②＋③　1.692×1.361× 2 ＝4.61
④　1.692×0.91＝1.54
⑤　0.802×1.843＝1.48

・40.25－（1.14＋4.61＋1.54＋1.48）
＝31.49（m²）

（北側立面図）

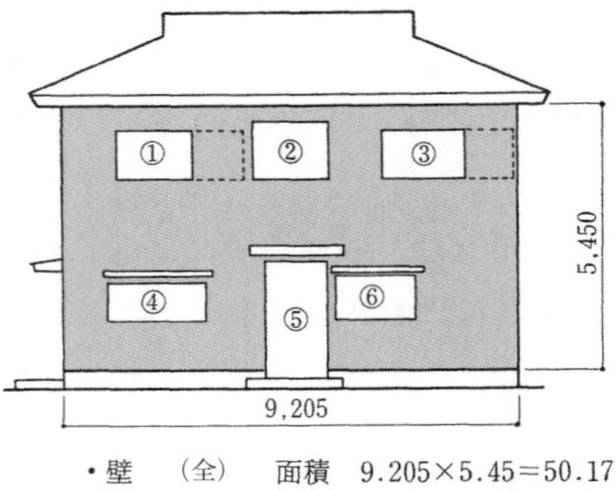

・壁　（全）　面積　9.205×5.45＝50.17
・控除分　①＋③＋⑥　1.692×0.91× 3 ＝4.62
②　1.692×1.21＝2.05
④　1.718×0.755＝1.30
⑤　1.257×2.252＝2.83

・50.17－（4.62＋2.05＋1.30＋2.83）＝39.37

（西側立面図）

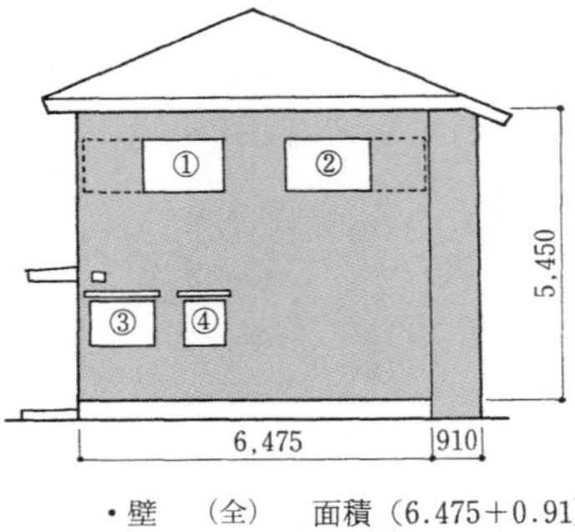

・壁　（全）　面積（6.475＋0.91）
×5.45＝40.25
・控除分　①＋②　1.692×0.91× 2
＝3.08
③＋④　（1.24＋0.785）
×0.91＝1.84

・40.25-（3.08＋1.84）＝35.33

屋根仕上面積は１，２階小屋伏図から軒の出の寸法を含めて水平寸法から面積を計算し，これに勾配による伸び率を乗じて計上します。寄棟，切妻など屋根の形状にかかわらず，屋根勾配が同じであれば，水平投影面積の合計に伸び率を乗じて計算できます。

勾配による伸び率は表5.1勾配による伸び率表（49頁）を参照してください。

外部仕上げの数量には，外壁，屋根のほかにも軒天，軒回り（破風，鼻隠し，とい等），さらに建築プランによって，幕板，付梁・付柱，庇がありますが，外壁，屋根の寸法が参考になります。それぞれの工種の項で説明しています。

3．内部基本数量（心々寸法）

次に１，２階別に各部屋の間取り計画に応じて，平面上の寸法（①→②↓）と壁高（h）をｍ単位で整理します。収納部分や押入れ等は別に整理します。

整理する順序は別に決まりがあるわけではありませんが，自社内で決めておくようにします。図面上の左上から時計まわり，あるいは玄関から時計まわりにが基本です。

外部では外形寸法，実際の仕上げ寸法で計算しましたが，内部では心々寸法，つまり図面に表示されている寸法そのままで計測・計算します。

建築数量積算基準と違う部分ですが（基準は仕上数量による），これはビル建築と違い，施工規模が小さいため，厳密に仕上数量としなくても，全体として過大な数量にはならないことと，下地材や仕上げ材の製品寸法も３尺（910mm）幅が多いため，心々寸法で計算しないと現場で不足する場合があるからです。

壁高さは１，２階天井高さです。玄関や浴室などで違ってくることが多いため，矩計図などで確認してください。

押入れやクローゼットなどの収納部分は別に整理します。ただ納戸や物置部屋，ウォークインクローゼットのように独立した部屋の形態をとっている場合は部屋として含めます。

（面積，周長，壁高，全壁面積）

各部屋の（①→　②↓）寸法は，次の面積，周長を計算する基になります。面積は説明するまでもありませんが，周長は玄関とホール，階段室など壁の位置が三方だけの場合や，ホールや廊下など四方形の間取りではなく変形のものなど，様々なケースがあります。その形状と周長を図面等を参考に図示してください。また変形の場合は矩形単位で行を変えて整理し，合計するようにします。

（どこで区切るか）

各部屋の（①→　②↓）寸法は，玄関とホールなど天井高さが違ったり，床や壁などの仕上げが異なる場合は，分けて整理します。内部の下地および仕上げ数量を集計することが目的だからです。

周長に壁高を乗じた数値が全壁面積です。ここでは全壁面積までを整理し，開口部等による控除後の実数量は，後述の仕上調書で計算するようにしています。

（2）他に影響する数量を先に

次に開口部（建具調書）や住設機器，造り付け家具など他の仕上げに影響を与えるデータを整理します。内外部の仕上げ面積や幅木や回縁など内のり材の必要長さの計測・計算に影響するため，先に整理するものです。

1．建具計算書

従来の工種別見積りでは，金属製建具，木製建具工事と，建具の材質によって分けられ，前者がサッシ店，後者は建具店という区分でしたが，ここでは外部開口部，内部開口部という部位で分けています。

開口部数量は，建具そのものの見積りのためと同時に，内外部の壁面積や幅木などの内法材の長さ，木工事の枠材の数量などに影響します。

（開口部数量）	（影響する他の数量）
面積（W × H）	内・外部の壁面積，ガラス
幅（W）	幅木，長押など内法材の長さ
周長＜2（W + H）＞	枠材，塗装など

開口部材は種類が多く，サイズも豊富なため，その都度，寸法や面積，枠材，塗装，ガラスなどのデータを整理すると混乱しがちです。自社で標準的に使う開口部材の寸法や面積，枠材などは，あらかじめ整理しておくようにしてください。

また内部建具では建具枚数を（　）書きするようにしています。障子や襖による開口部は，開口部としての個所数単位ですが，建具の見積りでは何枚使いかによる本数単位となるからです。

こうして計上した建具を１，２階，種類別にまとめて建具リストとして整理します。建具工事の見積りのためのデータとなるほか，内部の壁面積の計算，幅木など内のり材の必要長さ，木工事の枠材の拾い，塗装工事の数量データなどに使います。

事例工事の外部建具を１，２階の別に整理したものが，263，264頁の表12.2,3の建具計算書のとおりです。

2.　その他の他に影響するデータ

開口部以外にも，造り付けの家具や埋め込み式のバスタブなど，いくつかの他の建築数量に影響を与えるデータがあります。

躯体部分はともかく下地や仕上げ施工に影響する部分です。あまり多くない場合は，内部仕上調書を作成する過程で，直接，計算し控除しますが，控除漏れや，仕上調書の作成作業の途中で図面を見直して確認しなくてはならないことを避ける場合は，先に調書にまとめて整理しておきます。

（３）内部仕上げ数量の把握

以上の基本数量計算書，建具計算書等から，内部仕上げ数量を整理します。整理は表5.5内部仕上調書記入例のような書式を使い，部屋ごとに床（F），内のり（B），壁（W），天井（C）の順に下地，仕上げ内容別に全体数量，控除数量を記入しながら必要数量を整理します。

内部仕上調書は，木拾い作業とともに見積り積算作業の中核となる作業です。基本データ３.　内部基本数量で整理した玄関，居間，和室といった各部屋ごとに，内部の床，幅木，回縁，壁，天井などの必要数量を，仕上げ材とともに整理します。

床と天井の数量把握は面積計算だけで比較的簡単ですが，問題なのは壁面積や内のり材の長さです。先に整理した開口部材や収納部分，住設機器のデータを手元において，全体数量から控除数量を引いて，実際に必要な数量を床，幅木，壁，回縁，天井，その他の順に，下地，仕上げ材の名称と数量を整理していきます。

表 5.5　内部仕上調書記入例①

〇〇邸新築　工事　　　仕　上　調　書　(1)　　　平成〇年〇月〇〇日作成

部位・室名	位置	下地	仕上名称・規格	塗装	単位	計算（小数点3位を四捨五入・2位まで）	数量
(1階－1)							
浴室	F	ⓒ	せっ器質タイル張 75角・施釉	—	m^2	2.76－(1.2×0.8)＝1.8 (m^2)	1.8 m^2
	W	木ずり・ラス下地 モルタル塗	〃　108角・〃	—	〃	天井H 2.3mまで	
						15.31－(1.13＋1.34＋浴槽分1.3)＝11.54 (m^2)	11.54 m^2
			役物タイル（面取）	—	m	開口部まわり 4.3(AW3)＋5.07(AD2)＝9.37 (m)	9.37 m
	C	—	バスリブ	—	坪	2.76 m^2 → 1.0坪分	1.0坪
洗面・脱衣	F	コンパネ㋐12	クッションシート接着貼㋐1.8	—	m^2	3.31 (m^2)	3.31 m^2
	B	—	木製幅木（メラピー H=75）	OSV	m	7.28－(0.75＋0.8)＝5.73 (m)	5.73 m
	W	石こうボード㋐9.5	ビニルクロス（普通品）貼	—	m^2	17.47 (m^2)	
						▲1.54(AW1)＋1.34(AD2)＋1.43(WD1)＝4.31	
						17.47－4.31＝13.16 (m^2)	13.16 m^2
	C	—	けいカル板張 ㋐5.0	VP	m^2	3.31 (m^2)	3.31 m^2
便所	F	コンパネ㋐12	クッションシート接着貼㋐1.8	—	m^2	2.21 (m^2)－地袋分(0.3×1.82)＝1.66	1.66 m^2
	B	—	木製幅木（メラピー H=75）	OSV	m	6.07 (m)	
						▲0.6(WD1)＋(1.8＋<0.3×2>)(地袋分)＝3.0	
						6.07－3.0＝3.07 (m)	3.07 m
	W	石こうボード㋐9.5	ビニルクロス（普通品）貼	—	m^2	14.57 (m^2)	
						▲0.71(AW4)＋1.43(WD2)＋1.44(WD3・裏面)	
						＋(0.3×0.8×2・WD3側面)＝4.06	
						14.57－4.06＝10.51 (m^2)	10.51 m^2
	C	—	けいカル板張 ㋐5.0	VP	m^2	2.21 (m^2)	2.21 m^2
玄関	F	ⓒ	磁器タイル張 108角無釉	—	m^2	（内部）2.76 (m^2)	
						（外部ポーチ部分）1.875×1.05＝1.97 (m^2)	
						2.76＋1.97＝4.73 (m^2)	4.73 m^2
			同上 役物タイル	—	m	（内部）1.82＋（外部）1.875＋(1.05×2)＝5.73 (m)	5.73 m
	B	—	同上 幅木タイル	—	〃	(0.5×2)＋(1.515×2)＝4.03 (m)	4.03 m
	W	石こうラスボード㋐5	スタッコ吹付仕上げ	—	m^2	12.13－2.83(AD1)＝9.3 (m^2)	9.3 m^2
	C	石こうボード㋐9.5	ビニルクロス（普通品）貼	—	m^2	2.76 (m^2)	2.76 m^2
ホール・廊下	F	—	パーケットフロア（寄木）突付㋐12	—	帖	2.8帖 → 3.0（帖）	3.0帖
	B	—	木製幅木（メラピー H=75）	OSV	m	6.98 (m)	
						▲(0.8<WD1>×3)＋0.8(WD2)＋1.8＝5.0	
						6.98－5.0＝1.98 (m)	1.98 m

内部仕上調書記入例②

○○邸新築　工事　　　仕上調書（2）　　　平成○年○月○○日作成

部位・室名	位置	下地	仕上名称・規格	塗装	単位	計算（小数点3位を四捨五入・2位まで）	数量
	W	石こうラスボードⓟ5	スタッコ吹付仕上げ	—	m^2	16.75 (m^2)	
						▲(1.43〈WD1〉×3)+1.43(WD2)+3.17(WD4)=8.89	
						16.75−8.89=7.86 (m^2)	7.86 m^2
	C	石こうボードⓟ9.5	ビニルクロス(普通品)貼	—	m^2	4.69 (m^2)	4.69 m^2
和室6帖	F	コンパネⓟ12	たたみ　3級上	—	帖	6 (帖)	6帖
	B	—	畳寄せ　米ヒバ小節	—	m	0.91+1.82+0.91=3.64 (m)	3.64 m
	W	石こうラスボードⓟ5	京壁仕上	—	m^2	30.58 (m^2)	
						▲3.17(WD4)+3.92(F1)+4.37(床の間)+3.17(S_2)	
						+3.17(S_1)=17.8	
						30.58−17.8=12.78 (m^2)	12.78 m^2
	C	—	敷目板天井・ラミネート目透し張	—	帖	6 (帖)	6帖
内庭・階段	F	Ⓒ	玉砂利(寒水)敷	—	m^2	8.28 (m^2)	8.28 m^2
	B	—	玄昌石平面張　H=30	—	m^2	4.55×2×0.3=2.73 (m^2)	2.73 m^2
	W	石こうラスボードⓟ5	スタッコ吹付仕上げ	—	m^2	32.76 (m^2)	
						▲3.17(S_1)+4.57(AW8)+4.14(WD5)=11.88	
						32.76−11.88=20.88 (m^2)	20.88 m^2
台所	F	コンパネⓟ12	クッションシート接着貼ⓟ1.8	—	m^2	6.62 (m^2)	6.62 m^2
	B	—	木製幅木(メラピー H=75)	OSV	m	8.19 (m)	
						▲0.8(WD1)+0.802(AD3)+2.73(キッチン)=4.332	
						8.19−4.332=3.858→3.86 (m)	3.86 m
	W	石こうボードⓟ9.5	ビニルクロス(難燃品)貼	—	m^2	19.66 (m^2)	
						▲1.43(WD1)+1.3(AW2)+1.48(AD3)+3.0(流し台	
						ガス台回りステンレス張)=7.21	
						19.66−7.21=12.45 (m^2)	12.45 m^2
	C	—	けいカル板張ⓟ5.0	VP	m^2	6.62 (m^2)	6.62 m^2
居間	F	—	パーケットフロア(寄木)実付ⓟ12	—	帖	9.5 (帖)	9.5帖
	B	—	木製幅木(メラピー H=75)	OSV	m	13.65 (m)	
						▲0.8(WD1)+1.8(WD5)=2.6	
						13.65−2.6=11.05 (m)	11.05 m
	W	—	化粧合板実付張ⓟ5.0	—	m^2	32.76 (m^2)	
						▲1.54(AW6)+4.66(AW7)+4.14(WD5)=10.34	
						32.76−10.34=22.42 (m^2)	22.42 m^2
	C	ラワン合板T2 ⓟ5.5	吸音板(実付)張ⓟ12	—	帖	9.5 (帖)	9.5帖
(2F−1)							
洋室A	F	—	パーケットフロア(寄木)実付ⓟ12	—	帖	5.25 (帖)	5.25帖
	B	—	木製幅木(メラピー H=75)	OSV	m	11.83 (m)	
						▲1.8(WD2)+0.8(WD3)=2.6	
						11.83−2.6=9.23 (m)	9.23 m
	W	石こうボードⓟ9.5	ビニルクロス(普通品)貼	—	m^2	28.39 (m^2)	
						▲(1.54×2)(AW1)+3.98(WD2)+1.43(WD3)=8.49	
						28.39−8.49=19.9 (m^2)	19.9 m^2
	C	ラワン合板T2 ⓟ5.5	吸音板(実付)張ⓟ12	—	帖	5.25 (帖)	5.25帖
洋室B	F	—	パーケットフロア(寄木)実付ⓟ12	—	帖	5.25 (帖)	5.25帖
	B	—	木製幅木(メラピー H=75)	OSV	m	11.83 (m)	
						(以下省略)	

表 5.6　仕上集計表記入例

工事名＿＿＿＿＿＿＿＿

内　部　仕　上

部位	種別↓　下地	階数・室名→　仕上名称・規格	塗装	単位	1F 玄関	ホール・廊下	浴室	洗面・脱衣	トイレ	和室6帖	内庭	台所
床	モルタル60ミリ	磁器質タイル張108角 無柚		m^2	2.76							
		同上役物タイル		m	(1.82)							
	モルタル60ミリ	せっ器質タイル張75角 施柚		m^2			1.80					
	モルタル	玉砂利（寒水）敷き		m^2							8.28	
	根太	パーケットフロア（寄木）張12ミリ		m^2		4.69						
	コンパネ12ミリ	クッションシート1.8ミリ接着張		m^2				3.31	1.66			6.62
	コンパネ12ミリ	タフテッドカーペット敷込		m^2								
	コンパネ12ミリ	たたみ敷き　3級上		m^2						9.94		
幅木	—	木製幅木（メラピー　H=75）	OSV	m		1.98		5.73	3.07			3.86
	—	磁器質幅木タイル		m	4.03							
	—	玄昌石平面張り H=30		m							9.10	
	—	たたみ寄せ 米ヒバ小節		m						3.64		
内壁	杉木ずりラスモルタル	せっ器質タイル張108角 施柚		m^2			11.54					
	—	同上役物タイル		m			(9.37)					
	石こうラスボード	スタッコ吹付仕上げ		m^2	9.30	7.86					20.88	
	石こうラスボード	京壁仕上げ		m^2						12.78		
	石こうボード 厚9.5	ビニルクロス貼り（普通品）		m^2				13.16	10.51			
	石こうボード 厚9.5	ビニルクロス貼り（難燃品）		m^2								12.45
	胴縁	化粧合板・突付張り 厚5.0ミリ		m^2								
		小　計		m^2	9.30	7.86	11.54	13.16	10.51	12.78	20.88	12.45
		全壁面積		m^2	12.13	16.75	15.31	17.47	14.57	30.58	32.76	19.66
		開口率		%	23.3	53.19	24.6	24.7	27.9	58.2	36.3	36.7
		実壁率		%	76.7	46.9	75.4	75.3	72.1	41.8	63.7	63.3
天井	—	バスリブ		m^2			2.76					
	野縁	けいカル板張り 厚5.0ミリ	VP	m^2				3.31	2.21			6.62
	野縁	ピーリング合板張り 厚5.0ミリ		m^2								
	耐火ボード 厚9.5	ビニルクロス貼り（普通品）		m^2	2.76	4.69						
	ラワン合板 厚5.5	吸音板（実付）張り 厚12.0ミリ		m^2								
	ラワン合板 厚5.5	吸音板（突付）張り 厚12.0ミリ		m^2								
	野縁	敷目板天井、ラミネート目透張り		m^2						9.94		
	野縁	棹縁天井、ラミネート羽重張り		m^2								

集　計　表

平成　　年　　月　　日作成

		2F									合計数量	部位別合計	床面積比
居間		階段・吹抜	ホール・廊下	トイレ	洋室(A)	洋室(B)	和室前室	和室7帖	デッキ				
											2.76		
											(1.82)		
											1.80		
											8.28		
15.7			4.97		8.70	8.70			1.66		44.45		
				2. 48							14.07		
							8.28				8.28		
								11.6			21.54	101.18	1.0
11.0			5.19	5.77	9.23	7.54					53.42		
											4.03		
											9.10		
							7.28	6.37			17.29	83.84ｍ	0.83m/㎡
											11.54		
											(9.37)		
		12.29	12.43						4.57		67.33		
							16.35	19.76			48.89		
				10.28	19.90	18.41					72.26		
											12.45		
22.42											22.42	234.89	2.32倍
22.42		12.29	12.43	10.28	19.90	18.41	16.35	19.76	4.57		234.89		
32.76		13.10	19.66	15.29	28.39	28.39	30.58	34.94	8.74		371.08		
31.6		6.2	36.8	32.8	29.9	35.2	46.5	43.4	47.7		36.7%		
68.4		93.8	63.2	67.2	70.1	64.8	53.5	56.6	52.3		63.3%		
											2.76		
				2.48							14.62		
		6.62	4.97						1.66		13.25		
											7.45		
15.7											15.73		
					8.70	8.70					17.40		
							8.28				18.22		
								11.6			11.60	101.03	99.9%

（4）仕上調書から仕上集計表の作成

仕上調書での床や天井の数量把握は簡単ですが，壁や幅木は控除部分があるため，慣れないと難しいし，慣れても煩雑な作業であることも確かです。壁や幅木の計算過程をこの仕上調書から読み取ってください。

こうして把握した仕上調書から表5.6の仕上集計表に整理します。

右側に床，内のり，内壁，天井の各部位別合計数量と，それに対する床面積比の自動計算欄があります。床，天井は当然ながらほぼ1.0倍になるはずです。もし大きく違えば，どこかで間違っている可能性があり，逆に言えば，集計結果のチェックの役目があります。内のり材はこの事例では0.83m/m^2となっています。内壁面積は床面積の2.32倍，それぞれ延べ床面積当たりの内のり長さ，内壁面積の原単位です。また内壁の項目に面積の小計，全壁面積，開口率，実壁率を各部屋ごとおよび全体で集計するようにしています。全体では全壁面積に対し実壁率が63.3%，開口率36.7%となっています。外部の開口率が10～25%に対し，内部は広く，特に和室は広くなっています。自社のいくつかの事例を集めることで，概算積算，コストプランニングのデータとして役立つはずです。

右側の合計数量がタイル，左官，たたみ，クロスなど内装仕上げや塗装など各仕上げ工種の見積り数量になるほか，木工事の下地や仕上げの数量もこの仕上集計表から逆算して計上するようにします。

第Ⅱ編　建築本体工事費

建築本体工事費は，建物の本体をつくるための工事費で，設備工事費や付帯工事費を含まない費用です。設備工事費や付帯工事費は工事事例によって費用の差が大きいため，これまで建築費の概算をいう場合に，この建築本体工事費で比較して，高い安いという話をしていたという背景があります。つまり「坪いくら」というのは，基本的にはこの建築本体工事費のことをいいます。

最近では設備工事費まで含めて「坪当たり○○万円」という場合も多いようですが，発注者側と受注者側の思い込み違いから誤解を招くこともありますので，お互いによく説明をしたり，よく確認をする必要があります。

建築本体工事費の構成は次のように，建築に着手してから，建物本体が完成するまでの仕上げ工事・雑工事までをいいます。これまで雑工事費の中に洗面化粧台・キッチンセット・浴槽・便器まで含んで計上されてきましたが，これらの費用が小さかった時代のなごりであり，これらの費用の占める割合が大きくなるにつれて，見積り上，とても雑工事として取り扱うことに無理があるようになりました。このため，こうした費用を設備工事費の中に「住宅設備工事」として，独立した工事科目として取り上げるようにしています。

〔建築本体工事費の構成〕

① 仮　設　工　事……施工に必要な「やりかた」や「足場架払い」などで，範囲が広いので計上もれに注意が必要です
② 土・基礎工事……根切り・栗石地業・布基礎等の基礎工事。宅地造成等がある場合は別途付帯工事費に計上します
③ 木　　工　　事……木造住宅の中心となる工事で，く体の構造材のほか造作材や仕上げ材も含みます
④ 屋根・板金工事……屋根のかわら・金属屋根，とい・水切り等の板金工事を含みます
⑤ 石・タイル工事……内外部の石張り・タイル張り工事です
⑥ 左　官　工　事……モルタル塗り・塗装吹付け工事などです。布基礎の天端ならしや刷毛引きは基礎工事へ計上します
⑦ 建　具　工　事……木製建具・金属製建具で，出窓（既製品）ガラスもこの中に含めます
⑧ 内外装工事……クロス貼り・たたみ・カーペット敷等
⑨ 塗　装　工　事……内外装の塗装仕上げ，木部・鉄部・コンクリート面の塗装を含みます
⑩ 雑　　工　　事……上記の工事に含まれない防蟻消毒・点検口・軒天換気口等（従来，雑工事とされていた洗面化粧台・キッチンセット・浴槽等は除きます）

第６章　仮設工事

仮設工事とは，目的の建築物を建てるために必要な「仮の設備工事」という意味です。一般の建築工事では，

① 総合仮設（共通仮設）

② 直接仮設

に分けて，①総合仮設は間接工事費（共通費）②直接仮設は直接工事費に計上されますが，木造住宅の場合は区分せず，まとめて計上します。

仮設工事の対象となる作業は，工事終了後に形として残らないため，お客さんへの説明が難しい工種（科目）ですが，仮設工事の良否が後々の作業効率や建築物のでき上がりに大きく影響します。仮設計画（方法）の内容をよく打ち合わせて，適切な見積額を計上したいものです。

一般に，仮設工事は外注業者まかせのケースが多いため，見積りも形式的になりがちですが，現場条件によっては，養生・安全施設・仮設建物などの費用がかさむことも少なくありません。施工上のトラブルをなくす意味からも慎重な仮設計画とお客さんとの打合せ・説明が必要です。

（１）　水盛やりかた

平やりかた・隅やりかたを組み合わせて，建物の位置，基礎の根切り深さ等の基準を示すもので，縄張り，ベンチマークの費用も含んで計上します。

縄張り（地縄または石灰で）は，敷地内の建物の位置を示し，確認するもので，ベンチマークはやりかたに先立って，建物の位置の基準と高さの基準を木杭やコンクリート杭などを用いて設置するものです。

水盛やりかたは，このベンチマークを基準に，建物の位置・水平の基準その他の墨出しを行います。水ぐい（角材の頭を「いすか」または「やはず」

図 6.1　やりかた

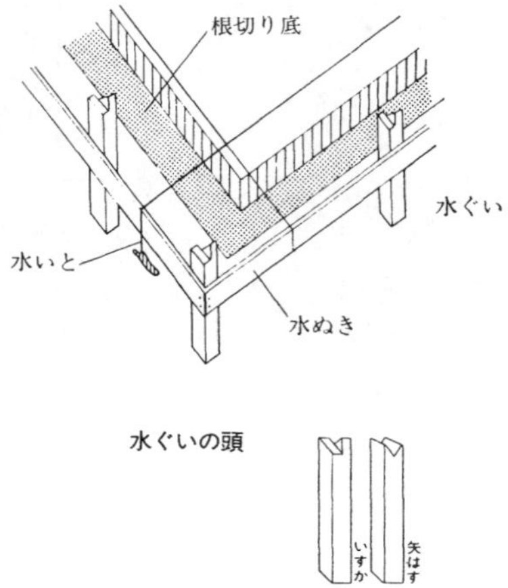

に切る），水ぬきおよび筋かい（小幅板・ぬき材）を用いて建物の周囲に設置するものです。

見積りは，建築面積（建㎡・1階外形面積）×単価で表示します。費用の内訳は，水ぐい（角材または切丸太），水ぬきおよび筋かい（小幅板・ぬき材），器具（レベル）損料，下げ振り・水糸・くぎ等の消耗品および大工手間から構成されますが，これらを積上げ計算をして見積書に表示することは，木造住宅では現実的な方法ではありません。単価資料（表6.1参照）による1 m^2 当たり単価を参考にして値入れするか，とび職との契約単価等から勘案して単価を設定します。

（2）外部足場

建物の外周に，作業のための足場を設置する費用で，足場材損料*（設置期間による）と架払い手間（とび職）から構成されます。足場材には丸太足場（一本,抱き,本），単管足場（一本，抱き，本），わく組足場があり，木造住宅では丸太足場が多く使われていますが，最近では単管足場（足場用鋼管を使用）や取扱いが簡単な新しい足場製品（ビケ足場や旭ステップ等の一側足場）も使われるようになっています。

図 6.2　足場の形式

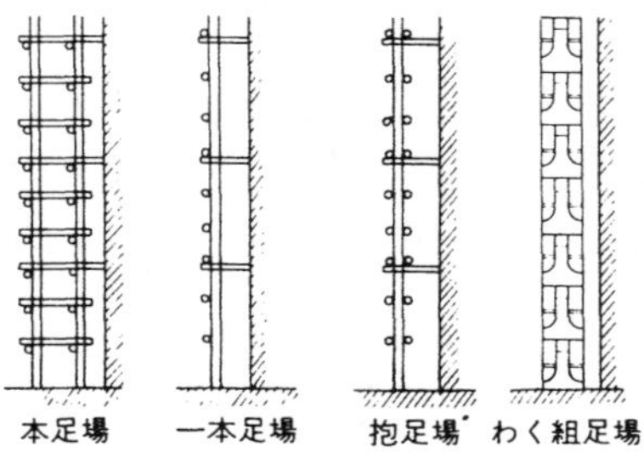

足場材料費は損料計算ですから，存置期間によって費用が異なりますが，

*損料：反復して使用する材料や機械の費用は，使用時に消耗する度合を，損料として計上する。損料は，基礎価格×償却率の損耗率で表されるが，平たくいえば，何回使用するかという回数で，基礎価格を割った金額の意味である。

費用の大半は架払い手間であるところから，木造住宅の場合はあまり意識しないでよく，3カ月程度の単価を基準に使います。数量は架m^2で表し，1・2階の別に平面図から計算します。平面図の外周の水平長さ×軒高が架面積となります。

一側足場

外周の水平長さは，外壁面から1m離れた位置の長さとしますので，計算は平面図上のx軸方向の長さとy軸方向の長さの合計に4mを加算します。

〔外部足場面積（架m^2）の算出〕

$$〔(L_x + L_y) + 4\ \mathrm{m}〕\times 2 \times 軒高$$

L_x：平面図x軸方向の長さ(m)
L_y：平面図y軸方向の長さ(m)

（屋根足場）　一般には，外部足場は外周の軒高による架面積だけでみますが，屋根勾配が6寸以上の場合は，屋根足場が必要です。屋根足場は存置期間は短いが，架払いに手間がかかるため，一般の外壁に対する足場に対して1割以上の割高単価となります（数量は屋根面積でみます)。

外部足場費は仮設工事費の中でも，最も大きな比率を占める費用であり，数量算出，足場種類（丸太・単管・わく組，一本・抱き・本足場の別）をはっきりさせ，見積書に明確に表示することが必要です。

単価は水盛やりかた同様，単価資料等を参考に値入れします。また，仮設工事全体にいえることですが，これまで一式計上が多かったのですが，見積書の基本である（数量×単価）という形での表示をするようにします。

(3)　内部足場

内部足場は，内部養生とともに見落とされることが多いが，「内部足場」・「養生」を計上していない見積書からは，「粗雑な工事施工」のイメージを与えます。たしかに，これらの費用の把握はばく然としていますが，必ず計上し，ていねいな施工をするようにしたいものです。

内部足場には，脚立足場・ステージング・つり棚足場・ローリング足場等がありますが，木造住宅では脚立足場が一般的です。

脚立足場は，２台の脚立に足場板をかけ渡した簡単なもので，移動足場となるため，数量算出の考え方にとまどいますが，階段室を含めた内部床面積（m^2）の合計を数量とします。

費用の内訳は，①脚立損料　②足場板損料　③労務費(移動手間)　④その他からなりますが，単価資料（表6.1参照）等による材工共単価を使用して値入れします。

（4）　仮設電気・水道費（臨時電気・水道工事費）

工事用機器等の動力用や照明のための電力費（外線からの引込み配線工事費・申請料を含む）の費用です。

一般ビル建築では，総合仮設として仮設計画に基づいて積上げ計算が行われますが，木造住宅の見積りでは，過去の事例を参考に概算額で計上します。費用は電気・水道の使用料金よりも外線あるいは本管からの引込み配線・配管工事費が大きいため，臨時電気・水道工事費として表示されることが多いようです。また工事費の要素が大きいことから，工事場所の立地条件によって大きく異なってきます（たとえば引込み電柱等)。いずれも，所轄の電力会社·役所への申請料·設備工事費·使用量料金となりますので,あらかじめ電気工事業者·水道工事業者から資料を入手しておいて，見積りに使用します。

（5）　養　生　費

工事期間中の床材・内装材・柱・造作材等の損傷防止のための費用で，

延面積（１・２階床面積）×単価

で表示します。

費用は養生材(養生カバー·シート類)損料と労務手間から構成されますが，これらを一つ一つ計算して計上するほどのものではありません。１m^2当たり単価を物価資料から採用し値入れします。

外部養生や掃除片付け費を含めて計上することもありますが，作業の内容・目的が基本的に異なりますから，別に計上します→外部養生費，掃除・片付け費。

表 6.1　仮設工事単価資料例

名　称	規格・摘要	単位	材工共価格	備　考
準備費				
敷地測量	敷地内の埋設物等の有無や境界の確認など	m^2	150	500m^2（150坪）まで
敷地整理	草刈り　100m^2程度	〃	100	肩掛けエンジン機使用
工事用看板		式	12,000	
仮囲い	シート張　高3.0m　存置3カ月	m	2,120	単管損料，架払い手間共
仮設トイレ	汲取式　大小兼用　〃	棟	60,100	1人用，据置型，汲取料別
	〃　〃　〃 6	〃	71,700	途・搬入搬出運搬費共
	水洗式　〃　〃 3	〃	65,600	
	〃　〃　〃 6	〃	80,700	
仮設電気費	引込，電力料金共　（3～4カ月）	式	60,000	20A，電力会社申請含む
	〃　電力支給　〃	〃	30,000	〃　〃
仮設水道費	引込，水道料金共	延m^2	300	水栓柱設置含む
	〃　〃	式	20,000	〃
やり方，墨出し，足場				
やり方	2階建延べ150m^2程度，整地込み	建m^2	350	地縄，水杭・水ぬき損料共
現寸型板	〃　〃	延m^2	165	
墨出し	〃　〃	〃	330	
外部足場	丸太抱き足場高6m程度　3カ月搬入費含む	架m^2	960	
	単管抱き足場高10m以下　3　〃	〃	1,000	
	〃　〃　6　〃	〃	1,100	
	単管棚足場　〃　3　〃	〃	1,090	
	〃　〃　6　〃	〃	1,270	
屋根足場	6/10寸以上の場合	〃	1,000	
養生・清掃				
窓・ビニル養生	窓用，マスキング共	m^2	580	存置1カ月
シート養生	ポリエチレンシートI類	〃	470	〃
メッシュ養生	防炎I類	〃	470	〃
内部足場	棚・脚立足場	延べ床m^2	150	
防音シート養生	@1.0mm	m^2	1,500	存置1カ月
内部養生	ビニル，ベニヤ，紙類，テープ	〃	430	竣工，引渡しまでの養生
片付け・清掃	全般的な清掃	〃	400	発生材の処分は含まず
クリーニング	入居前清掃	〃	900	
産廃処理費	4t車当たりの目安	車	60,000	木くず，発生ガラなど

資料：「積算資料ポケット版総合編」仮設工事(1)

（6） 掃除・片付け費

工事期間中の現場内外の清掃・片付け・残材処理を含んだ費用です。一般ビル建築の見積りでは，外部は総合仮設で，建物内部を直接仮設で分けてみますが，木造住宅では内外の掃除・片付けを含めて計上します。外部まで含めますが，数量は養生費と同じく延床面積として，労務手間で計上します。

労務手間は1 m^2当たり0.04～0.06人工程度です。

最近ではクリーニング専門業者が，入居前清掃一式を請負うことがありますが，この費用とは別のものです。

（7） ハウスクリーニング

新築入居前清掃（クリーニング）が行われることが多くなりました。これまで最後の雑工事で見ていましたが，一般的な内外部清掃片付け費と同様，仮設工事に計上するように変更しました。和室の清め洗いは塗装工事で見ています。

必要に応じて計上する費目

以上が仮設工事として，必ず計上される費目名称ですが，仮設工事には必要に応じて計上される費目も多いものです。

仮設工事の作業内容は，現場の状況によって異なることが多いので，お客さんと打合せをしながら，内容をはっきりさせ見積りに計上してゆくことが必要です。特に，施工業者側の経費部分と仮設工事との区分が不明確なため，トラブルのもとになる事例も多く，無償サービスとして設置するものであっても，見積書の費目項目には明記したうえで，金額欄をサービスとするようにしたいものです。また，仮設工事の作業は工事完成時には形として残らないため，特に明確な表示と説明が必要なわけです。

現場状況に応じて必要となる費目は次のとおりです。

（8） 準備費，整地費

木造住宅では，草刈りや簡単な整地ですむことが多いため，特に計上することはありませんが，必要な作業があれば仮設工事費の冒頭に計上します（簡単な撤去工事，整地費等)。

ある程度の金額になり，仮設工事の範囲を超える場合には，整地費であれば，次節の「土・基礎工事」に計上するか，撤去工事や宅地造成工事に類するものであれば，建築本体工事から外して，付帯工事費の中に計上します。

（9）　現寸型板・墨出し

ＲＣ造建築の場合は現寸型板･墨出し費をみますが，木造住宅の場合には，特に計上しないのが普通です。特殊形状の工作物があるなどで必要な場合は，延面積×単価でみるか，設計図から必要カ所，面積から算出します。費用は型板材料（合板等）および製作手間となります。

（10）　安　全　費

●**仮囲い**…工事現場の安全のために仮囲いが必要な場合に，有刺鉄線やシート張りで囲うための費用。

ビル建築のように万能鋼板で囲うケースは少ないが，場外の第三者への安全確保が必要な場合に計上します。仮囲いの材料に応じて，必要延長(m)×単価とします。単価は材料損料，設置・撤去手間から構成されますが，物価資料を参考に値入れします。

●**安全標識・信号灯**…周辺の交通事情，人通りの多少等を判断して計上します。カ所数×損料（期間）

●**外部養生**…住宅密集地等の工事現場で，隣家，立木および第三者に対する迷惑防止のため，外部足場や仮囲いに，落下物・飛散物防止のための養生シートやネット，あるいは防音パネル等の設置をします。

木造住宅建築では，これまで計上しないことが多かったのですが，最近は必要なことが増えています。見積書上に計上し，そうした対策をとることを約束することが必要です。お客さん側にしてみれば，見積書上になくても，工事をする上で安全対策をとることは当然と考えています。

（11）　仮設物費

木造住宅では，現場事務所や作業員宿舎等の仮設建物の必要はありませんが，仮設トイレ・材料置場・作業用下小屋等が必要な場合には，その設置・

撤去費および設置期間の損料額を計上します。特に仮設トイレは工事現場の風紀上からも，設置が望ましいといえます。

(12) 仮設材運搬費

以上の仮設工事に必要な仮設材料の運搬費です。木材等の建築材料の場合は，現場着価格での見積りが原則ですから，特に運搬費の計上はありませんが，仮設材の場合は，施工業者側の置場から持ち込み，持ち帰りとなるため，運搬費を計上します。仮設材といっても足場材が中心ですから，外部足場の中で運搬費も含めて計上することもあります。

一般的な木造住宅程度では２～４ｔトラック経費の１～２日分をみるようにします。

(13) そ　の　他

●**道路占有料**…工事用仮囲い等で公道を使う場合の費用で，道路管理者（国道＝国土交通省国道事務所，都道府県道＝所轄の土木事務所・建設事務所，市町村道＝所轄の役所の土木課・管理課）および所轄の警察署交通係への許可申請料，占用料金および復旧費用です。

●**機械器具損料**…一般ビル建築では総合仮設の中で，各工種に共通する機械器具等に関する費用（測量器具・クレーン等の機械費用）をみることから，木造住宅の見積りにも一式計上することがありましたが，まず必要のない費目です。

以上，仮設工事の一般的な内容を説明しましたが，事例については以下のとおり。

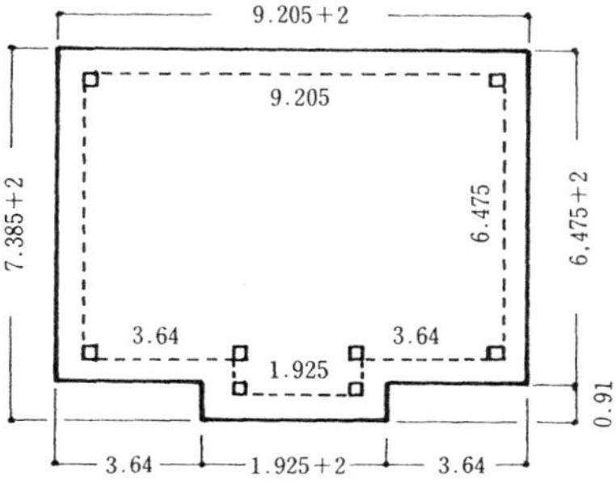

〔事例〕

1. 面積　1階（9.1 × 6.37）+（1.82 × 0.91）= 59.63m²
　　　　2階　　　　　　　　　　同　= 59.63m²
2. 外周長　x軸　（上）9.1 + 0.105 = 9.205 m
　　　　　　　　（下）（3.64 × 2）+（1.82 + 0.105）= 9.205m
　　　　y軸　（左）（6.37 + 0.105）+ 0.91 = 7.385m
　　　　　　　　（右）同 = 7.385m
3. 軒高　6.1m

1. 水盛やりかた（建m²）1階外形面積　63.32m²→63.3m²
2. 外部足場　（架m²）単管ブラケット足場　高さ6.1m
　　外周長　x軸（9.205 + 2）× 2 − ①
　　　　　　y軸（7.385 + 2）× 2 − ②
　　　　　　① + ② = 22.41 + 18.77 = 41.18 m
　　架m²　外周長41.18 × 6.1 ≒ 251.2m²
3. 内部足場　（延m²）1・2階の床面積　59.63 + 59.63 = 119.3（m²）
4. 仮設電気・水道費（一式）
5. 養生費　（延m²）1・2階床面積　119.3m²
6. 掃除・片付け費（延m²）1・2階床面積　119.3m²
7. 仮設物費　仮設トイレ（リース，３カ月）
　　リース料（月額単価×３カ月）+ 工事費
　　+ 整備費 + 運搬費
8. 運搬費　足場材運搬費　4ｔ車２日　4ｔ車１日単価×２日

以上の見積り内訳明細書記入例は巻末表のとおりです。

第７章　土・基礎工事

土・基礎工事は土工事と基礎工事の意味で，一般建築工事の工種工程別見積りでは，土工事，地業工事，コンクリート・型わく・鉄筋工事に分けて計上される部分です。木造住宅の見積りでは，土工事から鉄筋工事までの工事量が少なく，金額的にも小さいため，一つ一つ数量を拾い積上げ計算をするまでもないという，現実的な理由からです。

また，これらの工種の数量計測計算や損料計算，値入れが，木造住宅のお客さんには説明しにくい，理解を得ることが難しいという理由もあります。このため，特別な土工事（造成・山止め工事等）や地業工事（特に杭）がないかぎり，土・基礎工事としてまとめて計上します。

□土・基礎工事の範囲

仮設工事を除いた建物本体の下部（基礎部分）構造物をつくるまでのすべての工事を含みます。

文字どおり建物の基礎部分をつくる大切な工事ですが，工事の内容の特性から，見積書上ではわかりにくい部分，計測計算に時間がかかり，わずらわしい部分であることも事実です。

図 7.1　土・基礎工事の範囲(1)
－工種工程別分類との比較－

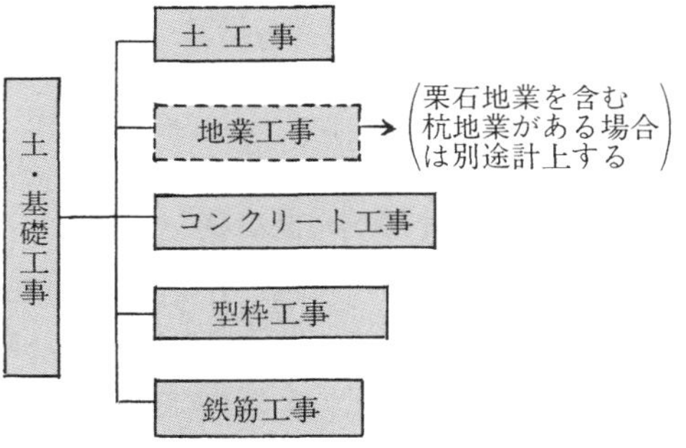

□土・基礎工事の数量算出

これまでの一般ビル建築見積り方法に準じた数量算出方法では，図7.3の

図 7.2　土・基礎工事の範囲(2)
－木造住宅の工事内容－

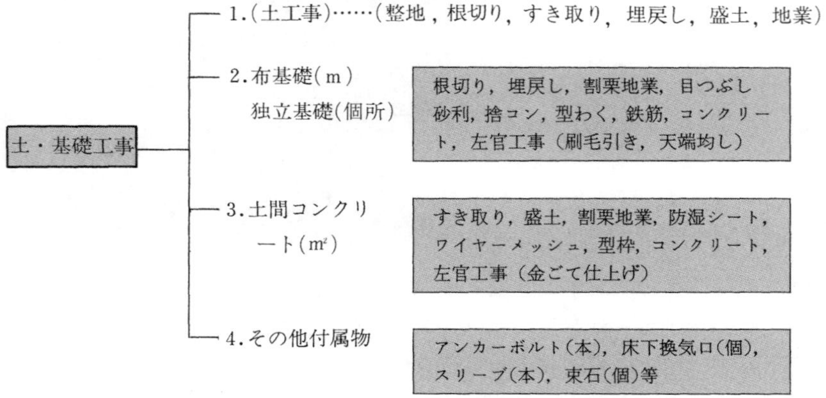

図 7.3　これまでの根切り数量の算出（旧基準，変更になりました）

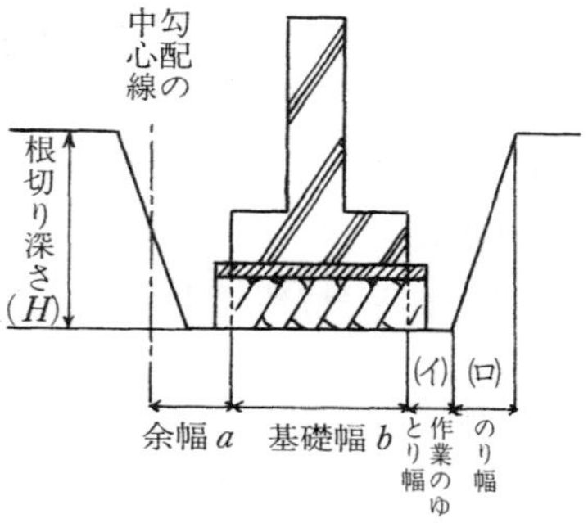

(イ) 作業のゆとり幅 30cm

(ロ) のり幅（根切り深さの30%） $0.3\times H$

(ハ) 余幅 $(a)=((イ)+\frac{(ロ)}{2})$　　$a=0.3+\frac{0.3H}{2}$

(ニ) 根切土量（V）　　$V=(b+2\cdot a)\times H\times L$

L：根切り延長さ（m）

ように，根切り寸法から断面積を計算し，これに根切り長さを乗じて算出，埋戻し，型わく，コンクリートも同様にそれぞれ数量を算出し，これに材料価格，労務歩掛りを使い見積額を出していました。

この方法では，わずかな金額の見積りに多くの数量算出作業と見積り計算が必要で，さらに見積書も，木造住宅のお客さんである一般消費者にもわかりにくいものになっています。

このため，土・基礎工事の中心となる布基礎，独立基礎，土間コンクリートについて，あらかじめ根切りからコンクリートまでの複合単価（合成単価）を用意しておき，実際の見積り時には延長さ（布基礎），個所数（独立基礎），面積（土間コンクリート）の計測計算だけですませます。

見積書への記述も同様に，布基礎（延長さm），独立基礎（個所），土間コンクリート（面積㎡）と表現します。

数量の計測計算は基礎伏図（56頁）をもとに行うだけですみ，基礎数量拾い表に取りまとめ，見積書に記入します。

数量の拾いは，基礎伏図の寸法表示を参考に，x軸（横方向），y軸（たて方向）の順に，x軸は上から下へ，y軸は左から右へ拾います。

布基礎のベース（底盤）部分のはみ出し部分や，取合い部分の重なり等の小さな誤差は考えずに，通り心寸法で計測・計上します。

□土・基礎工事の単価

木造住宅の布基礎は金融公庫の標準仕様書による基準で作られることが多いが，最近では基準以上のしっかりした基礎工事をすることも増えています。

物価資料（積算資料ポケット版）に布基礎・ベタ基礎・独立基礎・土間コンクリート等の複合単価が，各種表示されており（表7.1），近似寸法のものであれば，この単価を採用し，値入れすることができます。

表 7.1　物価資料による複合単価例

◆**ベタ基礎**（根切，埋戻し，栗石地業，鉄筋を含む）　（単位：円）

名　称	仕　様		単位	材工共価格
ベタ基礎（外周部）	幅150mm　GL高400mm	（7図）	m	10,200
〃　（土間部）	厚200mm　D13@300ダブル	（8図）	㎡	9,490
〃　（内部立上り）	幅150mm　高350mm	（9図）	m	8,300

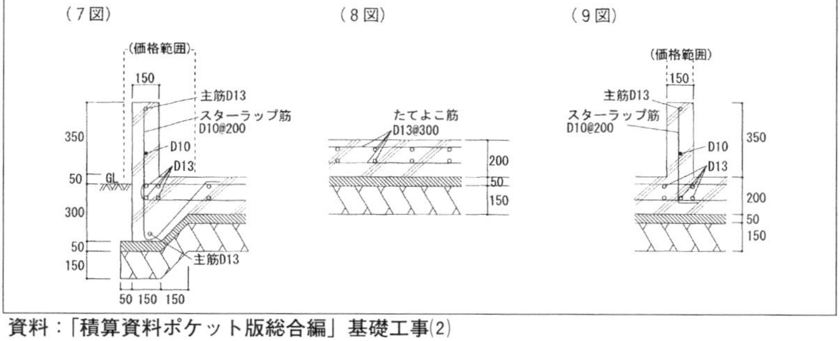

資料：「積算資料ポケット版総合編」基礎工事(2)

こうした標準的な寸法によるデータを利用できない場合は，独自によく使用する寸法形状による布基礎・独立基礎・土間コン等の単価を，あらかじめ設定しておくようにします。設定の方法は，布基礎であれば断面形状・鉄筋・無筋の別にm当たり，独立基礎は形状寸法別にカ所当たり，土間コンクリートは断面形状別に㎡当たりの単価を，下職（とび職）とも協議のうえ設定します。

（1） 布基礎・べた基礎・土間コン（複合単価の設定方法）

単価設定には，表7.2～7.7のように自社でよく使われる形状寸法のものの計算表を作成し，設定します。

一般に見積書作成時には時間的余裕が少ないため，毎年1～2回，または材料（生コンクリート・鉄筋等）価格の変動時に単価を見直し，複合単価の形で用意しておくことで，見積書作成時にはそれぞれの延長，カ所数，面積を拾い，掛け算をするだけで金額算出がすみます。

住宅金融公庫の標準仕様書による基準（図7.4）および事例の布基礎を参考に複合単価の計算例を，表7.2～7.7に示します。

参考複合単価計算表の各工事内容は，以下順に説明しますが，計算表中の単価は参考単価ですから，作成者が自社単価を入れるか，物価資料を参考に設定してください。また，この単価表は，あくまで複合単価を設定するためのもので，この内容を見積書に表示するためのものではありません。見積書には，ここで算定された合計額を単価として，つまり布基礎1m当たり，独立基礎1カ所当たり，土間コンクリート1㎡当たり，という単位で計上します。

図 7.4　布基礎の公庫仕様および一般的な寸法

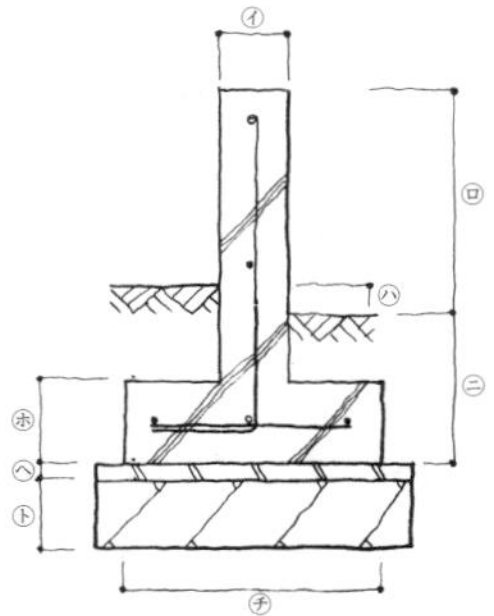

記号	名　称	公庫仕様の基準（一般に多い寸法）
㋑	立上がりの厚さ	120mm以上 150mm標準
㋺	立上がりの高さ	地面上400mm以上
㋩	内外部レベル差	（50mm以上）
㋥	根入れ深さ*	地面下240mm以上 （凍結深度以上）
㋭	底盤の厚さ	150mm以上
㋬	捨コンの厚さ	（30mm）
㋣	割栗基礎の厚さ	（120mm）
㋠	底盤の幅	450mm以上

*根入れ深さ／地面と基礎底盤下端間との距離。べた基礎は地面から土間コン部分の下端までの距離で、120㎜以上とされている。

表 7.2　布基礎①複合単価計算表（1ｍ当たり）

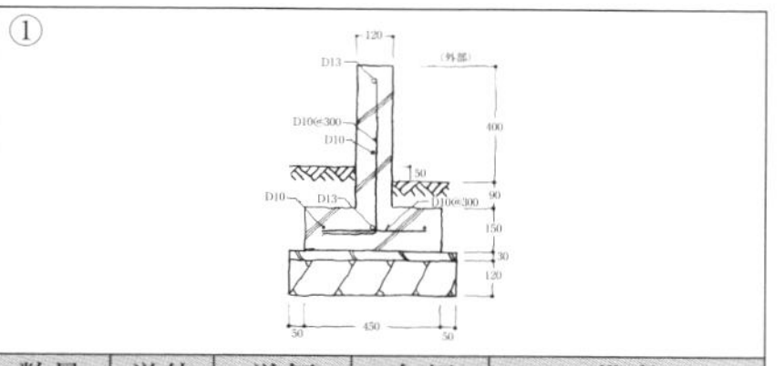

鉄筋布基礎 120mm H = 490(400)mm

名称	内容	数量	単位	単価	金額	備考
根切り	布掘り、機械	0.332	m^3	750	249	w 0.85 × h 0.39 m
埋め戻し	場内・根切り土、人力	0.171	〃	2,700	462	
残土処分	場内敷き均し	0.161	〃	930	150	
割栗地業	目つぶし共、t120、w600mm	0.066	〃	11,700	772	
捨コンクリート	t=30、w600mm	0.017	〃	17,300	294	
鉄筋コンクリート	躯体、ポンプ、24kg	0.126	〃	15,300	1,928	
ポンプ打設費	ポンプ車損料、圧送費	0.027	回	36,500	986	
型枠	木造布基礎	1.280	m^2	3,190	4,083	
鉄筋加工組立	（一般ラーメン、10ｔ）	6.5	kg	94.0	611	
異形棒鋼	SD295A D10	4.3	〃	92.0	396	
	SD295A D13	2.2	〃	89.0	196	
	小計				10,126	
	諸経費				2,025	小計の 20%
	合計（1ｍ当たり単価）				12,151	

表 7.3　布基礎②複合単価計算表（1ｍ当たり）

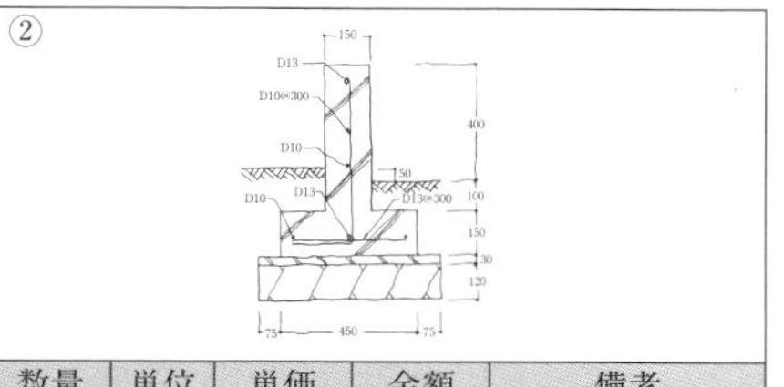

鉄筋布基礎 150mm H = 500(400)mm

名称	内容	数量	単位	単価	金額	備考
根切り	布掘り、機械、H =2m	0.360	m^3	750	270	w 0.9 × h 0.4 m
埋め戻し	場内・根切り土、人力	0.188	〃	2,700	508	
残土処分	場内敷き均し	0.172	〃	930	160	
割栗地業	目つぶし共、t120、w600mm	0.072	〃	11,700	842	
捨コンクリート	t=30、w600mm	0.018	〃	17,300	311	
鉄筋コンクリート	躯体、ポンプ、24kg	0.143	〃	15,300	2,188	
ポンプ打設費	ポンプ車損料、圧送費	0.027	回	36,500	986	
型枠	木造布基礎	1.300	m^2	3,190	4,147	
鉄筋加工組立	（一般ラーメン、10ｔ）	6.5	kg	94.0	611	
異形棒鋼	SD295A D10	4.3	〃	92.0	396	
	SD295A D13	2.2	〃	89.0	196	
	小計				10,614	
	諸経費				2,123	小計の 20%
	合計（1ｍ当たり単価）				12,737	

注） 単価，数量の算出方法は 92 ～107 頁参照

表 7.4　べた基礎複合単価計算表（外周部１ｍ当たり）

③

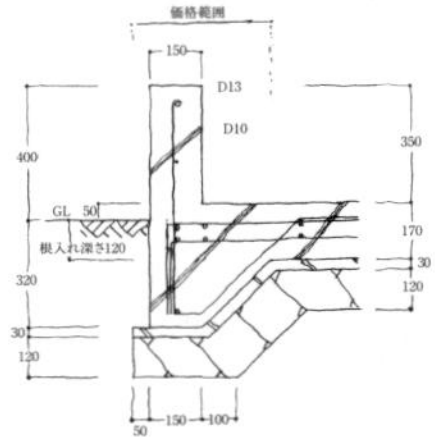

べた基礎（外周部）W150mm H = 400mm

名称	内容	数量	単位	単価	金額	備考
根切り	布掘り、機械	0.259	m^3	750	194	w 0.55 × h 0.47 m
埋め戻し	場内・根切り土、人力	0.092	〃	2,700	247	
残土処分	場内敷き均し	0.167	〃	930	155	
割栗地業	目つぶし共、t120、w600mm	0.060	〃	11,700	702	
捨コンクリート	t=30、w600mm	0.015	〃	17,300	260	
鉄筋コンクリート	躯体、ポンプ、24kg	0.162	〃	15,300	2,446	
ポンプ打設費	ポンプ車損料、圧送費	0.027	回	36,500	986	
型枠	木造布基礎	1.070	m^2	3,190	3,413	
鉄筋加工組立	（一般ラーメン、10t）	12.59	kg	94.0	1,183	
異形棒鋼	SD295A D10	2.61	〃	92.0	240	
	SD295A D13	9.98	〃	89.0	888	
	小計				10,715	
	諸経費				2,143	小計の 20%
	合計（1 m当たり単価）				12,857	

表 7.5　べた基礎複合単価計算表（土間コン部 1 m^2 当たり）

④

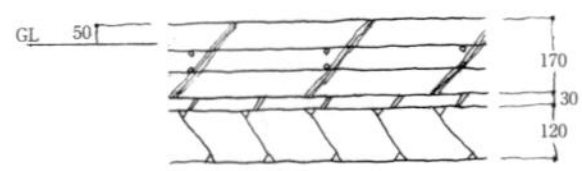

べた基礎・土間コン部 t170mm

名称	内容	数量	単位	単価	金額	備考
すき取り	人力 t300mm 程度	0.270	m^3	2,310	624	(t0.12+0.03+0.12)
残土処分	場内敷き均し	0.270	〃	930	251	
割栗地業	目つぶし共、t120、w1.0m	0.120	〃	11,700	1,404	
捨コンクリート	t=30、w1.0m	0.030	〃	17,300	519	
鉄筋コンクリート	躯体、ポンプ、24kg	0.170	〃	15,300	2,601	
ポンプ打設費	ポンプ車損料、圧送費	0.013	回	36,500	475	
鉄筋加工組立	（一般ラーメン、10t）	13.13	kg	94.0	1,234	
異形棒鋼	SD295A D13	13.13	〃	89.0	1,169	
左官	床コンクリート金ごて押え	1.0	m^2	480	480	
	小計				8,756	
	諸経費				1,751	小計の 20%
	合計（1 m^2 当たり単価）				10,507	

注） 単価および数量の算出方法は 92 ～107 頁参照

表 7.6　べた基礎複合単価計算表（内部立上がり部1m当たり）

⑤

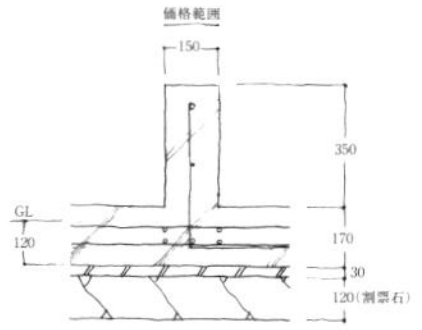

べた基礎・内部立上がり 150mm H = 350mm

名称	内容	数量	単位	単価	金額	備考
すき取り	人力t300mm程度	0.041	m^3	2,310	94	w 0.15 × h 0.27 m
残土処分	場内敷き均し	0.041	〃	930	38	
割栗地業	目つぶし共、t120、w150mm	0.018	〃	11,700	211	
捨コンクリート	t=30、w150mm	0.005	〃	17,300	78	
鉄筋コンクリート	躯体、ポンプ、24kg	0.078	〃	15,300	1,178	
ポンプ打設費	ポンプ車損料、圧送費	0.027	回	36,500	986	
型枠	木造布基礎	0.700	m^2	3,190	2,233	
鉄筋加工組立	（一般ラーメン、10t）	9.82	kg	94.0	923	
異形棒鋼	SD295A D10	2.27	〃	92.0	209	
	SD295A D13	7.55	〃	89.0	672	
	小計				6,620	
	諸経費				1,324	小計の20%
	合計（1m当たり単価）				7,944	

表 7.7　土間コン複合単価計算表（$1m^2$当たり）

⑥

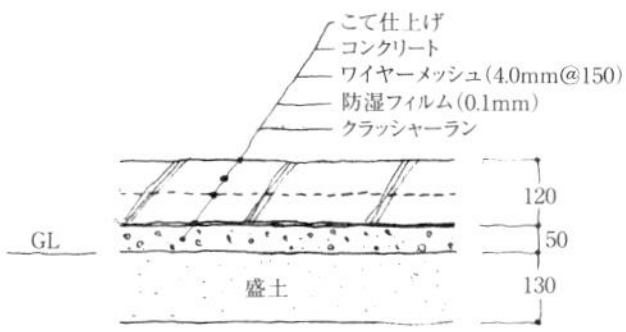

土間コンクリート・金ごて仕上げ t120mm

名称	内容	数量	単位	単価	金額	備考
すき取り	人力t300mm程度	0.130	m^3	2,310	300	t0.13
残土処分	場外搬出	0.130	〃	4,330	563	
盛土	搬入良質土、機械	0.130	〃	4,100	533	t0.13
クラッシャーラン	厚5～10cm	0.050	〃	11,700	585	t0.05
防湿フィルム	厚0.1mm	1.1	m^2	200	220	
ワイヤーメッシュ	径4.0mm@150mm	1.0	〃	420	420	
鉄筋コンクリート	土間、ポンプ、24kg	0.12	m^3	15,300	1,836	t0.12
ポンプ打設費	ポンプ車損料、圧送費	0.013	回	36,500	475	
左官	床コンクリート金ごて押え	1.0	m^2	480	480	
	小計				5,111	
	諸経費				1,022	小計の20%
	合計（1 m^2当たり単価）				6,134	

注） 単価および数量の算出方法は92～107頁参照

(複合単価の算出方法としての)
1. 根切り・すき取り・埋戻し・残土処分

見積書に記載するためではなく，見積りに使う複合単価（布基礎1m当たり，独立基礎1カ所当たり，土間コン1㎡当たりの単価）を算出する方法です。

数量算出は，下図のとおり，根切り・すき取り量は

布基礎（布掘り）＝布掘り断面積（S）×1.0m
独立基礎（つぼ掘り）＝つぼ掘り面積（S）×深さ（H）
土間コン（すき取り）＝すき取り深さ（H）×1.0㎡

布基礎根切り数量（布掘り）

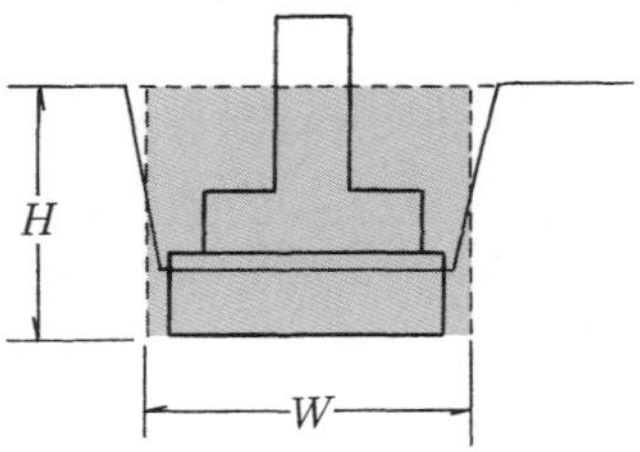

アミかけ部分＝布堀り断面積（S）
S(断面積)＝$H\times W$
H：布掘り深さ
W：布掘り幅
W＝基礎底面幅＋余幅
余幅は片側10～15cm×2

独立基礎根切り数量（つぼ掘り）

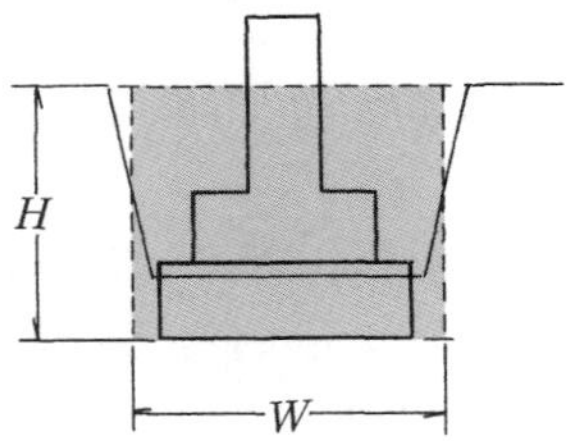

つぼ掘り面積(S)＝W^2
つぼ掘り数量＝$S\times H$

先に（第5章 5.2 建築数量積算基準 38頁）説明したように，数量積算基準での根切り土量の計算は，作業ゆとり幅50cm，法幅の計算方法（0.3H/2）とあります。今回の改正で根切り深さ1.5mまでは法幅はみなくてもいいように変わり，本書でのこれまでの主張に近づきましたが，それでもまだ木造住宅の基礎根切りの施工実態にはなじまないようです。基準どおりに計算すると，過大な数量になって現実的とはいえません。

住宅の基礎の場合は上図のように，基礎底面の幅に余幅を加えたものに，根切り深さを掛けたものから計算します。

参考単価計算表（表7.2～7.7）の①，③，④について，それぞれ計算すると，次のようになります。

（根切り・すき取り土量の計算）

①の場合（根切り）

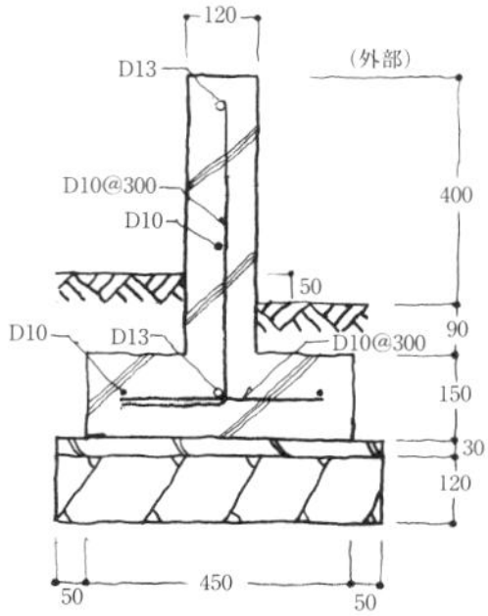

④の場合（すき取り）

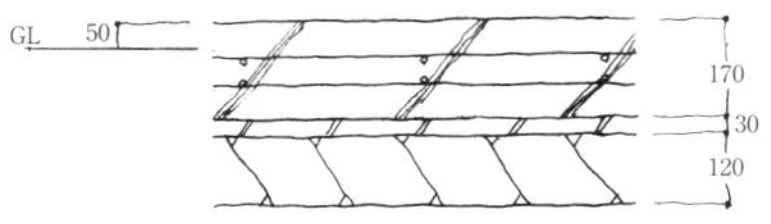

S（断面積）=h0.39 ×（w0.55+0.3）=0.3315m^2　すき取り深さ(h)=0.27m
V（体積）=0.3315m^2 × 1.0m ＝ 0.3315m^3　V（体積）=0.27m × 1.0m^2 ＝ 0.27m^3

埋戻しは，基礎構造物の施工後，地表面まで根切り土を突き固めながら戻す作業で，根切り土量から割栗地業・捨コン・基礎構造体の地下部分の体積を差し引いた土量です。また，残土処分土量は根切り土量から埋戻し土量を差し引いた土量で，右図のように，構造体地下部分体積と同じになります。

上記の参考複合単価計算表の事例①，③，④の場合は，以下のようになります。

根切り土量・埋戻し・残土処分量の関係

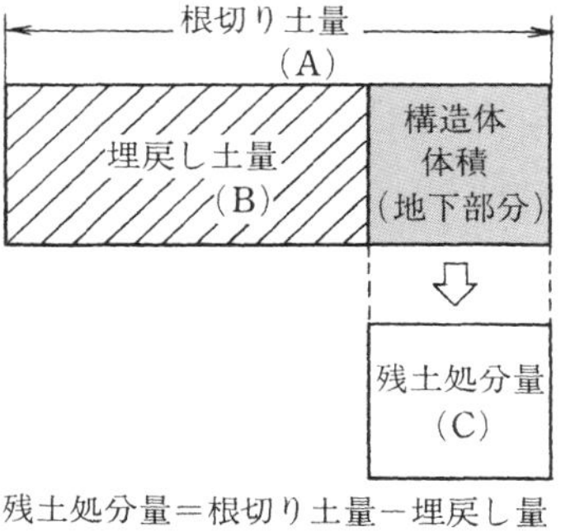

残土処分量＝根切り土量－埋戻し量
（C）　　（A）　　（B）

（構造体の体積）――地下部分のみ

・割栗地業　①の場合　t0.12 × w0.55 × 1.0m=0.066 m^3 / m ――①′
　　　　　　③の場合　t0.12 × w0.502 × 1.0m=0.0602 m^3 / m ――③′
　　　　　　④の場合　t0.12 × 1.0 m^2 =0.12 m^3 / m^2 ――④′
・捨コン　　①の場合　t0.03 × w0.55 × 1.0m=0.0165 m^3 / m ――①″
　　　　　　③の場合　t0.03 × w0.482 × 1.0m=0.0145 m^3 / m ――③″
　　　　　　④の場合　t0.03 × 1.0 m^2 =0.03 m^3 / m^2 ――④″

・底盤部分　①の場合　t0.15 × w0.45 × 1.0m=0.0675㎥/m ――――①‴

③の場合　立上がり部分に含む ――――③‴

④の場合　t（0.17 − 0.05）× 1.0㎡=0.12㎥/㎡ ――――④‴

・立上がり部分（地下部分）

①の場合　h0.09 × w0.12 × 1.0m=0.0108㎥/m ――――①⁗

③の場合

{(h0.32 × w0.15)+［(h0.32+0.12)/2 × w0.20]} × 1m=0.092㎥/m ―③⁗

④の場合　該当なし ――――④⁗

地下部分の構造体の体積合計　割栗地業＋捨コン＋底盤＋立上がり地下部分

①　①′ +①″ +①‴ +①⁗ = 0.066+0.0165+0.0675+0.0108=0.1608㎥/m

③　③′ +③″ +③⁗ = 0.0602+0.0145+0.092=0.1667㎥/m

④　④′ +④″ +④‴ = 0.12+0.03+0.12=0.27㎥/㎡

(埋戻し・残土処分量の計算)

前述のとおり「根切り土量−構造体の地下部分体積」が埋戻し土量で，構造体の地下部分体積そのものが，「残土処分量」となります。

事例の①，③，④のそれぞれは以下のとおりです。

	根切り土量	構造体の地下部分体積（残土処分量）	埋戻し土量
①	0.3315㎥/m	0.1608㎥/m	0.1707㎥/m
③	0.2585㎥/m	0.1667㎥/m	0.0918㎥/m
④	0.27㎥/m	0.27㎥/㎡	該当なし

また，土量は正確にいうと地山土量（掘削前の土量）とほぐした土量（掘削後の土量）は異なり，これを土量変化率といい，土質によって変化率が定められていますが，住宅建築の場合，地下室や宅地造成工事などで大量の土を動かす場合以外は無視します。

根切り・埋戻し・残土処分量の考え方は，根切り土を埋戻しに使用し，残った土量を残土として処分するという前提です。残土処分は建物内側の地盤面盛土に使用します。なお，すき取り土量は全量残土処分（場外）とします。

(単価)

根切り単価は，機械掘りと手掘りの場合があり，最近は住宅の場合も機械掘りが増えていますが，機械掘りの単価算出は煩雑ですから，見積りは手掘りを前提に行います。

人力換算で1.0㎥当たり人工数として，布掘りで0.25～0.27人工（つぼ掘りは10%増）をみます。現場の作業条件や土質によって，人工数を割増ししますが，障害物（構造物等）がある場合には，解体撤去費を別にみます。

埋戻しは，突固め共で0.1人工，残土処分は0.08～0.085人工（いずれも1.0㎥当たり）程度とします。残土処分は場内敷均しができず，処分地への運搬が必要な場合は，運搬費と処分場費用（捨場代）を別途計上します。

表 7.8　賃金単価資料

都道府県名	普通作業員	とび工	電　工	鉄筋工	大　工	左　官	配管工	タイル工	サッシ工	内装工
01 北海道	11,800	15,100	15,300	13,600	14,400	14,900	15,100	16,300	13,900	14,200
02 青森県	13,300	15,600	14,400	16,800	16,900	17,200	14,100	15,900	15,000	13,800
03 岩手県	13,500	14,500	13,200	15,900	16,700	17,600	14,100	15,900	15,000	13,900
04 宮城県	12,700	15,100	13,800	18,100	16,900	17,800	14,200	15,900	14,800	13,300
05 秋田県	13,000	15,000	13,700	16,800	18,300	16,900	14,200	15,900	15,000	13,900
06 山形県	12,600	14,800	14,600	16,900	15,600	15,600	14,200	15,900	14,500	14,100
07 福島県	12,100	14,900	14,600	17,300	17,600	16,200	15,300	16,000	14,800	14,800
08 茨城県	12,900	16,700	15,800	16,900	19,600	17,800	16,300	17,800	16,700	17,300
09 栃木県	13,600	16,400	16,100	16,600	19,800	17,800	15,900	17,800	16,700	17,300
10 群馬県	13,300	16,100	15,700	15,600	19,500	16,300	15,700	17,100	15,600	17,500
11 埼玉県	13,500	16,800	17,100	18,400	20,600	18,000	17,100	17,800	16,600	17,900
12 千葉県	13,400	17,700	17,200	17,500	21,700	18,100	17,400	17,800	16,600	18,000
13 東京都	14,000	17,400	17,900	18,700	21,600	18,200	17,800	17,800	16,500	17,400
14 神奈川県	14,100	17,500	16,600	16,900	20,600	17,800	17,700	17,200	16,700	17,700
19 山梨県	14,700	17,200	17,600	16,900	20,400	17,400	17,300	17,200	16,700	17,500
20 長野県	14,400	16,300	16,500	16,700	19,100	16,100	16,200	16,100	15,800	17,800
15 新潟県	12,400	14,700	14,800	14,400	16,300	15,100	15,000	17,100	14,400	15,700
16 富山県	13,600	16,400	15,900	17,100	16,300	15,100	16,100	16,100	13,500	16,400
17 石川県	13,900	16,500	16,600	17,900	16,300	15,000	16,300	16,000	13,600	15,400
21 岐阜県	14,500	16,900	16,300	17,000	18,600	16,100	16,900	15,500	16,200	16,700
22 静岡県	14,100	16,600	16,200	16,800	18,600	17,000	17,000	15,100	16,800	16,900
23 愛知県	14,100	17,400	16,600	17,700	18,600	16,600	17,100	14,700	16,100	17,100
24 三重県	14,100	17,300	16,300	17,100	18,600	16,400	16,700	15,200	16,200	15,900
18 福井県	14,600	16,800	16,300	16,200	17,600	15,600	16,500	16,200	14,900	15,900
25 滋賀県	13,800	17,300	16,500	17,600	17,400	16,500	16,600	16,300	14,800	15,600
26 京都府	13,400	17,800	16,600	17,300	18,100	16,200	16,400	16,400	15,000	15,600
27 大阪府	13,200	17,700	17,000	16,700	18,400	16,200	16,400	16,700	15,200	15,500
28 兵庫県	13,400	17,500	15,500	16,200	16,900	17,200	15,600	16,100	15,400	15,100
29 奈良県	13,900	17,800	16,100	17,200	18,100	15,900	16,600	16,400	15,000	15,400
30 和歌山県	13,900	17,000	16,100	17,000	18,200	16,500	16,500	16,400	14,900	15,400
31 鳥取県	11,900	15,900	15,800	15,400	16,400	15,700	15,000	14,700	14,500	14,400
32 島根県	12,100	15,300	15,700	15,600	16,300	14,300	14,800	14,300	14,600	14,000
33 岡山県	12,900	16,800	16,100	15,600	16,400	16,900	15,400	14,700	14,500	14,600
34 広島県	13,200	15,600	15,900	16,000	16,300	15,300	15,200	14,300	14,500	14,100
35 山口県	12,200	15,900	15,700	15,000	16,300	14,600	14,900	14,300	14,700	14,000
36 徳島県	13,000	15,700	15,200	16,100	14,500	16,100	14,600	14,100	14,100	14,000
37 香川県	13,300	16,100	15,400	16,200	14,500	16,000	14,600	14,100	13,600	14,000
38 愛媛県	12,600	16,300	15,600	15,600	14,700	16,100	14,600	14,100	13,900	14,000
39 高知県	13,700	15,900	15,500	15,600	14,500	16,200	14,600	14,100	13,900	14,000
40 福岡県	12,400	15,600	14,000	14,900	16,300	14,500	13,900	15,600	14,200	15,700
41 佐賀県	13,100	15,300	13,700	15,800	16,100	14,900	13,700	15,800	14,200	15,700
42 長崎県	11,600	15,100	13,600	15,500	16,100	14,700	13,200	15,400	14,200	15,700
43 熊本県	12,600	15,300	13,500	16,100	16,900	14,400	14,000	15,800	14,200	15,700
44 大分県	11,400	14,900	13,500	15,600	16,200	14,100	13,600	15,800	14,200	15,700
45 宮崎県	12,300	14,700	13,600	15,500	15,700	14,600	13,700	15,800	14,200	15,700
46 鹿児島県	14,200	16,900	13,500	16,300	16,900	15,800	13,700	15,800	14,200	15,700
47 沖縄県	13,400	19,600	14,000	16,600	18,300	16,900	13,700	16,800	15,600	16,800

資料：公共工事設計労務単価（基準額）より抜粋

単価は人工数×労務単価とし，労務単価は表 7.8のような賃金資料の普通作業員の単価を使います。このほか，物価資料等に材工共単価が発表されていますので（表 7.9)，これを参考に値入れすることも便利な方法です。

表 7.9　土工事の単価資料

名　称	内　容	単位	材工共価格	備　考
整地整理	敷地整地敷ならし，人力	m^2	2,050	100㎡程度，造成は別途
	〃　機械（高低差200mm以内）	〃	420	200　〃　〃
根切り	人力，つぼ掘り，布掘り，砂・砂質土　深さ0.5m	m^3	4,820	20㎡程度
すき取り	深さ300mm程度・人力100㎡程度	m^2	2,310	
床付け	人力　20㎡	m^2	490	根切り底対象
埋戻し	場内10m以内・根切り土　人力	m^3	2,700	締固め共10㎡程度
	搬入土（良土・運搬費含む）　〃	〃	3,740	〃　〃　〃
	〃　（山砂・　〃　）　〃	〃	4,640	〃　〃　〃
盛土	場内10m以内・根切り土　〃	m^3	2,750	〃　〃　〃
	搬入土（良土・運搬費含む）　〃	〃	4,100	〃　〃　〃
	〃　（山砂・　〃　）　〃	〃	4,770	〃　〃　〃
積込	人力	m^3	4,950	10㎡程度
不用土処分	場内処分・普通土　敷均し	m^3	930	10㎡程度
	場外処分・　〃　〃	〃	4,330	〃　〃 捨場費含まず

資料：「積算資料ポケット版総合編」土工事(1)

*布掘り・つぼ掘り

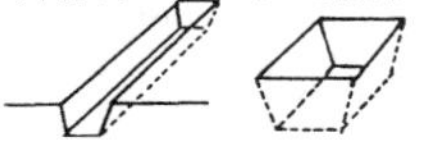

布掘り：布基礎の場合に帯状に掘る根切り

つぼ掘り：独立基礎の場合に角形に掘る根切り

*クラッシャーラン：砕石(石塊を砕いて生産された石)製品の一つで，最も安価な汎用性の高い製品。含まれる粒径の大きさにより40～0，30～0mmがある。路盤材，目つぶし材等に使用される。

（複合単価算出方法としての）
2.　割栗地業・目つぶし砂利

根切り作業のあと，割栗石を一層張りに張り込み（小端(こば)立て），目つぶし砂利（クラッシャーラン*）をすき間に充てんして，突固めをする作業で，割栗石の小端立て，目つぶし砂利，突き手間から構成されます。数量は出来形数量（図のAによる）の断面積（幅×厚＜高＞）×延長さ（m）とします。

図 7.5　割栗地業
（一層張り・小端立て）

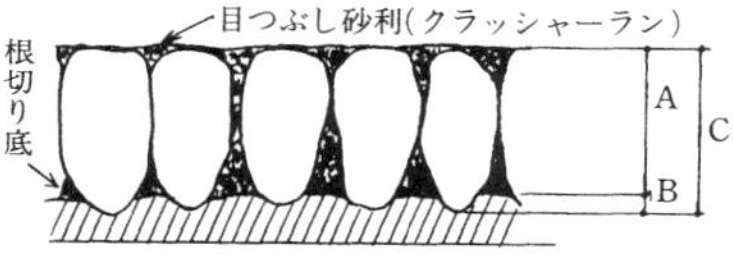

A：割栗厚
B：突べり（突固めによる地盤へのくい込み）
C：割栗石寸法

割栗地業1.0㎥当たり単価（表 7.10）は，材工共の単価資料（106頁 表7.14参照）を使いますが，材料・手間を積み上げて算定する方法もあります。

表 7.10　割栗地業 1.0 ㎥当たり積上げ計算例

名　　称	内　　容	数量	単位	単価	金額
割　栗　石	15cm	1.10	m^3	4,500	4,950
目つぶし砂利	クラッシャーラン	0.20	〃	3,700	740
突　き　手　間	特　殊　作　業　員	0.35	人	17,100	5,985
合　　計		1.0	m^3	—	11,675

図 7.11　骨材の価格

（価格は５㎥以下の小口価格）

品　　名	規　　格	単位	東　京	大　阪	名古屋	福　岡	札　幌
砂　　利	25mm 以下	m^3	…	—	3,250	—	3,200
〃	40 〃	〃	…	—	3,250	—	—
コンクリート用砂	荒目（洗い）	〃	4,400	3,700	3,400	2,950	3,200
〃	細目 〃	〃	4,100	3,700	…	2,950	—
左官用砂	荒目 〃	〃	4,900	5,000	4,100	3,200	4,300
〃	細目 〃	〃	4,900	5,000	…	3,200	—
コンクリート用砕石	20～5mm	〃	3,700	4,200	3,300	3,200	3,100
〃	40～5	〃	—	4,200	—	3,200	3,100
クッション用材	−	〃	3,450	—	2,250	—	—
埋戻し用材	−	〃	3,300	—	2,250	1,750	1,850
割ぐり石	150～50mm	〃	4,500	3,400	3,600	3,100	3,700
人工軽量骨材	5mm 以下	〃	11,200	12,400	…	12,400	—

☞価格欄の－は該当なし，…は資料なしまたは不明。
資料：「積算資料ポケット版総合編」セメント・骨材

割栗石は前頁図7.5のように，突固めによる沈み量（突きべり）が０～30㎜あるため，出来形数量より10～15％増をみます（地盤地層の固さにより調整，計算例では10％をみている）。また，目つぶし砂利はクラッシャーランまたは切込み砂利（土砂混じり砂利）を使用し，割栗石数量の15～20％程度を計上します。突き手間はランマー使用で，特殊作業員の0.32～0.35人／㎥（ランマー損料を含む）程度を計上します。

（複合単価算出方法としての）
3.　その他の地業工事・盛土

割栗地業は一般的な地盤の場合の標準的な施工方法で，現場の地盤状況によっては，杭地業（軟弱地盤），砂地業（泥土類の軟弱地盤で泥土を砂に入替え）が必要な場合があります。

割栗石の突固めで，割栗石の地盤へのくい込みが大きく，沈み込むような場合は軟弱な地盤であり，逆にわずかしかくい込まない場合が，地盤が硬いと判断できます。一般に許容応力度*から5.0 t /m^2以上が良好な地盤といわれています。

表 7.11　地盤のよい場合の地業

許容応力度*	地業の種類
（地盤が比較的良好な場合） 5～10 t /m^2	●砂利（砕石）敷地業 （地盤に直接，砂利等を敷き込み）
（地盤が特に良好な場合） 10 t /m^2以上	●地肌地業 （根切り底面に直接，捨コンクリートを打つ）

盛土は根切り土（発生土）を使用する場合と購入土（搬入土）を使用する場合がありますが，購入土はその地方地方の良質土や山砂等の比較的安価な土砂が使用されます。

---

*許容応力度（t ／ m^2）：地盤の許容地耐力度を示す数値で，地盤の硬さを表す。試験掘りか探査棒で測るが，堅い粘土質地盤や，硬いローム層で10 t ／ m^2，密実な砂質地盤や密実なれき層で20 t ／ m^2，岩盤で100 t ／ m^2である。このように自然の地盤であれば，経験的に判断できるが，埋立て・盛土など造成地の場合は，慎重な調査が必要である。「軟弱な地盤」とは，地盤の地耐力が十分でない場合で，３ t ／ m^2未満といわれている。

単価は物価資料（表 7.9参照）によるか，自社の実情に応じて設定するようにします。敷均し，締固め共で１㎡当たり単価を，特殊作業員0.10～0.15人工／㎡程度を計上（購入土の場合は材料費を加算）します。

数量は盛土厚（m）×面積（m^2）＝盛土数量（m^2）となりますが，複合単価設定のためですから，1 m^2当たりとなり盛土厚×1.0m^2とします。参考単価計算表の事例⑩，⑪では50mm厚ですから，１㎡当たり0.05m^3となります。

基礎工事のコンクリート

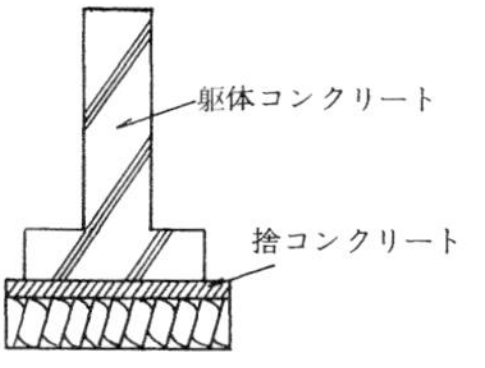

（複合単価算出方法としての）

4.　コンクリート工事

基礎工事のコンクリートには，捨コンクリート・鉄筋コンクリートがあります。

捨コンクリートは，布基礎や独立基礎の栗石地業を施工後，型わくを建て込むために敷き込むもので，厚さ３～５cm程度とし，４週強度（呼び強度）13.5N*／mm^2以下の生コンクリート，または現場練り１：４：８（容積比）*が使用されます。

無筋コンクリートは，布基礎や土間コン等の躯体コンクリートのうち，鉄筋の入らない構造体に使われるコンクリートで，呼び強度21N／mm^2以上，鉄筋コンクリートでは同24N／mm^2（打設後4週間の予想平均気温10℃以上の場合，同10℃未満の場合は27N／mm^2）とされています。（住宅金融公庫仕様書）。

1m^3当たり単価は，表7.12のように計算（カート打設の場合）した単価を使用するか，ポンプ打設の場合は表7.1～6のようにポンプ車損料を含めて計算します。この段階でコンクリート打設ロスを５％程度みるようにします。

ただし，コンクリートの数量を総量として積算する場合は，市場取引きの実態から1.0m^3未満は1.0m^3として，1.m^3以上は0.5m^3単位で切り上げて計上するようにします（例：1.75m^3→2.0m^3，3.25m^3→3.5m^3）

---

*N（ニュートン）　SI（国際単位系）の力の単位。1N=1kg・m/s^2

*現場練りコンクリートの容積比　　1：4：8，1：3：6，1：2：4は（セメント：砂：砂利）の容積比で，セメント１に対し，砂が（4，3，2倍），砂利（8，6，4倍）の配合を表す。

表 7.12　コンクリート 1.0m³ 当たりの単価の算出　(単位：円／㎥)

名　称	規　格	単　価	単位	捨コンクリート		無筋コンクリート		鉄筋コンクリート	
				数量	金　額	数量	金　額	数量	金　額
生コンクリート	18N	11,200	m^3	1.05	11,760	−	−	−	−
〃	21N	11,500	〃	−	−	1.05	12,075	−	−
〃	24N	11,850	〃	−	−	−	−	1.05	12,443
打設手間	特殊作業員	17,100	人	0.35	5,985	0.35	5,985	0.4	6,840
機械器具損料他	−	−	式	1.0	200	1.0	400	1.0	600
合　　計					17,945		18,460		19,883

注) 単価は参考値，作成時，作成地域の単価を採用して算出する。独立基礎は特に施工規模が小さいため，割増単価を使います（10〜15%）。生コンクリートの単価はスランプ18cmのもの。

(数量算出)

複合単価算出のための数量ですから，布基礎であれば１m，独立基礎は１カ所，土間コンは１㎡当たりの数量を，それぞれの出来形断面図から計測・計算します。埋め込まれる鉄筋やスリーブ，換気口の開口部等によるコンクリート数量の控除はせず，コンクリートの練りロスや打設ロスも，コンクリートの単価（表7.12）でみていますので，数量は単純に出来形数量で計算します。

参考複合単価計算表による事例①，④では次のとおりです。

事例①（1m当たり）

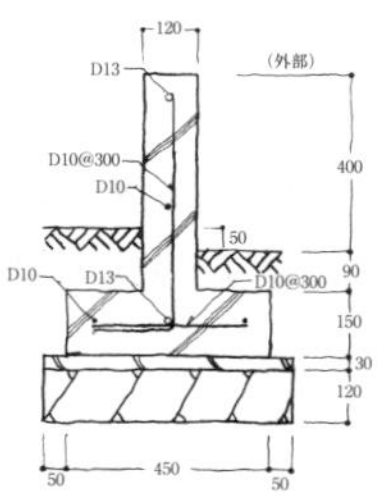

躯体コンクリート（鉄筋）

(イ)立上がり部分

w0.12 × h0.49 × 1.0=0.0588m³/m

(ロ)底盤部分

w0.45 × h0.15 × 1.0=0.0675m³/m

（イ＋ロ） = 0.0588+0.0675=0.1263m³/m

捨コンクリート

w0.55 × h0.03 × 1.0=0.0165㎥/m

事例④（1㎡当たり）

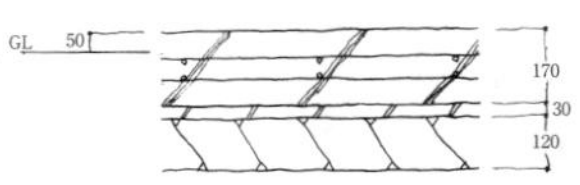

土間コンクリート（鉄筋）

t0.17 × 1.0m²=0.17m³/m²

捨コンクリート

t0.03 × 1.0m²=0.03m³/m²

（複合単価算出方法としての）
5. 型わく工事

型わく工事の単価は，表7.13のとおり①型わく材料損料，②雑材料（くぎ金物・はく離剤）③加工・組立て・解体手間，④小運搬費その他から構成されます。加工組立・解体費は型わく工の労務歩掛りから計算され，0.07～0.15人工／㎡程度ですが，こうした積上げ計算は時間がかかることや，見積りを必要以上に難しいものにするため，木造住宅の見積りでは，使われなくなっています。

現在，積上げ計算をする方法は，木造住宅だけでなく，RC造住宅や一般ビル建築の場合にも少なくなっており，官公庁で工事発注のための予定価格を算出する場合や特殊形状の型わくを使用する場合に限られるようになってきました。

表 7.13　型わく単価の積上げ計算例（旧建設省基準による）

摘要：簡易型枠　（単位：円/m^2）

名　称	規　格	数　量	単位	単　価	金　額	単価根拠	備　考
合　板		1.25	m^2	221	276.25		損率 24%
桟　材	60×30	0.008	m^3	14,700	117.60		35%
角　材	100×100	0.02	〃	6,400	128.00		20%
くぎ金物		0.28	kg	86	24.08		
はく離剤		0.02	ℓ	200	4.00		
型わく工		0.07	人	17,900	1,253		
普通作業員	手　元	0.04	〃	13,800	552		
そ の 他		1.0	式	－	285.07	2,354.93×0.12	労務費の12%
計					2,640.00		2,640/m^2

この積上げ計算をする方法に代わって使われるようになったのが，表7.15（111頁）のような材工共の施工単価で，木造住宅の基礎工事に限らず広く利用されるようになっています。独立基礎は施工規模が小さいため，特に割増単価でみます（10～15%）

（数量算出）

型わく数量（㎡：布基礎１ｍ当たり，独立基礎１カ所当たり数量）は，構造体の立上がり寸法を断面図から計測・計算します。図7.6のように，コンクリート打設に必要な型わく材料の必要寸法ではなく，型わく材がコンクリート面（構造体）に接する面積（㎡）を計測します。

コンクリートの数量と同様，スリーブや換気口部分の開口部などの控除は考えずに計算します。

参考複合単価計算表の事例①，③，④の躯体の型わく数量は次のとおりです。

図 7.6　型わく数量の計測

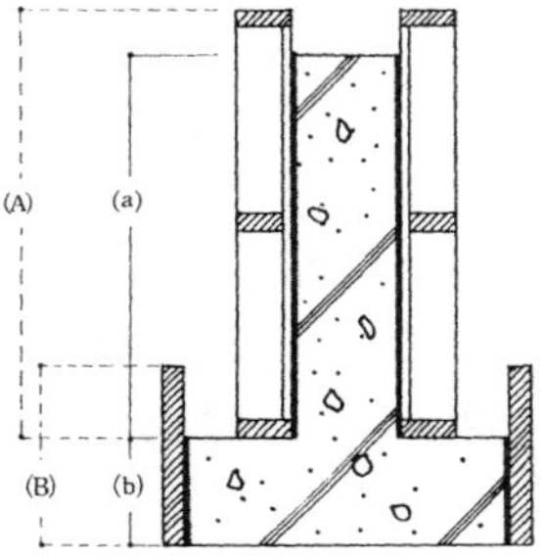

(A)＋(B)＝型わく材料の寸法
(a)＋(b)＝型わく面積の寸法

事例①

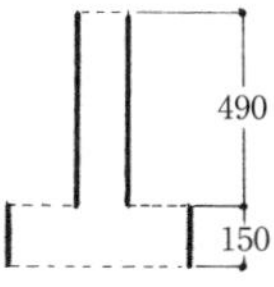

高さ（H）　両面　1 m当たり

$(0.49+0.15) \times 2 \times 1.0 = 1.28\text{m}^2 / \text{m}$

事例③

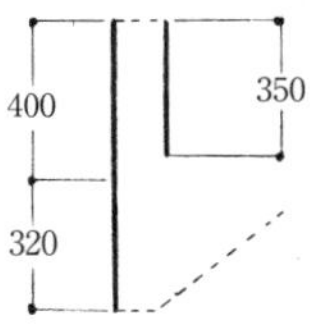

高さ（H）　内面　1 m当たり

$(0.4+0.32+0.35) \times 1.0 = 1.07\text{m}^2 / \text{m}$

事例④…型わくは不要

（複合単価算出方法としての）
6. 鉄　筋　工　事

布基礎の構造は，一体のコンクリート造とし，軟弱地盤の場合は建築基準法施行令で，一体の鉄筋コンクリート造とするように定められていますが，近年，耐震性を高めるため軟弱地盤以外でも，鉄筋コンクリート造とすることが多くなっています。公庫仕様書においても「一体の鉄筋コンクリート造を標準とする」として，鉄筋コンクリート造を推奨しています。

鉄筋コンクリート布基礎の場合は，当然鉄筋工事を積算することになりますが，一般に①鉄筋材料費，②加工組立費とに分けて積算されています。

図面から鉄筋のm数（本数）を拾い，重量換算をする一般の鉄筋工事と違

鉄筋布基礎標準配筋図

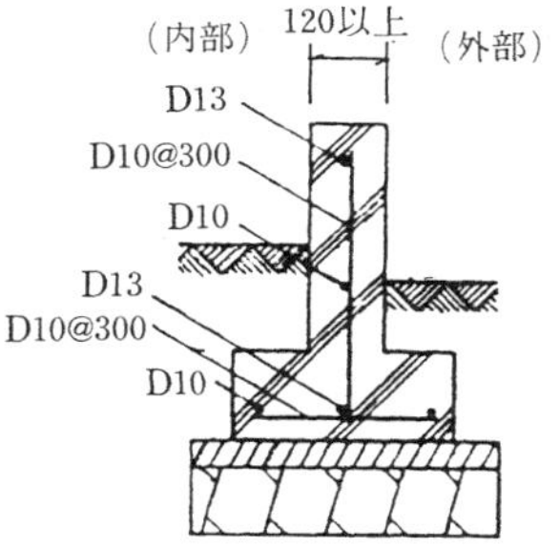

図 7.7　鉄筋の曲げ加工標準（フック）

住宅の布基礎では考えなくてよい

鉄筋の折曲げ角度	図	鉄筋の折曲げうちのり寸法(D)	鉄筋の余長
180°	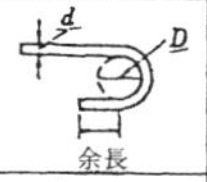	$4d$ 以上	$4d$ 以上
135°	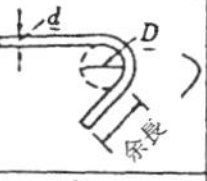	$4d$ 以上	$6d$ 以上
90°	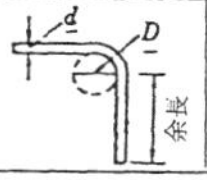	$4d$ 以上	$8d$ 以上

い，布基礎1ｍ当たりの複合単価算出のためですから，事前に鉄筋の径別（D 10，D 13）に，1.0ｍ当たり数量（kg）を算出しておきます。

鉄筋数量の算出は，布基礎1.0ｍ当たりの数量を断面図から径別に計測・計算をします。ＲＣ建築物では図面より配筋延長さｍを径別に拾い，図7.7のように曲げ長さや継手長さを加算し，市場寸法による定尺物との切りムダ等を計算しますが，木造住宅の布基礎では，そこまで考える必要はなく，フック部分を含めて，布基礎の高さ（H），底盤幅（W）をそのまま計上します。

ただ，開口部やコーナー部の補強（図7.8）および切りムダ分として10～15％割増しをします。

木造住宅布基礎の配筋の方法には，図7.9のように，縦筋を片側に折り曲げたものを交互（300㎜間隔）に配置する方法と，これに底盤部分の配筋を組み合わせた方法があります。さらに，最近では鉄筋工事の省力化を目指した鉄筋組立てユニットも各サイズのものが供給されています。

図 7.8　コーナー部補強

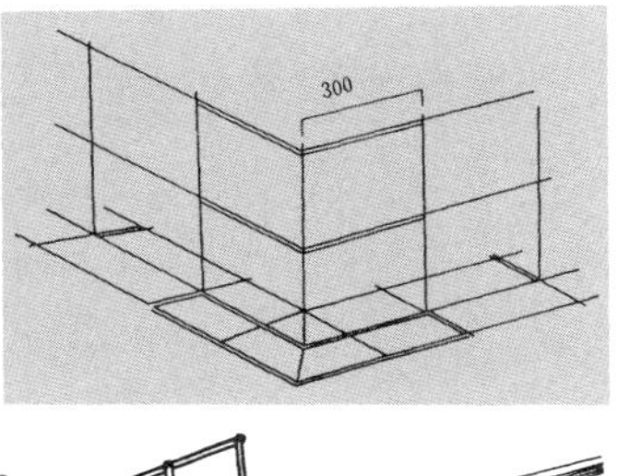

鉄筋組立てユニットの例

「スーパーベース」Ⓐ'をⒶのように直角に起す。

参考複合単価計算表の事例④について鉄筋数量を計算した結果は次のとおりです。

図 7.9　事例④の鉄筋数量の算出（1.0 m当たり）

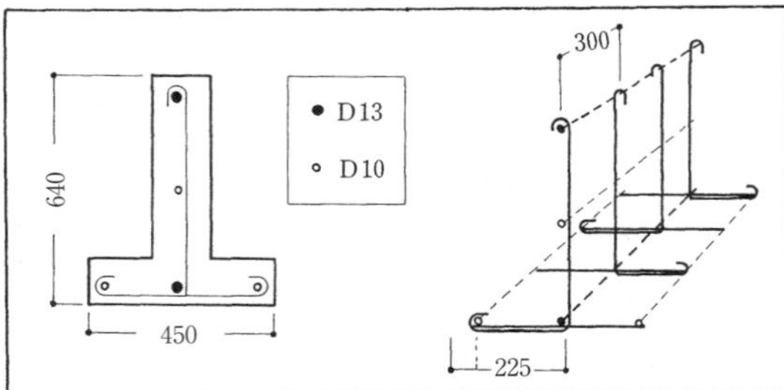

	横　　筋	縦　　筋	小　計
D10	3本×1.0m＝3.0m	(0.64+0.45+0.225) ×3本 =3.945m	6.945m
D13	2本×1.0m＝2.0m		2.0m

鉄筋重量　D10（0.56 kg/m）　6.945×0.56×1.1=4.278 kg
　　　　　D13（0.995 kg/m）　2.0 ×0.995×1.1＝2.189 kg

鉄筋の単位重量

丸	棒	異形鉄筋	
径	単位重量（kg/m）	呼び名	単位重量（kg/m）
9	0.499	D 10	0.560
13	1.04	D 13	0.995
16	1.53	D 16	1.56
19	2.23	D 19	2.25
22	2.98	D 22	3.04
25	3.85	D 25	3.98

（単価）

鉄筋価格は市場価格を参考にしますが，住宅の布基礎程度の使用量では，小口の割高単価となります。RC建築を手がけている工務店以外では，鉄筋を購入することもないので，仕入れ単価を参考にするわけにもゆきません。

新聞紙上や物価資料の鉄筋価格は，大口取引きや仲間相場ですから，これに2～3割増しをして使います。

次に鉄筋の加工組立費は，結束線やスペーサーブロック等の副資材費を含めて鉄筋工の人工数でみる方法と，鉄筋1.0kg当たり施工単価を参考にする方法があります。

人工数でみる場合は，副資材費・運搬費を含めて1.0ｔ当たり4.5～6.0人工程度で，これに鉄筋工の賃金額（95頁表7.8参照）を乗じて算出します。

鉄筋の市場価格
－日本経済新聞－

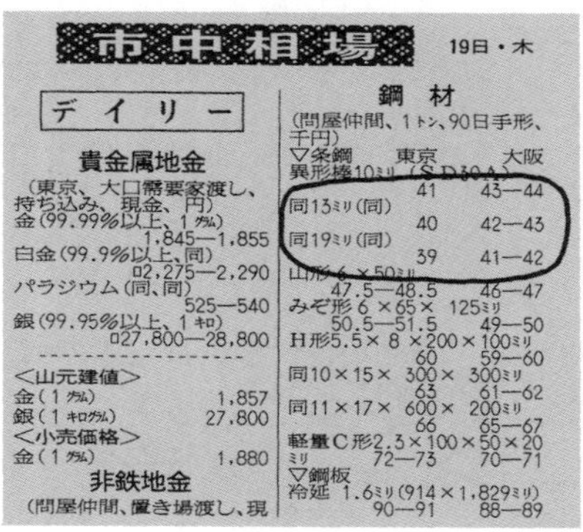
市中相場　19日・木

デイリー

貴金属地金
（東京、大口需要家渡し、持ち込み、現金、円）
金（99.99%以上、1グラム）　1,845―1,855
白金（99.9%以上、同）　ロ2,275―2,290
パラジウム（同、同）　525―540
銀（99.95%以上、1キロ）　ロ27,800―28,800

＜山元建値＞
金（1グラム）　1,857
銀（1キログラム）　27,800
＜小売価格＞
金（1グラム）　1,880

非鉄地金
（問屋仲間、置き場渡し、現

鋼材
（問屋仲間、1トン、90日手形、千円）

▽条鋼	東京	大阪
異形棒10ミリ（SD30A）	41	43―44
同13ミリ（同）	40	42―43
同19ミリ（同）	39	41―42
山形6×50ミリ	47.5―48.5	46―47
みぞ形6×65×125ミリ	50.5―51.5	49―50
H形5.5×8×200×100ミリ	60	59―60
同10×15×300×300ミリ	63	61―62
同11×17×600×200ミリ	66	65―67
軽量C形2.3×100×50×20ミリ	72―73	70―71
▽鋼板		
冷延1.6ミリ（914×1,829ミリ）	90―91	88―89

施工単価を参考にする場合は，各種の物価資料を参考に値入れします。

参考単価計算表の事例の鉄筋加工組立費は，5.0人工／ｔとして計上しています。

以上のほか，鉄筋入り土間コンクリート，腰壁（空胴コンクリートブロック積み）の補強鉄筋があります。

土間コンクリートではワイヤーメッシュ4.0mm 以上を敷き込みます。数量は土間コン1.0㎡当たり材料（ワイヤーメッシュ）1.0㎡であり，単価は特に敷込み手間の計上はしないで，材料費だけを計上します。

腰壁で，鉄筋を含んだコンクリートブロック積み単価を使う場合は，鉄筋数量の計測や値入れは必要ありません。

図 7.10　ワイヤーメッシュ

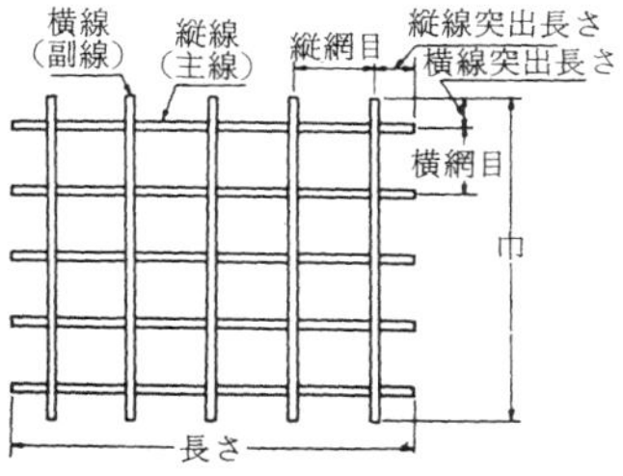

線径＼網目	50	100	150	200
3.2mm	500円／㎡	250	230	／
4	／	400	340	／
5	／	500	420	／
6	／	650	500	450

（複合単価算出方法としての）

7.　その他の工事（防湿フィルム・均しモルタル・養生費・諸経費等）

これまで基礎の複合単価を設定するための，根切り・埋戻し・残土処分・割栗地業・型わく・コンクリート・鉄筋工事を説明しましたが，基礎工事の主要部分は，この工種で占めています。

こうした主要工種以外に「砂押え」「防湿フィルム」「均しモルタル」「こて押え（仕上げ）」（以上，いずれも土間コンクリート）および「養生費」,「諸経費」等の計上があります。いずれも布基礎・独立基礎・土間コンの設計内容の必要に応じて計上することになりますが「材料費＋施工手間」の施工単価での計上が基本です。

1)　砂押え

床下防湿の方法として図7.11のように，土間コンクリートとする場合と防湿フィルムを敷き砂押えとする方法があります。砂押えは，乾燥した砂または砂利を厚さ30㎜程度に押えます。数量は１㎡単位ですから，30㎜厚であれば0.03×1.0×1.0＝0.03（㎥/㎡），単価は材料費（砂）と敷込み手間とし，手間は材料数量に対して普通作業員0.1人工／㎥程度とします。

2) 防湿フィルム

床下防湿に使われるフィルムで，基準では

(イ) JIS Z 1702　包装用ポリエチレンフィルム

(ロ) JIS K 6781　農業用ポリエチレンフィルム

(ハ) JIS K 6732　農業用塩化ビニルフィルム

に適合，または同等以上の防湿フィルムで厚さ0.1㎜以上のものを床下地盤全面に敷きつめ，フィルムの重ね幅は150㎜以上としています。

図 7.11　床下防湿

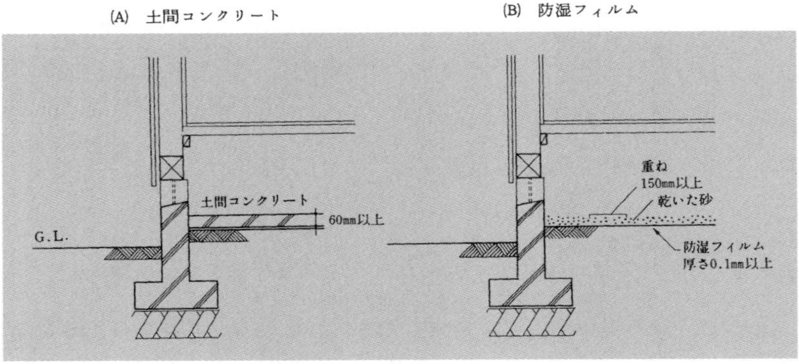

数量は1.1m^2/m^2，単価は材料費（防湿フィルム）と敷込み手間からなりますが，表7.14のような施工単価（材工共単価）を参考にします。

表 7.14　地業・防湿フィルム敷き施工単価資料

◆地業…建物の基礎のうち，もとの地盤に対し行われた基礎工事のこと。

名　称	規　格	単位	材工共価格	備　考
割石地業	厚100～150mm・目潰し砂利共	㎥	8,620	人力ランマ突固め含む
砂利地業	50　100　〃	〃	6,560	〃
砂利業	厚60～100mm・水絞め共（基礎）	〃	6,870	〃
防湿断熱	ポリエチレンフィルム敷き@0.1mm	㎡	200	
	〃　@0.15	〃	260	

資料：「積算資料ポケット版総合編」土工事(1)

3)　均しモルタル・こて押え

均しモルタル仕上げ

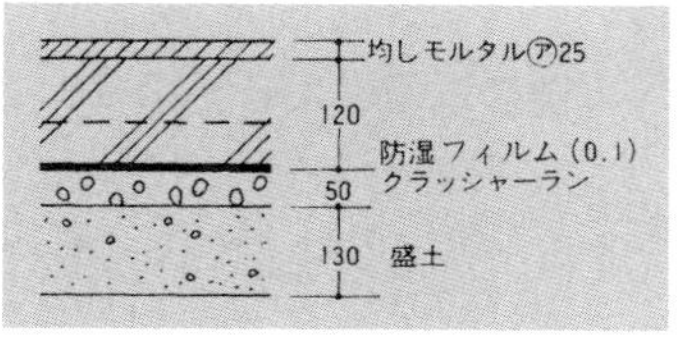

土間コンクリートの表面を均しモルタルで仕上げする場合（右図）やコンクリートのこて押え仕上げの費用です。いずれも左官工事の材工共（こて押えは手間のみ）を計上します（252頁 表11.3）。

4)　養生費

基礎躯体コンクリートを打設したあと，直射日光・寒気・風雨などを避けるために，シート等で養生するための費用です。仮設工事費の中に含まれているという考え方から，計上しないことも多いのですが，施工時期により（特に寒冷期）通常以上の養生が必要な場合は，その実費を計上します。

5)　諸経費

基礎の複合単価設定の中で，費用構成の一つとして，最後に諸経費を計上します。工事費全体の諸経費は施工業者（元請業者）の経費ですが，基礎工事の施工が下請施工となるところから，複合単価の中に諸経費を計上するものです。数量は一式で表示し，全体金額の10～15％程度をみるのが一般的です。

以上のほか，基礎工事には布基礎の天端モルタル均し･モルタル刷毛引き･換気口・アンカーボルト等がありますが，これらの費用は複合単価の中には含めないで，他の基礎工事である束石・腰壁等と同様に，見積書上に表示します。

8.　複合単価の作成時期とその必要性

これまで説明してきた複合単価の算出方法は，見積書上に表現するためのものではなく，見積書に単価として表示する複合単価をあらかじめ設定しておくためのものです。

一般に，見積書作成時には時間的な余裕が少なく，細かい計算や書式を表現することができないことが多いため，毎年１～２回程度，あるいは費用に大きな比率を占める生コンクリートや鉄筋の相場が大きく変化した時点に，単価を見直しておくようにします。一度，計算表を作成し計算しておけば，材料・労務単価の見直しだけで，比較的容易に算出できますので，自社施工寸法による自社独自の基礎単価を設定するようにおすすめします。

(複合単価による見積りの必要性)

これまでの木造住宅の見積りは,一般ビル建築と同じように「土工事」「コンクリート工事」「鉄筋工事」という区分で,それぞれの数量×単価で表現されていました。このため,「根切り土量の計算」「型わく数量・損料計算」など,複雑な見積り方法がそのまま見積書上に表現され,見積書をわかりにくいものにする要因の一つになっていました。

詳しい見積書とわかりやすい見積書という関係は,同じ場合と相反する場合とがあります。基礎工事の場合に,お客さんの立場から考えますと,

「鉄筋は入っているのか」

「土間コンの厚さは」

という関心は寄せられますが,鉄筋は何kg,型わくが何㎡,コンクリートや根切り土量が何㎥といっても,それが多いのか少ないのかの判断はつきません。

図面上で説明のつくものはそれですませ,意味のない細かな説明を見積書上ですることは時間の無駄だけでなく,理解できない部分の説明が多すぎることは信頼感を薄める恐れがあります。

お客さんに理解できないことが専門家なのだという意識は,木造住宅の見積りではできるだけ避け,お客さんが理解できる範囲の内容表示に,できるだけ努めるのが一つのポイントです。

(2) 束（つか）石

図 7.12　束石の種類

（束石）

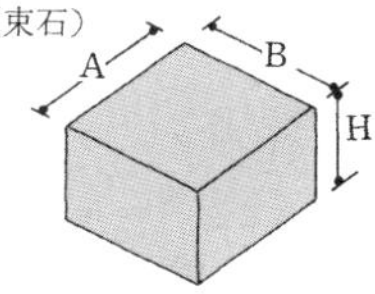

（A）	（B）	（H）	（価格）
150 ×	150 ×	120	160円/個
200 ×	200 ×	180	440

（沓石）

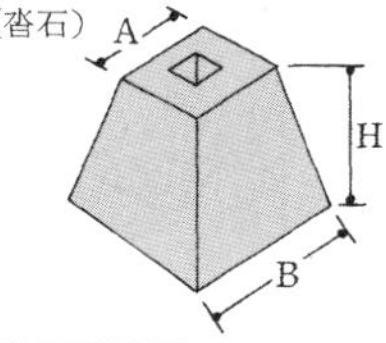

105 ×	150 ×	180	290円/個
120 ×	180 ×	210	380
120 ×	180 ×	300	530
150 ×	210 ×	240	590
150 ×	210 ×	300	690

基礎伏図には，布基礎・独立基礎のほかに束石があります。

基礎伏図から束石の個数を拾い，個数×単価で表示します。

単価は材料費（束石·敷砂利·捨コンクリート番線）＋据付け手間としますが，束石据付けの歩掛りはデータが少なく，あっても不十分なものですから，これまでの経験によって設定しておくか，材工共の物価資料（表7.15）を使用して値入れします。

束石は，その土地土地でいろんな寸法のものが販売されていたり，コンクリートブロックが使われたりしますが，材料費は日ごろ使用する束石の購入単価を基準に考えます。図7.12は，東京近郊で市販の束石・沓石の寸法と価格です。

据付け方法もさまざまのようですが，一般に砂利敷き固め，捨コン敷きの上に据え付けられることが多く，これを前提とすると1個当たり人工数換算で，0.05～0.08人工（束石を除く材料費込み）程度です。これに材料費を加算したものを1個当たり単価とします。

(3) 腰　　壁

浴室，トイレ回り等の腰壁には，コンクリートブロック積みまたは鉄筋コンクリート造りとがあります。最近は鉄筋コンクリート造りが多く，ブロック積みは少なくなりましたが，鉄筋コンクリート造りの場合は，前に説明した「型わく・コンクリート・鉄筋工事」の組合せになりますが，ここではコンクリートブロック積みの場合を説明します。

ブロック積みは，一般の建築工事では，組積（そせき）工事として計上されますが，木造住宅では建物の部分・部位別に表現したほうがわかりやすいという考え方から，基礎工事の中でみます。

図 7.13　腰壁（ブロック積み）と基礎ブロック図

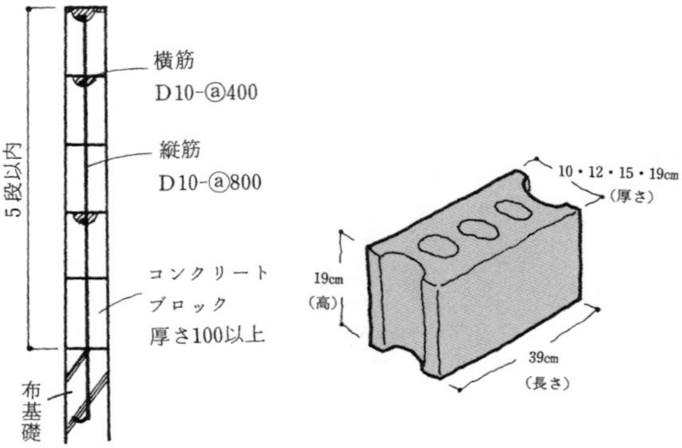

ブロック積みは，布基礎の上に図7.13のようにブロックを６段以内（通常３～５段が多い）に積み上げ，鉄筋で補強します。

見積りはブロック・積みモルタル・充てんモルタル・鉄筋および積み手間を含んだ材工共単価(円／㎡)で，次のように算出します。

腰壁＝ブロック積み面積（㎡）×単価

※単価はブロック，モルタル，鉄筋材料および積み手間を含んだ材工共単価（円／㎡）

コンクリートブロックは，空胴ブロックの種類ごとに,A，B，C，防水および厚さ別に10, 15, 19cmがあり，それぞれ必要に応じて使用されます（A，B，C種の区分は圧縮強度を表し，C種が最も強度がある）

数量の計測は面積計算(㎡）を行い，積み延長さ(m）×高さ(m）となります。

高さはブロック１個の高さが19cmですから，目地厚を含めて１段20cmとみて，６段積みであれば高さは1.2ｍ，一般には３～５段積み，高さ0.6～1.0ｍが多いようです。

表7.16の施工単価資料は，鉄筋の間隔が縦横とも@400㎜となっており，腰壁の縦筋@800㎜基準と，多少異なりますが，そのまま使うか多少割引いて使います。

ブロックの個数･充てんモルタル量･鉄筋重量･積み手間など，歩掛りデータを使って積上げ計算をする方法もありますが，ブロック積み住宅でないかぎり，そこまで詳しい見積りは不要です。参考のため紹介すると次のように

表 7.15　木造住宅基礎の材工共単価

名　　称	規　格　・　摘　要	単位	材工共価格	備　考
捨コンクリート	カート打設（手間のみ）	m³	4,650	5m³程度
	ポンプ打設　〃	〃	2,450	10　〃
土間コンクリート	カート打設　〃	〃	4,610	5　〃
	ポンプ打設　〃	〃	1,510	10　〃
基礎コンクリート	カート打設　〃	〃	4,550	5　〃
	ポンプ打設　〃	〃	1,610	10　〃
ポンプ圧送料金	基本料金	回	36,500	
基礎　型枠	製作、組立、解体	m²	3,190	50m²
基礎　鉄筋	加工・組立費（手間のみ）	t	46,500	5t
浴室腰壁	高600㎜　鉄筋D10　@300	m	6,790	
束石据付け	厚150×150（手間のみ）	個所	770	
	200　200　〃	〃	870	
アンカーボルト	13㎜　首下240㎜（材料のみ）	本	90	
	〃　300　〃	〃	110	
	〃　350　〃	〃	160	
床下換気口	高120×幅300　SUS	個所	1,000	

資料：「積算資料ポケット版総合編」基礎工事(1)

表 7.16　コンクリートブロック積み施工単価資料

名　　称	規格・摘要			施工規模	単位	材工共価格		
						化粧なし	片面化粧	両面化粧
補強コンクリートブロック積	仕上下地	A種	厚100㎜	50	m²	4,460	4,760	4,910
	〃		120	〃	〃	5,150	5,450	5,600
	〃		150	〃	〃	6,060	6,360	6,510
	〃		190	〃	〃	7,940	8,240	8,390
	〃	B種	100	〃	〃	4,660	4,960	5,110
	〃		120	〃	〃	5,350	5,650	5,800
	〃		150	〃	〃	6,270	6,570	6,720
	〃		190	〃	〃	8,210	8,510	8,660
	〃	C種	100	〃	〃	5,010	5,310	5,460
	〃		120	〃	〃	5,690	5,990	6,140
	〃		150	〃	〃	6,680	6,980	7,130
	〃		190	〃	〃	8,630	8,930	9,080
	〃	C種防水	100	〃	〃	5,330	5,630	5,780
	〃		120	〃	〃	6,100	6,400	6,550
	〃		150	〃	〃	7,100	7,400	7,550
	〃		190	〃	〃	9,210	9,510	9,660
ブロックまぐさ（手間のみ）	開口幅900㎜		厚100㎜	—	個所	800	—	—
			120	—	〃	1,020	—	—
			150	—	〃	1,240	—	—
			190	—	〃	1,620	—	—

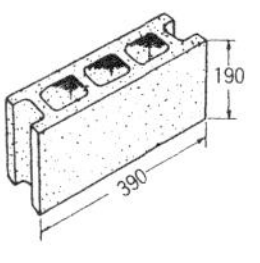

☞補強コンクリートブロック積は、間仕切下地、帳壁を対象とする。また、ブロック塀にも準用できるが、配筋が異なることで耐力壁は除く。配筋は、異形鉄筋D10使用、縦横とも400㎜間隔とする。鉄筋まわりのモルタルの充てんを含む。

資料：「積算資料ポケット版総合編」補強コンクリートブロック積

なります。

1. コンクリートブロック	12.5～13.0個／㎡	
2. セメント	4.4～9.3kg／㎡	ブロック厚により増減
3. 砂	0.008～0.017㎥／㎡	ブロック厚により増減
4. 生コンクリート	0.025～0.048㎥／㎡	ブロック厚により増減
5. 鉄筋	0.25～0.3kg／㎡	
6. ブロック工・手元共	0.20～0.30人／㎡	

（4） アンカーボルト，床下換気口，スリーブ

以上で木造住宅の基礎工事に計上する大体の内容を説明しましたが，このほか細かいものとして，アンカーボルト，床下換気口，スリーブについて説明します。

これまで雑工事として計上されたり，金額も小さいことから計上されないこともありましたが，住宅の見積書の内容が，単に金額の積上げだけでなく施工内容の説明と約束という役割もあるという意味から，きちんと表示したいものです。

床下換気口で自動開閉式のものや換気扇を設置することも増えてきましたが、基礎工事または住宅設備工事に計上します。

1. アンカーボルト

アンカーボルトは基礎と土台を緊結するために，布基礎にアンカー部分を埋め込むもので，布基礎2.7m間隔以内および柱の近接位置，土台継手・仕口カ所の上木（うわぎ）端部位置（図7.14参照）に設けます。

数量は基礎伏図にアンカーボルトの位置が表示されていますので，本数を拾い，座金とセットで，サイズ（径，長さ）を表示して計上します。

材料価格（ボルト＋ナット＋座金）だけとします。

図 7.14 アンカーボルトの埋込み位置

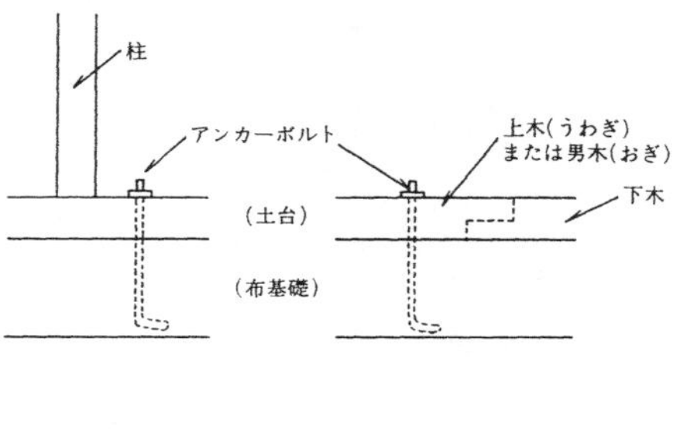

表 7.17　アンカーボルト，座金（Zマーク表示品）

名　称	記　号	形状・寸法（mm）	参考数量	単位	価格
角 座 金	W4.5 × 40	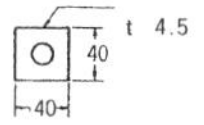	1箱　500個	個	8
アンカーボルト（ナット付）	A − 40	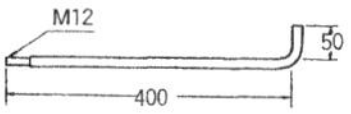	1箱　500本	本	54

資料：「積算資料ポケット版総合編」軸組工法用金物(3)

2.　床下換気口

図 7.15　床下換気口

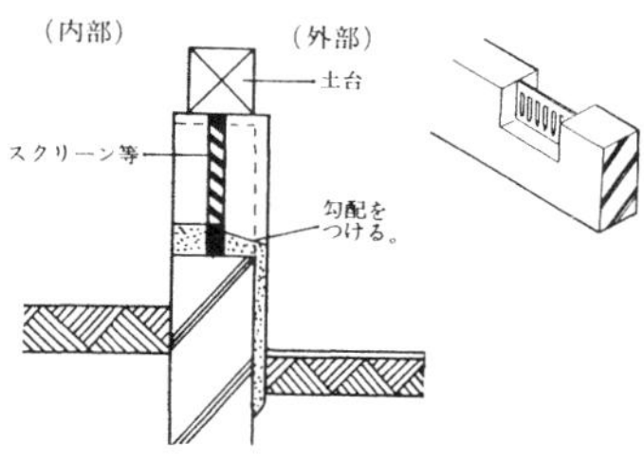

外周部の布基礎に，４ｍ間隔を標準に有効換気面積300㎠以上の床下換気口を設けるようになっています。

外周部以外の屋内の布基礎にも同様に通風と点検のため床下換気口を設けますが，外周部の換気口にはねずみ等の侵入を防ぐために，スクリーン等を堅固に取り付けますが，鋳鉄製等の市販の床下換気口製品が使われます。数量はアンカーボルト同様，基礎伏図から個数を拾い，材質を表示し，

床下換気口＝個数×単価

で計上します。単価は取付費共が基本ですが，一連の布基礎工事の中に含まれていると考え，材料単価だけとします。

3.　スリーブ

基礎を貫通して配管用のスリーブを設けます。配管パイプの外径より一回り大きい寸法の塩ビ管等を，布基礎幅と同寸法または２倍に切断して埋め込みます。基礎伏図から拾いますが，表示がないときは，給排水・ガス工事図を参考にして想定します。

いずれにしても小さな金額ですから，見積り計上はしないことが多いようですが，こうした内容はわかりやすく，工事内容の説明にもなりますので，

できるだけ表示したいものです。ていねいな施工ときちんとした見積書という印象を与えます。

事例では　φ 125　1カ所　浴室
φ 100　3カ所　洗面室，便所，台所
φ 60　1カ所　台所

としました。1カ所当たり0.3mとして，φ60～125㎜で1.5m分，塩ビ管（VU管）屋外配管の材工共単価で計上します（単価は328頁 表18.4参照）。

最近，給排水配管工事にヘッダー工法が普及しはじめており（第18章　給排水・給湯設備工事331～336頁参照），とくに排水ヘッダーの場合は排水個所を1カ所にまとめるため，スリーブも1カ所ですむことになります。

基礎工事の鉄筋組み立て時にさや管（スリーブベンド管）を設置しコンクリートを打設，このさや管に屋内と屋外をつなぐ排水可とう管を通す「基礎貫通排水管セット」（336頁 図18.8参照）です。給水用のさや管も売り出されています。

（5）　基礎天端均し，刷毛引き仕上げ

図 7.16　布基礎天端均し

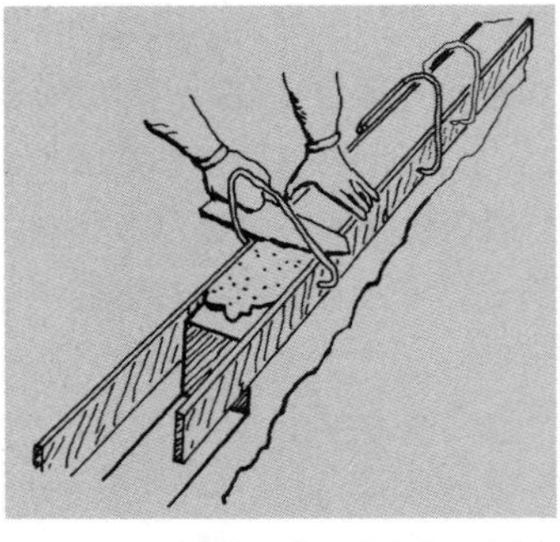

布基礎の型わくを外したあと，上端にモルタルを厚さ20㎜程度水平に塗り付け，天端を均します。

最近はセルフレベリング材を使うことが増えています。単価はポケット版・左官工事の項を参照してください。材工共で1,100～1,500円／㎡程度です。

刷毛引き仕上げは，布基礎の外部見え掛り面にモルタルの刷毛引き仕上げをするもので，見え掛り幅（地盤面上）より5～6cm下まで塗ります。

図7.15のように，床下換気口の取付けを同時に行い，換気口部分は勾配をつけて雨水が流入しないようにします。

これまで天端均し，刷毛引き仕上げは，左官工事の中でみることが一般的

でしたが，これは施工者側の外注施工という点からコスト把握がしやすいことや，工種工程別の見積書の考え方からきていたものです。

お客さんにわかりやすいという意味からは，部位別にまとめられる部分はできるだけその中でみたほうが，わかりやすいはずです。この意味で，できるだけ基礎工事の中に計上するようにします。

数量および単価は次のとおりです。

・基礎天端均し（基礎の延長さm）×（材工共単価）

・刷毛引き仕上げ（天端均しの延長さmのうち外周部分）×（材工共単価）

※単価は材料費（モルタル），小幅板（陸ズミ兼モルタル型わく）および塗り手間の積上げ計算もできますが，表7.18のような材工共の施工単価を使います。（玄関，勝手口土間コンのモルタル金ごて仕上げは，土間コン単価に含まれています）

表 7.18　左官工事単価資料例

名　称	規　格　・　仕　様	単位	材工共価格
犬走りモルタル塗り木ごて	塗厚30㎜	m^2	1,750
〃　金ごて	〃	〃	1,850
〃　刷毛引き	〃	〃	1,800
基礎モルタル塗り金ごて	〃	〃	3,200
〃　天端モルタル塗り金ごて	幅200㎜程度　〃	m	900

☞左官工事は左官下地（金属）別途，ラスこすりを含む。
資料：「積算資料ポケット版総合編」左官工事(5)

事例の数量は次のとおり

① 基礎天端均し　基礎状図（56頁）より→53.28 m

② 刷毛引き仕上げ　基礎状図（56頁）より

(6.37 × 2) + (9.1 × 2) + (0.91 × 2) − (1.30（玄関）+ 0.91（勝手口))

→30.55 m

第8章　木　工　事

木工事は文字どおり木造住宅の中心となる工種で，見積りに要する時間，労力，見積額からも，全体の大きな比率を占めます。木工事の見積りができれば，見積りの大半ができたといっても過言ではありませんし，また木工事の見積りをこなせるようになれば，木造住宅の見積りで一人前になったということができます。それだけに，要領よく正確に行いたいものです。

□木工事の範囲

木工事は大別して構造材・下地材・造作（仕上げ）材とに区別されます。最近は，造作(仕上げ材）に加工された製品(出入口わく·回り縁·幅木·階段·床の間セット等）が多く使われるようになり，木工事と内装工事や雑工事との区分に迷うことが多くなりました。見積書上では，大工手間との関係がありますから，大工が取付けをするのか，別の職人が施工するかで判断します。

大工が木工事と一緒に施工するものは，加工された製品であっても木工事に計上するようにしています。断熱材や軽量鉄骨ばり，火打金物も同様ですが，特に内外装工事や雑工事の範囲のものは，今後できるだけ木工事から外してゆくことが検討されるべきだと考えます。

公庫の仕様書では，木工事の躯体部分を一つにして，断熱工事·木工事（造作工事）と区分し，造作工事を内外装工事に近い取扱いをしていますが，木造住宅の躯体部分（構造材部分）を中心に木工事として取り扱い，下地を含めて，造作材を内外装工事として把握していくことが，わかりやすい見積書という観点からは望ましいように思われます。

現状では，構造材・下地材・造作材を含めて木工事として取り扱われていますので，見積りの説明もこれに合わせて進めます。

□木工事では木拾い（数量の計測）が決め手

図 8.1　木工事の見積り手順

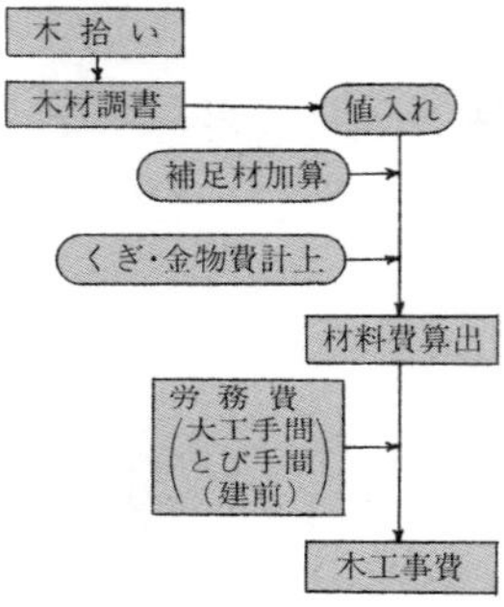

木造住宅全体の見積りの中で，木材の数量拾い，つまり「木拾い」は，大きなウェイトを占め，また面倒な作業です。慣れないと，なかなか苦労しますし，慣れた人でも拾いもれが多く，木工事の施工経験，木材の知識がないと，建築の専門家でも木拾いのできない人は多いものです。

木拾いは住宅を構成する構造材部分，各下地材，造作関係，内外の仕上げまで範囲が広く，かつ種類も多いため，順序よくルールを決めて進めるようにします。

わく組壁（2×4）工法では，使用する材料の寸法・樹種・等級の種類が少なく，工法も一定しているため，統計的な数値（㎥／m，㎥／㎡といった係数値）が使われ，比較的簡単ですが，軸組工法（在来工法）では設計が自由なだけに，それだけ見積り業務は複雑にならざるを得ないわけです。

ただ，軸組工法でも施工方法を一定に決められる部分（胴縁・野縁・たる木・根太などの下地組み）は換算数値が利用できますので，そうした部分は，できるだけ合理的に処理することで，木拾い作業を軽減することができます。

□木拾いの基本的な考え方

これまでの見積りの教科書では，木材費の出し方を，次のように説明していました。

木材数量の拾い出しは，継手位置や継手所要寸法，仕口所要寸法を見込んで必要長さ（あるいは定尺材を割付け）を計算し，さらに材積計算をするという方法で，複雑な数量算出をさらに時間のかかるものにしていました。

必要な長さを計測・計算し，材積数でとりまとめるという考え方は，一般のビル建築における木工事の考え方からきているもので，木造住宅の施工業者にとっても，ましてやお客さんにとっても，m^3換算した数値は理解しにくく，図面と見比べても判断がつかないものになっていました。

木造住宅の見積りでは，まず基本的なこの部分の意識をもっとわかりやすい簡便な方法，考え方にすることが必要です。

具体的にどのように違うかを，事例（下図）の１階床伏図から，土台の数量を，両方の方法で計測・計算をしてみましょう。

１階床伏図

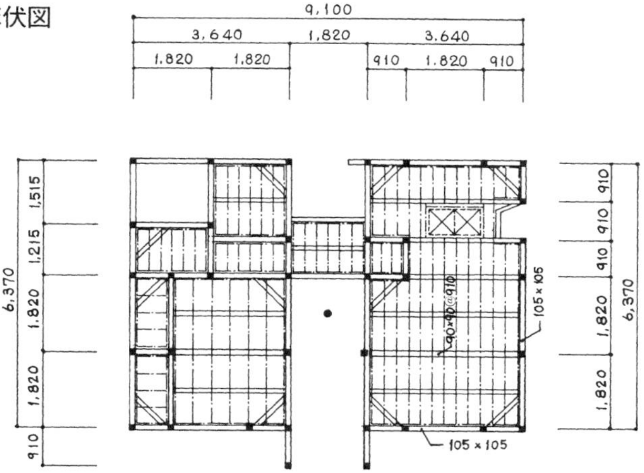

□従来の建築数量積算の考え方

（基準）１．木材の所要数量は設計寸法または図示の寸法による長さに，継手や仕口の長さを加え（仕上げの場合は0.15mを加えた長さ）所要長さを出す。継手・仕口は，その種類によって異なるので，部材種別ごとに適当と思われる継手・仕口を想定して計測する。

〔継手の種類と必要長さの基準〕

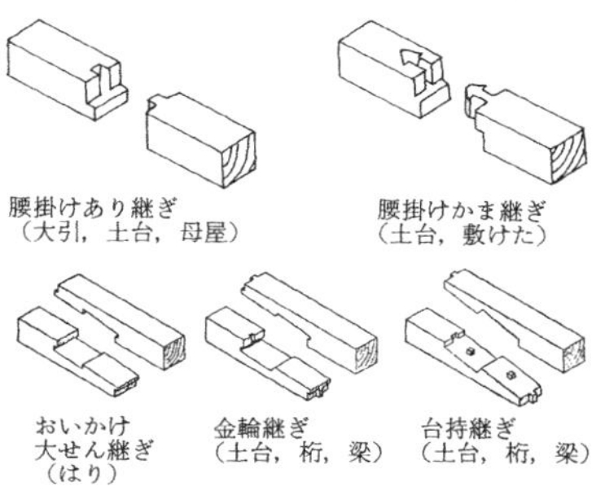

継手の種類	延び長さ（成に対し）（※）
腰掛けあり継ぎ	×0.6
腰掛けかま継ぎ	×1.3
おっかけ大せん継ぎ	×3～3.5
金輪継ぎ	×3～3.5
台持継ぎ	×2.5

（※）成（せい）とは，材の長辺の高さ（厚）寸法

２．1.の必要長さに，設計または図示の断面積による体積（材積計算）に５％の割増をした体積による。

３．計測・計算の基準：断面の辺の長さは小数点以下３位まで計測し，体積の計算過程は小数点以下５位を四捨五入する。

（計測・計算）

1. 設計・図示による長さの計測（事例図より）

x軸　3.64 + 0.5 + 3.64
1.82 + 1.82 + 1.82 + 0.91
3.64 + 1.82 + 0.91
0.91 + 3.64 + 3.64　……………28.71m―(イ)

y軸　6.37 + 1.82 + 1.82 + 1.515 + 1.215
6.37 + 0.91 + 6.37 + 0.91 + 0.91
0.91 + 0.91 + 1.82 + 1.82　……………33.67m―(ロ)

(イ)＋(ロ)= 28.71 + 33.67(m) = 62.38m　……………………………………(ハ)

2. 継手・仕口長さの加算

継手　腰掛けかま継ぎとして，（成）0.105 × 1.3 ≒ 0.137(m)
16カ所分として　16 × 0.137 × 2 = 4.384(m) ………………(ニ)

(ハ)＋(ニ)= 62.38 + 4.384 = 66.764(m) ………………………………………(ホ)

3. 必要長さに対する材積計算および割増（５％）

66.764 × 0.105 × 0.105 = 0.7360731（５位を四捨五入）
≒ 0.7361　………………………………………(ヘ)

割増（(ヘ)× 1.05） = 0.7361 × 1.05 = 0.772905（５位を四捨五入）
≒ 0.7729(㎥)

4. 木材数量(土台)0.7729㎥(４ｍ材換算17.53本分)となります。

□木造住宅の木拾い

（基準）

1. 市場寸法材の使用を前提とし，３ｍ，3.64（3.8）ｍ，４ｍ材を基準にした一本拾いとする。
2. 長さ･本数換算は,2.73ｍを３ｍ, 3.64ｍを４ｍ（0.91ｍを１ｍ）として，この中に継手・仕口の必要長さを含むものとする。したがって，割増は全体として補足材をみるほかは，個々の部材では行わない。

3.　本数計上をするため，材積計算は特に必要がないかぎり行わず，見積書の表示は本数×１本当たり単価を原則とする。

（計測・計算）

1.　設計・図示の寸法から本数の拾い（事例図より）

2.　換算ｍのx軸，y軸の合計を出し，４ｍ材の本数に換算します（端数は１本に切り上げます）

表 8.1　木材の長さ・換算表

長さ(m)	(間)	換算(m)
0.455	(1／4)	0.5
0.91	(1／2)	1.0
1.365	(3／4)	1.5
1.820	(1)	2.0
2.730	(1½)	3.0
3.640	(2)	4.0
4.550	(2½)	5.0
5.460	(3)	6.0
6.370	(3½)	7.0
7.280	(4)	8.0
8.190	(4½)	9.0
9.100	(5)	10.0
10.010	(5½)	11.0
10.920	(6)	12.0

	実際の長さ	換算（m）表8.1参照
x軸	3.64＋0.5＋3.64 m	4＋0.5＋4
（↔）	1.82＋1.82＋1.82＋0.91	2＋2＋2＋1
	3.64＋1.82＋0.91	4＋2＋1
	0.91	1
	3.64＋3.64	4＋4　小計（31.5 m）
y軸	6.37	7
（↕）	(1.515＋1.215)＋(1.82＋1.82)	(1.67＋1.33)＋(2＋2)
	(6.37＋0.91)×2	(7＋1)×2
	0.91	1
	0.91＋0.91＋(1.82＋1.82)	1＋1＋(2＋2)　小計(37.0 m)

↔31.5 m＋↕37.0 m＝68.5（m）

68.5 m÷4.0（m）＝17.125→（端数切上げ）

→18本　（４ｍ材18本とします）

（注）３ｍ材，４ｍ材の組合せで，直接本数で拾う方法もありますが，土台の場合，換算ｍの合計を出し４ｍ材の本数とする方法としました。

以上のように，計測・計算の考え方，数量の計上の方法も大きく違いますが，木造住宅の見積りでは，わかりやすい方法の一本拾いをして，本数で計上することが原則です。

□木拾いの方法（順序と換算方法）

木拾い，つまり木材数量の計測・計算は煩雑な作業ですから，順序とルールを決め，記入用紙や記入方法・記号を定めて作業を進め，拾いもれや拾いミスのないようにします。

順序やルール・記入用紙・方法は，各者各様にやりやすい方法でいいわけですが，要はそうしたことをきちんと決めておくことが大切です。

まず，一般的な木拾いの基本ルールを先に説明します。細かい部分や基本どおりにならない部分は，各項目の中で説明しますが，全体として共通な基本的ルールを決めておくことが，早く正確な拾いにつながります。

〔拾いの単位〕

1. 3 m，3.65（3.8）m，4.0 m材等，木材の市場寸法による一本拾いとする。
2. 0.91 mを1 mに読み換えて，2.73 mを3 m，3.64 mを4 mとし，継手・仕口のための必要な長さは，この中に含まれるものとする（木拾いにあたっては，延長mを本数に換算する場合を除いて，継手・仕口のことを考えずに拾います）
3. 垂直材（柱等）は3 m，6 m（通し柱）材で，水平材は4 m材を基準に，4 m，3 m材の組合せで拾う（ただし2階ばり，小屋ばりなど梁材は市場寸法によります）
4. 下地材（根太･たる木･胴縁･野縁や小幅板等）およびぬき（貫）材は，市場寸法による3.65（3.8）m材で拾う。
5. 下地合板および仕上げ板材等は市場寸法（3 × 6，2 × 8）による枚数による拾いとする。

〔拾いの順序〕

1. 基　本	① 骨組みの構造材から，下地材，仕上げ材へ	
	② 建物の位置は，下から上へ（床──→小屋組み）	
	③ 図面上では，(イ)　上から下へ（x軸）	
	(ロ)　左から右へ（y軸）	

図面上で拾うことが原則ですから，図面のx軸方向（横方向）の上から下へ，次にy軸方向（縦方向）の左から右へ拾います。

右図のような図面の場合であれば，まず

x軸方向（↔）の　① 4.0 m

② 2.0 m

③ 4.0 m

次にy軸方向（↕）の　④ 3.0 m

⑤ 1.5 m

⑥ 3.0 m

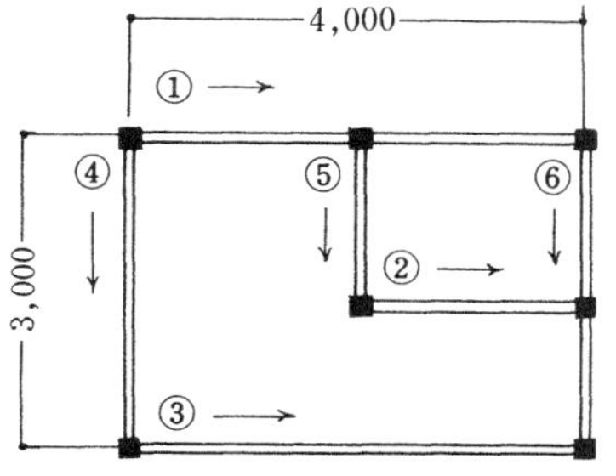

という順になります（実際は本数または換算mで）

2. 部位別	① 床組み（1，2階）
	② 小屋組み
	③ 軸組み
	④ 下地組み
	⑤ 開口部
	⑥ 造作材

建物の部位別の拾い順としては，①軸組み，②小屋組み，③床組みの順が多くみられてきました。これは木工事の施工順にほぼ近く，わかりやすいために，多くの事業所で採用されています。

これは見積りの作成者が施工業者であることから，施工実際との対比でわかりやすいことによるものですが，見積りを図面対比で拾う場合は，構造体を水平面（床組み・小屋組み）と垂直面（軸組み）とに分けて，水平面から拾っていく方法が便利です。

どちらの方法がよいかは，それぞれ見積り作成者の判断で，これまでの慣れもあるかと思いますが，図面対比でわかりやすいという点から，本書では水平材から拾うようにしました。

いずれの順序にしても，どちらかにはっきり決めて拾うということが大切です。部材の中には，土台や胴差のように床組みでもあり，軸組みでもあるものがあり，順序とどこで拾うかをはっきりさせておくことが，ミスや混乱を避けることになります。

（1）　1階床組み

床組みの木拾いは，主に1階床伏図から拾いますが，拾いの順序は次のように，構造材から下地材，一部仕上げ材も含めて行います。

図 8.2　床組み

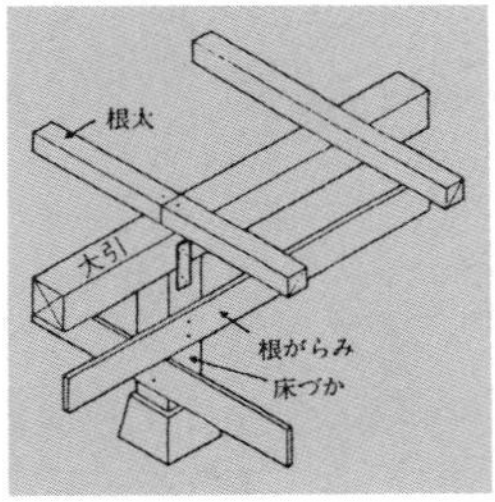

1. 土台・土台火打
2. 大引・床づか（束）
3. 根がらみ
4. 根太掛け・根太
5. 床板（荒床板・合板・仕上げ床材）

木拾いは，樹種・等級・寸法別に，長さまたは本数で拾いますが，床組みの基本的な寸法は4.0 mですから，4 m材で拾うことが中心です。

1.　土台・土台火打

土台には強度および耐腐朽性・耐蟻性が求められますから，檜をはじめヒバ（米ヒバを含む），防腐土台（米ツガ），栗等の10.5cm正角材が中心に使われます。

1階床伏図から，木拾いのルール（拾いの順序，x軸方向上から下へ，y軸方向左から右へ，寸法→本数換算方法）に従って拾います。

参考床伏図（次頁図8.3）を例とした拾いの結果は，前述の例題のとおり，4 m材18本となります。拾いと同時に樹種・等級・寸法を記入します。事例では檜の1等材，10.5cm角材が使用されています。

土台火打の所要長さは3尺（910㎜）が一般的ですので，4 m材で4本（4

図 8.3　1階床伏図・基礎伏図

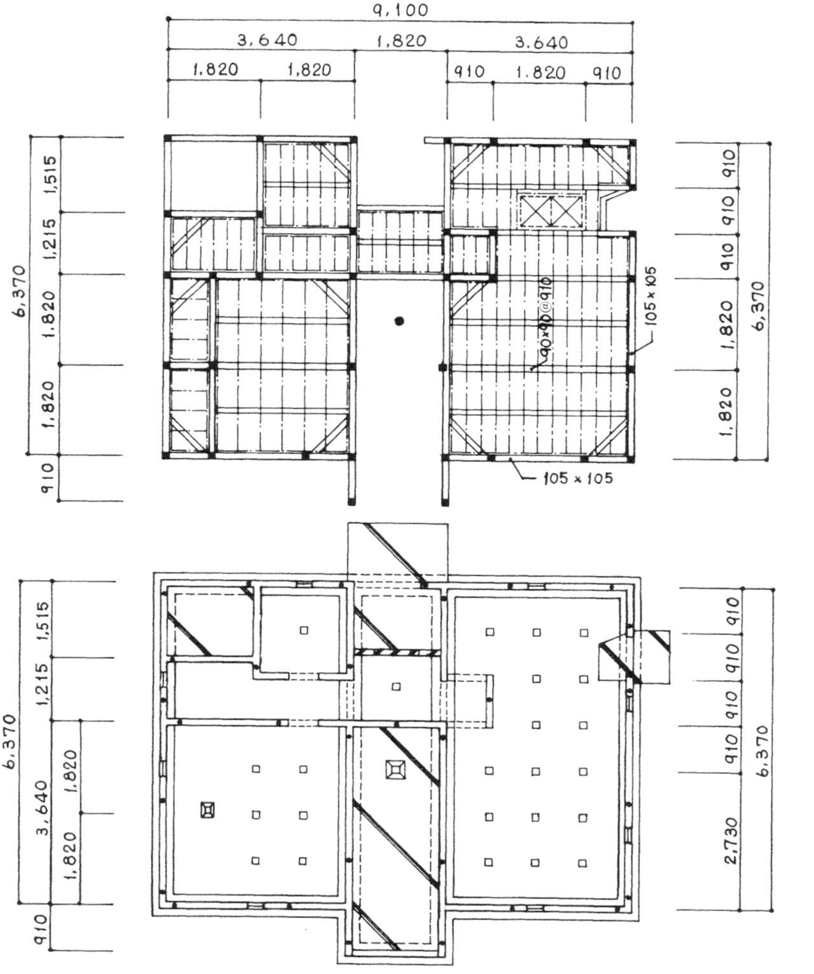

カ所分）取れる計算をします。カ所数によっては3m材で計算する場合（3カ所→1本）もありますが，土台と同じ材を使用する場合は，端数が出ても4m材から換算する方法をとります。

事例では檜，並1等材9.0×4.5cm材（大引の二つ割）が使用されており，

床伏図からカ所数は11カ所ですから，

11カ所 ÷ 4 = 2.75→3本分（4ｍ材）とします。

図 8.4　土台火打

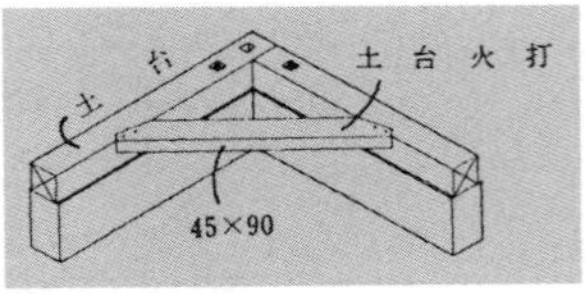

2. 大引・床づか（束）

大引は床伏図から，床づかは基礎伏図および矩計（かなばかり）図から拾います。

大引・床づかは，杉・檜・米ツガ材の１，２等材，9.0cm正角材が多く使われています。また大引と床づかは，同材が使われることが多いため，一緒に拾うようにします。

大引は，ほとんどの場合910㎜間隔で使われるため，根太や胴縁と同じように，部屋ごとの換算数量を使うことができますが，木造住宅程度では，数量が少ないため，図面から拾っていくほうが早いようです。

床づかは基礎伏図からカ所数を（つか石の数，独立基礎は不要），矩計図や断面図から必要長さをみて，定尺材（３，４ｍ材）の切り使いとします。長さは，大引の上端から地盤面上までとか，大引の中心からつか石上端までとか，まちまちにいわれていますが，大引との仕口の形状やつか石にほぞ差しとする場合等によって変わってきます。

矩計図に床づか寸法の表示がない場合もありますが，一般につか石上端から大引上端までの寸法をみます。大体1～1.2尺(30～36cm)を基準に考えます。大引からの切回しで取れるので，あまり神経質になる必要はありません。

事例図による大引・床づかの拾い（図8.3参照）は次のとおりです。

・大引，床づかとも檜の並１等材9.0cm角が使われています。

図 8.5　矩計図，断面図から床づかの寸法をみる

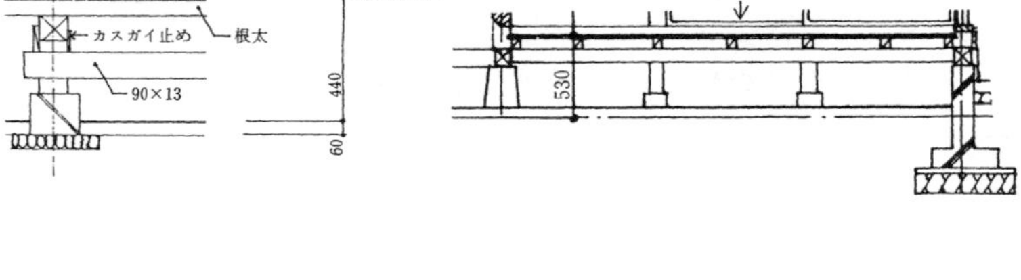

数量の拾いは換算mで拾います（1.82 m→2 m, 2.73 m→3 m, 3.64 m→4 m）

（大引）〔2 + 2 + （3 × 3） + （3 × 2） + （4 × 4）〕= 35 m

（床づか）24カ所 × 0.36 = 8.64 m

35 + 8.64 = 43.64　43.64 m ÷ 4 = 10.91本→11本

最近では写真のように鋼製束を使用することも増えてきました。寸法の調整が簡単にできることや，次項の根がらみの施工も不要になります。

図 8.6　鋼製束

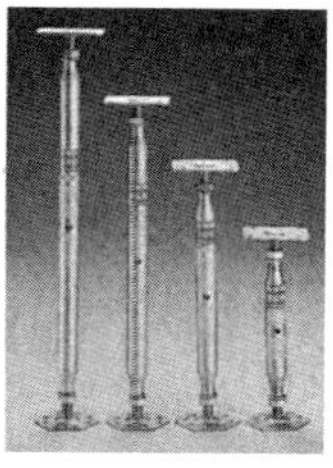

スチール束〈新横綱〉の仕様

種類	商品コード	働き寸法	価格（円／本）	内容	梱包
200用	AA4504	255 ～385mm	1,000	ビス入り	25本
300用	AA4505	355 ～485mm	1,050		25本
400用	AA4506	455 ～585mm	1,150		20本
500用	AA4507	555 ～685mm	1,350		20本

3.　根がらみぬき

根がらみは，ぬき（貫）材（1.3 ～1.5cm厚）の２間物（3.6 m材）が多く使われます。

基礎伏図（図8.3）から床づかの位置（つか石の位置）をみながら拾いますが，床づかの間隔の寸法だけでなく，根がらみ材の使い方を知って，余長をみることが必要です。

床づかの配置間隔は910㎜が一般的ですから，図8.8の(ロ)のように換算使用本数表を作っておくと便利です。

図 8.7　根がらみの配置方法 (イ)の方法

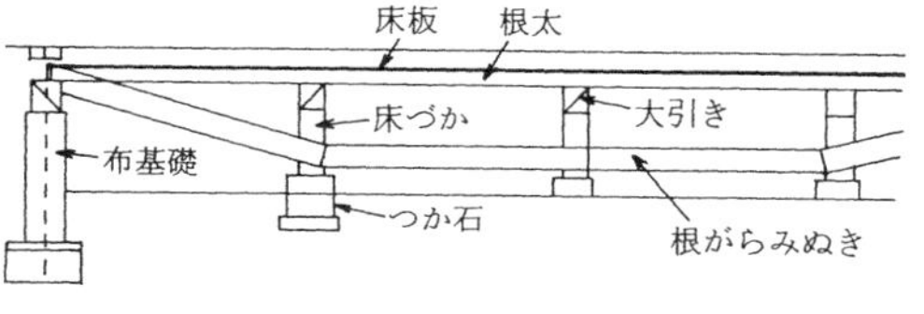

図 8.8　根がらみの配置方法と必要本数（3.6m 物）(ロ)の方法

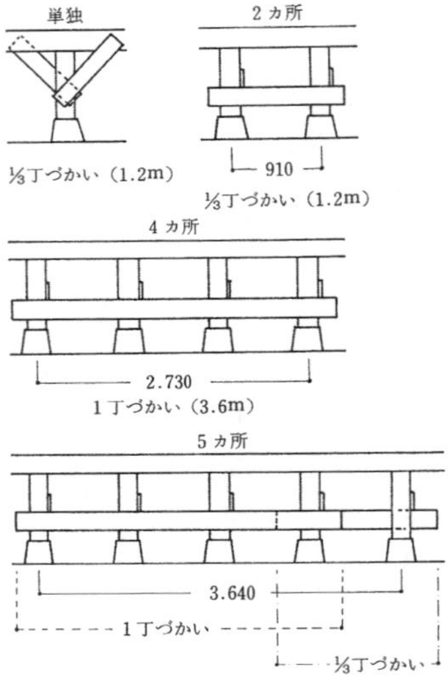

床づか数（カ所）	つか間隔（mm）	根がらみ必要本数（3.6m物）
1（単独）	0	⅓枚
2	910	
3	1,820	⅔
4	2,730	1
5	3,640	1＋⅓
6	4,550	1＋⅔

事例の基礎伏図（図8.3）から，(ロ)の方法を参考に拾うと，次のように3.6m材が10＋⅓枚→11枚必要ということになります。

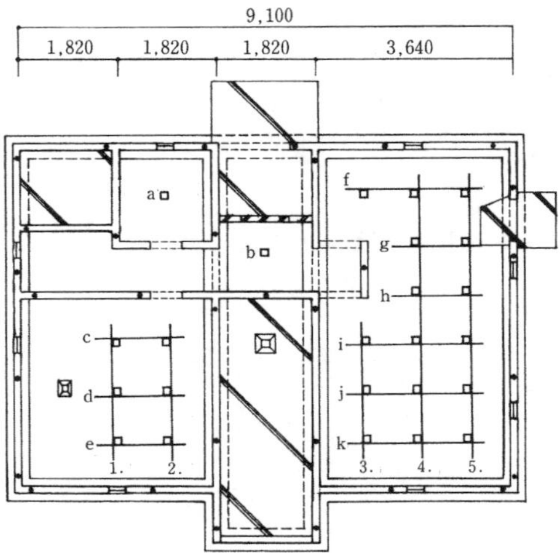

記号（床束本数）	枚数	記号（床束本数）	枚数
a（単独）	⅓	i（3本）	⅔
b（〃）	⅓	j（3本）	⅔
↔c（2本）	⅓	k（3本）	⅔
d（2本）	⅓	↕1（3本）	⅔
e（2本）	⅓	2（3本）	⅔
f（3本）	⅔	3（3本）	⅔
g（2本）	⅓	4（6本）	1＋⅔
h（2本）	⅓	5（6本）	1＋⅔
合計	10＋⅓		

4.　根太掛け・根太

根太掛けの断面寸法の標準は2.4 × 9.0cmとされていますが，大引三つ割や平割材も多く使われています。使用寸法は矩計図等から確認します。

事例では，図8.9のように10.0 × 2.7cm材（杉１等材）が使用されています。

配置は根太の直角端部に必要ですから，床伏図の寸法から，４m材使用の場合（大引三つ割使用の場合）は寸法換算のルール（910㎜を１mに）で，3.6m材を使う場合には実寸法で拾いますが，内のり使用となりますから，3.6m材を使うことが多いようです。

図 8.9　根太掛け
—事例・矩計図より—

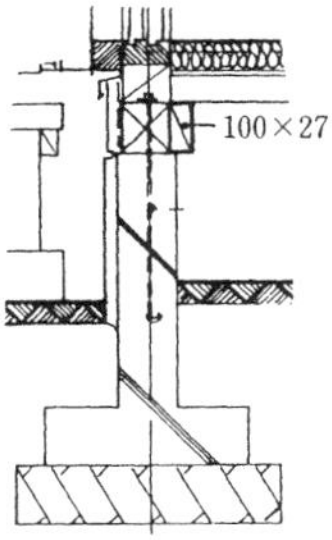

根太は大引と直角方向に，和室（畳下）は455㎜間隔，洋室や荷重のかかる場所では303㎜間隔に配置されます。また，根太間隔や部屋別によって使用材料寸法が異なることがありますので注意が必要です。特に，押入れは異なりますから１，２階を含めて別に拾います。

根太の断面寸法の標準は，大引間隔900㎜の場合（１階）4.5 × 4.5cm正割

図 8.10　１階床伏図による根太掛け，根太の配置図

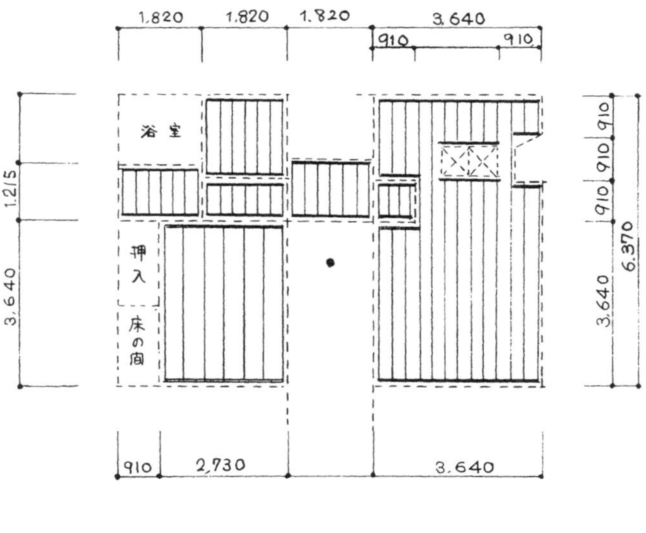

材を，1800㎜間隔（大引または２階梁間隔）の場合は10.5 × 4.5cmとされており，大引・はりの間隔によって使い分けています。１階床は，大引間隔がほとんど900㎜間隔ですから，4.5 × 4.5cmや4.5 × 3.6 〜4.0の正割・平割材が多く使われており，事例では米ツガ１等材，4.5 × 3.6cm，3.8 m材が使われています。

大引・根太・野縁受け・野縁は同じような配置になりますから，同時に拾うことも効果的な方法です。

図8.10は１階床伏図から根太掛け・根太の配置を表したもので，和室は455㎜間隔，その他は303㎜間隔となっています。

根太の必要本数は，図8.11のとおり根太の配置幅を根太間隔寸法で割り，端部に１本を加えた，いわゆる植木算をしたものです。

（3640 ÷ 455）＋１＝ 9本

（3640 ÷ 303）＋１＝13本

図 8.11　根太の配置本数

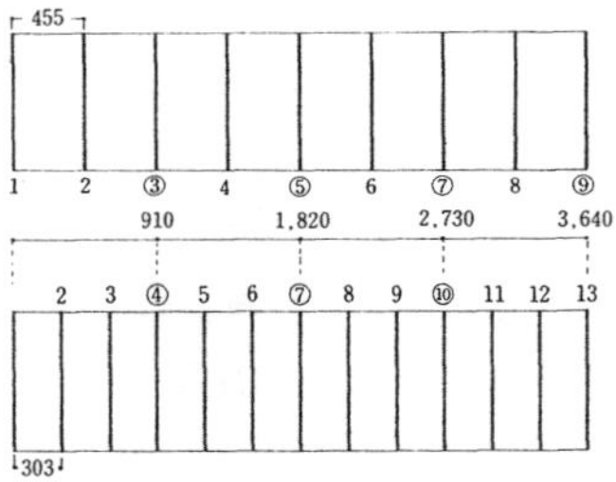

●　根太掛けの拾い

根太掛けは2本（両方）一組で配置されるのが原則ですから，片側を拾い，後で2倍にします。また長さの寸法別に拾います。

（根太掛け）……図8.10より

↔ （0.91 m）1 + 1 + 1 ⟶ 3本 ⟶ 2.73（m）

（1.82 m）1 + 1 + 1 + 1 + 1 ⟶ 5本 ⟶ 9.1

（3.64 m）1 + 1 ⟶ 2本 ⟶ 7.28

19.11 m × 2 = 38.22 m

（3.6 m換算）　38.22 ÷ 3.6 ≒ 10.62（枚）⟶ 11枚とします

●　根太の拾い

@455と@303と分けて寸法別に本数を拾います

		(@455)	(@303)	(小計本数)	(長さm)
↔	(該当なし)				
				(本)	(m)
↕	(0.91)	−	7＋4＋5＋2	18	16.38
	(1.215)	−	7＋7	14	17.01
	(1.820)	−	7＋3	10	18.20
	(3.640)	7	3	10	36.40
	(4.550)	−	7	7	31.85
	(6.370)	−	3	3	19.11
					138.95

(3.8 m換算)　138.95 ÷ 3.8 ≒ 36.57 (本) ——→ 37本とします

5. 床板（荒床板・合板・仕上げ床材）

床板張りには荒床板(畳下地板)・下地合板と木質系仕上げ板張りとがありますが，前者を一般に床板張りとし，後者は内装仕上材として内装工事に含めることもあります。木造住宅のわかりやすい見積書のあり方としては，下地板も含めて，根太組み以後の仕事は内装工事として計上したほうがよいと考えられますが，施工実態からこれまで木工事の中でみられてきました。

図 8.12　床下地，仕上げ張りの構成

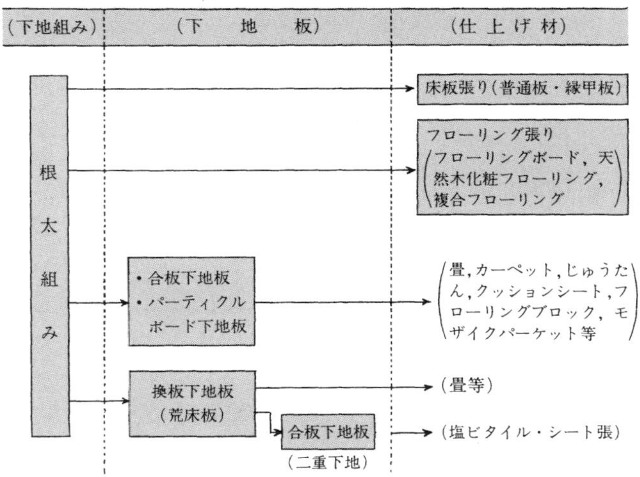

木工事の中でみるのであれば，木拾いは下地張りと木質系仕上げ板張りを同時に拾います。これは畳下やクッションシート等の下地板張りと，木質系仕上げ材とを区別して，同時に拾うことで，下地板張りの必

要な部分と仕上げ材の直張り部分とをはっきりさせ，二重拾いや拾いもれを避ける意味があります。

床下地板張りには，挽板・合板の12～15㎜厚，パーティクルボード15㎜厚および二重床下地板張り（荒床板12㎜以上＋合板5.5㎜以上）が使用されています。

畳下床板はこれまで杉・松・ツガの板材（荒床板12～15㎜厚）を板そばの突付けまたは相じゃくりとして，相じゃくりの場合は，張り上げ面積から1割増でみていましたが，最近は合板（コンパネ）を使用することが多くなりました。合板の場合はそのままの面積（枚数）で拾います。

図 8.13　挽板下地・合板下地板

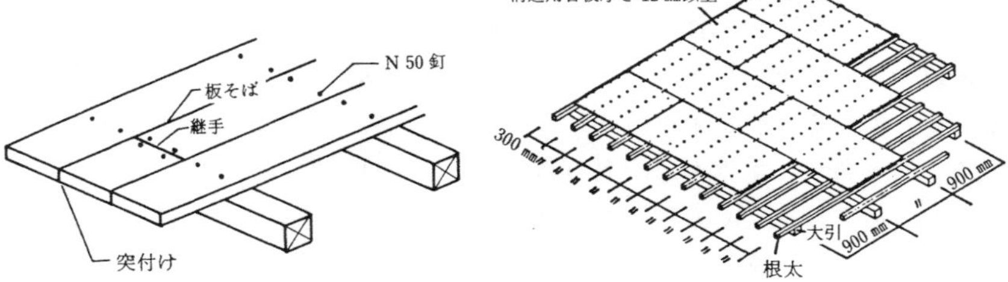

仕上げ材の拾いでは，合じゃくりとなる場合は1割増，縁甲板やフローリングボード類で本実（ほんざね）じゃくりとなる場合は2割増とします。

フローリングブロックやモザイクパーケット等で製品が1坪(3.3㎡)単価となっている場合には，端数を1坪単位に切り上げて計上するようにします。

モザイクパーケット

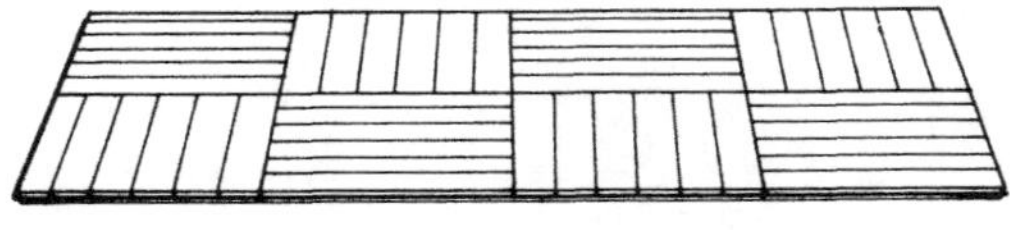

板のはぎ方

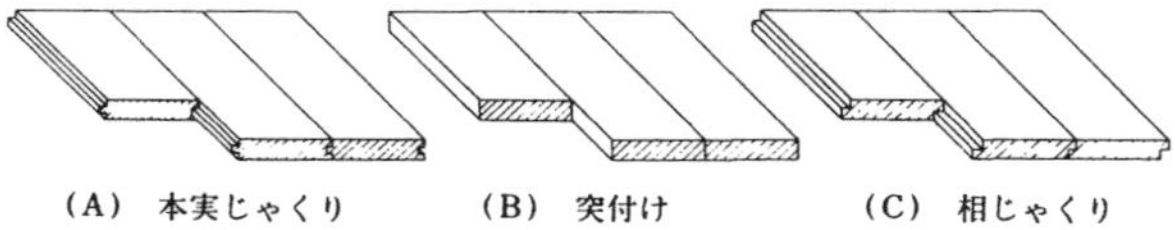

また，１，２階で使用材料が同じであれば，同時に拾います。拾いは１，２階床伏図からみるより，間取り図（１，２階平面図）および内部仕上げ表から，材料別に必要な部屋をチェックしながら行います。

参考事例では，次のようになっています。

表 8.2　事例の内部仕上げ表による床仕上げ

床仕上内容（下地張）	単　位	1　階	2　階
パーケットフロア（寄木）（直張り）	坪（3.3㎡）	ホール，廊下（4.7 m²） 居間（15.73 ㎡）	廊下（4.94 ㎡） 洋室A・B（17.39 m²） 吹抜けデッキ（1.66 m²）
クッションシート（合板下地）	m²（枚）	便所（1.5 枚） 洗面・脱衣室（２枚） 台所（3.5 枚）	便所（２枚）
畳（合板下地）	畳（枚）	和室６畳（６枚）	和室７畳（７枚）
カーペット敷込み（合板下地）	m²（枚）	——	和室前室（５枚）

注）磁器・陶器質タイル張り（玄関・浴室），玉砂利敷（内庭）および押入れ・床の間・階段室を除く

まず，下地板は合板下地（コンパネ1.2cm厚910 × 1,820㎜）が畳下地，クッションシート，カーペット下地に使用されており，３×６尺物ですから１畳当たり１枚の計算になります。

仕上げ材は，パーケットフロア（寄木）が根太に直張りとなりますので，仕上げ材として拾います。寄木合板1.2cm厚，303 × 1,820㎜／枚で１坪（6枚）単位となっており坪数で拾います。

1.　下地合板

１階	クッションシート，畳下地（1.5 + 2 + 3.5 + 6枚）の計	13枚
２階	同およびカーペット下地　（2 + 7 + 5枚）の計	14枚
		→合計27枚

2.　パーケットフロア

１階	（4.7 + 15.73）の計	20.43 ㎡	6.19坪→7坪
２階	（4.94 + 17.39 + 1.66）の計	23.99 ㎡	7.27坪→8坪
			→合計15坪分

（2） 2階床組み

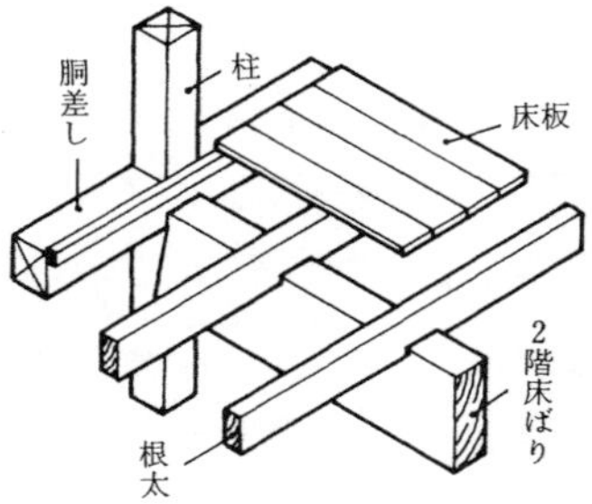

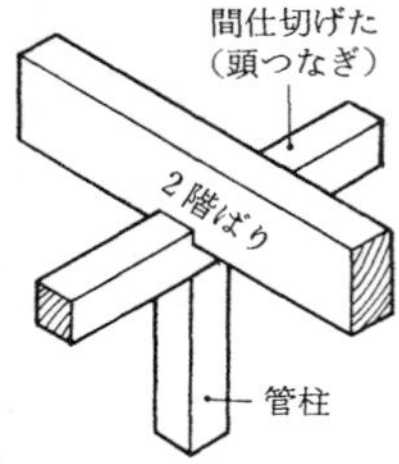

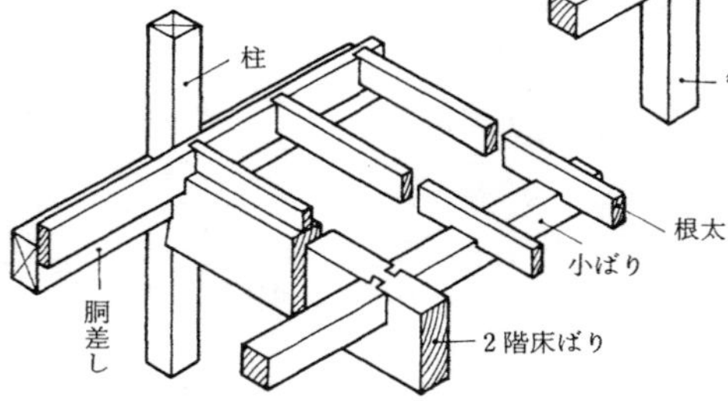

2階床組みは2階床伏図から拾います。

1. 胴差
2. 2階ばり（梁）
3. 間仕切げた（桁）
   （頭つなぎ）
   （甲乙ばり・小ばり）
4. 火打ばり
5. 2階根太
6. 床板

から構成されています。

胴差は軸組みの一部ですが，土台と同様，水平面から先に拾う場合は2階床組みの中で拾います。また，2階床組みの中では2階ばりに大寸法材が使われますから，これを先に拾います。

1. 2階ばり（床ばり）

主に松の平角材が使われます。スパン1.8ｍ材では成（せい）150～180㎜，2.7ｍでは210～240㎜，3.6ｍでは270～360㎜が多く使われています。2階床伏図に寸法が表示されていますから，材の寸法ごとに一本拾いをします。

参考事例図（57頁）から2階床伏図の拾い結果は図 8.14のとおりです。

2. 胴　　差

胴差とは，1階と2階の境に2階の床を張る（支える）ために差し通す横架材をいいます。柱へ通すため，柱材と同じ寸法幅の材を使い，杉・松・米ツガの1等正角材や平角材が使われます。

強度が必要な場合（スパンが1.8ｍ以上と長い場合や上部に柱や小屋ばり

図 8.14　2階ばり拾い図

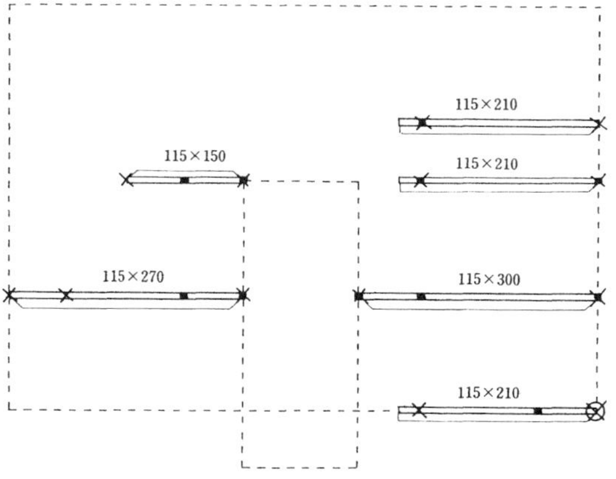

がかかる場合）では成（せい）の大きな平角材を使用したり，図8.15のような「マクラ」と称する補強げたを入れます。

胴差の拾いは2階床伏図から，前に説明した長さの換算で2.73 m→3.0 m，3.64 m→4.0 m材として拾います。このため継手の位置や継手長さは考えないで進めます。また，間仕切げたや小ばりと同樹種・同寸法材が使用される場合は，特に区分せず一緒に拾います。マクラ（補強材）についても同様です。

図 8.15　マクラ

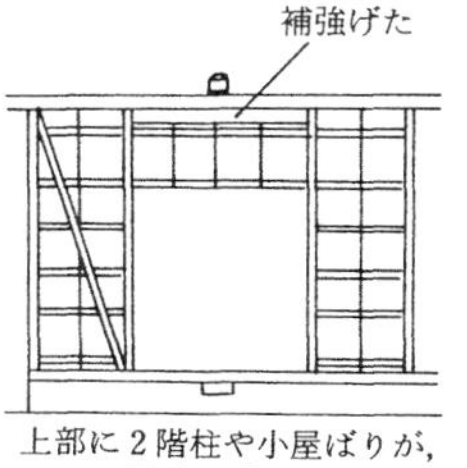

上部に2階柱や小屋ばりが，かかる場所に「マクラ」と称する補強げたを入れる。

3.　間仕切げた（頭つなぎ），甲乙ばり（小ばり）

間仕切げたは内部管（くだ）柱の頭部をつなぐ「けた（桁）」で，床ばりや小屋ばり（小屋組みの場合）を受ける役目をしています。

間仕切げたが，はりを受けるのに対し，甲乙ばりは床ばりの上に，2階根太と同方向または2階根太を受ける（直角方向）形で架けられます。

拾いは胴差同様に2階床伏図から，3 m材，4 m材の組合せによる本数で拾います。2階床ばりはすでに拾っていますから，図8.16のように2階床伏図をトレースして拾うこともていねいな方法です。

寸法をみて3m材，4m材からの1/2, 1, 2本と記入し，3m材，4m材とを色分けして記入していくと便利です。3m材では（2730㎜→1本，5460㎜→2本）で，4m材では（1820㎜→1/2本，3640㎜→1本，7280㎜→2本）というようにみます。

事例では米ツガ1等材10.5×10.5cm正角材が使われています。図8.16より拾い結果は次のとおりです。

図 8.16　胴差・間仕切げたの拾い

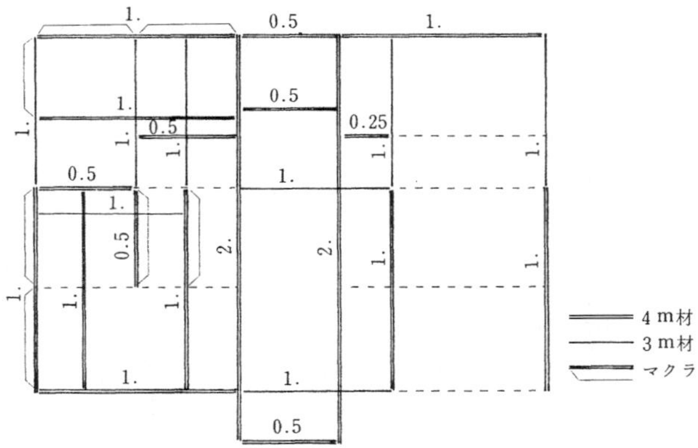

（4.0m材）		（3.0m材）	
↔　1 + 0.5 + 1 + 1 + 0.5 + 0.5 + 0.25 + 0.5 + 1 + 0.5	= 6.75	1 + 1 + 1	= 3
↕　1 + 1 + 0.5 + 1 + 2 + 2 + 1 + 1	= 9.5	1 + 1 + 1 + 1 + 1	= 5
（マクラ）			
↔　1	= 1.0		
↕　0.5 + 1 + 0.5 + 0.5	= 2.5		

（合計）6.75 + 9.5 + 1.0 + 2.5 = 19.75

→20（本）　　　　→8（本）

4.　火打ばり

火打ばり

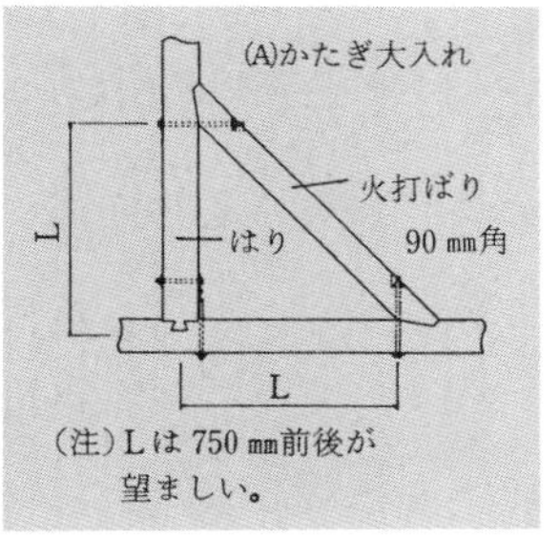

火打ちは，床組み・小屋組みのすみずみに取り付ける斜材で，建物のすみを平面的に固め，ゆがみを防ぐために設けられます。１階床組みに設けられる火打ちを「土台火打」２階床組みや小屋組みに設けられるもの「火打ばり」といい，公庫仕様書では断面寸法を土台火打を45 × 90㎜以上としているのに対し，火打ばりは90 × 90㎜以上としています。

一般に杉・米ツガの１～2等材が使われ，小屋組みの火打ばりも同材が使われることが多いため，２階床伏図と小屋伏図から一緒にカ所数で拾います。4ｍ材から4つ切り（1.0ｍ使い）ないしは3つ切り（1.3ｍ使い）が使われますから，カ所数を４または３で割算した数が必要本数ということになります。

最近は鋼製火打（CB）も使われていますが，この場合はカ所数＝必要本数になります。

参考事例（57頁参照）では２階床組みで22カ所，小屋組みで10カ所の合計32カ所，米ツガ１等9.0 × 9.0cm ４ｍ材の３つ切使いですから，

32 ÷ 3 = 10.7 → 11本　４ｍ材11本を計上します。

5.　２階根太

松・米ツガの平割材が多く使われます。１階根太では45㎜正割材が標準だったのに対し，２階根太は床ばり間隔が1.8ｍ（１階大引は0.9ｍ）と長くなるため45 × 105㎜が標準とされています。

根太の配置間隔は１階根太組み同様，畳床の場合455㎜，その他303㎜が標準ですが，一部360㎜間隔の場合もあります。

拾いは，１階床組みで説明したように，床伏図からの拾いと概算数量を使って拾う方法とがあります。

２階床伏図からの拾いは，配置幅別の必要本数（図8.11参照）をみながら

注）上図のＬ寸法750㎜の場合，火打ばりの必要長さ（１カ所当たり）は「かたぎ大入れ」で1.1ｍ，「渡りあごすべりあご」では1.4～1.45ｍ，Ｌ = 900㎜の場合「かたぎ大入れ」で1.3ｍ，「渡りあごすべりあご」で1.6～1.65ｍとなります。

長さ別に拾います。２階根太は1.8ｍ物が基準（市場寸法による）となっていますので，床伏図をみて長尺物がないかぎり，1.8ｍ（１間）物の本数で計上します。事例の床伏図からの拾いは次のとおりです。

図8.17　２階根太の配置図

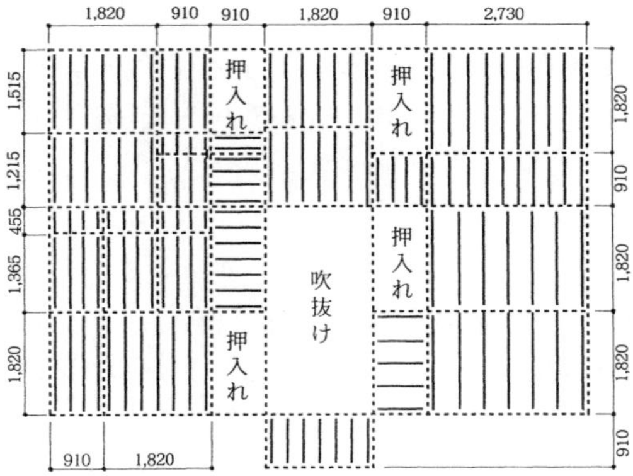

〔２階根太の拾い〕（事例―上図より）

松１等10.5×4.5ｍ　1.8ｍ材　（1.8ｍ換算）

↔	（0.91ｍ）	2＋4＋7＋5	……18(本)……	9(本)
↕	（0.91）	4＋4＋10＋7	……25 ……	13
	（1.215）	7	…… 7 ……	7
	（1.365）	7＋7＋4＋4＋4	……26 ……	26
	（1.515）	7＋4	……11 ……	11
	（1.82）	10＋4＋7＋7＋7	……35 ……	35
			合計	101本

＊0.305，0.455は1,515，1.365からの切使いとします。

6.　床板（１階床張りと一緒に拾っています）表8.3参照

表 8.3

○○邸新築　工事　　木拾い帖（1）（床組）　　平成○年○月○日作成

名称・材種・等級	規格・寸法（径・幅・厚cm）	長さ(m)	方向	数量・計算	合計	単位
土台（桧 1ト）	10.5 × 10.5	4.0	↔	4+0.5+4+2+2+2+1+4+2+1+1+4+4=31.5		
			↕	7+1.5+1.5+2+2+[(7+1)×2]+1+1+1+2+2=37.0		
				31.5+37.0=68.5 → 68.5÷4.0=17.125 → 18（本）	18	本
火打土台（桧並 1ト）	9.0 × 4.5	4.0		11ヵ所÷4=2.75 → 3（本）	3	〃
大引・床束（〃）	9.0 × 9.0	4.0	↔	（大引）2+2+(3×3)+(3×2)+(4×4)=35（m）		
				（床束）24ヵ所 × 0.36=8.64（m）		
				35+8.64=43.64 → 43.64÷4=10.91 → 11（本）	11	本
根がらみ貫（杉 1ト）	1.3 × 9.0	3.6		1/3 × 2 = 2/3		
			↔	(1/3×5)+(2/3×4)=4 1/3 ｝10 1/3 → 11（枚）	11	枚
			↕	(2/3×3)+(1 2/3×2)=5 1/3		
根太掛（杉 1ト）	2.7 × 10.0	3.6	↔	(0.91) 1+1+1 → 3（本） → 2.73（m）		
				(1.82) 1+1+1+1+1 → 5 → 9.1 ｝19.11（m）		
				(3.64) 1+1 → 2 → 7.28		
				19.11 × 2=38.22（m） 38.22÷3.6=10.62 → 11（枚）	11	枚
根太（米ツガ 1ト）	4.5 × 3.6	3.8	↔	@455 4.2（m/帖）× 6（帖）=25.2（m） ｝147.2（m）		
				@303 6.1 × 20 = 122.0		
				147.2÷3.8=38.7 → 39（本）	39	本
下地合板（コンパネ）	1.2 × 91.0 × 182.0			(1F) 1.5+2+3.5+6=13（枚） ｝27（枚）		
				(2F) 2+7+5=14（枚）	27	枚
パーケットフロア（寄木）	1.2 × 30.3 × 182.0			仕上集計表より 25.5帖 → 13（坪）	13	坪
2階梁（米松 1ト）	11.5 × 15.0	3.0	↔	1（本）	1	本
	〃 21.0	〃	〃	3	3	〃
	〃 27.0	4.0	〃	1	1	〃
	〃 30.0	〃	〃	1	1	〃
胴差・甲乙梁 間仕切桁（米ツガ 1ト）	10.5 × 10.5	4.0	↔	1+0.5+1+1+0.5+0.5+0.25+0.5+1+0.5+(マクラ)1=7.75		
			↕	1+1+0.5+1+2+2+1+1+(マクラ)0.5+1+0.5+0.5=12		
				7.75+12=19.75 → 20（本）	20	本
	〃 × 〃	3.0	↔	1+1+1=3 ｝8（本）		
			↕	1+1+1+1+1=5	8	本
火打梁（米ツガ 1ト）	9.0 × 9.0	4.0		(2F) 22+(小屋組)10=32（ヵ所）÷3=10.7 → 11（本）	11	本
2階根太（松 1ト）	10.5 × 4.5	1.8	↔	(0.91物) 2+4+7+5=18（本） 1.8m換算 9（本）		
			↕	（〃）4+4+10+7=25　13		
			〃	(1.215) 7 =7　7		
			〃	(1.365) 7+7+4+4+4=26　26 ｝101（本）		
			〃	(1.515) 7+4 =11　11		
			〃	(1.82) 10+4+7+7+7=25　25	101	本
				（0.305、0.455は1.515、1.365m物からの切使いによる）		

(3) 小屋組み

小屋組みは屋根荷重を支え，これを柱に伝えます。

構造は，和小屋・洋小屋組み，さらに和小屋には単純型・二重ばり小屋・投げ掛けばり小屋・与次郎小屋組みなどの種類がありますが，木造住宅では小規模で「はり」のスパンが短く，また中間の間仕切りがあるため，和小屋の単純型が多く使われています。

小屋組みは図8.18のとおり軒げた・妻ばり・間仕切げた（頭つなぎ）・小屋ばり・火打ばり・小屋づか・もや（母屋）・むな（棟）木・すみ（隅）木・振れ止め（小屋筋かい・けた行筋かい・振れ止め）・たる木から構成されます。また同時に下地板の野地板まで含めて拾います。

小屋組みの木拾いは，床組み・軸組みと違い勾配があるため立体的に把握することが必要となります。

図 8.18　小屋組み図

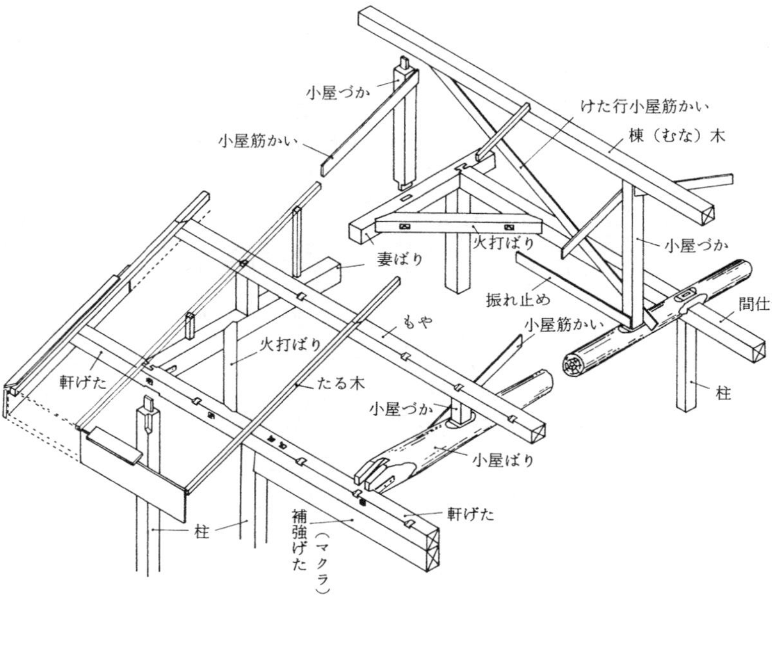

図 8.19　洋小屋組み

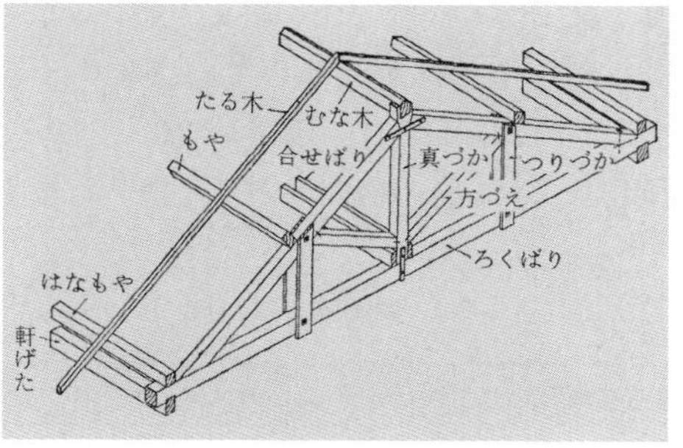

小屋伏図，矩計図から拾いますが，図面では表現しにくい部分も多いことや，勾配部分の伸び長さの把握など，確かに難しい部分といえます。

木造住宅の見積りが難しいといわれる背景には，木拾い，特に小屋組みにあるといわれています。一般ビル建築の数量の計測・計算の考え方で，継手や仕口の寸法や位置，材積計算といっていたのでは，なおさら混乱しそうです。建築の専門家が木拾いを苦手としているのは，このあたりにも原因がありそうです。

□　和小屋の小屋組みの拾い順

1. 水平材としての「小屋ばり・軒げた・妻ばり・間仕切げた・火打ばり」
2. 小屋組み構造材の「小屋づか・もや（母屋）・むな（棟）木・すみ（隅）木」
3. 振れ止め材「小屋筋かい・けた行筋かい・振れ止め」
4. 下地材の「たる木」「野地板」

の順となります。

〔水平材〕

軸組みから拾う場合には軒げた・妻ばり・間仕切げた（頭つなぎ）は，軸組み材として拾いますが，水平材・垂直材の順序で拾うときには，小屋組みに含めます。

このほうが図面対比で木拾いをする場合には，わかりやすく有利だからです。

小屋組みの水平材としては，これに小屋ばりを加えたもので構成されています。

1. 小屋ばり

小屋組みの代表的な材料で，価格が安く強度のある梁（はり）用松丸太・松正角・平角材が使われています。一般に表8.4のように短いスパンでは10.5×10.5㎝正角材，10.5×12.0～24.0㎝の平角材が，長いスパンでは末口径18.0～24.0㎝の松丸太が多く使われます。

表 8.4 はり間（スパン）長さ別の小屋ばり材

はり間(スパン)寸法	1.8 m	2.7 m	3.6 m	4.5 m	5.4～
小屋ばり材（長さ）	4 m材の½使い	3 m材	4 m材	4.65～4.8 m材	5.4～6.0m材または3 m材の投げ掛けばり
（断面寸法）	10.5×10.5 10.5×12.0～15.0	10.5×21.0～24.0 丸太15～18cm	丸太18～21 cm	丸太 18.0 18～24 cm	

小屋ばりは57頁の参考事例図のように小屋伏図に寸法が特記されていますから，これから簡単に寸法別の一本拾いができますが，大ばりの住宅等で「２重ばり」があることや，寄棟屋根の場合に「飛びばり」があることがありますので，矩計図や断面図で確認するようにします。

図 8.20 寄棟屋根の飛びばり

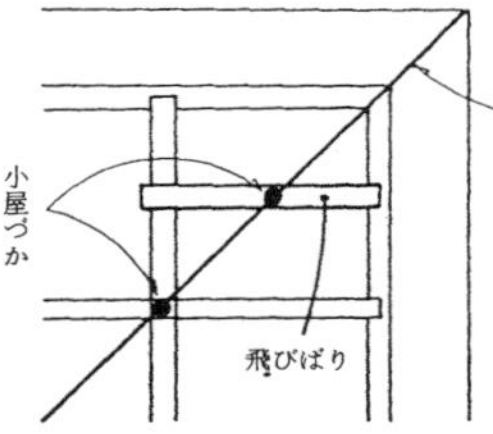

図 8.21 二重ばり小屋組み

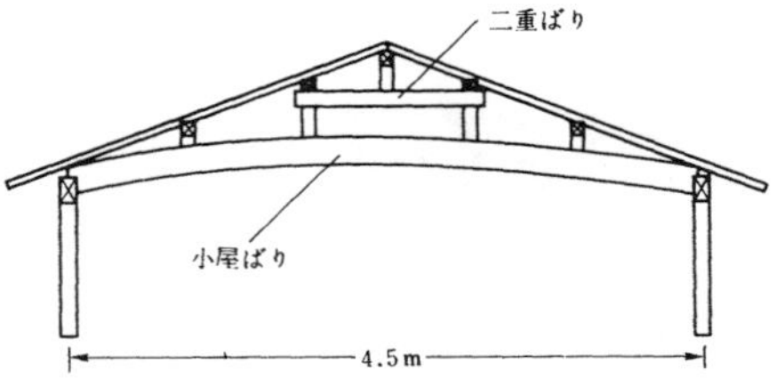

はり用松丸太の市場寸法は３，４，4.65～4.8，5.4～６ｍ（地域差有）がありますので，この寸法を基準に一本拾いをします。

表 8.5　はり丸太の市場寸法の例（業者の価格表例）

用途	樹種	品等	寸法 長	寸法 厚｜幅	単位	関西	中部
梁丸太	松	1	3	径14～22	㎥	50,000	45,000
			4	14～22		60,000	50,000
			4.65～5	18～24		63,000	60,000
			6	18～24			65,000

これまで，架構仕口（京呂組・かぶとあり・京呂改良組・渡りあご）や継手（台持継ぎ・やりちがい）の長さを加算して延長mを計測するといった説明，見積り方法が紹介されていましたが，木造住宅の見積りでは，このような考え方は現実的ではなくスパンの寸法別に，材料の一本拾いをします。

図 8.22　小屋ばりと軒げた（敷げた）

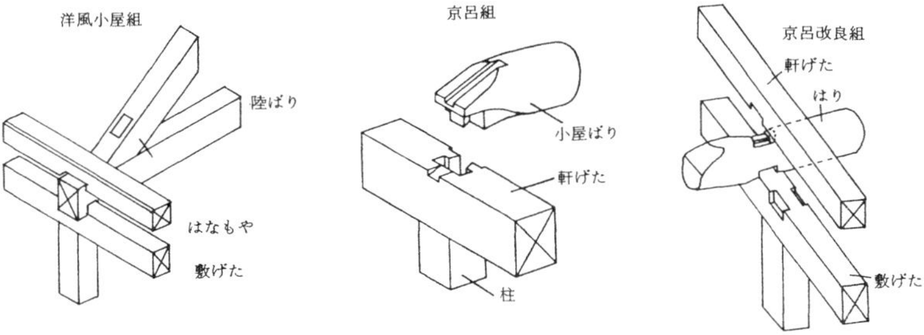

参考事例による小屋伏図（57頁）からの木拾い結果は，図8.23の拾い図および次頁のとおりです。

図 8.23　小屋ばり拾い図

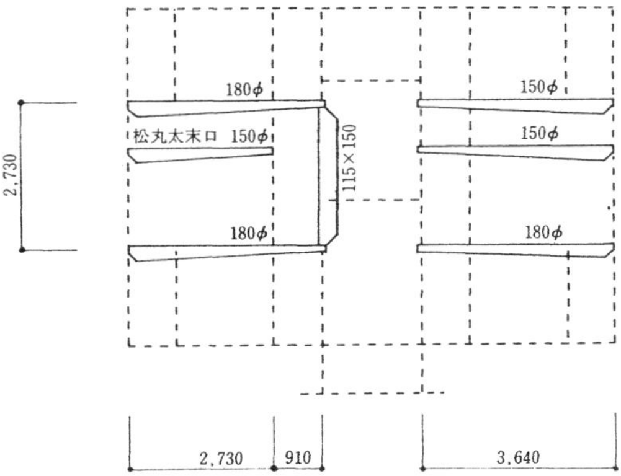

小屋ばり

↔	松丸太（タイコ挽）	1等末口径	18.0cm	4.0m	（3.64m）	3本
	〃（〃）	〃 〃	15.0	4.0	（3.64）	2本
	〃（〃）	〃 〃	15.0	3.0	（2.73）	1本
↕	米松平角	〃	11.5 × 15.0cm	3.0	（2.73）	1本

2. 軒げた・妻ばり・間仕切げた（頭つなぎ）

杉・松・米ツガの1等正角材・平角材が使われます。拾いの基本的な考え方は，2階床組みの胴差（軒げた・妻ばりに相当），間仕切げたと同じです。

図 8.24 軒げたの構造

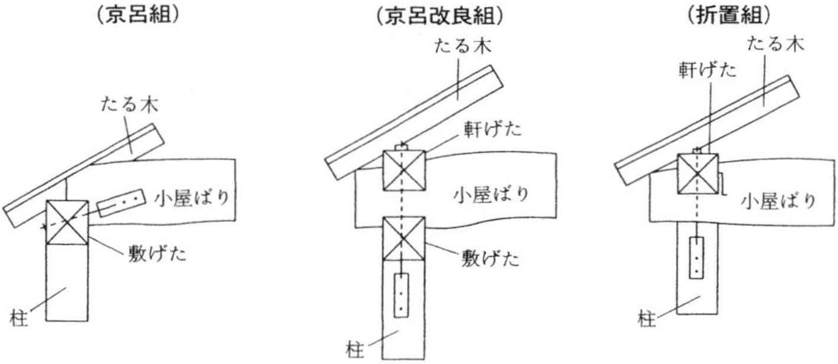

軒げたの構造には，小屋ばりの下にくるか上にくるかで，図8.24のように京呂（きょうろ）組と折置（おりおき）組とがありますが，見積りの木拾いには直接関係はありません。ただ，京呂改良組の場合は「軒げた＋敷げた」の組合せとなりますので，両方拾うことになります（洋風小屋組みでは，同様に「敷げた＋はなもや（母屋）」の組合せとなります図8.19参照）

軒げた・妻ばり・間仕切げたの断面寸法はスパンの長さによって，また小屋ばりがかかるかどうかで，成（せい）の寸法の使い分け，また補強材（マクラ）が使われますが，胴差の項で説明したとおりです。

一般にスパン1.8mでは10.5cm正角材，2.7mでは10.5×10.5〜21.0cm正角材・平角材，3.6mでは10.5×36.0cm, 12.0×30.0cm等の平角材が多く使われています。

木拾いは，床組みと同様にx軸，y軸ごとに組合せで拾います。火打ばりも同時に拾いますが，２階床組みの火打ばりと同材を使うことが多いので，通常２階床組みの中で一緒に拾ってしまいます。事例でもすでに拾っていますから説明は省略しますが，拾い方は２階床組みの火打ばりと同様です。

参考事例では，「軒げた・妻ばり・間仕切げた・マクラ」ともに米ツガ１等，10.5 × 10.5cm 正角材が使われています。拾いは次のとおりです。

図 8.25　軒げた・妻ばり・間仕切げた・マクラの拾い図

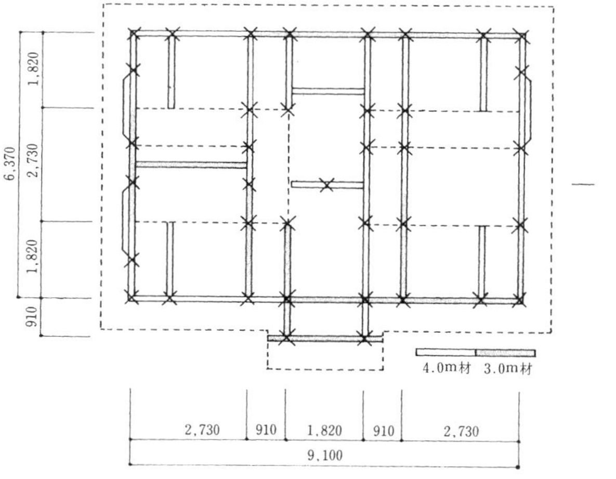

米ツガ１等　10.5 × 10.5cm

4.0 m材　1.82 m→1/2本　3.64 m→１本　7.28 m→２本

3.0 m材　2.73 m→１本　5.46 m→２本でみます。

		4.0 m材		3.0 m材	
軒げた	↔	1 × 2	= 2	（2 × 2）+ 1	= 5
妻ばり	↕	1 × 2	= 2	1 × 2	= 2
間仕切げた	↔	0.5+0.5	= 1	1	= 1
	↕	(0.5 × 5) + (1 × 2) + 2	= 6.5	1 + （1 × 2）	= 3
マクラ	↕	(0.5 × 3)	= 1.5		
合　計			13本		11本

3. 小屋づか・もや・むな木・すみ木

これまでの「はり」・「けた」は平面的な部分でしたが，小屋づか・もや・むな木・すみ木は立体的な部分ですから，間違いやすく，慣れないと時間がかかってしまいます。

小屋づか・もやは和小屋組みの主構造材で屋根荷重を小屋づかが受け，これを「はり」・「けた」に伝えます。一般に杉・米ツガ１等材の9.0 ～10.5cm正角材が多く使われます。

木拾いの方法は，これまでの方向と同じく910㎜を1.0ｍに換算，３ｍ，４ｍ材の本数で，図面（小屋伏図・矩計図・断面図）から拾いますが，立体部分（小屋づか）と勾配部分（すみ木）の計測方法を，まず説明します。

・小屋づかの寸法

図面には小屋づかの寸法まで表示していませんので，矩計図・断面図等の図示の寸法で読み取りますが，簡単な算出方法を知っておくと便利です。

図 8.26　４寸勾配

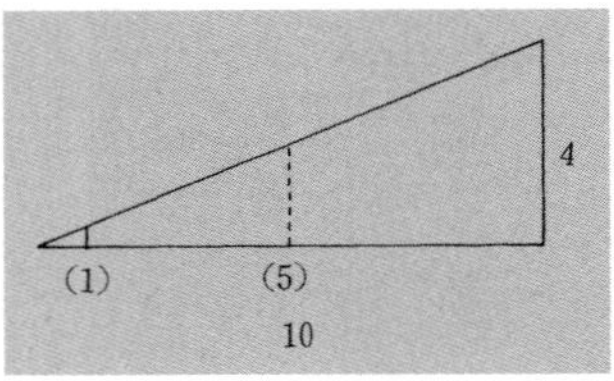

図 8.27　小屋づかの寸法（高さ）

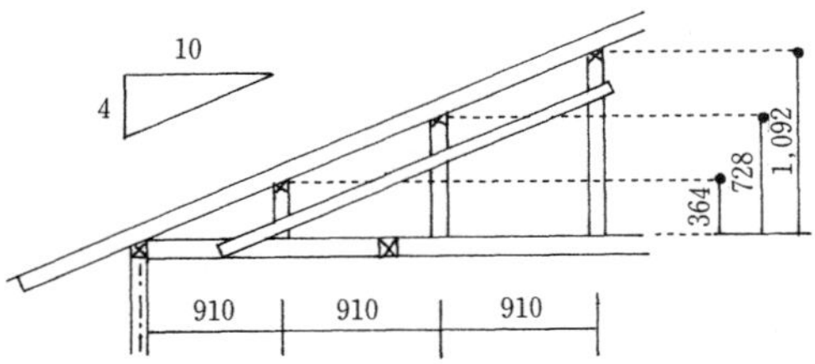

図8.26は４寸勾配の断面を表していますが，４寸勾配では10分の４，３寸勾配では10分の３，つまり10の単位で４の高さ，３の高さという意味です。たとえば４寸勾配で図の(1)の場合(5)の場合の高さが，どうなるかということが小屋づかの寸法ということになります。

同図からわかるように，(1)の場合は　１×4/10→0.4　(5)の場合は　５×4/10→2.0となります。

つまり，小屋づかの高さは，「基点（軒げた）から小屋づか位置までの距離に屋根勾配を乗じた値」となるわけです。

一般に小屋づかの位置は910㎜間隔ですから，軒げたからの位置0.91ｍ，1.82ｍ，2.73ｍの４寸勾配の場合，小屋づか寸法（高さ）の計算方法は，図8.27

および次のようになります。同様に３寸，３寸５分，４寸，５寸，６寸勾配の場合の小屋づか寸法も，次のとおりです。

表 8.6　小屋づかの寸法

（４寸勾配の場合の計算方法）

小屋づかの位置（軒げたを基点）	小屋づかの寸法（高さ）(m)
0.91 m	0.91×4/10＝0.36
1.82	1.82×4/10＝0.73
2.73	2.73×4/10＝1.09

屋根勾配＼軒げたからの距離	0.91 m	1.82 m	2.73 m
3寸　(3/10)	0.27(m)	0.55(m)	0.82(m)
3寸5分 (3.5/10)	0.32	0.64	0.96
4寸　(4/10)	0.36	0.73	1.09
5寸　(5/10)	0.46	0.91	1.37
6寸　(6/10)	0.55	1.09	1.64

・屋根勾配による伸び長さ

すみ木やたる木の長さは勾配があるため，図示の平面寸法で拾うと，実際の寸法より短くなりますので，勾配を見込んで計測・計算をすることが必要です。

たる木は一方向の勾配で簡単ですが，すみ木は２方向の勾配のため，間違いやすい部分といえます。

まず一方向の屋根の伸び長さは下図のようになります。

屋根勾配による伸び長さ

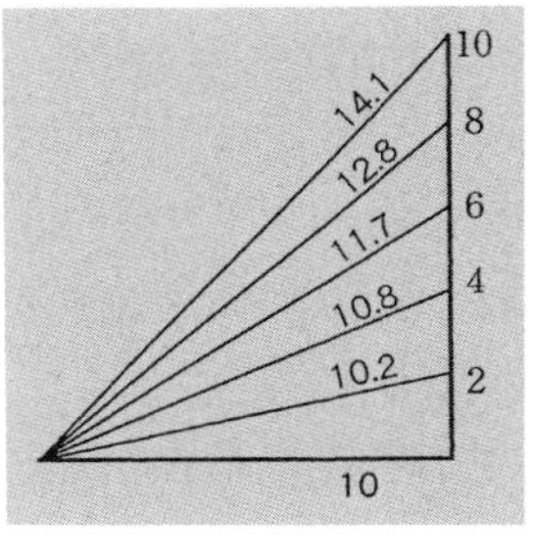

屋根勾配	伸び率
1寸 (1/10)	1.00
2　(2/10)	1.02
3　(3/10)	1.04
3.5 (3.5/10)	1.06
4　(4/10)	1.08
4.5 (4.5/10)	1.10
5　(5/10)	1.12
6　(6/10)	1.17
7　(7/10)	1.22
8　(8/10)	1.28
9　(9/10)	1.35
10　(10/10)	1.41

（２方向の伸び長さ）

すみ木の場合は図8.28のように２方向となり，単純な１方向の伸びではなく，図示寸法からも計測しにくいため，図のＡに対する伸び率を使って計算します。

よく間違える方法は，図示の寸法（Ｂ）に屋根勾配の伸び率を乗じるという方法ですが，この方法では，まず正確ではない（実際より長くなる）ということと，図面から寸法を計測（同図ではＢ）する手間がかかります。

同図の場合Ａを10とすると，Ｂは14.14となり，これに４寸勾配の伸び率1.08を乗ずると，14.14 × 1.08 ≒ 15.27と実際より長くなります（Ｃは14.7)。つまり，４寸勾配の屋根であっても，すみ木の勾配は斜め方向になるため，屋根勾配の71％程度となります。４寸勾配の屋根勾配が，「すみ木」の場合は４寸勾配 × 0.71 ≒ 2.84，つまり約2.8寸勾配となるわけです。

実際のすみ木の計測は，表8.7のすみ木の伸び率を使って計算します。

図 8.28　すみ木の長さ

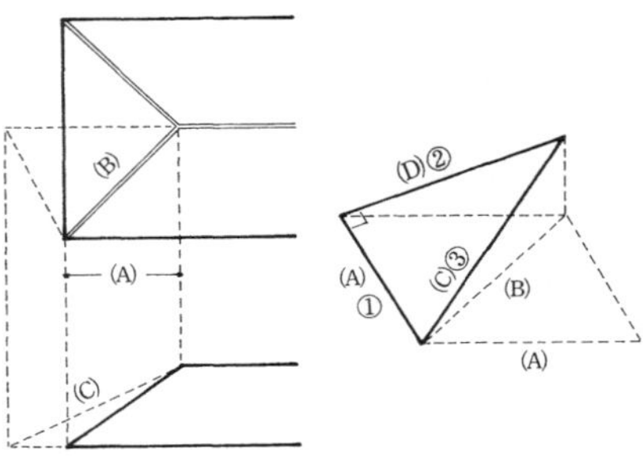

表 8.7　すみ木の伸び率

屋根勾配	平面寸法 (B)	伸び率 (C)
1 寸（1/10）	1.41	1.42
2 （2/10）	〃	1.43
3 （3/10）	〃	1.45
3.5 （3.5/10）	〃	1.46
4 （4/10）	〃	1.47
4.5 （4.5/10）	〃	1.48
5 （5/10）	〃	1.50
6 （6/10）	〃	1.54

＊図8.28のＡに対する伸び率

すみ木の伸び率の考え方は，上図8.28のすみ木の方向45°の辺（Ｃ③）を，Ａ（①）に対する屋根勾配の伸び率による長さによる辺Ｄ②（10.8）とＡ①（10.0）との直角三角形の長辺という考え方です。

これまで説明した小屋づかの寸法，勾配の伸び長さの考え方は，和小屋の小屋づか・たる木・すみ木の木拾いに使用するほか，洋小屋では「真づか」「つりづか」「合掌」「方づえ」の寸法計算にも応用できます。

小屋伏図には，通常「もや」や「小屋づか」の位置まで表示されていませんから，簡単にトレースをして拾うと確実です。

下図は事例の小屋伏図から，むな木･すみ木･もやをトレースしたものです。「小屋づか」の位置を確認するため，はり，けたの位置も記入していますが，実際の木拾い時には，はり，けたの位置は省略して書き，小屋伏図に重ね合わせて，小屋づかの位置を確認・記入して使用します。

このトレース図をもとに，矩計図や断面図を参考に拾っていきますが，参考事例では「むな木」「すみ木」は米ツガ1等10.0 × 10.0cm正角材が,「もや」「小屋づか」は米ツガ1等9.0 × 9.0cm正角材が使われています。

図 8.29　小屋伏トレース図

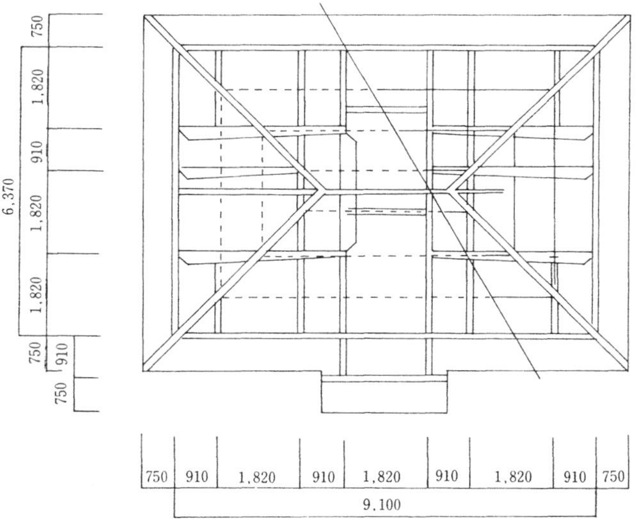

・むな木・すみ木

むな木は小屋伏トレース図（上図）より2.73 m（3.0 m材）が1本，すみ木は4寸勾配で，前述の「すみ木の伸び長さ」の方法で換算します。

つまり，辺の長さ（A部分）の3.935（0.75 + 0.91 + 1.82 + 0.455） mで4寸勾配ですから，4寸勾配のすみ木の伸び率（表8.7参照）を使い

すみ木の長さ = 3.935 × 1.47 = 5.79 m

となります。4 m材で1.5本の長さになりますが，すみ木の継手を「腰掛けかま継ぎ」や「台持継ぎ」としますと，余長の21cmでは材不足となるため，

図 8.30　すみ木の継手

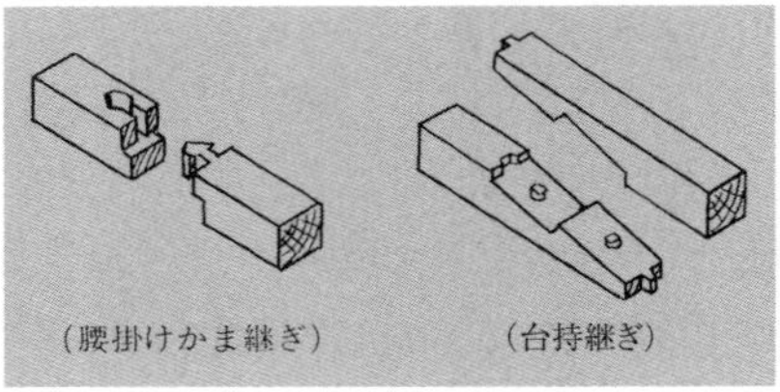

0.91 mを1mに読み変える木拾いの原則から，4m＋3m材の組合わせとしてみます。すみ木は4カ所ですから，4m材4本，3m材4本に「むな木分」（3m材1本）を加え，3m材5本とします。

・もや・小屋づか

「もや」は図8.29のトレース図から右図のように拾います。

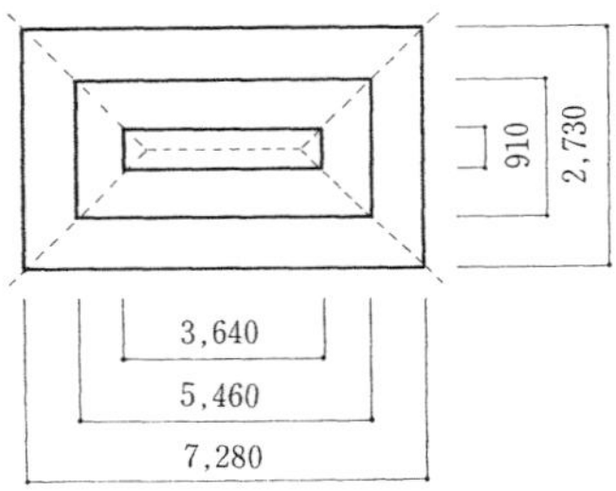

x軸方向は　7.28 m（4m材2本）
5.46 m（3m材2本）
3.64 m（4m材1本）
y軸方向は　4.55 m（0.91を加え3m材2本）
2.73 m（3m材1本）
0.91 m（4.55に含む）

の各々2本ずつとなります。0.91 mを1mに読みかえて，4m，3m材の組合せで拾い，合計は4m材3本，3m材5本の2倍，それぞれ6本，10本となります。

「小屋づか」は軒げたからの距離別にカ所数を拾い，これに所要寸法（高さ）をかけ，算出します。事例では以下のとおり4m材7本分となります。

軒げたからの位置	必要寸法(高さ)（H）	個所数（a）	必要長さ（$H\times a$）
0.91 m	0.36 m	18（カ所）	6.48（m）
1.82 m	0.73 m	14	10.22
2.73 m	1.09 m	8	8.72
			（小計）25.42 m

25.42m ÷ 4 ＝ 6.355 → 7本分（4m材）

なお，事例の屋根形状は寄棟ですが，切妻屋根の場合は「軒げた」「むな木」「もや」とも，木拾いをする際に，軒（けらば）の出の部分を含めて，2カ所以上の「小屋づか」がかかるように材長をとることが必要です。

つまり，小屋組みの妻側端部で短い材を継ぐことを避けるということです。

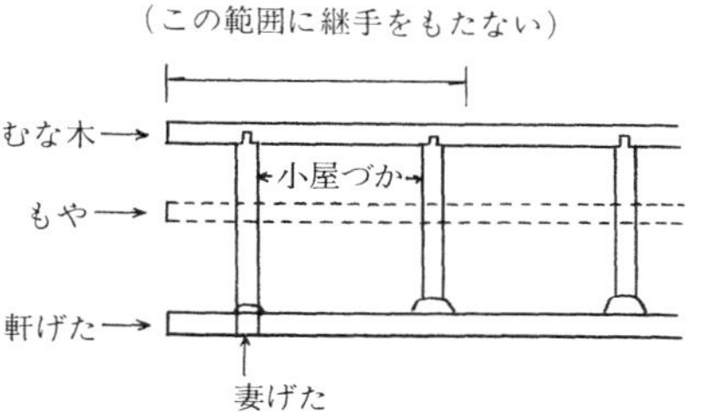

4. たる木・野地板

これまで小屋組みの構造材を説明してきましたが，同時に振れ止め（筋かいとも）・たる木・野地板を拾います。

たる木

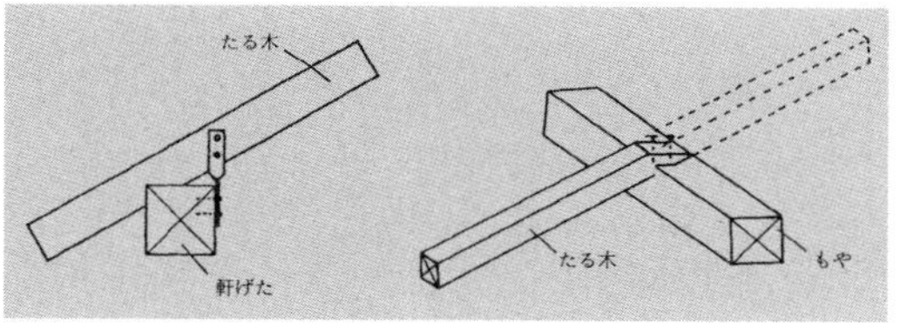

施工の順序としては「振れ止め」が先ですが，ここでは説明の都合上，「たる木」「野地板」を先に説明します。

〔たる木の長さ，野地板の面積〕

これまで屋根勾配による伸び長さについて説明してきましたが，たる木・野地板の拾いにも，同じ伸び率を使います。

このために，振れ止めの前にたる木を説明するわけですが，まず，たる木の長さ，野地板の面積の計測・計算について，基本的な考え方は次のとおりです。

●たる木の長さ・屋根面積は

① 勾配が同じであれば，たる木長さ，屋根面積は方向，形状に関係なく，平面上の広さが同じであれば，同じである。

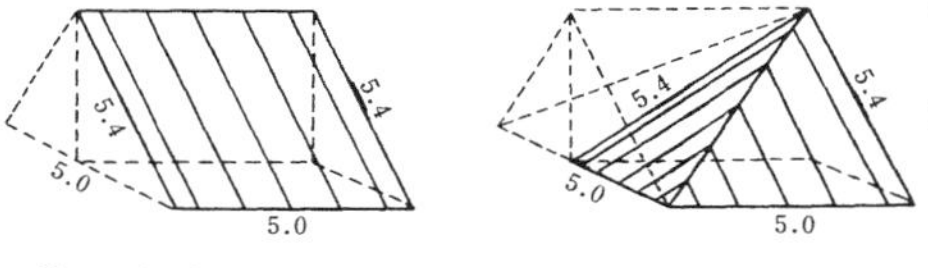

(イ)と(ロ)は，平面上の面積が同じであるので，根太の総延長，屋根面積とも同じである。

② 実際の長さ，面積は平面上の長さの合計（たる木），面積の合計（屋根面積）に勾配による伸び率を乗じたものに等しい。

例として，平面上で5.0ｍ四方，４寸勾配の場合について，たる木の長さと屋根面積を，切妻屋根(イ)と寄棟屋根(ロ)とで比較します。

・たる木の長さ（勾配は４／10）

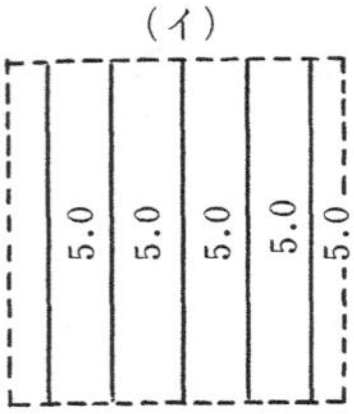

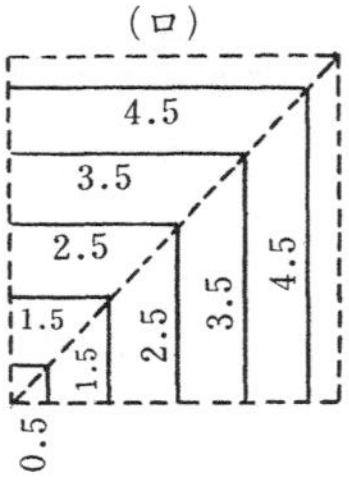

左図のようにたる木間隔を１ｍとすると５本必要で

(イ)　切妻の場合

5.0ｍ×伸び率1.08×５本＝27ｍ

(ロ)　寄棟の場合

(0.5＋1.5＋2.5＋3.5＋4.5)×伸び率1.08×２＝27m

で両方とも27ｍとなります。

・屋根面積（勾配は４／10）

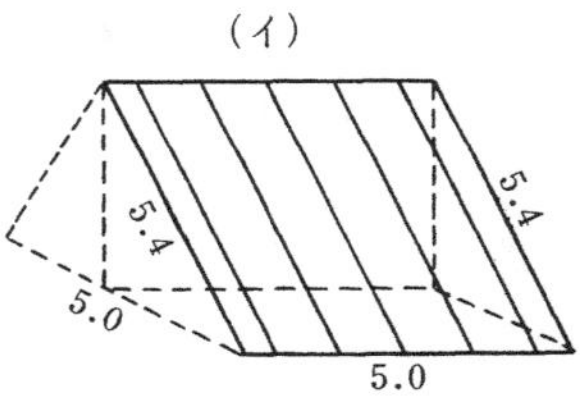

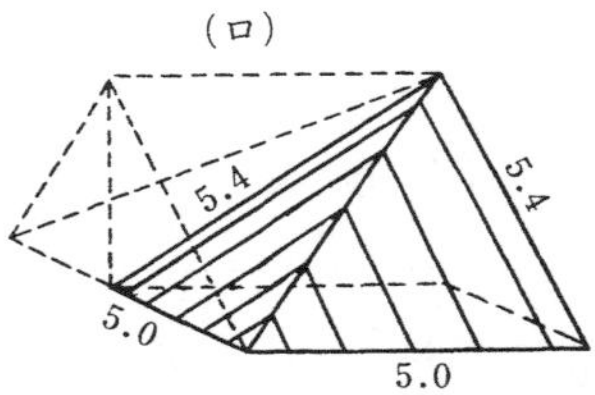

左図のように

(イ)　切妻の場合

5.0ｍ×（５×1.08）＝27㎡

(ロ)　寄棟の場合

（前面）$\frac{5\times(5\times1.08)}{2}$＝13.5㎡ ―― (1)

（側面）$\frac{5\times(5\times1.08)}{2}$＝13.5㎡ ―― (2)

(1)＋(2)でやはり27㎡となり，切妻の場合と同じになります。

また計測の方法も，たる木の１本１本，面積の部分ごとに勾配による伸び率をかけなくても，平面上の長さの合計，面積の合計に伸び率をかければよいわけです。たとえば

（長さ）５ｍ×５本＝25（ｍ）→平面上の長さの合計

↓

25ｍ×1.08＝27.0（ｍ）

↑勾配による伸び率

（面積）(イ)　$5\,m \times 5\,m = 25(m^2)$

(ロ)　$\dfrac{5\,m \times 5\,m}{2} + \dfrac{5\,m \times 5\,m}{2} = 25(m^2)$

} → 平面上の面積の合計

↓

$25m^2 \times 1.08 = 27(m^2)$

つまり，たる木の長さ，屋根面積の算出では

屋根の形状に関係なく，計測しやすい形に置き換えて算出できる

単純な切妻屋根の場合はともかく，寄棟屋根や複雑な形状の屋根の場合には，この考え方を知っていると便利です。

〔たる木〕

米ツガ・杉・松の正割材（4.5 × 4.5cm）や平割材（4.5 × 6.0, 7.0cm 等）が使われています。小屋伏図に「たる木」寸法と配置が表示されていますから，これによって拾います。

たる木の拾いには

① 単純に図面から拾う方法――切妻屋根で簡単な屋根形状の場合

② 屋根全体と幾つかの平面に分けて長さを拾う方法――たる木の配置を計算しやすい形状の平面に分けて計測・計算する方法

③ 屋根面積から概算数量を使って算出する方法

の3通りの方法があります。

このうち③の概算数量は次のとおりです。

1.0㎡当たり「たる木」の長さは2.2 m（平面上）

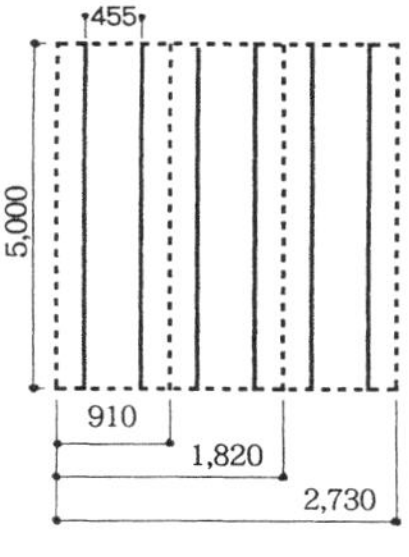

たる木の配置間隔は，通常450, 455㎜ですから1.0㎡当たり必要長さ(平面上)は，約2.2mとなります。

1. 面積（5.0 × 0.91 = 4.55 ㎡）の場合
   たる木の長さ5.0 m × 2 本 = 10 m
   1.0 ㎡当たり 10 m ÷ 4.55(㎡) ≒ 2.20m/㎡
2. 面積（5.0 × 1.82 = 9.1 ㎡）の場合
   たる木の長さ5.0 m × 4 本 = 20 m
   1.0 ㎡当たり 20 ÷ 9.1(㎡) ≒ 2.20m/㎡

この数値を使用して，平面上の必要長さの合計を算出し，これに勾配による伸び率を乗じて，たる木の必要本数（延長m）を算出します。

参考事例について，以上３通りの方法で「たる木」長さを拾います。

①の方法

事例の小屋伏図（57頁）から全体の「たる木」の配置を出し，図面上から平面長さを集計します。

小屋伏図から「たる木」部分を，図8.31のようにトレースし，平面上の長さを拾いますが，寄棟部分のたる木長さの計測は次のようにします。

図 8.31　たる木の配置トレース図(1)

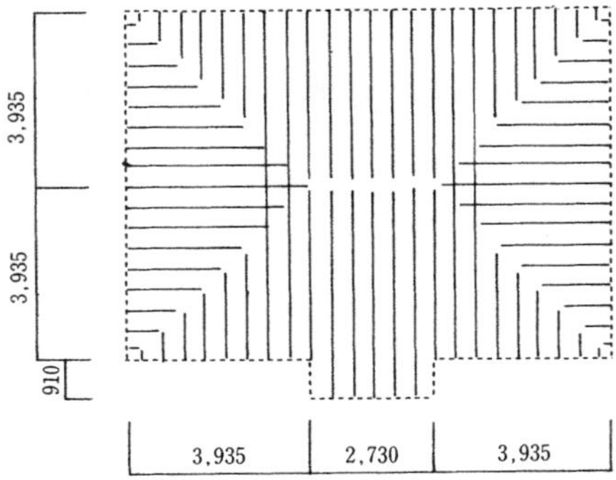

すみ木の配置は45度ですから，たる木の配置長さは軒先端部からの距離と等しく，事例では295㎜，750㎜，以下455㎜間隔となります。同一寸法となる部分は屋根の４隅に２カ所ずつ８カ所分あります。

拾いの結果は次のとおり合計193.77 m（平面長さ）となります。

（寄棟部のたる木配置長さの計測）

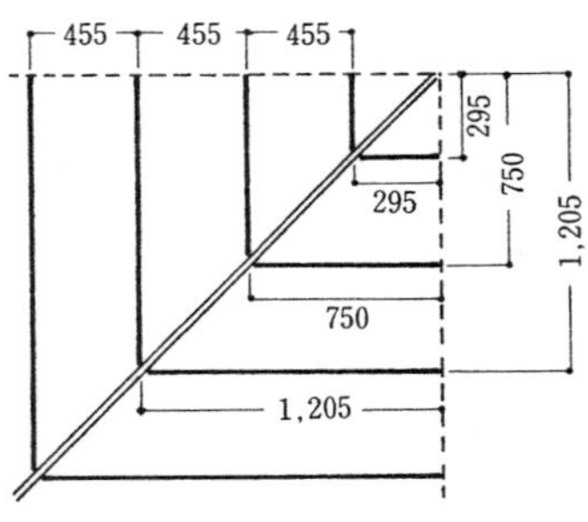

(3.935＋0.91)	4.845 m	× ５本	＝24.225 m
	3.935	×11	＝43.285
	3.48	× 8	＝27.84
	3.025	× 8	＝24.2
	2.57	× 8	＝20.56
	2.115	× 8	＝16.92
	1.66	× 8	＝13.28
	1.205	× 8	＝ 9.64
	0.75	× 8	＝ 6.0
	0.295	× 8	＝ 2.36
（重複分）	1.82	× 2	＝ 3.64
（重複分）	0.91	× 2	＝ 1.82
		合計	193.77 m

②の方法

屋根全体を計算しやすい形に置き換えて，長さを拾う方法で，事例の小屋伏図を，図8.32のように全体を同じ方向（切妻屋根）に置き換え，デッキ部分，重複部分（換気部分）を加えて集計します。

図 8.32　たる木の配置トレース図(2)

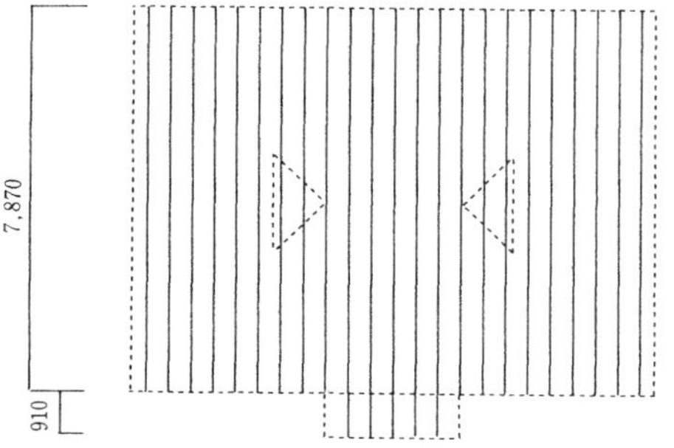

結果は　　　7.87 m × 23 本 = 181.01 m
（デッキ分）0.91　× 5　=　4.55
（重　複　分）（1.82+0.91）× 2　=　5.46の合計191.02 m（平面長さ）

③の方法

平面上の屋根面積を求め，単位面積当たり概算数量を使って，算出する方法で，急いで数量を出す場合や複雑な形状の屋根の場合に便利な方法です。

事例での屋根面積は

(イ) 主要部分　10.6 × 7.87 ≒ 83.42 ㎡
(ロ) デッキ分　2.73 × 0.91 ≒ 2.48
(ハ) 重複分　（0.91 × 1.82）/2 × 2 カ所 ≒ 1.66
} 合計87.56 ㎡

概算数量2.2 m / ㎡を使い，87.56 ㎡ × 2.2 = 192.63 mとなります。

以上，３通りの拾いの方法の結果は（平面長さ）

①の方法	193.77 m
②の方法	191.02 m
③の方法	192.63 m

となり，大きな違いはありません。

たる木の必要長さは，これに屋根勾配（４寸）による伸び率（1.08）をかけ，さらに910mmを1.0mに読み換えて算出します。

③の結果からは，　192.63 × 1.08 ÷ 0.91 = 228.62 mとなります。

たる木は3.0，4.0，3.6m材が使われますから，それぞれによって必要本数を計上しますが，たる木の継手は「もや」の位置で乱に配置するため，同寸法（長さ）材を使うより，組合せで使うようにします。ここでは3.0m材38本（114m分），4.0m材29本（116m分）の組合せとしました。

たる木の拾いでは，以上のほか

① 1階屋根の場合には「たる木受け」の拾いが必要なこと

② 軒先等で「化粧たる木」を使用する場合は，別途に拾うこと

などに注意が必要です。

たる木受け

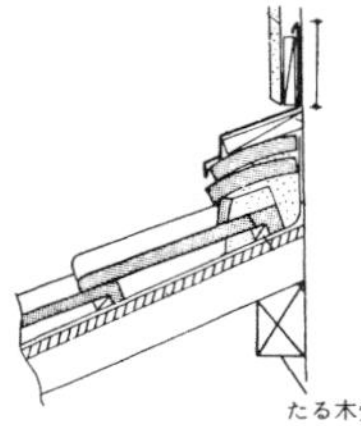

〔**野地**（屋根下地）**板**〕

野地板にはひき（挽）板9㎜以上，合板（構造用合板またはコンパネ9㎜以上），パーティクルボード*12㎜以上が使われます。いずれも「たる木」に直交する方向に取り付け，継手部はひき板で1.0m以内（または10枚ごと），合板・パーティクルボードは1枚ごとに乱に貼り付けます。

パーティクルボードは150P・150M以上（JIS A 5908による）のものを使用し，湿気による伸びを見込んで，継手部分を2～3㎜あけて打ち付けるようにします。

ひき板野地板の板そばは，一般に添え付けとしますが，軒先などで見え掛りとなる部分では，図8.33のように「すべり刃」「相じゃくり」とします。

見積りにあたっては，こうした継手部分や板そばのことを頭に入れながら，屋根伏図に1枚1枚割り付けて，必要枚数を出す方法もありますが，あまり

***パーティクルボード**：木材の小片を接着剤を添加しながら熱圧成型製板した製品で，U・M・P（接着剤による）のタイプがあり，建材用にはM・Pタイプが床・屋根下地に使われる（Uタイプは家具用）また曲げ強さにより200（180kg/㎠以上），150（130kg/㎠以上），100（80kg/㎠以上）のタイプがある。

図 8.33　ひき板野地の板そば（見え掛りとなる部分）

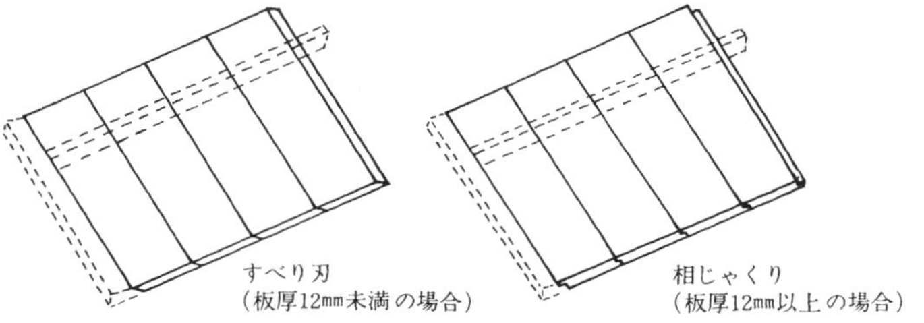

実際的な方法ではありません。

板そばのすべり刃や相じゃくりとなる部分の多少によって，ロス率の見方を調整することで，面積計算を行います（多ければ20%，少なければ15%，ない場合は10%とする）

必要枚数は，屋根勾配による伸び率をみて屋根面積を出し，面積からひき板や合板等の枚数を算出します。

（事例の屋根面積）87.56 × 1.08 = 94.56㎡とします。

（必要枚数）94.56 ÷（0.91 × 1.82）≒ 57.1枚

ロス率10%として　57.1 × 1.1 = 62.8→63枚となります。

タイプⅠ（完全耐水）9.0㎜　910 × 1820㎜ラワン合板

5.　振れ止め（小屋筋かい・けた行筋かい・はりつなぎ）

振れ止め

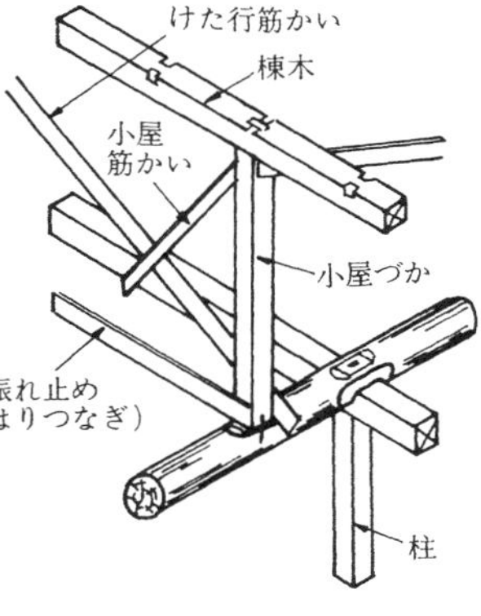

小屋づかの振れ止め（倒壊防止）のために筋かい（小屋筋かい・けた行筋かい），はりつなぎ（振れ止め）を杉小幅板を用いて取り付けます。

根がらみや小屋づかと同様，小屋伏図等の図面上に表示されないことが多いため，断面図や矩計図を参考に，どこに使われるかを想定して，必要枚数を拾います。

図 8.34　振れ止めの配置
（断面図・矩計図から配置を想定する）

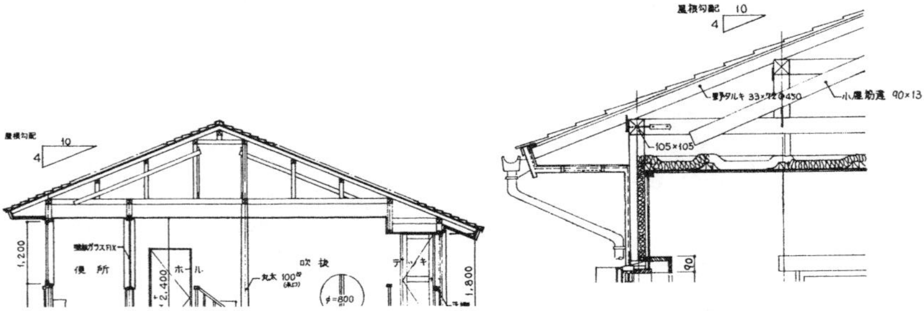

振れ止め材は施工程度によって，どこまで配置するか異なりますから，拾いにあたっては設計者または施工する大工さんに確認することが必要です。

事例による配置は上図の断面図・矩計図を参考に下図のように想定しました。

A.　小屋筋かい……………………………8 枚分
B.　けた行筋かい…………………………4 枚分
C.　はりつなぎ（振れ止め）………4 枚分

の合計16枚分とします（いずれも杉小幅板，１等材3.6 m × 1.3 × 9.0cm）

図 8.35　振れ止めの配置

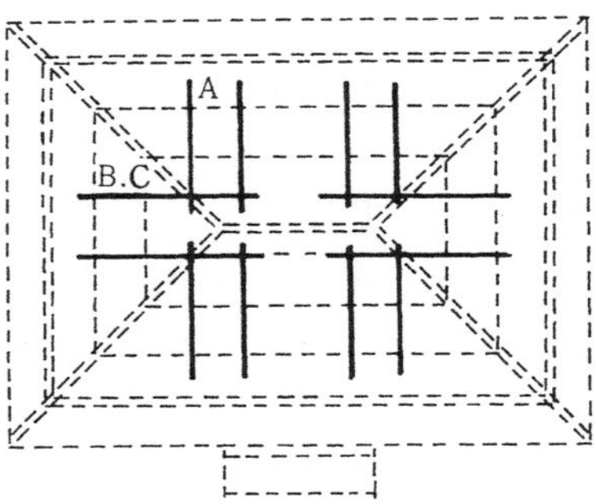

表 8.8

○○邸新築　工事　　木拾い帖（2）（小屋組）　　平成○年○月○日作成

名称・材種・等級	規格・寸法（径・幅・厚cm）	長さ(m)	方向	数量・計算	合計	単位
（小屋組み）						
小屋梁	末口径 18.0	4.0	↔	3（本）	3	本
（松丸太タイコ挽1ト）	15.0	3.0	〃	2	2	〃
	〃	〃	〃	1	1	〃
（米松平角1ト）	11.5 × 15.0	3.0	↕	1	1	〃
軒桁・妻梁・間仕切桁	10.5 × 10.5	4.0	↔	(1×2)+0.5+0.5=3.0（本） ｝13（本）		
（米ツガ1ト）			↕	(1×2)+(0.5×5)+(1×2)+2+(マクラ0.5×3)=10（本）	13	本
		3.0	↔	(2×2)+1+1=6（本） ｝11（本）		
			↕	(1×2)+1+(1×2)=5（本）	11	本
棟木・すみ木	10.0 × 10.0	4.0		4（本）	4	本
（米ツガ1ト）		3.0		4+1=5（本）	5	〃
母屋・小屋束	9.0 × 9.0	4.0	↔	（もや）3×2=6（本）		
（米ツガ1ト）				（小屋づか）0.91（0.36m）18ヶ所×0.36 → 6.48 ｝		
				1.82（0.73）14 ×0.73 → 10.22 ｝25.42(m)÷4		
				2.73（1.09）8 ×1.09 → 8.72 ｝=6.355 → 7（本）		
				6+7=13（本）	13	本
		3.0	↔	（もや）2×2=4（本） ｝10（本）		
			↕	（〃）3×2=6	10	本
たる木（米ツガ1ト）	7.2 × 3.3	3.0, 4.0		屋根面積（基本数量表より）87.56(m²)×概算数量2.2(m/m²)		
				=192.63(m) 屋根勾配4/10 伸び率1.08，910mmに読変え		
				192.63×1.08÷0.91=228.62(m)		
				3.0m物 38（本）（114m分）	38	本
				4.0m物 29（本）（116m分）	29	本
野地板	0.9×91.0×182.0			屋根面積87.56(m²)×勾配伸び率1.08=94.56(m²)		
（ラワン合板T1）				94.56÷(0.91×1.82)=57.1（板）		
				（ロス率10%）57.1×1.1=62.81 → 63（枚）	63	枚
振れ止め	1.3 × 9.0	3.6	↔	けた行筋かい → 4枚 ｝		
（杉小幅板1ト）			↕	はりつなぎ（振れ止め）→ 4枚 ｝16（枚）	16	枚
				小屋筋かい → 8枚 ｝		
（棟換気部棟木・たる木・束）						
（米ツガ1ト）	3.6 × 4.5	3.0		（棟木）1.2m×2=2.4 ｝		
				（束）0.35 ×2=0.7 ｝11.5(m)		
				（たる木）(0.9+1.2)×2×2=8.4 ｝		
				11.5÷3.0=3.83 → 4（本分）	4	本
棟換気部 雨押え板						
（杉1ト）	1.3 × 9.0	3.6		1.5m×2ヶ所分 → 1（本分）	1	本

(4) 軸　組　み

これまでの説明で建物の水平部分を終わり，垂直部分である軸組みに入ります。

一般に水平部分の床組み・小屋組みの前に，軸組みの説明をすることが多いのですが，ここでは水平部分を先に説明して，構造材の最後に軸組みの説明をしています。

施工経験の多い人は，軸組みから考えることに慣れていますが，図面との対応でわかりやすい床組みから入ったほうが，一般の施工経験の少ない見積り担当者やお客さんには，理解しやすいからです。

軸組みは，一般に「土台・土台火打・柱・胴差・けた・間柱・筋かい・通し貫（ぬき）」から構成されていますが，このうち土台・土台火打・胴差・けたは，すでに１階床組み，２階床組み，小屋組みで拾っていますから，軸組みとしては

1. 柱
2. 間柱
3. 筋かい
4. 通し貫（ぬき）

となります。さらに下地組み他も同時に拾うという考え方から

5. 胴縁
6. 吊束（つりづか）
7. まぐさ・窓台

まで含めて説明します。

図 8.36　軸組図

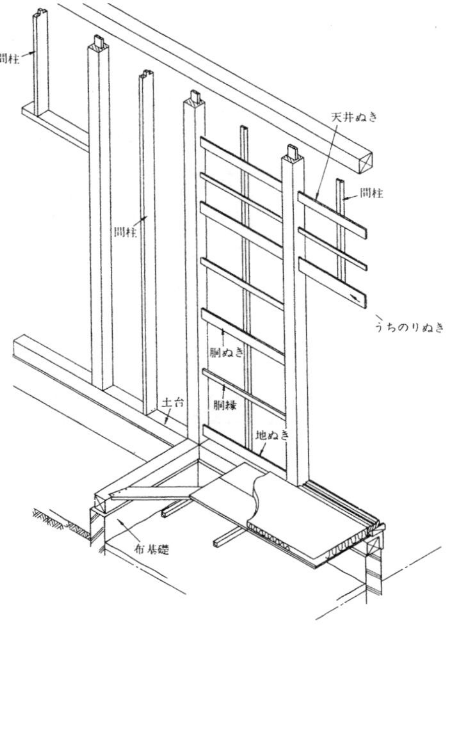

1. 柱

柱には１，２階を１本の柱で通す「通し柱」と各階ごとの柱である「管（くだ）柱」とがあります。

一般には杉・檜・米ツガ１等

以上の良材が使われ，管柱は3.0ｍ物の10.3，10.5，12.0cm正角材（10.5cmが最も多い）が，通し柱には6.0ｍ物12.0cm正角材が使われています。

柱は建物を構成する主要構造材であると同時に，木造軸組み住宅では化粧材としての役割ももっています。柱に何を使うかは，昔も今も大きな関心事ですから，見積書には樹種・等級をはっきり表示することが必要です。他の部材と違って，樹種・等級別に拾うことが必要なことと，柱材は途中で継ぐことがないため，単純に本数（３ｍ，６ｍ物の別）を拾うだけというのが，柱の拾いの特徴です。

柱には「通し柱」「管柱」以外に

1. 床柱
2. 半柱
3. 付け柱

などがあります。

「床柱」は，床の間に使われる化粧柱で造作材になりますが，一般の管柱と一緒に拾います。

「半柱」は，図面上に明示されないこともありますから，特に開口部まわりで，必要カ所をチェックします。次に説明する「間柱（まばしら)」との区別が必ずしもはっきりしないことが多く，間柱（柱材の三つ割が多い）の太い材（半柱は二つ割）という考え方から，間柱の中で拾う方法もあります。

「付け柱」は，RC造の内装や大壁造りの内外装を意匠的に真壁にみせるためのもので，他に付け土台や付けばり等があります。もしあれば，仕上げ材の中で，ラワン材等でみるようにします。

付け柱

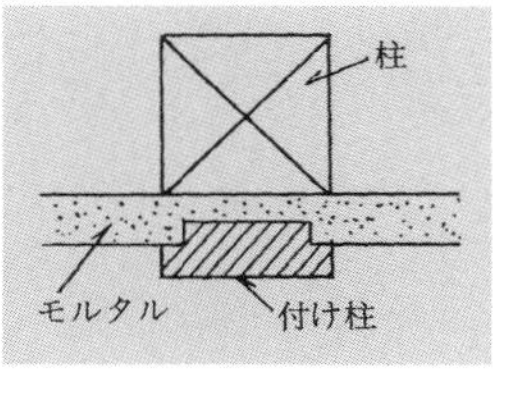

拾いは床伏図（１，２階)，平面図をもとに，通し柱，１階管柱，２階管柱，その他の順に，樹種・等級別に拾います。木拾いの原則どおり，図面上では上から下へ，左から右へ拾っていきます。

事例の平面図から，柱部分をトレースし，樹種・等級別に整理すると，次（図8.37）のとおりです。

図 8.37　柱の拾い図

1階

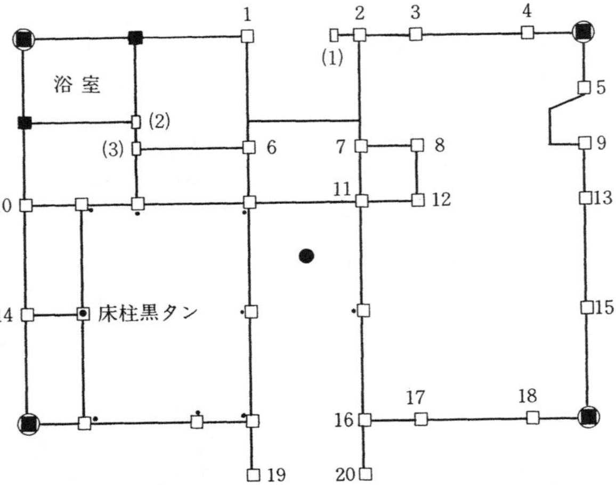

◙	通し柱	檜1等	6m	12.0×12.0cm	4本
●	〃	杉磨長丸太	〃	末口11.0cm	1
■	管　柱	檜1等	3m	10.5×10.5cm	3
□	〃	杉1等	〃	〃　〃	20
□•	〃	檜1方無節	〃	〃　〃	8
▣	床　柱	黒タン貼柱	〃	12.0×12.0	1
▯	半　柱	米栂1等	〃	10.5× 4.5	3

2階

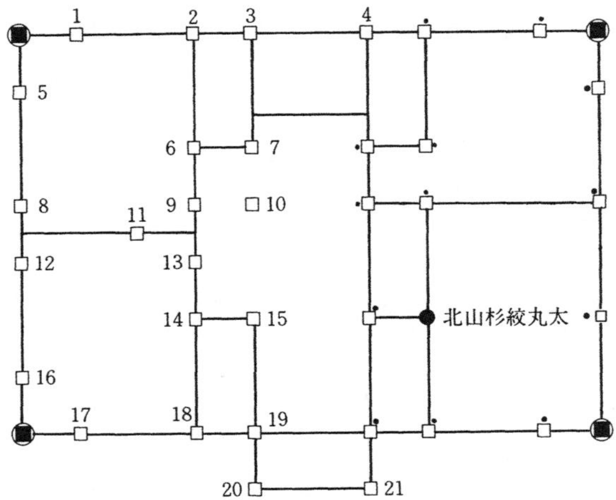

□•	管　柱	檜集成材 2方無節	3m	10.3×10.3cm	13
□	〃	米栂1等	〃	〃　〃	21
●	床　柱	北山杉絞丸太	〃	末口10.0cm	1

２. 間柱（まばしら）

柱と柱の間の補足材として設け，胴縁の受け材としての役目をもっています。杉・米ツガ等の１，２等材が使われ，使用寸法は大壁部分では柱材の三つ割（10.5×3.0cm），真壁部分では平割・正割材（6.0×3.0, 4.5×4.5cm等）が多く使われています。

いずれにしても，大壁部分と真壁部分では使用寸法が異なりますから，別々に拾うことになります。長さは普通３m材が使われますが，開口部位置の切使いが多い場合は４m材からとることもあります。

間柱の配置は，一般に45cm間隔ですから

柱の間隔	半間	（910㎜）	間柱本数　１本
	１間	（1820㎜）	間柱本数　３本
	1.5間	（2730㎜）	間柱本数　５本

というように配置されます。

軸組図がある場合は，そのまま拾えますが，平面図から拾う場合には，開口部分には間柱が表示されていないので，半間で１本，１間で３本というように拾っていきます。

軸組図例でわかるように，開口部分の間柱の拾いは，正確には軒高から，開口部高さを差し引いた寸法で計上するところですが，実際の見積り時には，そこまで厳密に計測・計算をする時間がないのが普通です。したがって，あるルールを決めて，それによって簡便に拾うようにします。

軸組図例

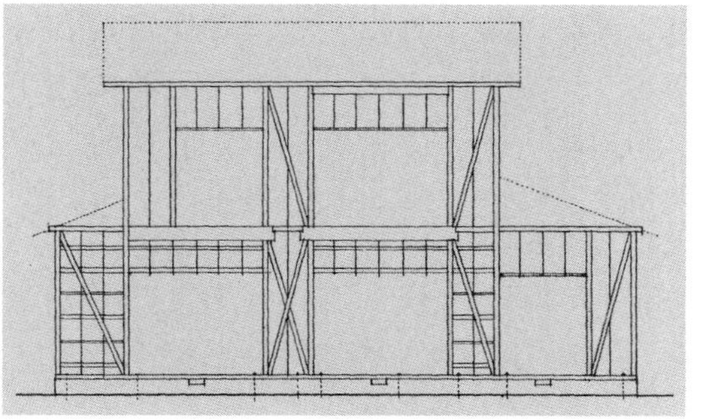

一般に，土台または胴差上ばから，胴差または軒げたまでの寸法と，

図 8.38　開口部例と間柱の拾い基準（例）

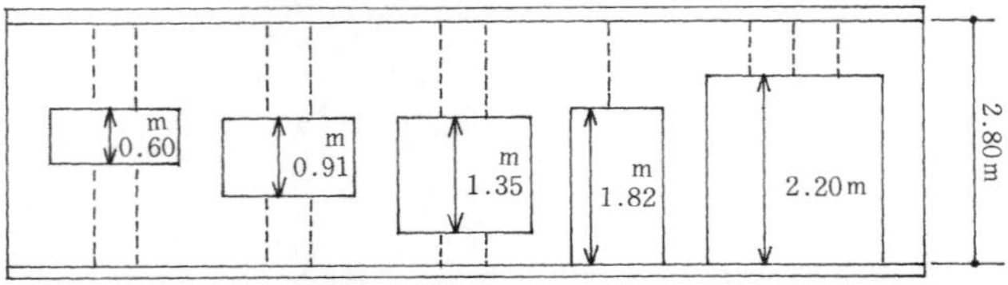

開口部高さ（H）	間柱所要寸法（壁高 2.8 m として）	見積り上の取扱い例（間柱としての拾い寸法）
0.36～0.45（m） 0.60～0.75	2.44～2.35（m） 2.20～2.05	3.0 m（控除しない）
0.85～0.91	1.95～1.89	2.0 m
1.21～1.35	1.59～1.45	1.5 m
1.75～1.82 2.10～2.20	1.05～0.98 0.70～0.60	1.0 m

サッシや出入口等の開口部寸法との関係は図8.38のようになります。

間柱の拾いの基準の例で，開口部高さ0.75 m以下を開口控除なしとしていますが，もっと範囲を広げて（0.91 mまで）みることも多いようです。これを参考に，自社の基準を設定しておくと便利です。

実際の拾いを事例をもとに行ってみましょう。

事例では次の材料が使われています。

真壁部分　米ツガ１等材　3.0 m　4.5 × 3.6cm

大壁部分　米ツガ１等材　3.0 m　10.5 × 2.7cm

拾いには，平面図から直接拾うこともできますが，図8.40のように，平面図から間柱の種類別（大壁･真壁の別）と開口部高さをトレースして拾うと，より正確です。真壁部分と大壁部分を分けて，これまで木拾いの基本どおり図面上のx軸上から下へ，y軸左から右へ拾います。

拾いの結果は図8.40～41のように真壁・大壁別に分けて集計，さらに3.0 m材に換算し，全体の本数を出します。なお，1.3 m未満の開口部は控除なしとしています。

結果は図8.40～41の下にある表のとおり

真壁部分　44 + 6/2 + 18/3 = 53（本）

大壁部分　68 + 27/3=77（本）

3. 筋　か　い

筋かいは，軸組みの変形を防ぐために柱と柱の間の対角線方向に入れる斜材で，基準では断面寸法3.0×9.0cm以上となっていますが，実際には柱材の二つ割（10.5×4.5cm），三つ割（10.5×3.5cm）等が使われることが多いようです。

筋かい

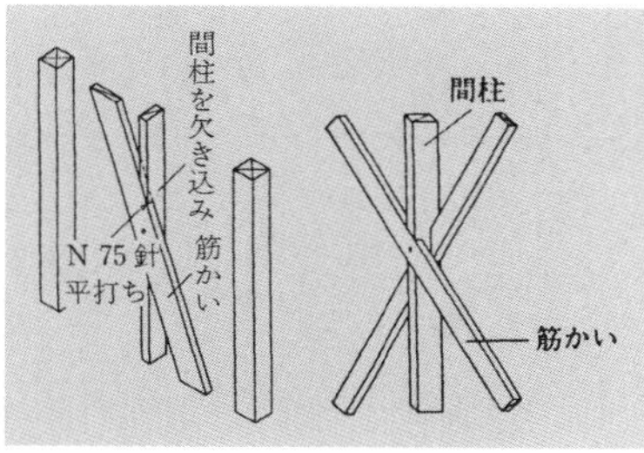

筋かいの拾いは，軸組図があれば軸組図から拾えますが，平面図からの拾いを基本として立面図等を参考にします。平面図から間柱の拾い時に筋かいを同時に拾うようにします。立面図を参考にする場合は，内部間仕切壁部分が表示されていないことに注意が必要です。また，使用カ所により（特に１，２階の別）使用材の断面寸法が異なることや「片筋かい」と「たすき掛け筋かい」とがありますから同様に注意してください。

筋かいの必要長さは図8.39のように，軒高，施工方法によって多少違いますが，仮筋かいのロス分も含めて，

柱間　0.91 m　　　　→3.0 m材
柱間　1.36 ～1.82 m→4.0 m材

として拾います。

図 8.39　筋かいの必要長さ

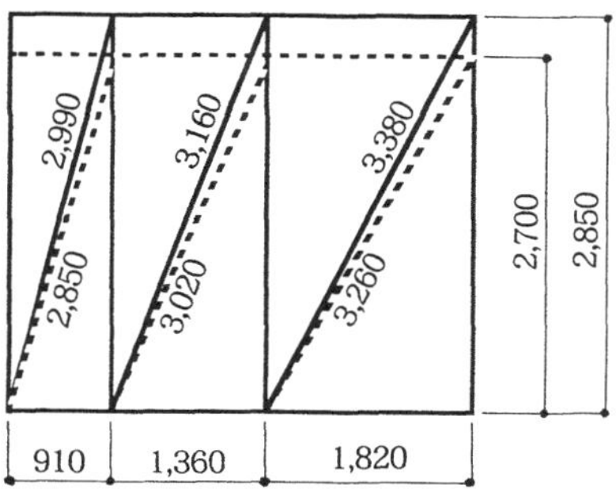

事例の拾い結果は（米ツガ１等）

⧁10.5×4.5cm	3.0 m材	6本
	4.0 m材	7本
▷10.5×3.6cm	3.0 m材	12本
	4.0 m材	2本

となります（図8.40～41参照，１カ所→１本）

図 8.40　間柱の拾いトレース図と拾い結果表（1階）

（1階）

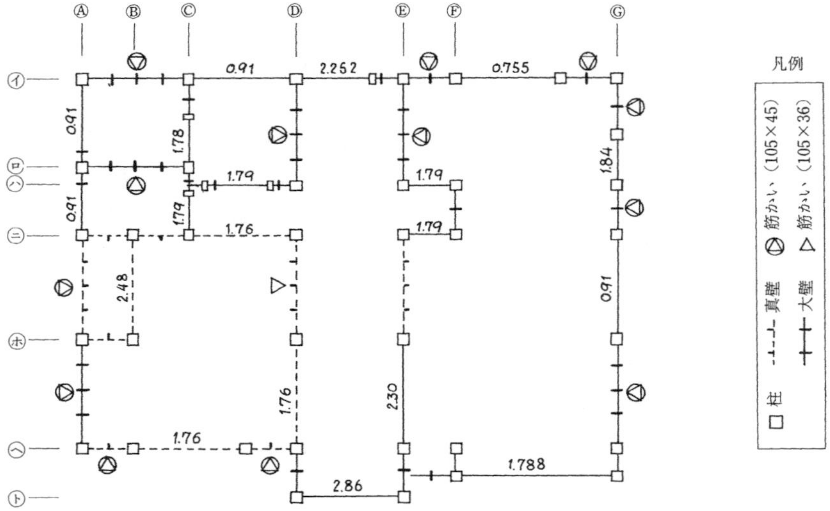

（単位：本）

部　位	真壁（点線）部分			大壁（実線）部分		
	3.0 m（〜1.3 m）	1.5 m（1.35〜1.7 m）	1.0 m（1.75 m〜）	3.0 m（〜1.3 m）	1.5 m（1.35〜1.7 m）	1.0 m（1.75 m〜）
1階 ↔ ㋑	—	—	—	12	—	2
㋺	—	—	—	3	—	—
㋩	—	—	—	2	—	1
㋥	2	—	3	—	—	1
㋭	1	—	—	—	—	—
㋬	2	—	3	—	—	—
㋣	—	—	—	1	—	3
↕ Ⓐ	3	—	—	7	—	—
Ⓑ	—	—	—	—	—	—
Ⓒ	—	—	—	2	—	1
Ⓓ	3	—	3	4	—	—
Ⓔ	3	—	—	4	—	3
Ⓕ	—	—	—	1	—	—
Ⓖ	—	—	—	8	—	1
小計（3.0m換算）	14（14 本）	0（0）	9（3 本）	44（44 本）	0（0）	12（4 本）

図 8.41　間柱の拾いトレース図と拾い結果表（2階）

（2階）

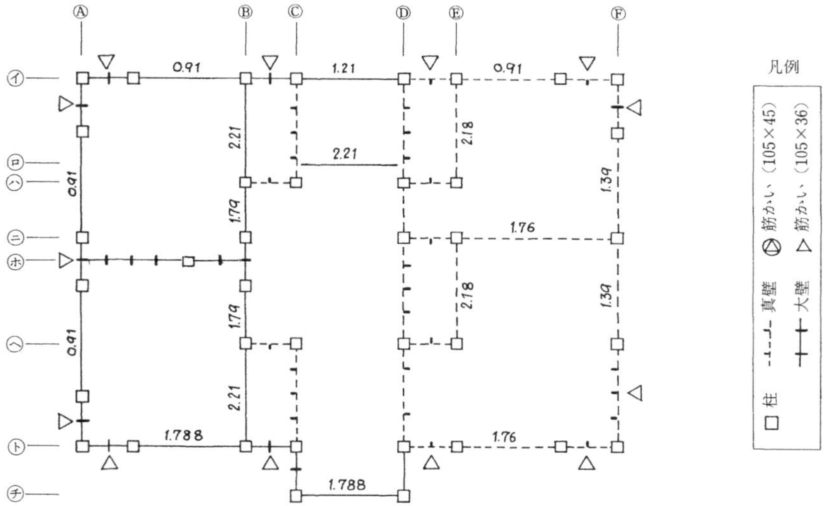

（単位：本）

部位	真壁（点線）部分 3.0 m（〜1.3 m）	真壁（点線）部分 1.5 m（1.35〜1.7 m）	真壁（点線）部分 1.0 m（1.75 m〜）	大壁（実線）部分 3.0 m（〜1.3 m）	大壁（実線）部分 1.5 m（1.35〜1.7 m）	大壁（実線）部分 1.0 m（1.75 m〜）
2階 ↔ ㋑	5	—	—	8	—	—
㋺	—	—	—	—	—	—
㋩	2	—	—	—	—	—
㋥	1	—	5	—	—	—
㋭	—	—	—	3	—	—
㋬	2	—	—	—	—	—
㋣	2	—	3	2	—	3
㋠	—	—	—	—	—	3
↕ Ⓐ	—	—	—	9	—	—
Ⓑ	—	—	—	1	—	8
Ⓒ	6	—	—	1	—	—
Ⓓ	8	—	1	—	—	1
Ⓔ	—	—	—	—	—	—
Ⓕ	4	6	—	—	—	—
小計（3.0m換算）	30（30本）	6（3本）	9（3本）	24（24本）	0（0　）	15（5本）

4. ぬ　き（貫）

ぬき材は，和室等で真壁あるいは外部大壁で内部真壁の場合に拾うことになります。

図8.42，8.43のように，通しぬき・塗込ぬき（柱間1.8mで間柱がない場合のたて方向のぬき）があり，通しぬきには，その位置によって上から①天井ぬき，②うちのりぬき，③胴ぬき，④地ぬきと呼ばれ，横架材（土台・軒げた）間に4～5本配置することになっています。

ただ最近では小屋組み・土壁塗りが少なくなったことやラスボード施工が多くなったことから，胴縁との区別が次第に薄れてきました。

ぬき材は杉，米ツガの小幅板（1.5×9.0～10.5cm）が多く使用されます。

図 8.42　ぬき（貫）

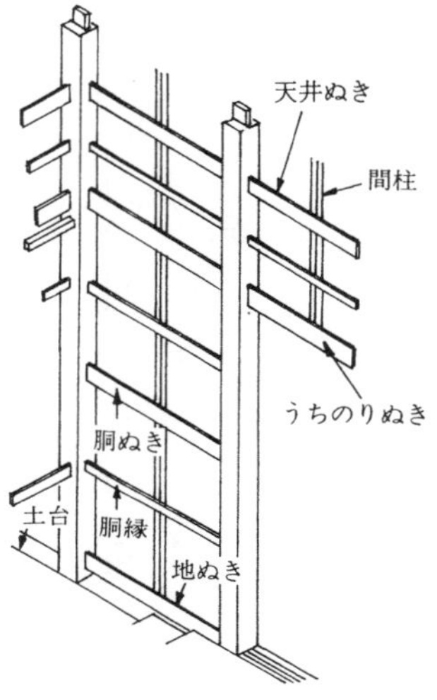

図 8.43　ぬきの配置

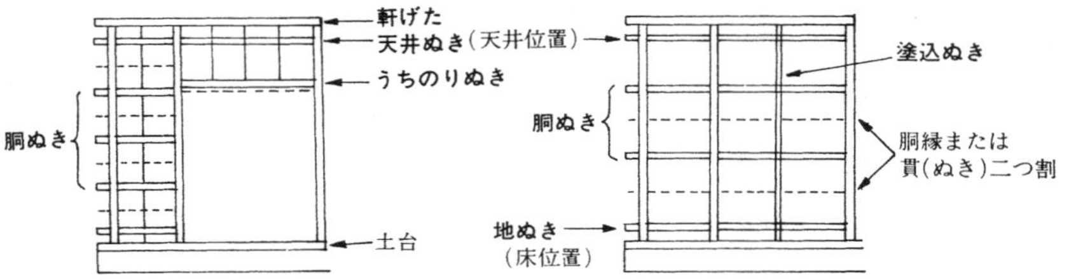

拾いは平面図から和室まわりを拾います。

全面壁の場合は，ぬきの配置本数（4または5本，矩計図等による）をそのまま拾いますが，開口部の場合は間柱の拾いと同じ考え方で，図8.44のように

① 全　　壁（開口部高さ75cm未満までを全壁とする）→4～5本

② 開口部(1)（開口部高さ1.2m程度まで）→4本

③ 開口部(2)（開口部高さ1.8m程度まで）→3本

図 8.44　開口部のぬき配置

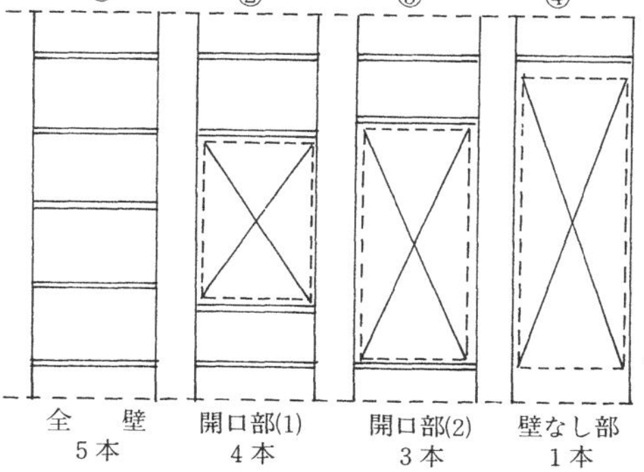

④ 壁なし部分（H 2.2 m程度のはき出し窓や天袋付押入れ，らんま付ふすま戸等）→１本

の４種類に分けて拾っていきます。

事例では和室まわりに杉小幅板１等3.6 m×1.3×9.0cm材が使用されています。平面図から１，２階の真壁部分を図8.45のようにトレースして，１，２階，*x*軸方向，*y*軸方向の順に拾います。

図 8.45　１，２階真壁部分トレース図

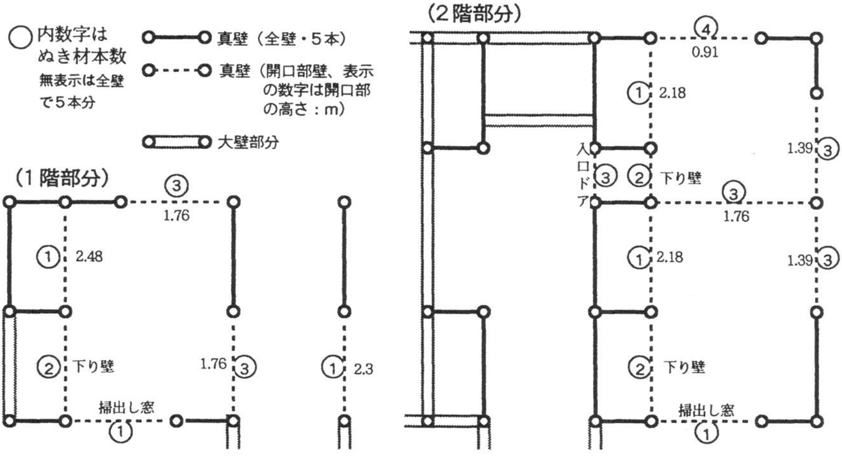

事例の拾い結果は半間（0.91）物80枚，１間（1.82）物71枚，１間半（2.73）物３枚で，半間物を１ m，１間物を２ m，１間半物を３ mとして計算，延べ231 mとなり，3.6 m材換算（231 ÷ 3.6 = 64.2）で65枚分を計上します。

5. 胴　　縁

下地ボード類や化粧合板の受け材として柱，間柱に欠き込みまたは添え付けて取り付けます。

一般に，杉・米ツガの平割材・小幅板が使われますが，見積り上の数量拾いは，壁面積当たりまたは下地合板等の１枚当たりの概算数量で算出します。

これは実際の見積り時に１本１本拾うだけの時間的余裕がないことや，１本当たりの単価が小さいため多少の数量（本数）の違いは，全体の見積金額上，大きな影響を与えないためです。

図 8.46　胴縁の配置図

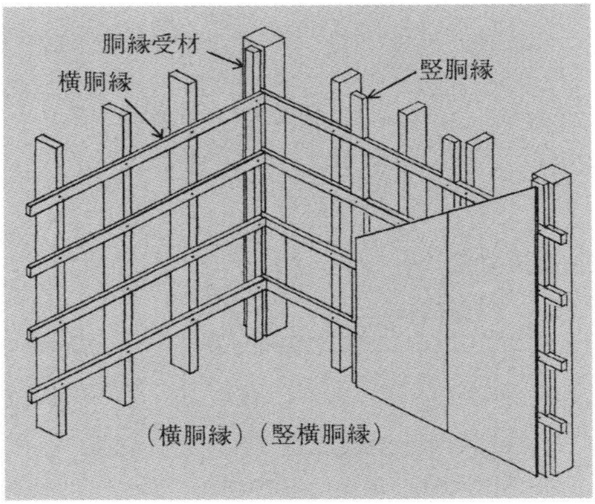

胴縁は図8.46のように，横胴縁だけの場合と竪横胴縁の場合があります。

横胴縁の配置間隔は，45cm・36cm・30cm・竪胴縁は一般のボード類（３×６尺物）では90cm間隔，化粧合板類（２×８尺物）の場合には60cm間隔に配置されます。

天井高さを2.4ｍとすると，横胴縁は図8.47のような配置間隔となり，それぞれ６本（45cm間隔），８本（36cm），９本（30cm）が必要となります。

図 8.47　横胴縁・竪横胴縁の配置

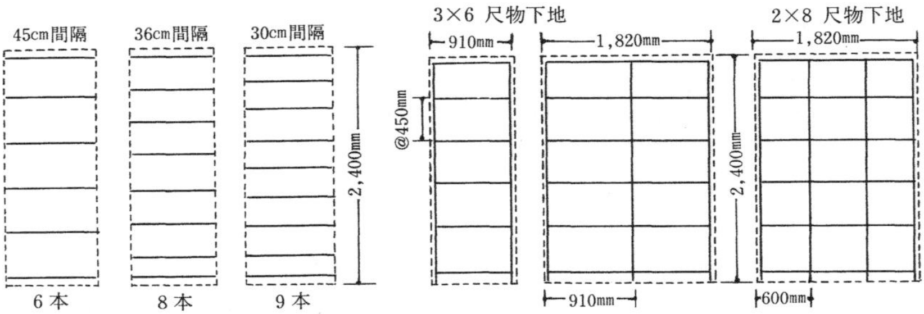

これに竪胴縁の間隔別に必要長さを出し，それぞれ1㎡当たり，1枚当たりの概算数量を算出したのが表8.9です。

概算数量の計算方法は竪横胴縁の場合，計算の前提（どういう壁面を想定して計算するか）によって，多少変化します。ここでは表8.9のように，3×6尺物の場合は半間壁（0.91 m）と1間壁（1.8 m）の平均値を，2×8尺物の場合は1間（1.82 m）壁を対象に計算した結果を示しています。

表 8.9　胴縁の概算数量（単位当たり必要長さ）

胴縁種類・間隔		3′× 6′尺物下地	2′× 8′尺物下地
横胴縁	@450 mm	2.5 m/m^2　(4.2 m/枚)	—
	@360 mm	3.4　(5.6　)	—
	@303 mm	3.8　(6.3　)	—
竪横胴縁	@450 mm	4.4 m/m^2　(7.4 m/枚)	4.7 m/m^2　(6.9 m/枚)
	@360 mm	5.3　(8.7　)	5.6　(8.1　)
	@303 mm	5.7　(9.4　)	6.0　(8.7　)

注1．竪胴縁は 90 cm間隔（3×6），60 cm間隔（2×8）
　2．真壁で「ぬき」がある場合は@360 の 1/2 とする

この胴縁材の概算数量をもとに，壁面積または下地合板や化粧合板の必要枚数を出して，その面積（㎡）または枚数から，胴縁材の必要本枚数を計算するようにします。

ただ，胴縁材は図8.46のように胴縁受け材が必要であったり，補足材や尺杖等に使われることが多いので，概算数量を割増しをしてみます。

［事例の胴縁材の計算］ 杉1等3.6 m　4.5×1.3cm

（壁下地材の必要枚数）……仕上集計より

1.真壁部分　京壁仕上げ　ラスボード（48.89㎡÷<0.91×1.82>＝30枚）
　　　　　　合板（1, 2階押入れ）――――――→（4枚）
2.大壁部分　スタッコ仕上げ　ラスボード（3×6）――→（41枚）
　　　　　　クロス貼り仕上げ　耐火ボード（3×6）――→（51枚）
　　　　　　突付合板　2×8合板――――――→（16枚）

（概算数量による必要長さの計算）

1.真壁部分　3×6尺物@360の1/2　5.0m/枚×1/2×58枚＝145.0 m
2.大壁部分　3×6尺物@450　4.2m/枚×92枚＝386.4 m

3.大壁部分　2×8尺物@450　　　　6.9m/枚×16枚＝110.4m

合計　641.8m　胴縁材1本当り長さ3.6m　ロス率10%

641.8×1.1÷3.6＝196.1本→192(本)

これまでで一応，軸組みは終わりですが,「つりづか（吊束)」「まぐさ」「窓台」を含めて拾います。施工内容からは「つりづか」は造作材で，「まぐさ・窓台」は開口部の中で説明されますが，見積り上ではその使われている位置で説明したほうが，図面対比等からわかりやすいという観点から，軸組みの中で拾うようにします。

6.　つりづか（吊束）

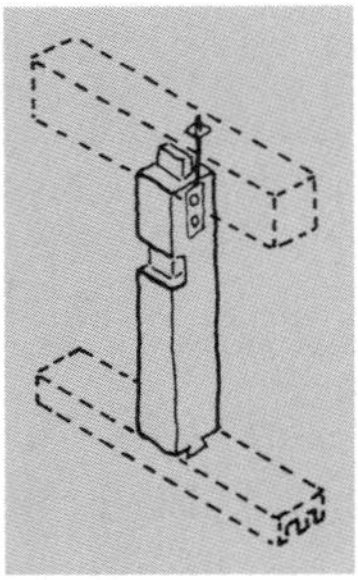

つりづか（吊束）

つりづかはかもい（鴨居）の垂れ下がりを防ぎ，これを吊り上げるために設けるもので，和室・真壁の表面に出るために化粧材が多く使われます。

このため，かもい，なげし（長押し）とともに造作材とみることが多かったのですが，和室の柱材と同材を使うことが多いため，軸組みの中で特に柱と同材の場合は，管柱の拾いと同時に拾うことが合理的です。

必要長さは1，2階のはりやけたの高さから，かもい位置の高さを差し引き，仕口長さを加えたものになりますが，おおまかには約1.0mとして3.0mで3本分としてみます。

仕口の種類は寄せあり（送りあり），長ほぞ差込み栓打ち，またかすがい両面打ち，羽子板ボルト吊り（右上方の図）などがあり，長ほぞ差しの場合は,はりの寸法分が必要となるため，3.0mで3本分取れないこともあります。

事例では2階の前室，7畳和室との境のふすま戸上部に使われています。檜集成材・二面無節3.0m　10.3×10.3cm正角材（2階管柱と同材）1本分を計上しています。

7.　まぐさ・窓台

開口部のわく材と混同されることが多いのですが，図8.48のように大壁造の開口部（窓・出入口）の上部に「まぐさ」,窓の下部に「窓台」を設けます。

真壁造（和室まわり）のわく材は柱（たて），かもい（上部），敷居（下部）となり，ぬき，土台に直接取り付けられますので，「まぐさ」，「窓台」は不要です。

はき出し窓や出入口の下部も図8.48の(ロ)のように土台に直接「くつずり」（下わく）となり，不要なのが普通です。ただ設計によっては，真壁の場合やはき出し窓の場合にも，上わく材や下わく材として設ける場合もありますので，矩計図等で確認して下さい。

拾いは軸組図から拾える場合は，間柱と同時に拾いますが，ない場合には矩計図等から配置や寸法を確認しながら拾うことになります。「まぐさ」「窓台」とも柱材の二つ割，三つ割が多く使われており，間柱と同材となることが多く，間柱の拾いの中で拾うことも合理的な方法といえます。事例でも大壁部分の間柱と同材が使われています。

図 8.48　まぐさ・窓台とわく材

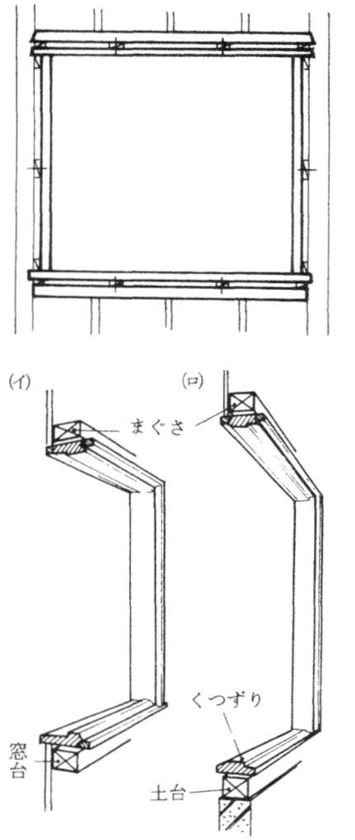

拾いは図のような拾い図から0.91 mを1.0 m，1.82 mを2.0 mとして拾います。実際の拾い時には，特に拾い図をつくらず平面図から直接拾います。

図 8.49　まぐさ・窓台の拾い図

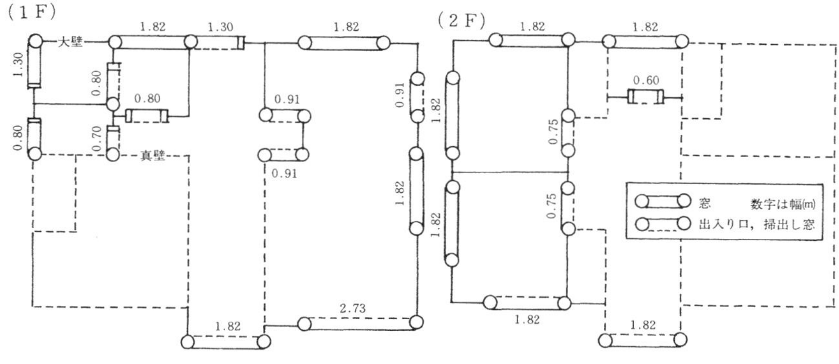

表 8.10

〇〇邸新築　工事　　木拾い帖（3）（軸組）　　平成〇年〇月〇日作成

名称・材種・等級	規格・寸法（径・幅・厚cm）	長さ(m)	方向	数量・計算	合計	単位
（軸組）						
通し柱（桧1ト）	12.0 × 12.0	6.0		4（本）	4	本
〃（杉）	磨丸太 φ11.0	〃		1	1	〃
管柱（桧1方ムジ）	10.5 × 10.5	3.0		8	8	〃
（桧1ト）	〃 〃	〃		3	3	〃
（杉1ト）	〃 〃	〃		20	20	〃
（桧集成2方ムジ）	10.3 × 10.3	〃		13	13	〃
（米ツガ1ト）	〃 〃	〃		21	21	〃
床柱（黒タン張）	12.0 × 12.0	〃		1	1	〃
（北山杉）	絞丸太 φ10.0	〃		1	1	〃
半柱（米ツガ1ト）	10.5 × 4.5	〃		3	3	〃
間柱（米ツガ1ト）	4.5 × 3.6	3.0		（真壁）44 + 6/2 + 18/3 = 53（本）	53	本
	10.5 × 2.7	〃		（大壁）68 + 27/3 = 77（本）	77	〃
筋かい（米ツガ1ト）	10.5 × 4.5	3.0		（大壁分）6カ所 → 6（本）	6	本
	〃 〃	4.0		（〃）7カ所 → 7	7	〃
	10.5 × 3.6	3.0		（真壁分）12カ所 → 12	12	〃
	〃 〃	4.0		（〃）2カ所 → 2	2	〃
ぬき（杉1ト）	1.3 × 9.0	3.6		（1階）　（2階）　（小計）		
			↔	(0.91)　5×5 = 25　5×9 = 45　70（枚）		
				(1.82)　3+1 = 4　4+1 = 5　9		
				(2.73)　—　3　3		
			↕	(0.91)　—　5+3+2 = 10　10		
				(1.82)　5+1+2+5+3+5+1 = 22　(5×6)+(1×2)+(3×2)+2 = 40　62		
				(70+10)+2(9+62)+3(3) = 231（m）		
				231（m）÷ 3.6 = 64.2 → 65（枚）	65	枚
胴縁（杉1ト）	4.5 × 1.3	3.6		（仕上集計表より）		
				真壁（京壁 押入下地分）@360 1/2　5.0（m/枚）× 1/2 × 58 = 145.0		
				大壁（スタッコ．クロス下地）@450　4.2 × 92 = 386.4		
				〃（突付合板下地）@450　6.9 × 16 = 110.4		
				(145.0+386.4+110.4) × 1.1 ÷ 3.6 = 196.1 → 196（本）	196	本
吊束（桧集成2面ムジ）	10.3 × 10.3	3.0		1（本分）	1	本
まぐさ・窓台	10.5 × 2.7	3.0		まぐさ．窓台（大壁の窓）　まぐさ（出入口、はき出し窓）		
（米ツガ1ト）			↔	(2+2+2+2) × 2 = 16.0　1.5+1+1+1+2+3+1+2+2 = 14.5		
			↕	(1.5+1+2+2+2) × 2 = 17.0　1+1+1+1+1 = 5.0		
				(16.0+14.5+17+5) = 52.5（m）　52.5 ÷ 3.0 = 17.5 → 18（本）	18	本

（5） 下　地　材

これまで床組・小屋組・軸組の順に，木工事の構造材部分を下地材（根太･たる木･胴縁等の下地組みおよび床板･野地板など）を含めて説明してきました。これ以外の下地材を拾うことになりますが，下地材・造作材の拾いは細々として，わずらわしい部分です。とくに下地材は仕上げの表面に出てこないため，関心もうすれがちで，図面上にも表れないため軽視されやすく，拾いもれの多い部分です。

□構造材の中で拾えるものは構造材で

木拾いの方法として，構造材は構造材で，下地材は下地材として拾うことが原則ですが，見積りのための数量算出では，同じ寸法・面積による数量，共通する部分を一緒に拾うことも効果的な方法です。

下地材には下地組みと下地板張りとがあり，下地組みは根太・胴縁・野縁・たる木組みが，下地板は床板・野地板・内外装の下地板張りがあります。このうち，床（根太･床板張り），屋根（たる木･野地板張り）と壁の下地組み（胴縁）までは，すでに拾っていますので，天井の野縁組みと内外装の下地板張り（一部仕上げ材を含めて）を拾うことになります。

1.　天井下地

天井下地は下図のように

1.　つり木受け　　2.　つり木　　3.　野縁受け　　4.　野縁　　5.　天

図 8.50　天井下地（つり木，野縁受け，野縁）

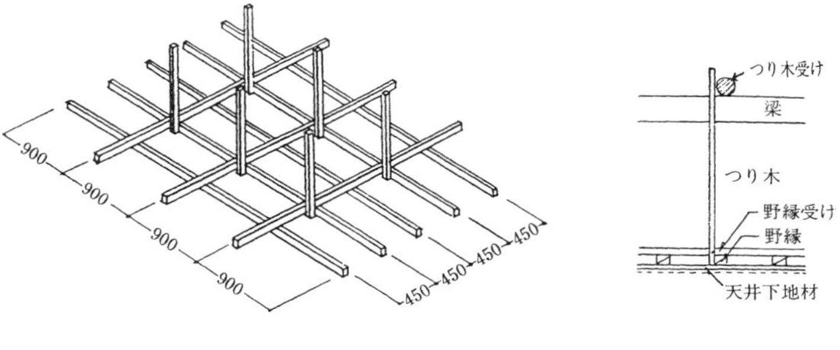

井下地板

から構成されています。

天井の拾いは天井伏図はあっても下地組みまでは表示していませんので，配置図を書くか概算数量をもとに拾うことになります。矩計図等から使用部材や配置等を把握して計上するようにします。

矩計図から配置を確かめる

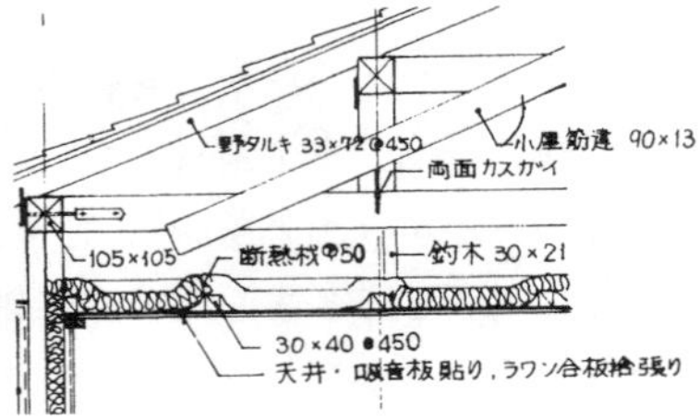

●つり木受け

つり木を受ける横材で，２階ばりや小屋ばりがない位置につり木を設ける場合に配置します。天井下地組みの配置図と２階床伏図，小屋伏図とを重ね合わせて必要カ所を想定し，拾うことになります。

配置間隔は910㎜が標準です。図8.51は公庫仕様書の配置図で，これまで図のように末口７～８cmの丸太が多く使われてきましたが，最近では角材も多く使われています。

図 8.51

つり木受けの配置

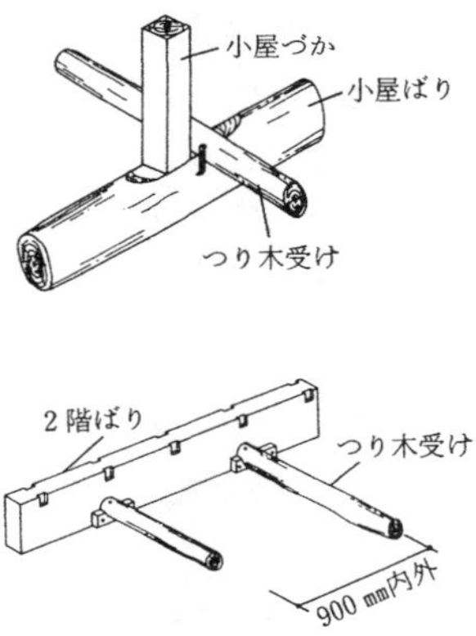

図8.51の下の絵はある建築の教科書に載った解説図ですが，このように「つり木受け」を設けず２階根太につり木を直結したのでは，２階の振動が天井に直接ひびきそうです。はりのない位置では，必ず「つり木受け」を配置するのが基本です。

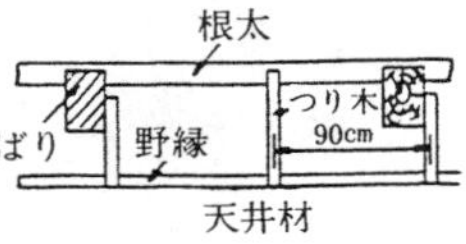

（これでは手抜き工事）

●つり木

天井を吊るための材料で，図のように野縁受け・野縁に取り付けます。配置は910㎜間隔ですから，３畳で２本，4.5畳で４本，６畳で６本となり，概算でみる場合は，１畳当たり１本とみます。

配置長さは矩計図から必要長さを把握しますが，小口割れ部分の切落しが

必要など，長さは余裕をみておくようにします。

●野縁（野縁受け・野縁・板野縁）

野縁受けは，打上げ天井*や塗天井などの野縁を受ける横木（図8.52左）で和室天井に多く，910mm間隔に野縁受けを設け，野縁を910mmまたは455mm間隔に配置するのが標準です。また，洋風天井では野縁受けを設けず，野縁を360mm間隔に相欠き組み（図8.52右）で下端をそろえ，格子状に組むことが標準とされています（公庫仕様書）

図 8.52　野縁受けと野縁相欠き組み（格子組）

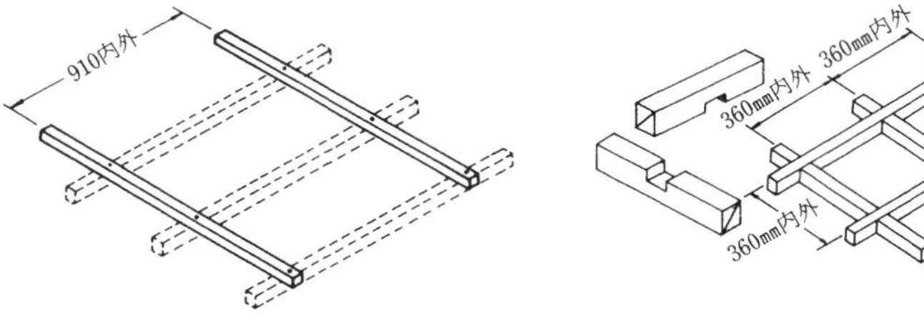

重量のある天井材や１尺物の吸音板等の天井材仕上げで，下地板を施工しない場合には300mm間隔の野縁相欠き組み（格子組み）や下図のような板野縁が使われます。

野縁・野縁受けの拾いは，天井下地組みの中心となりますが，一般に野縁組みの図面までは提示されないことが多いので，天井の仕上げ材等から，下地組みの種類を想定して拾うことになります。

野縁受け・野縁の拾いは，根太や胴縁と同じように二つの方法があります。時間的な余裕が

板野縁

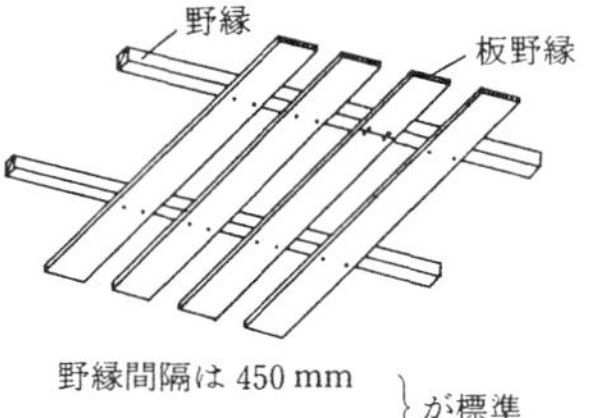

野縁間隔は 450 mm
板野縁間隔は 300 mm
が標準

*打ち上げ天井：本来の和風天井は，回り縁・さお縁を設置し，天井板を，この上に上部から打ち付けていたのに対し，先に野縁など下地組みをして，天井板を下から打ち付ける工法の天井のことで，洋風だけでなく，和風天井にも増えている。

図 8.53　野縁組み配置例図（事例による）

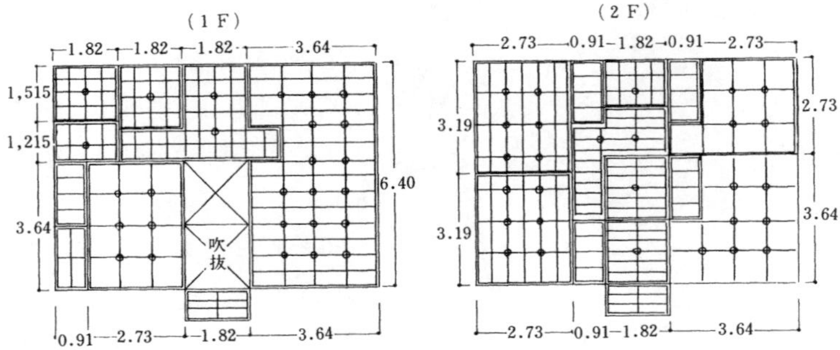

あり，正確に数量を出す必要があるときには，野縁の配置図（図8.53）を部屋別に作成して一本拾いをします。拾いの手順は，これまでの木拾いの原則どおりx軸上から下へ，y軸左か右へ，部屋ごとに拾い，寸法の換算は内のり材で，3.8m材を使うことが多いので，２間（3.64m）で一本として拾い，あとで10％程度の割増しをします。

これに対し，特に部屋数が多い場合や早く拾うときには概算数量（部屋の広さ別と単位面積〈㎡または畳〉当たり）を使います。概算数量の使い方は，全体としての平均的な概算数量と全体の広さとで計算する，おおまかな方法から，部屋別の延長mを積み上げて計算する正確な方法まであります。

概算数量は図8.54のように，部屋の大きさ別の配置図から，あらかじめ計算した数で，計算結果は表8.11のとおりです。また，壁面まで配置するかどうかで概算数量は３～４割方違ってきます。さお(棹)縁天井(後述)以外は壁側まで配置することが多いようです。

概算数量の参考に２畳から10畳まで，計算結果を表8.12に示していますが，実際には，自社用にもっと簡便な概算データを作成しておくほうが便利です。表8.11は，概算数量から１畳当たりの長さを抜き出して，簡便にしたものです。

表 8.11　１畳当たり概算数量

（m／畳）

野　縁　種　類	野縁延長m（m／畳）
@900 片方向	2.5
@450　〃	4.3
@300　〃	6.3
@900 格子組	(A)(3.0)
@　〃　〃	5.0
@450　〃	8.8
@360　〃	11.0
@300　〃	12.5

(A)は壁側配置のない場合
他は，すべて配置のある場合

図 8.54　つり木・野縁受け・野縁の配置（側壁まで配置の場合）

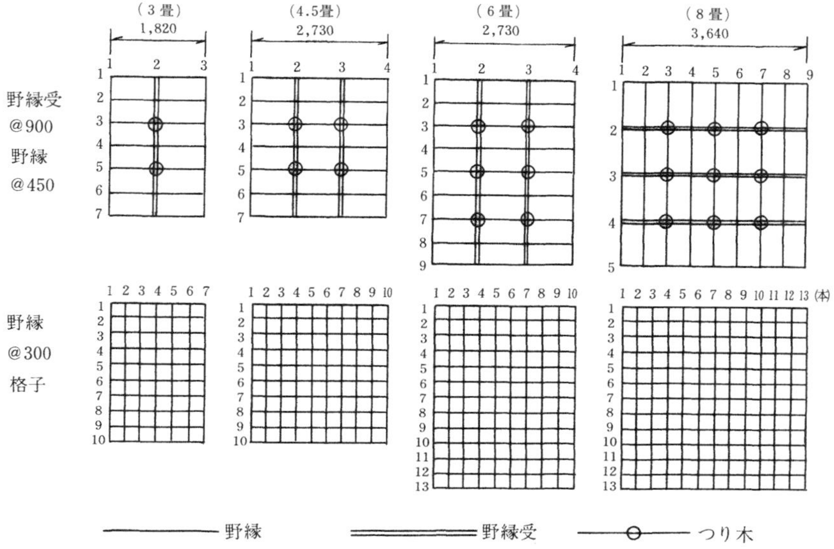

表 8.12　概　算　数　量（つり木・野縁受け・野縁）

（単位：m）

種　類	単位面積当数量		2畳 (3.24 m²)	3 畳 (4.86 m²)	4.5畳 (7.29 m²)	6 畳 (9.72 m²)	8畳 (12.96 m²)	10 畳 (16.2 m²)
	m/畳	m/m²						
吊木@900	—	—	1(本)	2(本)	4(本)	6(本)	9(本)	12(本)
野縁受@900(A)	1.5	0.8	1.8	2.7／3.6	5.4	7.2／8.1	10.8	13.5／14.4
@ 〃 (B)	2.5	1.5	5.4	7.2／8.1	10.8	13.5／14.4	18.0	21.6／22.5
野縁@900片方向	2.5	1.5	5.4	7.2／8.1	10.8	13.5／14.4	18.0	21.6／22.5
@450 〃	4.3	2.6	9.0	12.6／13.5	18.9	24.3／25.2	32.4	39.6／40.5
@300 〃	6.3	3.7	12.6	18.0／18.9	27.0	35.1／36.0	46.8	57.6／58.5
@900格子組(A)	3.0	1.6	3.6	6.3	10.8	15.3	21.6	27.9
@ 〃 〃 (B)	5.0	3.0	10.8	15.3	21.6	27.9	36.0	44.1
@450 〃	8.8	5.3	18.0	26.1	37.8	49.5	64.8	80.1
@360 〃	11.0	6.7	21.6	32.4	48.6	62.1	79.2	99.9
@300 〃	12.5	7.5	25.2	36.9	54.0	71.1	93.6	116.1

注）　Aは壁側配置のない場合，Bおよび他は壁側に配置がある場合
押入れ・床の間は，1間（8.2 m）半間（4.55 m）とする

天井下地板張り

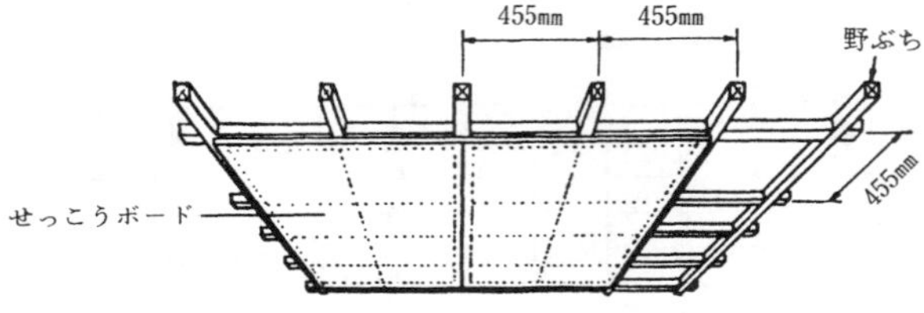

●天井下地板

天井下地板は洋室天井等で，クロス貼り仕上げや吸音板張り仕上げの下地として，合板や石こうボード等を張るものです。クロス貼りの下地板は，石こうボードなど不燃材料が使われます。3×6尺（910×1820㎜）が多いので，1畳当たり1枚の枚数で計上します。

2. 天井板（仕上げ材）

これまで天井下地組み，天井下地板までを説明しましたが，効率的に作業を進めるため，同時に天井材（木工事の範囲に含まれる部材のみ，クロス貼り等を除く）を拾います。

本来は仕上げ材ですから，内装工事（天井）に含まれる部分ですが，木造住宅の見積りでは，クロス貼りや塗装以外の大工さんの施工する部分は，木工事の中で，下地組みや下地板と合わせて拾います。下地と同時に拾うことによって，二重拾いを避けたり，同じ数量を同時に拾うことで効率的な見積りをする意味をもっています。

天井仕上げ材は，吸音用穴あき石こうボードや軟質繊維板，同化粧板をはじめ数多くの製品が市販されていますが，さお縁天井など伝統的な和風天井もあります。

さお縁天井

●さお（棹）縁天井

和風天井の伝統的な天井で，天井回り縁を先に取り付け，これにさお縁と呼ばれる横木を床の間と平行になる方

図 8.55　さお縁天井
（さお縁の取付け，天井板の張り方）

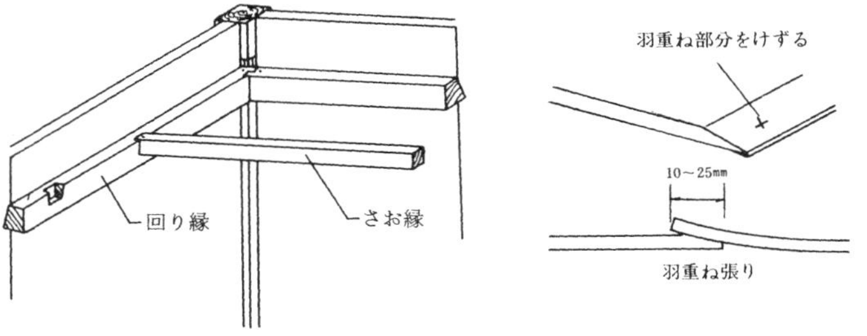

向に45cm程度の間隔で取り付け，この上から天井板をのせ，打ち付けるものです。野縁は90cm間隔で天井板の下地組みというより，天井板の押えとして設けられます。

天井板の張り方は，図8.55のように羽重ね張りが一般的です。杉の柾目板やもく目のきれいな板が基本ですが，最近では練付合板が多く使われています。さお縁は柱材の1/4程度の断面寸法の正割材の面取りをした材や竹，皮付き小丸太，あるいは「さるぼう天井」のように，さお縁をさるぼう面（細長く加工）にしたもの等があります。

伝統的な和風天井としては，「ごう（格）天井」（格縁を碁盤目に組み，鏡板張りに仕上げた天井，最近は装飾天井として製品化されたものも多い）や「網代（あじろ）天井」，さらに天井の断面形状による「舟底（ふなぞこ）天井」等があります。

●目透し天井（敷目板張り）

図 8.56　敷目地（目透し）天井

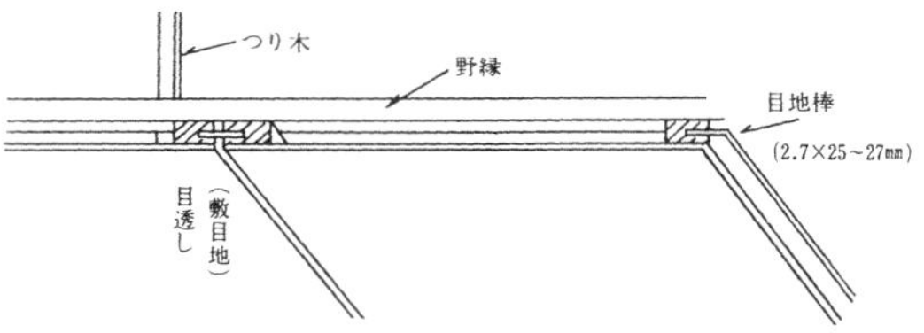

和室のさお縁天井に代わって，広く使われるようになったものに目透し天井があります。天井板をベタに張らずに，板そば間を透かして張り，図8.56のように，目地板が敷目地となりますから，「敷目板天井」ともいわれます。

最近では目透し天井用に裏ざんのついた製品が各種販売されており（図

8.57参照)，和室天井として広く使用されています。

製品は，意匠的に途中で継ぐことをしないため，長尺物となります。幅440～470㎜，長さ2700，3000，3600㎜となっています。したがって，製品単位は1坪（3.3㎡）単位となっていることが多く，数量拾いも坪単位で拾います（6畳で3坪，8畳で4坪分)。

野縁組みは@900格子組みとなります。

図 8.57　目透し天井板の製品例

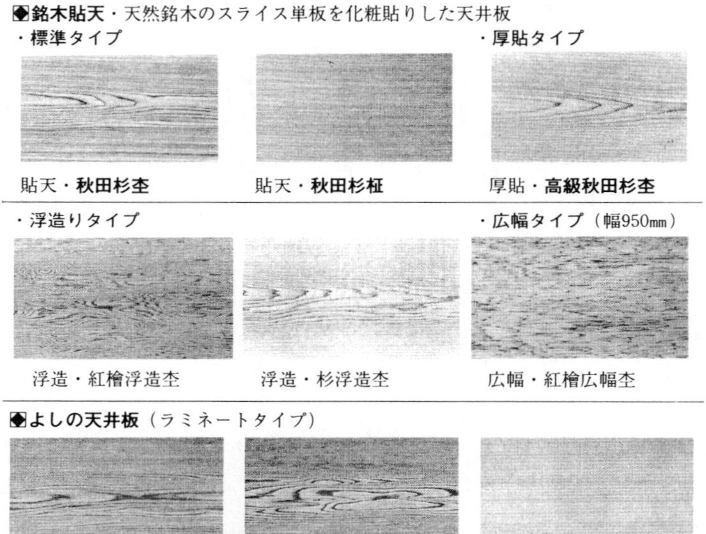

〔事例の拾い〕

天井下地組みとして，つり木，野縁，下地板および仕上天井材まで含めて説明しましたが，事例について具体的に説明します。

事例に天井伏図・下地組み詳細図がないものとして，内装仕上表・矩計図等から，天井仕上げ内容をもとに下地組みを推定します。

表 8.13　事例の天井仕上げと下地組み

仕上げ(下地張)	野縁組み	該当部屋(広さ：畳)		
		1　階	2　階	合　計
ビニルクロス貼り（石こうボード 1.82×0.91m,9.5mm）	@450格子組み	玄関（2.0）ホール廊下（2.5）	—	（畳）4.5
けい酸カルシウム板 1.82×0.91m,5mm（—）	@450格子組み	洗面室（2.0）便　所（1.5）	便　所(1.75)	5.25
	@900野縁受け @450 野縁	台　所（4.0）	—	4.0
バスリブ(—)	@450格子組み	浴　室（2.0）	—	2.0
天井吸音板・実付け・突付け（ラワン合板T_2 1.82×0.91m,5.5mm）	@900野縁受け @450 野縁	居　間（9.5）	洋室A(5.25) 〃 B(5.25)	20.0
化粧合板敷目板張（—）	@900格子組み（B）	和　室（6.0）	和室・前室（5.0）	11.0
化粧合板•さお縁天井（—）	@900 格子組（A）	—	和　室（7.0）	7.0
ピーリング合板 2.7×0.6m,5mm（—）	@900 野縁受 @300 野縁け	内　庭（1.0）	階段室(2.0),内庭(2.0),廊下(3.0),吹抜デッキ(1.0)	9.0
(押入れ)合板㋐2.5（—）	@450 片方向	押入れ（1.0）	押入れ(4.0)	5.0
(床の間) 網代組み（—）	@450・@900	床の間（1.0）	—	1.0

（注）@900 格子組み（A）は壁側配置がないもの　同(B)は配置がある場合

以上から天井下地組みを拾いますが，ていねいに拾うなら下地組み図（図8.58）を作って一本拾いをしますが，概算拾いをするのであれば，先に説明した概算データを使います。実際の拾い時には，そのときの状況に応じて一本拾いをするか，概算で拾うかを選択しますが，ここでは参考のため３通りの拾いを説明します。

⑴概算方法 ①での拾い

最もおおまかな拾いの方法で，平均的な野縁配置の概算数値と全体の天井面積から計算する方法です。

まず，平均的な野縁配置間隔を，野縁受け@900㎜，野縁@450㎜として，この場合の１畳当たりの概算数量をみます。

@900片方向が2.5m/畳，@450片方向4.3m/畳ですから合計6.8mとして，次に全体の広さをみますが，事例の延面積は36坪ですから72畳分，これから吹抜け，階段室部分4.0畳分を除き68畳分として次のような計算になります。

概算方法①による野縁組み数量

１畳当たり概算数量×全体の面積（畳）

6.8m/畳×68畳＝462.4m

⑵概算方法②での拾い

各野縁組みの方法（配置間隔）別に該当する広さを把握して拾う方法です。

	野縁の配置方法	ⓐ該当部屋の合計広さ（畳）	ⓑ概算数量（m/畳）	野縁の必要長さⓐ×ⓑ（m）	合計
1.一般室の野縁	@900格子組み（A）	7.0	3.0	21.0	
（エゾ松１等 3.8m 4.0×3.0㎝）	@ 〃 （B）	11.0	5.0	55.0	
	｛@900片方向 　@450 〃	25.0	2.5 4.3	62.5 107.5	
	｛@900片方向 　@300 〃	9.0	2.5 6.3	22.5 56.7	
	@450格子組み	11.75	8.8	103.4	428.6m
2.押入れ野縁（エゾ松1等 3.8m 3.0×2.1㎝）	@450片方向	5.0	8.2	41.0	41.0m

表8.13の天井仕上げと下地組み表から，野縁組みの方法別に整理し，これに(1)と同じように1畳当たりの概算数量を使って計算します。この場合，押入れ等の野縁材が同寸法材が使用されている場合は，そのまま合計できますが，異なる場合に注意が必要です。事例でも一般の野縁がエゾ松1等3.8m 4.0×3.0cm（軒天野縁とも）であるのに対し，押入れは同3.8m 3.0×2.1cm材が使用されています。したがって，押入れ部分を別に拾います。

概算方法②による野縁組み数量

エゾ松1等	3.8m	4.0×3.0cm	428.6m	（一般室）
エゾ松1等	3.8m	3.0×2.1cm	41.0m	（押入れ）

(3)一本拾い

時間的に余裕があり，正確な数量を出す必要がある場合には，野縁の配置図（下図）を作成して一本拾いをします。

拾いの手順はこれまでの原則どおりx軸上から下へ，y軸左から右へ（ただし部屋別に）拾います。また，野縁材に4.0m材を使う場合は0.91mを1mに換算して拾いますが，3.8m使いの場合は，そのまま拾い，後で割増しをします。

図8.58　事例の野縁組み配置図

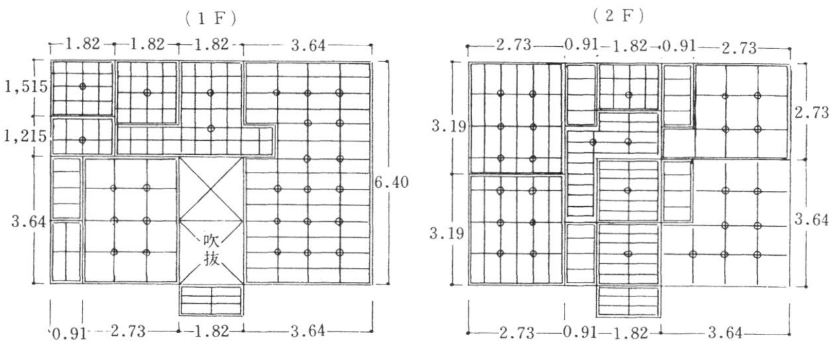

拾いは	（1階）	↔(本)	↕(本)	合計
	浴室	1.82×5＝9.1	1.52×5＝7.6	16.7(m)
	便所	1.82×3＝5.46	1.22×5＝6.1	11.56

（次頁へつづく）

（前頁のつづき）

（１階）	↔（本）	↕（本）	合計
洗面・脱衣所	1.82 × 5 = 9.1	1.82 × 8 = 9.1	18.2（m）
床の間	0.91 × 3 = 2.73	1.82 × 3 = 5.46	8.19
和室	2.73 × 5 = 13.65	3.64 × 4 = 14.56	28.21
玄関廊下	1.82 × 4 = 7.28 4.55 × 3 = 13.65	0.91 × 6 = 5.46 2.73 × 5 = 13.65	40.04
内庭	1.82 × 4 = 7.28	0.91 × 3 = 2.73	10.01
台所・居間	3.65 × 14 = 50.96 2.73 × 1 = 2.73	6.4 × 4 = 25.6 3.64 × 1 = 3.64 1.82 × 1 = 1.82	84.75
押入	0.91 × 5 = 4.55	1.82 × 2 = 3.64	8.19

（２階）	↔（本）	↕（本）	合計
洋室Ａ・Ｂ	2.73 × 10 = 2.73	3.19 × 14 = 44.66	71.96（m）
便所	1.82 × 4 = 7.28	13.6 × 5 = 6.8	14.08
廊下	2.73 × 3 = 8.19 1.82 × 2 = 3.64 0.91 × 6 = 5.46	2.73 × 2 = 5.46 1.36 × 2 = 2.72 0.45 × 1 = 0.45	25.92
階段吹抜	1.82 × 14 = 25.48	1.82 × 6 = 10.92	36.4
デッキ	1.82 × 4 = 7.25	0.91 × 3 = 2.73	10.01
和室前室	2.73 × 2 = 5.46 3.64 × 2 = 7.28	2.73 × 4 = 10.92 0.91 × 1 = 0.91	24.57
和室７畳	2.73 × 1 = 2.73 3.64 × 2 = 7.28	1.82 × 1 = 1.82 3.64 × 2 = 7.28	19.11
押入 （４カ所分）	0.91 × 20 = 18.2	1.82 × 8 = 14.56	32.76

一本拾いによる野縁組み数量

１階合計(押入れを除く) + ２階合計(同) = 217.66 + 202.05
= 419.71m

押入れ合計　8.19 + 32.76 = 40.96m

以上の３通りの拾い結果による野縁数量は,

①　概算方法①（合計）462.4 m
②　概算方法②（一般室）428.6 m（押入れ）41.0 m
③　一本拾い　（一般室）419.71 m（押入れ）40.96 m

となります。3.8 m使いですから本数は3.8 mで割り,10％の割増しをします。②の概算拾いの結果から計算すると

一般室　428.6 ÷ 3.8 × 1.1 ≒ 124.1 → 124本分
押入れ　41.0 ÷ 3.8 × 1.1 ≒ 11.87 → 12本分

とします。

●つり木受け・つり木

つり木は概算数量を使い１畳当たり１本とみて，事例の場合68畳の内，つり木の必要のない押入れ・床の間・デッキ等８畳分を引き，60畳分，60本とすることができますが，つり木受けには概算方法はありません。

部屋ごとに90cm間隔でつり木の配置を出し，これと２階床伏図・小屋伏図のはり位置とを重ね合わせて，つり木受けの必要カ所を出します。

実際の拾いは図8.59のような簡単な配置図を書くか，２階床伏図・小屋伏図に，直接つり木位置を記入し，つり木受けの必要位置・本数を拾います。

図 8.59　つり木受け・つり木の配置

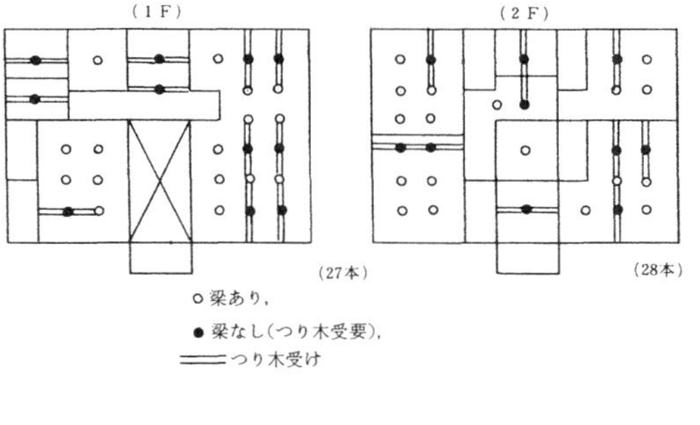

つり木の必要長さは，矩計図等から判断しますが，小口割れ部分の切落しなどがありますので余裕をみておきます。事例では１，２階とも50cm/１本としました。

事例のつり木はエゾ松１等3.8 m　3.0 × 2.1cmが使われています（押入れ野縁と同材)。3.8 m材から７本分とれるとして１，２階合計55カ所分ですから

55カ所÷７本≒7.9本→８本分

８本分をみます。

つり木受けは，設計者や施工者の大工さんに何を使うか確認することが必要ですが，事例では野たる木材（米ツガ１等 4.0ｍ　7.2×3.3cm材）として計上しました。

図8.59より　１階分1.82ｍ　11本→４ｍ材　5.5本分
　　　　　　２階分1.82ｍ　６本→４ｍ材　3.0本分
　　　　　　　　　2.73ｍ　２本→４ｍ材　1.5本分　｝10本分

で1.82ｍを2.0m換算し,4.0ｍ物10本分を計上します。

●天井下地板・天井仕上げ材

天井下地組みを拾う際に，天井仕上げ・下地板を整理しましたが，これを利用して同時に天井下地・天井材（木工事の範囲に含まれる部分）を拾います。事例の下地板・天井材を整理すると次のようになります。

天井仕上材	下地材	該当部屋広さ(合計)(量)
ビニルクロス貼り	石こうボード(1.82×0.91m,9.5mm)	(1F)玄関(2.0)ホール・廊下(2.5)(4.5畳)
けい酸カルシウム板張り(1.82×0.91m,5mm)	なし	(1F)洗面所(2.0)便所(1.5)台所(4.0) (2F)便所(1.75) (9.25畳)
バスリブ	なし	(1F)浴室(1.7)(1.7畳)
天井吸音板（実付け）(60×30.3cm)	ラワン合板T_2(1.82×0.91m,5.5mm)	(1F)居間(9.5) (9.5畳)
〃（突付け）(〃)		(2F)洋室Ａ(5.25)同Ｂ(5.25)(10.5畳)
ピーリング（プリント）合板(2.7×0.6m,5mm)	なし	(1F)内庭(1.0) (2F)階段室(2.0)内庭(2.0)廊下(3.0)デッキ(1.0)(9.0畳)
目透し（敷目板）天井(ラミネート合板)(3.6・2.7m×45cm)	なし	(1F)和室(6.0) (2F)和室前室(5.0) (11.0畳)
さお縁天井（羽重）(1.82m×45cm)	なし	(2F)和室(7.0) (7.0畳)

〔下地板〕

事例の下地板は次のとおりです。

①　石こうボード（クロス貼り下地）　4.5畳分

石こうボードは1.82 × 0.91 mですから１畳分１枚として4.5畳分→4.5枚となり，５枚分をみます。

②　ラワン合板（T_2）（吸音板下地）20.0畳分

ラワン合板は1.82 × 0.91m/枚ですから１畳分１枚として，20枚分となりますが，１階居間で9.5畳→10枚分，２階洋室Ａ・Ｂ（各5.25畳）で６枚分×２室分＝12枚とみて，計22枚分を計上します。

〔天井仕上げ材〕

クロス貼りを除いて，他は木工事の中でみます。

①　けい酸カルシウム板張り

仕上集計表より14.62(㎡) ÷ (0.91 × 1.82) × 1.1 = 9.7→10(枚)

②　バスリブ　1.7畳

浴室天井材で製品単位は１坪（２畳分）単位となっており，１坪分を計上。

③　天井吸音板（実付け，突付け）

9.5 + 10.5畳分

吸音板は，60×30.3cmで製品は坪単位(18枚分）または㎡単位となっていますので，ロスを含んで次のように計上します。

（実付け）

１Ｆ居間　9.5畳→５坪分または16.5㎡分

（突付け）

２Ｆ洋室（Ａ）5.25 畳→３坪分または 9.9㎡分

（Ｂ）5.25 畳→３坪分または 9.9㎡分

合計（６坪分　または 19.8㎡分）

図 8.60　天井吸音板

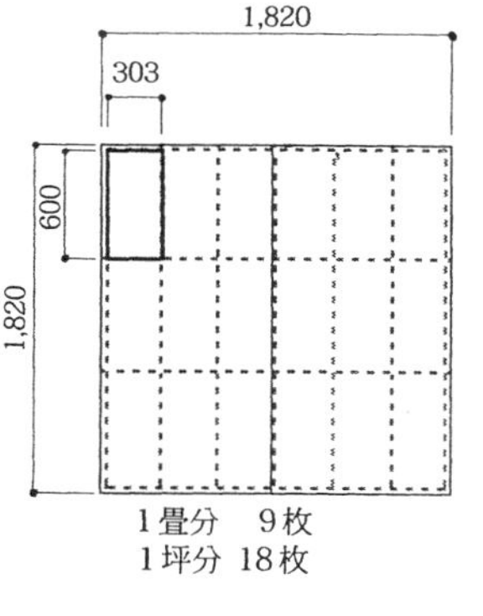

④　プリント（ピーリング）合板天井板9.0畳

製品寸法は2.7 × 0.6mですから，図8.61のように３畳分で３枚となりますが，２畳（１坪分）でも３枚必要となります。

天井伏図から割付けをして必要枚数を出すようにします。

事例では，

(イ) 階段室　2畳→3枚

(ロ) 内庭　　2畳→3枚

(ハ) 廊下　　3畳→3枚

(ニ) 吹抜デッキ　1畳→1枚プラス切使い

として，合板10枚分をみます。

図 8.61　ピーリング合板
（2.7 m×60 cmの割付け）

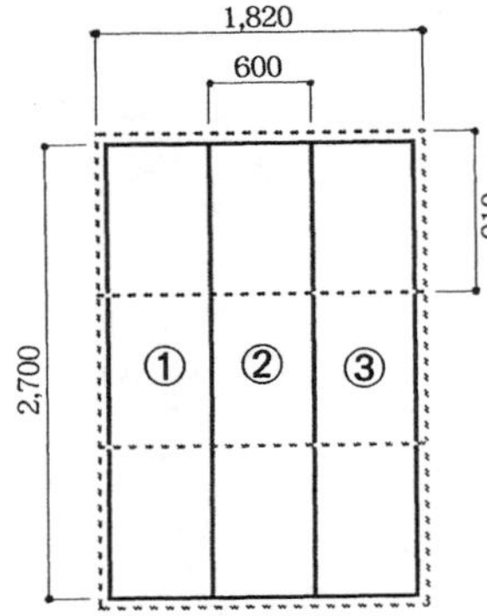

⑤　目透し天井（敷目板張り）11畳

和室の装飾天井となりますから，1枚物(2.7, 3.6m物）を使います。

製品寸法は45cm幅の2.7m，3.6mで，坪単位となっていますから，直接坪数で計上します。

事例では　1階和室（6畳）→3坪分
　　　　　2階和室前室（5畳）→3坪分

の合計6坪分を計上します。

⑥　さお縁天井板　7畳

2階和室7畳がさお縁天井となっています。さお縁には赤松丸太3.6m物が45cm間隔で使われ（6本分），回り縁は米ヒバ無節3.8m，4.5×4.0cm材が使われ（4本分）ていますが，さお縁，回り縁の計上は造作材の中で計上します。

天井板は羽重ね天井板(ラミネート合板)45cm幅，長1.82mで，製品単位は坪単位となっていますから，3.5坪分または11.6㎡分を計上します。

図 8.62　さお縁・回り縁の配置

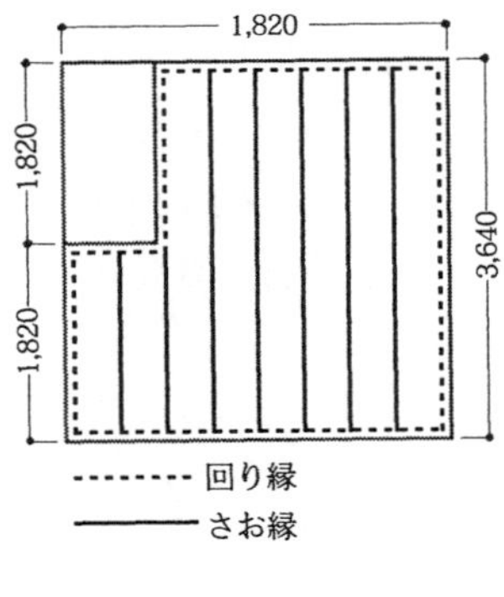

3. 内壁下地

天井下地と同じように内壁下地も下地板を中心に，一部仕上げ材を含めて計上します。内壁の構造は下図のように

図 8.63　内壁下地の例

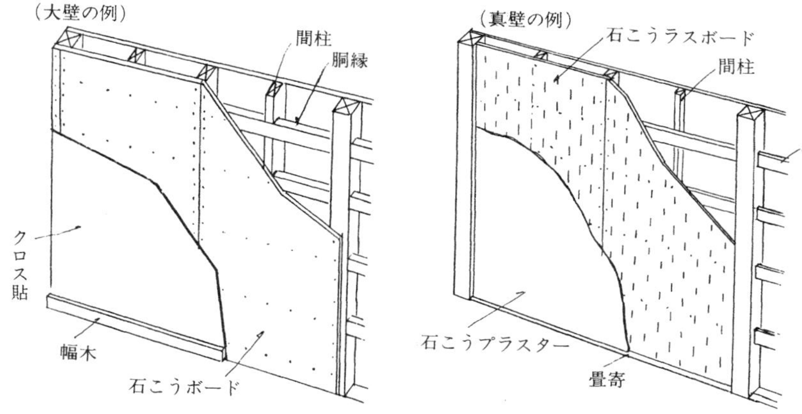

① 下地組み（胴縁・ぬき）

② 下地板

③ 仕上材

から構成されますが，すでに胴縁・ぬきは軸組みの中で拾っていますから，ここでは下地板および一部仕上げ材（木工事に含まれる範囲）を含めて拾うことになります。

表 8.14　(木造住宅・内壁)下地組み・下地板・仕上げの一般的な構成

	（下地組み）	（下地板等）	（仕上げ）
1.　張物下地（大壁）	胴　縁 →	下地合板張 / 石こうボード張	→ クロス貼等
2.　左官(塗)下地（真壁）	（ぬき・胴縁）→	石こうラスボード張 →	塗壁（プラスター・せんい壁等）
		→ ラスシート →	モルタル塗　仕上げ塗り
3.　直 張 り	胴　縁 →		化粧合板•羽目板•複合板張り等

〔拾いの順序〕

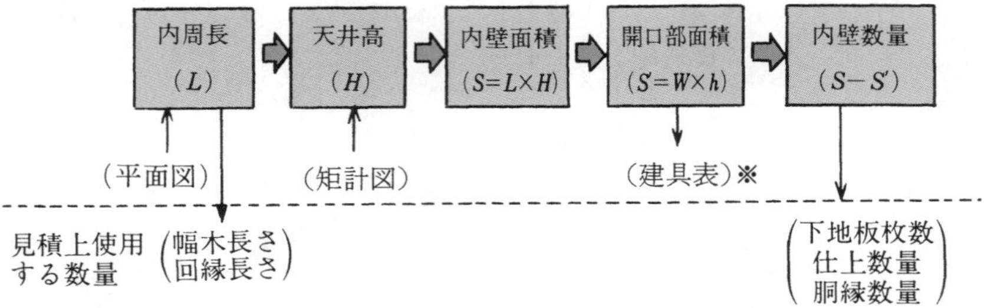

※開口部等の控除をしない0.5㎡以下の面積(窓)とは、幅800㎜であれば高625㎜以下、幅400㎜であれば1250㎜以下となる。

拾いの順序は以上が基本ですが，天井高は一般に2.4 m（浴室を除く）で，間取り寸法は半間(0.91 m)単位ですから，下地材・仕上げ材の製品寸法(3′×6′, 2′×8′）によって考え方を整理しておくことも効率的な方法です。

実際の拾いには，開口部や中間寸法等があって，このとおりにはいきませんが，基本的な考え方ですから知っておくことが必要です（図8.64参照)。

開口部のない四方壁を前提にして，1～10畳までの内壁面積および3′×6′, 2′×8′物の必要枚数は表8.15のとおりです。全体の枚数を出して，開口部等の控除をする方法は，面積計算の場合と同様です。

図 8.64　内壁下地板・仕上げ材の割付け

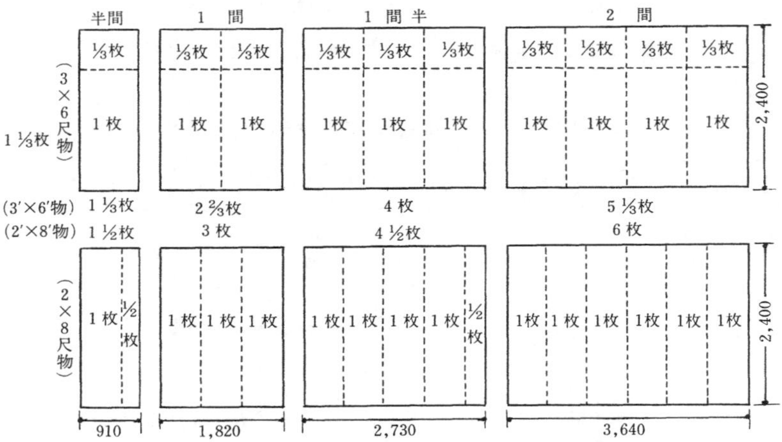

表 8.15　部屋の広さ別　内壁材必要枚数（開口部控除前）

項　目	1畳	2畳	3畳	4.5畳	6畳	8畳	10畳
外周長さ(m) 面積(m²)	5.46m 13.10㎡	7.28m 17.47㎡	9.10m 21.84㎡	10.92m 26.21㎡	12.74m 30.58㎡	14.56m 34.94㎡	16.38m 39.31㎡
3×6尺物	8枚	10+2/3枚	13+1/3枚	16枚	18+2/3枚	21+1/3枚	24枚
2×8尺物	9枚	12枚	15枚	18枚	21枚	24枚	27枚

（注）　天井高2.4mとして計算した数値で，土台から胴差，胴差から軒げたまでを一体として張る，いわゆる構造用面材（耐力壁）として張る場合には適用できません。

「建築数量積算基準」では，数量の計測・計算方法を細かく定めていますが，木造住宅の数量拾いでは，仕上げの一部を除いて意識する必要はありません。寸法の計測も柱心々寸法で計上し，幅木や真壁の場合の柱部分（基準では0.05m以上の幅の幅木や柱部分は控除の対象としている）も無視して拾います。

これまで軸組みの間柱や胴縁・ぬきの拾い時に開口部を意識して拾いましたが，内壁の数量拾いは，さらに幅木・なげし・建具および内装工事等，それぞれに関連します。このため数量の拾いは，内装工事の中でまとめて拾うようにし，該当の部分に計上します。

〔事例の拾い〕

具体的な数量の計測・計算方法は内装工事仕上調書，集計表を参照。

1.　下地材　1）ラス下地板（木ずり）杉１等3.6ｍ×1.1×8.0cm
　　浴室，タイル壁下地11.54㎡（外部の拾いに含めて計上）
　2）石こうボード（クロス貼り下地）9.5㎜厚910×1820㎜
　　洗面所，台所，洋室，便所　　72.26＋12.45㎡
　　（天井下地7.45㎡と合わせて計上）
　　(7.45＋72.26＋12.45)÷(0.91×1.82)×1.1＝61.21
　　→61枚
　3）石こうラスボード（京壁およびスタッコ吹付下地）
　　5.0㎜厚910×1820㎜　仕上集計表より116.22㎡
　　116.22÷(0.91×1.82)×1.1＝77.19→77枚

2.　仕上げ板　　化粧合板（突板）5.0㎜　60 × 2400㎜

仕上集計表より　22.42㎡(0.6 × 2.4) × 1.1 = 17.13

→17枚

価格は表8.16のような物価資料等を参考に「材料価格」を計上します。

表 8.16　下地材単価資料

品　　名	厚×幅×長(mm)	単位	価格
コンクリート型枠用合板（コンパネ）			
コンパネ	12×600×1800	枚	740
	〃 900 〃	〃	980
	15 〃 〃	〃	1,420
塗装コンパネ	12×600×1800	〃	880
（ウレタン系）	〃 900 〃	〃	1,130
ラワン合板（普通合板）			
耐水ベニア	2.3(2.5)×910×1820 F☆☆☆☆	枚	350
（2類・タイプⅡ）	4.0 〃 〃 〃	〃	520
	5.5 〃 〃 〃	〃	630
	9.0 〃 〃 〃	〃	1,160
	12.0 〃 〃 〃	〃	1,520
	15.0 〃 〃 〃	〃	1,880
	18.0 〃 〃 〃	〃	2,420
	21.0 〃 〃 〃	〃	2,940
	24.0 〃 〃 〃	〃	3,410
完全耐水ベニア	3.0×910×1820 F☆☆☆☆	〃	450
（1類・タイプⅠ）	4.0 〃 〃 〃	〃	550
	5.5 〃 〃 〃	〃	660
	9.0 〃 〃 〃	〃	1,270
	12.0 〃 〃 〃	〃	1,630
	15.0 〃 〃 〃	〃	1,990
	18.0 〃 〃 〃	〃	2,590
	21.0 〃 〃 〃	〃	3,080
	24.0 〃 〃 〃	〃	3,580
耐水ベニア	2.3(2.5)×910×1820 F☆☆☆	〃	330
（2類・タイプⅡ）	4.0 〃 〃 〃	〃	480
	5.5 〃 〃 〃	〃	590
	9.0 〃 〃 〃	〃	1,100
	12.0 〃 〃 〃	〃	1,460
	15.0 〃 〃 〃	〃	1,830
	18.0 〃 〃 〃	〃	2,320
	21.0 〃 〃 〃	〃	2,820
	24.0 〃 〃 〃	〃	3,310
完全耐水ベニア	3.0×910×1820 F☆☆☆	〃	420
（1類・タイプⅠ）	4.0 〃 〃 〃	〃	520
	5.5 〃 〃 〃	〃	630
	9.0 〃 〃 〃	〃	1,210
	12.0 〃 〃 〃	〃	1,570
	15.0 〃 〃 〃	〃	1,940
	18.0 〃 〃 〃	〃	2,490
	21.0 〃 〃 〃	〃	2,980
	24.0 〃 〃 〃	〃	3,480

品　　名	厚×幅×長(mm)	単位	価格
針葉樹合板（構造用合板）			
1類　2級CD	9×910×1820 F☆☆☆☆	枚	720
	12 〃 〃 〃	〃	920
	15 〃 〃 〃	〃	1,520
	24 〃 〃 〃	〃	1,870
	〃T&G 〃 〃	〃	1,980
	28 〃 〃 〃	〃	2,200
	〃T&G 〃 〃	〃	2,310
しな合板			
（2類）	4.0×910×1820 F☆☆☆☆	枚	960
	5.5 〃 〃 〃	〃	1,290
	4.0 〃 〃 F☆☆☆	〃	900
	5.5 〃 〃 〃	〃	1,230
（1類）	4.0 〃 〃 F☆☆☆☆	〃	1,070
	5.5 〃 〃 〃	〃	1,400
	4.0 〃 〃 F☆☆☆	〃	1,010
	5.5 〃 〃 〃	〃	1,340
せっこうボード			
平ボード	9.5×910×1820	枚	250
（準不燃）	〃 〃 2420	〃	330
	〃 〃 2730	〃	370
平ボード	12.5×910×1820	〃	360
（不燃）	〃 〃 2420	〃	490
	〃 〃 2730	〃	560
	15.0 〃 1820	〃	470
	〃 〃 2420	〃	640
	〃 〃 2730	〃	710
シージングボード	9.5×910×1820	〃	460
（準不燃）	12.5 〃 〃	〃	550
強化ボード	12.5×910×1820	〃	520
（不燃）	15.0 〃 〃	〃	660
せっこうラスボード	7.0×910×1820	〃	210
（不燃）	9.5 〃 〃	〃	240

資料：「積算資料ポケット版総合編」合板・ボード(1)

4. 外部下地

外部下地では，屋根下地（野地板）・軒天下地・外壁下地および外壁仕上げ材（木工事に含まれる部分）を含めて拾うことになりますが，すでに野地板は小屋組みの中で拾っていますし，仕上げ板としての外壁板張りは一般的ではなくなりましたので，外壁下地および軒天下地を拾うことになります。

ただ，外壁板張りに代わって各種のサイディング張り（窯業系・金属系・木質系等の乾式外壁材を総称してサイディングと呼ぶ）や製品としての下見板やパネル材が使われるようになっています。木造住宅の中には内装工事・左官工事はありますが，外装工事という概念がなかったため，これまで木工事の中で計上されてきましたが，左官・タイル工事も含めて，内装工事・外装工事として計上することを検討すべきだと考えます。現状では，木質系以外も含めてサイディング張りがあれば，木工事の中に計上します。

●木ずり（ラス下地板）

ラスモルタル塗外壁の下地として木ずりが広く使用されています。木ずりは，断面寸法12×80㎜以上の杉小幅板を柱・間柱心で突付け，５枚以内で乱継ぎ，板そばは30㎜目透し張りとされています。

これまでしっくい塗り下地として0.7×3.6～4.0cm材を「木ずり」とし，モルタル塗り・タイル張り仕上げ下地を「ラス下地板」（1.2～1.5cm厚，7.5～8.0cm幅）として分けていましたが，しっくい塗り下地にラスボードが使われることが多くなり，木ずりとラス下地板の区分がなくなりました。

木ずり（ラス下地板張り）

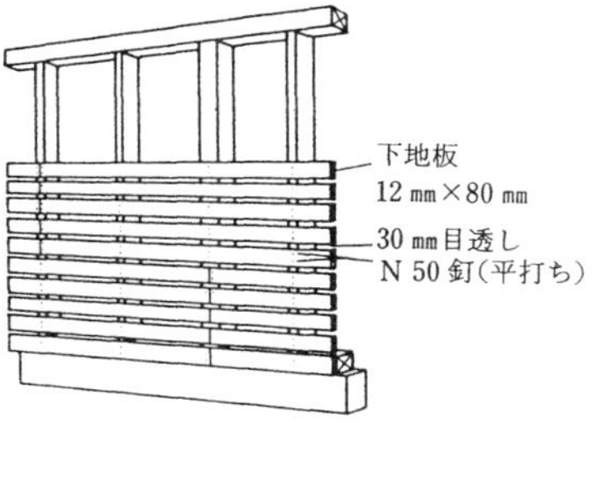

材長は1.82，3.65m（関西では2.0，4.0m）で１m^2当たり必要枚数は，目透し分から計算できますが，取引単位がm^2または坪単位になっていますので，外部仕上げ面積をそのまま計上します。

数量は立面図·矩計図·平面図等から外壁·軒天·ひさしの塗り面積を開口控除なしで算出(外形寸法)し，開口部の面積を差し引き10%程度の割増しをします。

この数量は，あとでラス張り・モルタル塗り・タイル張り数量として使用しますし，サイディング張り工事がある場合の数量算出にも使います。

●軒天下地（軒天野縁）

軒天野縁組みの配置間隔は，仕上げ材または下地板の種類（寸法）によって決まります。耐水合板張り，木ずり（ラス下地モルタル仕上げ）などの下地板張りや軒天化粧合板などの仕上げ材張りとなることが多く，野縁間隔は45cm程度で配置されるのが一般的です。

軒天野縁材に天井野縁と同材が使われる場合は，天井野縁と一緒に拾うことも効果的な方法で，数量算出も天井野縁同様，一本拾いと概算数量による方法があります。

〔事例の拾い〕

1. 軒天野縁

事例では天井野縁と同材のエゾ松１等3.8m 4.0×3.0cm材が使われています。ていねいに拾う場合は図8.65のように１，２階に分けて（事例では２階のみ）配置図を書き一本拾いをします。

図 8.65　軒天井野縁の配置（事例による）

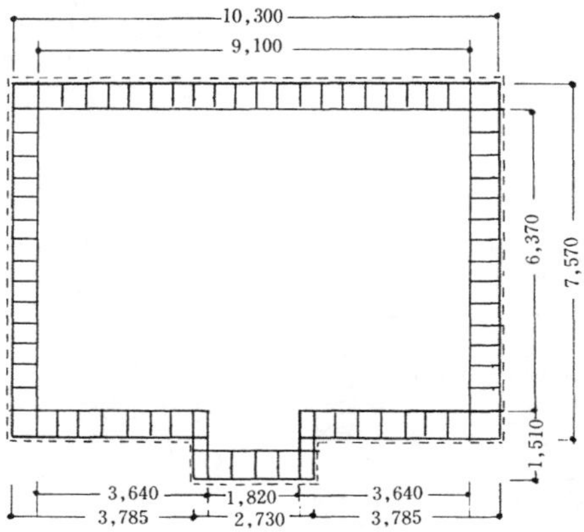

［軒天野縁の一本拾い］

↔　(10.3 + 0.455) × 4 ＝ 43.02 m −①

↕　(7.57 + 1.51) × 4 ＝ 36.32 m −②

（短材）0.6 × {(13 + 19) × 2}　＝ 38.4 m −③

合計（①＋②＋③）＝ 117.74 m

※本数換算（3.8 m 材）

117.74 m ÷ 3.8 m = 30.98（本）

30.98 × 1.1（ロス分）＝ 34.08

→34 本分

［概算方法による拾い］

まず，軒天下地組みの面積を出し，これに概算数量（m/m^2）を使って必要長さを出し，本数換算をします。事例では天井野縁の概算数量，@450 格子組みの $5.3\,m/m^2$（179 頁 表8.12参照）を使い，次のとおりとしました。

・軒天面積　基本数量表より $21.35m^2$

・必要長さ　$21.35m^2 \times 5.3m/m^2 = 113.16m$

・必要本数　113.16m ÷ 3.8m = 29.78 本

27.78（本）× 1.1 = 32.76→33 本分

2.　木ずり（ラス下地板）

平面図・矩計図から寸法をみて，立面図から壁面積を出し，開口部面積を控除します。平面図寸法は柱心々寸法ですから，壁面積の水平長さは柱１本分の幅（1/2 × 左右２本分で１本分）を加算します。事例の拾いは第５章，外壁面積の項を参照してください。

なお軒天下地分は，軒天野縁の面積にロス分（10%）を加え計上します。

表 8.17

○○邸新築 工事　　木拾い帖(4)(下地材)　　平成○年○月○日作成

名称・材種・等級	規格・寸法（径・幅・厚cm）	長さ(m)	方向	数量・計算	合計	単位
天井・軒天野縁	4.0 × 3.0	3.8		(天井)@900格子組(A) 7.0帖 ×3.0(m/帖) =21.0(m)		
(エゾ松 1ト)				@ 〃 〃 (B) 11.0 ×5.0 =55.0		
				@900片方向 25.0 ×2.5 =62.5		
				@450 〃 25.0 ×4.3 =107.5 } 428.6(m)		
				@900 〃 9.0 ×2.5 =22.5		
				@300 〃 9.0 ×6.3 =56.7		
				@450格子組 11.75 ×8.8 =103.4		
				(軒天)基本数量計算書より 21.35(m²) × 5.3(m/m²) =113.16(m)		
				428.6+113.16=541.76　541.76÷3.8(m/本)×1.1=156.8→157(本)	157	本
押入野縁	3.0 ×2.1	3.8		5帖分 ×8.2(m/帖)=41.0(m)		
(エゾ松 1ト)				41.0÷3.8(m/本)×1.1=11.87 → 12(本)	12	本
つり木(エゾ松 1ト)	3.0 ×2.1	3.8		55ヵ所÷(1本の長さ50cmとして7ヵ所分/本)=7.9 → 8(本)	8	本
つり木受(米ツガ 1ト)	3.3 ×7.2	4.0		(1.82)(1F)11+(2F)6=17(本) → 4.0m物で8.5(本分)		
				(2.73)　0+　2=2 → 〃 1.5		
				8.5+1.5=10.0(本)	10	本
(下地板)						
木ずり(ラス下地板)	1.1 × 8.0	3.6		(外部)基本数量表より(外壁134.58)+(軒天21.35)+(庇4.31)=160.24(m²)		
(杉小幅板 1ト)				(内部)仕上集計表より(タイル壁下地 11.54m²)		
				ロス率10%として(160.24+11.54)×1.1=188.96 → 189.0(m²)	189.0	m²
石こうボード	0.95×91.0×182.0			仕上集計表より(天井下地、玄関.ホール)7.45(m²)		
				(内壁 〃 、洗面台所.洋室.便所)72.26+12.45(m²)		
				(7.45+72.26+12.45)÷(0.91×1.82)×1.1=61.21 → 61(枚)	61	枚
石こうラスボード	0.5×91.0×182.0			仕上集計表より(吹付,京壁下地)67.33+48.89=116.22(m²)		
				116.22÷(0.91×1.82)×1.1=77.19 → 77(枚)	77	枚
ラワン合板 T2	0.55×91.0×182.0			仕上集計表より(天井吸音板下地)9.5+10.5=20.0(帖)×1.1=22(枚)	22	枚
(天井板)						
ケイカル板	0.5 × 91.0×182.0			仕上集計表より 14.62(m²)÷(0.91×1.82)×1.1=9.7 → 10(枚)	10	枚
バスリブ	1坪分			〃 1坪分	1	坪
天井吸音板(突付)	1.2×30.3×60			〃 9.5(帖分) → 5(坪)	5	〃
〃 (突付)	〃 〃 〃			〃 10.5(帖分) → 6(坪)	6	〃
ピーリング合板	0.5 ×60 ×2.70			階段室(3枚)+内庭(3枚)+廊下(3枚)+吹抜デッキ(1枚)=10(枚)	10	枚
目透天井(敷目)板	45cm幅			仕上集計表より 11(帖) → 6(坪分)	6	坪
さお縁天井板	〃			〃 7(帖) → 4(〃)	4	〃
さお縁(赤松丸太)		3.6		6(本)	6	本
(内壁仕上板)						
化粧合板(突付)	0.5×60×240			仕上集計表より 22.42(m²)÷(0.6×2.4)×1.1=17.13 → 17(枚)	17	枚

(6) 造　作　材

造作材という場合，構造材に対しての下地材も含んだこまごまとした部分という意味と，和風造作という言葉に代表されるような伝統的・意匠的な部分という両面の意味があります。見積り上では，構造材・下地材以外の木工事に含まれる部材をこの造作材の中で計上するようにします。

近年，この範囲の部材は工場製作による製品化が進んでいますから，従来のように面倒な部材の拾いや施工程度（精度）による加工手間の判断も，そんなに神経を使わなくてすむようになりましたが，木工事の中で仕上げ材的な部分ですから，種類が多く，見落としやすい部分ともいえます。

造作材の範囲や分類は，必ずしも統一された考え方があるわけではありませんが，ここでは次のような順序で説明を進めます。

1. 内のりわく材　(1)敷居・かもい
　(2)窓・出入口わく・額縁・くつずり
2. 内部造作　(1)畳寄・付かもい・なげし・回り縁・かまち・幅木・羽目板張・笠木・額なげし
　(2)床の間・床わき・書院・らん間
　(3)押入れ
　(4)その他（カーテンボックス・階段・カウンター・装飾天井・その他化粧材）
3. 外部造作　(1)軒まわり（鼻かくし・破風・広こまい・のぼりよど・めんど板等）
　(2)ひさし・面格子・戸袋・ぬれ縁
　(3)その他（雨押え・見切縁・外部板張・押縁・付化粧材・出窓）

1. 内のりわく材

敷居，かもい，窓・出入口わく材は見えかかり材となり，使われ方によって樹種・等級，断面寸法が異なってきますから，仕様書・詳細図等で必要材料の内容を確認し，拾うことが必要です。

敷居・かもいの市場寸法は1.82～2.0 m，3.8～4.0 m物となっていますか

図 8.66　矩計図

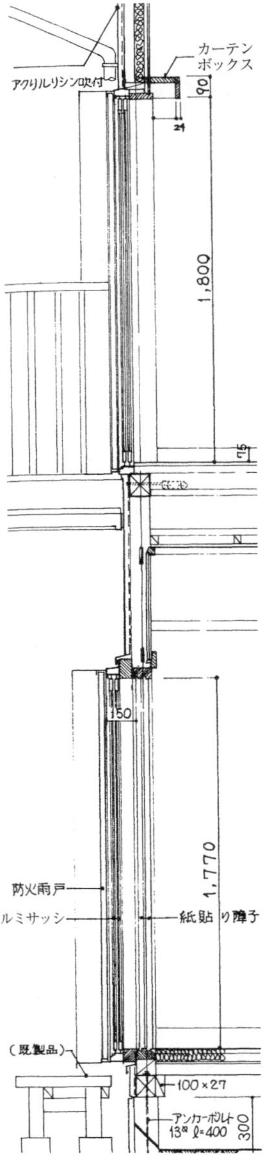

ら，木拾い上は仕口寸法の加算等は意識しなくていいわけですが，良材が使われることが多いため，等級・断面寸法には注意して拾うようにします。

・敷居・かもい

敷居は建具を受けるための横木で，強度のある松・桧・米ヒバ等の良材が使われます。窓敷居の場合は荷重が大きくないことや，意匠上かもいと同材の杉・ツガ等も使われますが，かもいも含めて上小節以上のものが多く使われています。厚さ4.0～4.5cm（かもいは3.6～），幅10.0～10.5cmが多く，３本引き（溝が３本）の場合は幅の広い材（12.0cm）や，雨戸用に溝が１本の「一筋」，また溝のないものを「無目（むめ）」といいます。一筋は外部につけ雨露にさらされることや外観上から大きな材を用いることがあり，この場合は「縁がまち」といいます。

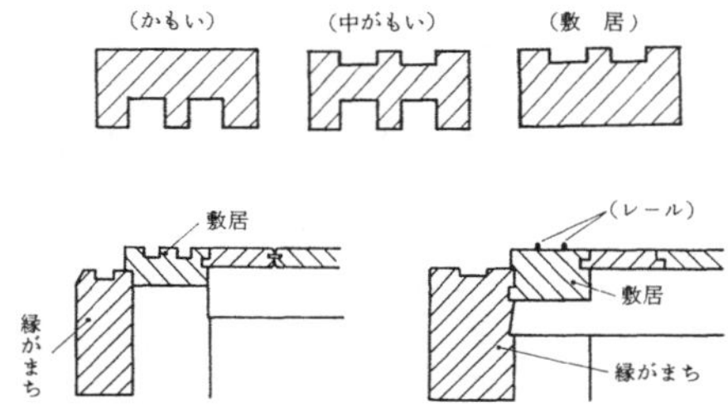

拾いは寸法・等級を確認のうえ，平面図・矩計図・詳細図から拾いますが，１間幅であれば1.8～2.0ｍ材で，１間半であれば2.7～3.0ｍ材の１本拾いとします。原則として敷居とかもいは１組みとなっており，掃出し窓や出入口では大きな材を，窓・押入れでは小さな材ですますことが多い

ようです。また天袋付押入れの中間には中がもいを使います。

・窓・出入口わく，額縁，くつずり

和風真壁造の場合は，開口部のたてわく，戸当りに柱，下部に敷居，上部にかもいがありますが，大壁造の窓の場合は図8.67のように，たてわく・上わく・下わくを設け，出入口戸の場合，下わくにくつずりを設けます。また，建具わく周囲のすき間をかくし，壁との納まりをよくし，さらに装飾の意味も含めて，たてわく・上わくの周囲に額縁を取り付けます。特に窓の室内側下わくに幅を広く取り付ける額縁をぜん板といいます。

図 8.67　窓わくの構造

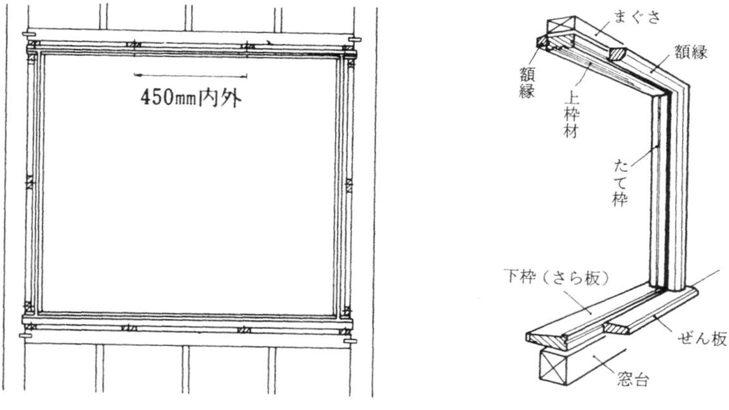

また大壁でサッシのつく窓には，図8.66の矩計図および図8.68にあるようなサッシわくが必要です。こうしたわく材の拾いは詳細図から寸法を確認しますが，出入口わくで厚3.4～4.5cm，幅10.0～15.0cm，額縁厚2.4～3.4 cm，幅3.4～4.5cm，サッシわくで厚2.4～3.4cm，8.5～14.0cm程度の堅木（ラワン，メラピー等）でみます。

たてわく・くつずり

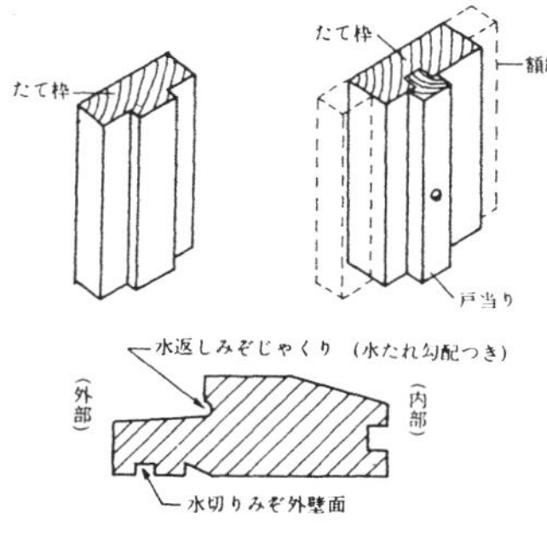

図 8.68　大壁サッシ窓の額縁

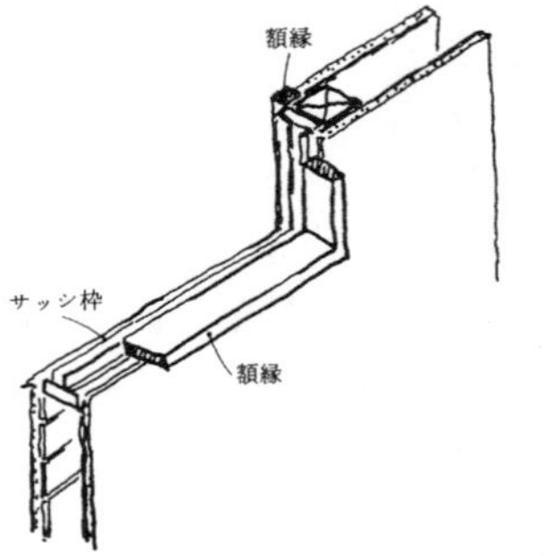

ラワン材，メラピー材は長さ3.65 m（ラワン材が多い），4.0 m材（メラピー材が多い）が多いので，開口部の寸法で必要本数を計上します。詳細図の寸法は，仕上げ寸法ですから，削り代を見込んだ断面寸法の材を拾うことが必要です。削り代は片面削り３㎜，両面削りの場合５㎜を見込みます(建築数量積算基準による)。また最近，わく付のドアやわく材も製品として販売されています。見積りにあたっては,わく付ドア製品かどうかに注意が必要です。

2. 内部造作

内部壁の造作には，和風仕上げの「畳寄せ」「付けかもい」「なげし」「天井回り縁」と,洋風仕上げの「幅木」「羽目板」「額なげし」「回り縁」等があります。いずれも仕上げ材ですから，和室の場合はまさ目の通った良材をかんな仕上げ，洋風の場合は広葉樹材等の良材の塗装仕上げとします。

・幅木

ラワン・杉・檜等の幅6.0 ～12.0cmの幅木や製品としての彫刻幅木，ソフト幅木（塩ビ製6.0 ～10.0cm）等が使われます。

事例では，廊下や洋室など大壁部分にメラピー材7.5cm幅，塗装仕上げの幅木が使われています。

拾いは，各部屋の内周長さから，開口部を除いて計上しますが仕上集計表から割増をみて計上します。

図 8.69

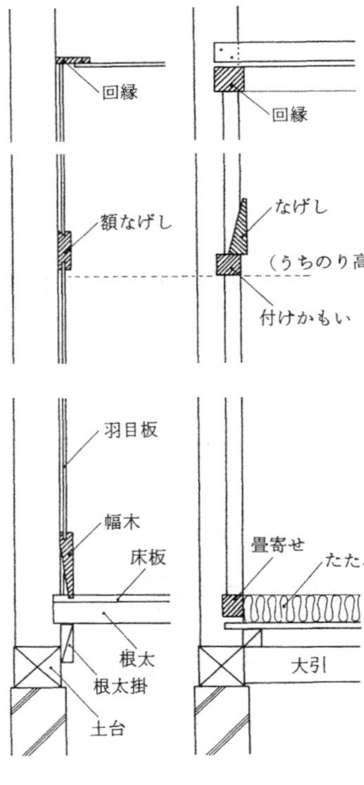

図 8.70　洋風造作

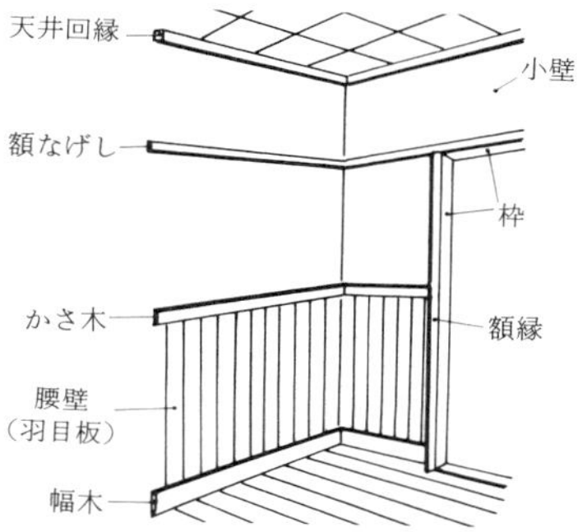

・額なげし

大壁造の壁面に取り付ける桟木で，内のり高さ横方向に設けられ，これを境に上部壁が小壁となります。和風のなげしに相当するもので寸法もほぼ同程度で，額縁より大きくするのが普通です。腰羽目と同様，住宅の室内では使われなくなっており，事例でも使用していません。

・腰羽目

幅木の上1.0～1.2ｍ程度まで板や合板とわくを用いた壁仕上げで，羽目板上縁に笠木を取り付けます。壁面下部の汚れ・破損防止と装飾を兼ねたもので，下図のように平板張りと合板とわくで組み合わせた鏡板張りがあります。高さ1.0～1.2ｍ程度の羽目板張りを腰壁といい，これより高いものは高羽目といわれています。住宅の内装としては施工されることが少なくなりましたが，写真のように装飾パネルとして製品化されたものもあります。

装飾パネル

◆腰壁タイプ

◆長尺タイプ

腰羽目

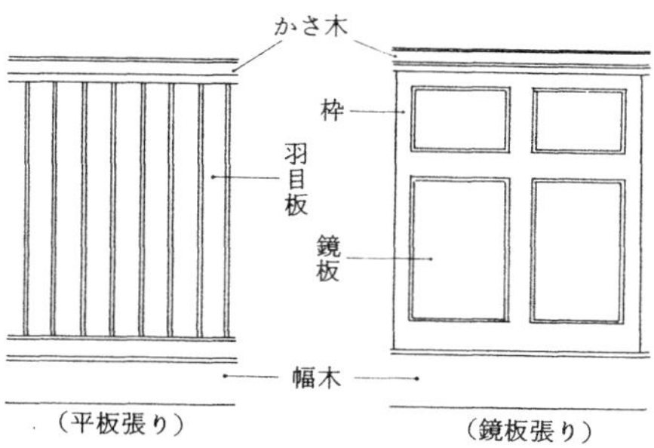

・畳寄せ・雑布ずり・付けかもい

畳寄せ・雑布ずりと付けかもいは，右図のように敷居とかもいの延長として壁面に取り付けられ，畳寄せは壁下の見切りと畳の納まりに，雑布ずりは，フローリング等板張りとの見切りに使われます。付けかもいの見付き寸法*はかもいと同寸法とし，畳寄せは敷居と同寸法の厚さで見込み寸法*は壁のちり寸法に塗りがかり寸法を加えた寸法とします。

図 8.71　真壁造作

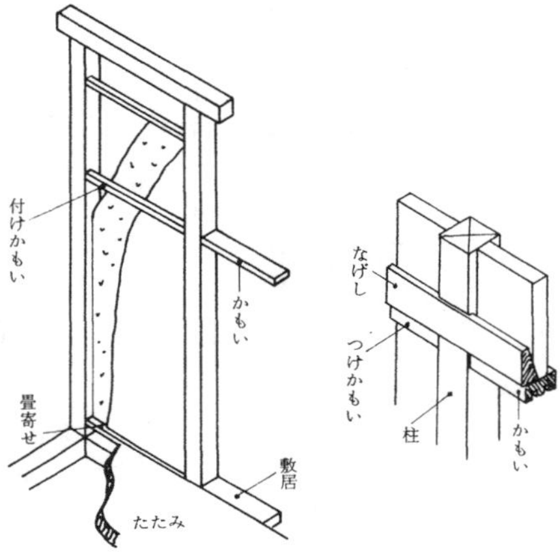

・なげし（長押し）

柱の面に取り付ける長い横木で，一般に柱幅の80 ～90％幅（10.5cm柱の場合，8.4 ～9.5cm）のなげし引き材としたものを，かもい，付けかもいの上に取り付けます（内のりなげし）。

天井回り縁の下に付ける「天井なげし」，天井から少し下がった位置につける「あり壁なげし」や，特に幅の狭い「半なげし」を使うこともありますが，一般には内のりなげしが多いようです。材料は杉・檜・スプルース等の良材が使われますが，幅木・回り縁と同じように集成材や加工製品を使うことも多くなっています。

拾いは他の和室造作材と一緒にまとめて拾います。

・天井回り縁

真壁（和室）仕上げと大壁仕上げとでは回り縁寸法が異なりますから，詳細図等で寸法・用材を確認して拾います。和室の回り縁は次頁の図のような寸法の考え方になります。一般に杉のまさ目の通った良材が使われますが，他の造作材同様，集成材等の製品も多くなりました。

＊見付き・見込み寸法：見え掛かる部材の正面から眺めたとき前方に見えている面を「見付き（Face）」といい，見付き側面（奥行）の寸法を「見込み（Depth）」寸法という。「かもい」を例にとると，厚さが「見付き寸法」，幅が「見込み寸法」となる。

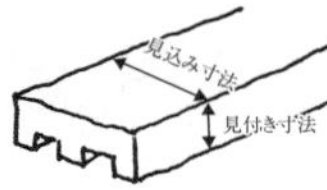

事例では和室に米ヒバ無節4.0×4.5cm3.8ｍ材，洋室にはメラピー2.4×4.5cm4.0ｍ材が使われています。数量はそれぞれ和室，洋室まわりの周長を計上します。基本数量表から各室の周長を合計し，ロス（10％）をみて，3.8m（和室），4.0m（洋室）材本数でみます。

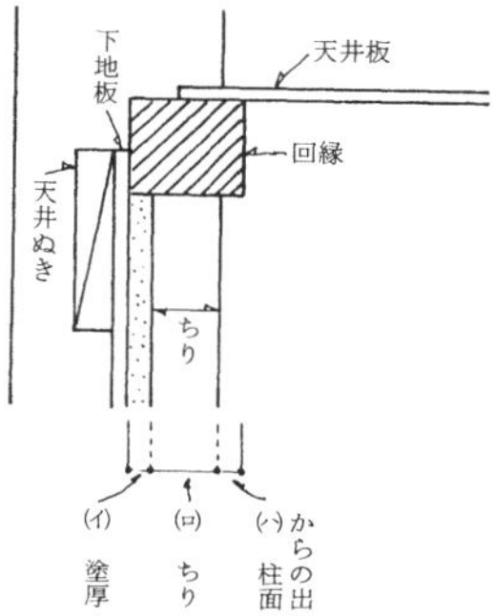

・かまち（框）

かまちには縁側の外端（敷居の外側）にある縁かまち，玄関の上り口の玄関かまち，台所等の上りかまち(玄関かまちも上りかまちの一種)，床の間の床かまちがあります。縁かまちは一筋として雨戸の建込みに使われることが多いので，敷居と一緒に拾いますし，床かまちは床の間の中で拾います。

かまちはケヤキやタモ・松・檜等の硬い良材みがきが使われます。数は一本物ですから，詳細図等から寸法を確認し，計上します。玄関かまちは式台と組み合わせた２段式になることがあります。この場合はかまちが前後の２本，式台（幅330 ～450㎜）を拾います。値入れは既製品を使うか，銘木材を使うかを確認をして行うようにします。

・床の間まわり（床の間・床わき・書院・らん間）

床の間の種類は本床をはじめ「蹴込み床」「踏込み床」など８種類の基本形式がありますが，最も一般的な本床は左図のように「床かまち」「床板」「床柱」「落しかけ」から構成されています。

床の間は単に「床」ともいわれ，この隣を「床わき」といい，地板・地袋，違い棚，天袋からなります。また，床の間に接してつくられる窓を「書院」といい，窓だけの「平書院」と縁側側に突き出して

床の間

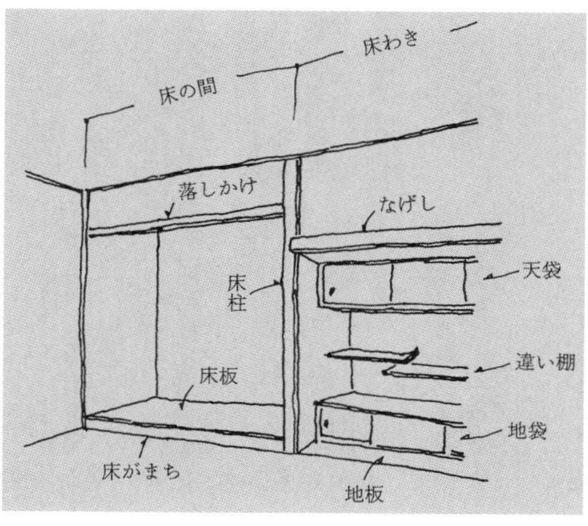

表 8.18　造作材（集成材）の価格資料

品名・用途	樹種	長×短辺×長辺 (m)(cm)(cm)	価格 (円/本)	備考
造作用〈ホルムアルデヒド放散等級＝F☆☆☆☆〉				
長押　薄張(0.3mm)	桧	3.65×10.5	5,200	
	杉	〃　9.0	2,500	
	〃	〃　10.5	4,800	
	スプルース	〃　9.0	2,100	
長押　厚張(1.0mm)	桧	3.65× 9.0	5,870	
	〃	〃　10.5	6,730	
	杉	〃　9.0	3,970	
	〃	〃　10.5	4,220	
	スプルース	〃　9.0	2,990	
鴨居・敷居	杉・桧	1.90× 4.0× 10.0	3,800	
	〃	2.75　〃　〃	7,800	
	〃	3.65　〃　〃	13,600	
	〃	1.90× 4.0× 11.5	5,300	
	〃	2.75　〃　〃	8,160	
	〃	3.65　〃　〃	13,900	
回り縁	杉・桧	2.75× 3.8×　4.3	3,000	
	〃	3.8　〃　〃	3,400	
上がり框	ナラ	1.9 × 9.0× 15.0	11,200	
	〃	2.75　〃　〃	15,800	
	タモ	1.9　〃　〃	10,600	
	〃	2.75　〃　〃	14,000	
手すり材	タモ	4.0 ×　6.0× 9.0	21,400	
	〃	〃　ϕ4.5	11,900	
	〃	〃　ϕ3.8	9,500	
階段材	ナラ	4.0 × 3.0× 24.0	25,300	

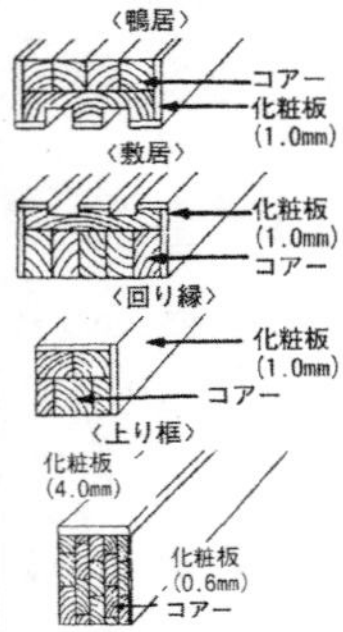

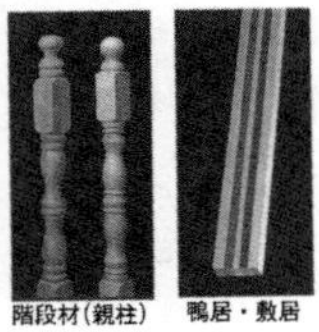
階段材(親柱)　鴨居・敷居

資料：「積算資料ポケット版総合編」集成材(3)

床柱，床框の製品例

◆ 床　柱

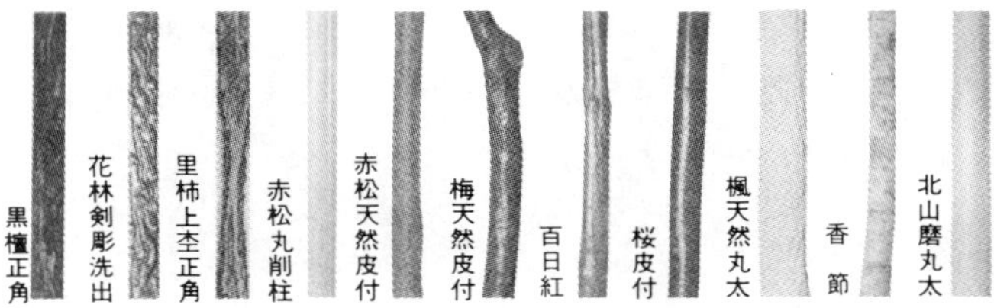

◆ 落掛・床框

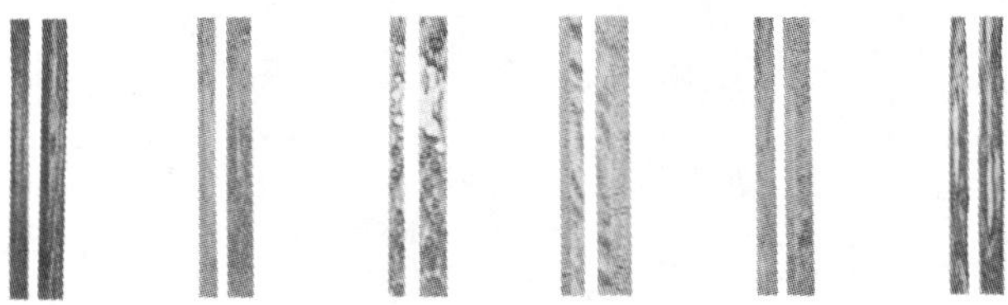
黒　檀　角　　手違紫檀角　　槐こぶ洗出　　楓 玉 杢 角　　欅 上 杢 角　　人造黒柿角

設ける「付け書院」の形式があります。

最近は，書院まで付ける住宅は少なくなっていますが，床の間・床わきは和風装飾として書画工芸品や生花を飾るなど，広く設けられています。

見積り上の拾いは簡単ですが，材料種類が多いため，何を使用するかをはっきりさせることがポイントになります。床柱・床かまち・落しかけは銘木材として数多くの種類があり，また工場生産されたセット製品もあります。

事例では１階和室の床の間ですが，床の間セット（松・貼）が使われていますから，天井板（網代組み4.0㎜3′× 6′）１枚，回り縁（米ヒバ無節4.0ｍ4.0 × 4.5cm）１本分を計上します。

らん間は和室間の境に設ける「間越（まごし）らん間」縁側との境の「明りらん間」「書院らん間」があり，意匠面からは「透かしらん間」「おさらん間」「くし形らん間」など数多くあります。最近はあまり使われなくなりましたが，工芸品的な商品ですから，見積りはお客さんと最終決定してから，見積りをとって値入れします。

・押入れ

押入れ内部の材料寸法は一般室と異なることが多いので，別途に計上します。拾いは図8.72のように，根太，床板，天井板，壁板，かまち材，回り縁，雑布ずり（摺）を，敷居，かもい，中がもい，ぬき等は一般室と一緒に拾い，計上します。

最近では押入れの塗壁はほとんど使われなくなっています。またラワン合板以外に押入れボードとして化粧石こうボードやインシュレーションボード〈カラー〉や，さらに中段ユニット，押入れ収納ユニットなどの製品の使用も増加しています。

・その他の内部造作

カーテンボックス，ブラインドボックス，カウンター，装飾天井，階段，玄関回り等があり，伝統的な和風造作から新しい洋風造作まで，そ

図 8.72　押入れ断面

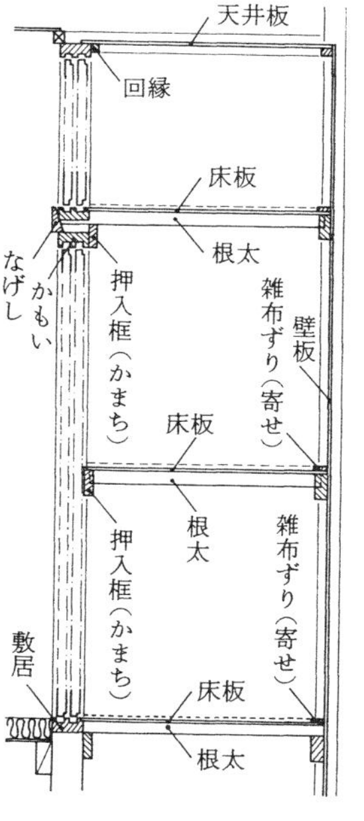

の時々の生活様式に応じて使用されています。

見積りは，それぞれの様式によって材料種類や数量，加工取付け方法も異なりますから，設計に応じた見積りをするしかありませんが，現場製作から，製品化の傾向にありますので，商品知識の吸収も見積り上の一つのポイントになります。

事例のカーテンボックス

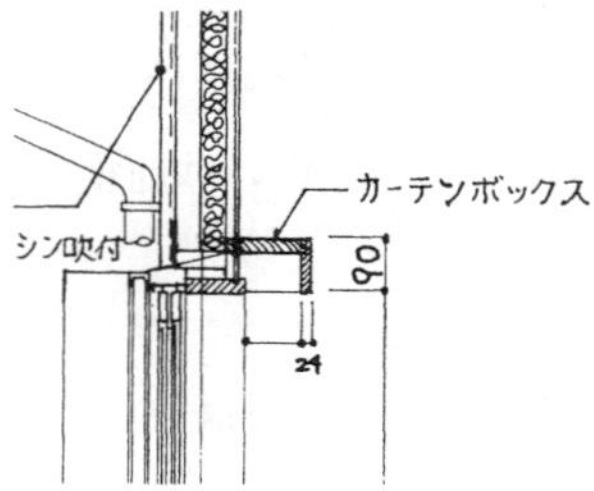

カーテンボックスは，開口部回りの壁上部または天井面に取り付けます。奥行寸法はシングル10cm以上，ダブル20cm以上，ブラインドとの組合せの場合は15cm以上とします。事例では，上図のようにメラピー材2.4×9.0cm板材を中心に使用されています。拾いは洋室の窓回りの左右の幅に余裕（10cm以上）をみて拾います。平面図より1階居間2カ所（3.0ｍ，2.0ｍ）2階洋間4カ所（2.0ｍ×4カ所）の合計6カ所13ｍ分　13×2＝26ｍ　26÷4ｍ＝6.5→7.0枚を計上します。

（1Ｆ）

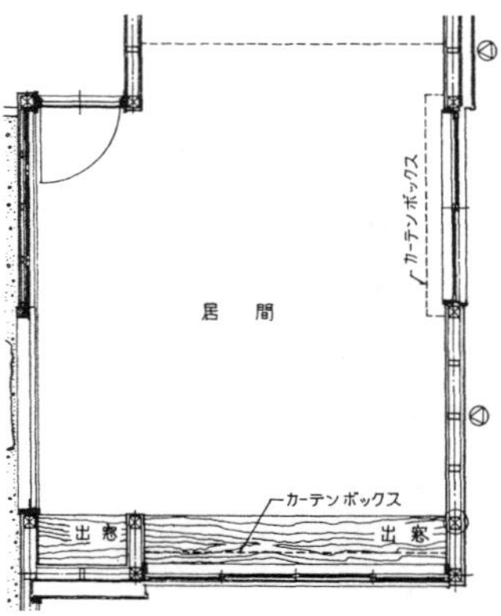

（2Ｆ）

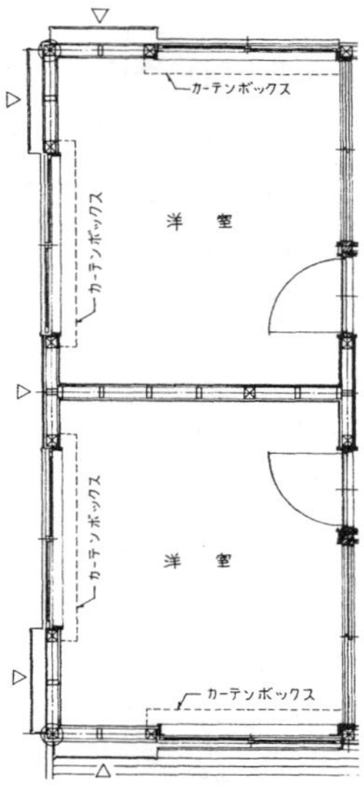

階段は段板（踏板），蹴込み板と「けた」および手すり材を拾います。けたは階段の種類によって側げた（側げた階段），力げた（力げた階段），ささらげた（ささらげた階段）があり，手すり材は手すり（笠木），親柱，子柱（手

すり子）があります。また階段の形式も直・かね折り・折り返し・回り階段等があり，設計に応じて上りかまち，踊り場板，回り段板等を拾います。

事例では図8.73のようにささらげた階段・箱階段との組合せと吹抜デッキの手すり材を同時に拾います。

図 8.73　階段

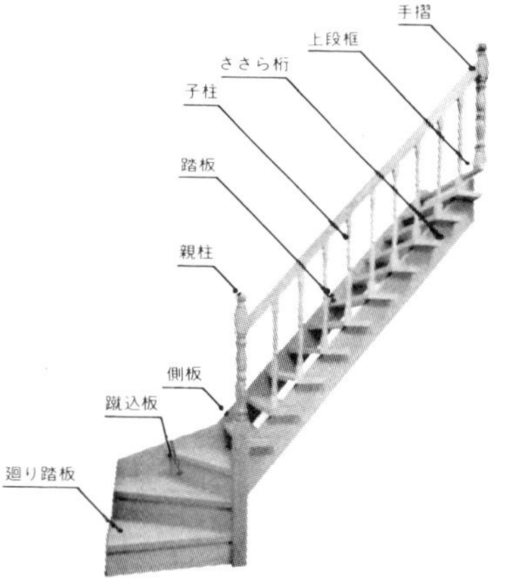

事例の階段とデッキ

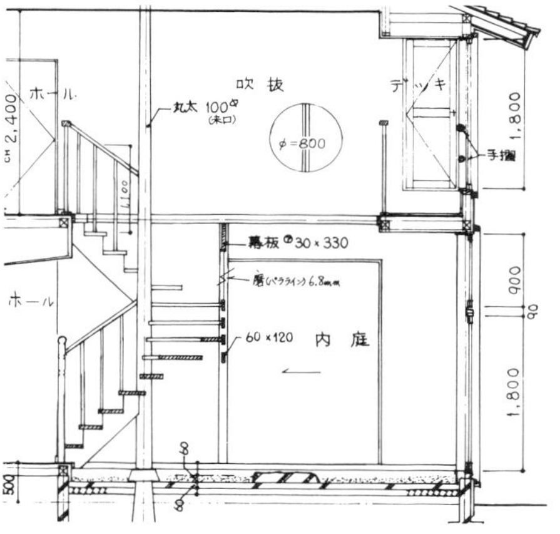

階段をはじめ玄関回り，床の間・押入れ・収納カウンター材など，最近では現場製作より製品化が進んでいます。見積りの簡便化という点からは望ましいことですが，逆に新しい商品知識が必要となります。物価資料や展示会や各種カタログ等で情報入手と整理をするようにします。

図8.74はプレカットの仮設階段です。上棟後すぐに仮設階段を設置し，作業者の移動や材料・工具の運搬など，現場作業の安全確保と養生材や養生手間をカットなど施工合理化に効果的です。内部の下地（ＰＢ）施工後に蹴込板，踏板，幅木などの化粧材を取り付けます。仮設階段の設置に5時間，化粧材取付けに5時間，合計10時間と，階段施工自体の効率化にも役立っています。

図 8.74　仮設階段

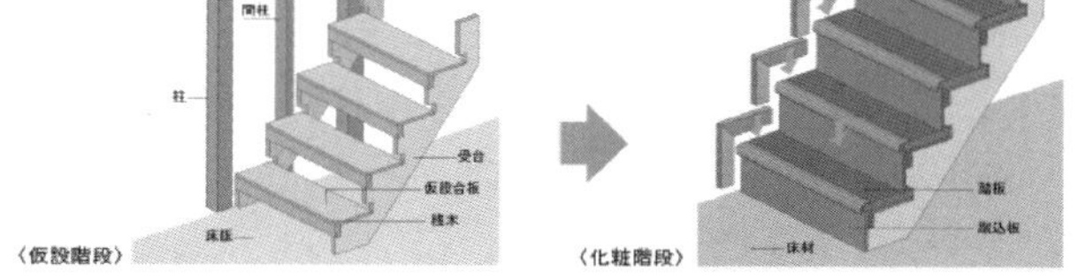

3. 外部造作

外部造作には軒回り，ひさし関係を中心にこまごまとした材料があります。図面や外部仕上表をチェックして拾いもれのないようにします。

・軒回り

建物の軒先部分を軒回りといい，鼻かくし，破風（はふ）板，広こまい（小舞），登りよど，面戸（めんど）板があります。

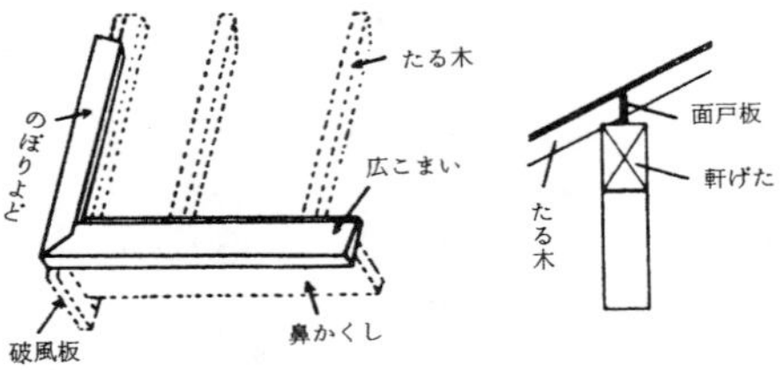

鼻かくしは，軒先でたる木をかくすための板材で，破風板は切妻のけらば部分に鼻かくしと同じように取り付け，塗装仕上げとなります。

杉・檜・ラワン材の厚さ1.5～3.0cm，幅15～25cmの板が使われ，数量は軒回りの延長を計測し，計上します。破風は屋根の勾配による伸びがあるため，屋根の拾いで説明した伸び率を使って必要長さを出します。

事例は寄棟屋根ですから，鼻かくしを屋根伏図から計測します。

杉1等2.1×21.0cm　3.6m材

↔（9.1＋0.75＋0.75）×2＝21.2m

↕（6.37＋0.75＋0.75＋0.91）×2＝17.56m

21.2＋17.56＝38.76m

38.76m÷3.6＝10.77→11枚

また出窓・ひさしの鼻かくしも同材が使われる場合は同時に拾います。事例では居間出窓(3.64×0.5cm)・台所出窓(1.82×0.3cm)・玄関ひさし(1.82cm)の合計8.38m分→2.3枚→3枚分を合わせて14枚分を計上します。

広こまい・登りよどは軒先（広こまい），切妻の屋根勾配（登りよど）に沿ってたる木の上に取り付ける斜面状の横木で，たる木の振れ止めと軒先・妻の化粧と見切りを兼ねた部材といえます。杉・檜の良材，斜面材が使われ，数量は原則として鼻かくし（広こまい），破風（登りよど）と同じです。

事例では広こまい杉1等2.1×9.0cm　3.6m材，鼻かくしと同じ14枚分を計上します。面戸板は，屋根野地板と軒げたとのすき間をふさぐ板のことで，風雨の吹込みを防ぐ目的があります。

・ひさし・面格子・戸袋・ぬれ縁

出入口や窓の上部に雨よけのために設ける小屋根を「ひさし」または「きりよけ」といいます。

陸ひさし

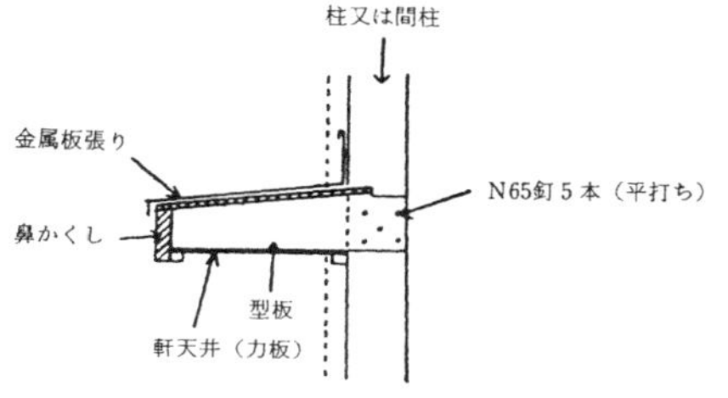

ひさしは柱から腕木（うでぎ）を出して，これにけた（だしげた），たる木,屋根をのせる腕木ひさし(またはたる木ひさし）と，柱や間柱から型板（力板または持送り板ともいう）を出し，野地板の上に金属板張りとする陸ひさしとがあります（陸ひさしとは勾配が緩いひさしという意味)。また,柱を立て屋根をかけた「土びさし」もあります。

拾いは断面図，矩計図，外部仕上表等から必要部材を拾い，力板，鼻かくし，腕木，たる木，野地板等を木工事に，金属板張りを屋根工事または金属工事に計上します。事例では玄関をはじめ，勝手口・洗面室・浴室・便所窓の上部に設けられています。

面格子は，妻板・上下さん受け・さんから構成され，さんは10cm間隔程度で窓の外側にラワン材平割，正割材で設けられます。

金属製の製品が使われ,建具工事の中で計上されることが多くなりました。

戸袋，ぬれ縁も既製品が使われることが多くなったため，細かい見積り計上をすることが少なくなりました。

あれば縁板・根太・つか等を拾います。

戸袋は，妻板建て戸袋と柱建て戸袋とがあり，妻板建て戸袋では妻板（厚板)・間柱・胴縁・かまち材（上下)・板（合板等）等を拾います。

ぬれ縁は既製品が多くなった

・その他

外部造作としては以上のほか，雨押え・見切縁・下見板張り・押縁・付け化粧材等があります。見切縁は，外壁で仕上げ材料が異なる境の納まりに入れる細木の場合と壁と軒天の境とに設ける場合とがあります。

下見板張り，押縁は，少なくなりましたが，下見板・押縁（ドイツ下見では押縁はない）・雨押え等を拾います。

付け化粧材は，意匠的に軸組構造にみせるために，モルタルの上部から「付け土台」，「付け柱」，「付けばり」を配置するものです。

下見板張り

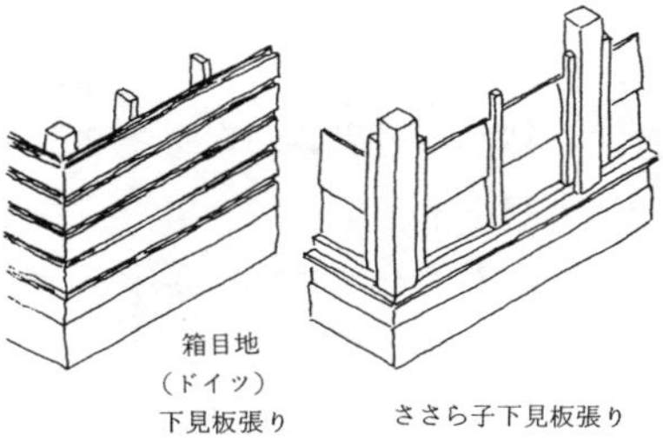

表 8.19

○○邸新築　工事　　木拾い帖（5）（造作材①）　　平成○年○月○日作成

名称・材種・等級	規格・寸法（径・幅・厚cm）	長さ(m)	方向	数量・計算	合計	単位
敷居・かもい	4.5 × 10.5	3.0	↔	2階前室・7帖境　敷居（上小節）かもい（無節）	各 1	本
（米ヒバ、無節、上小節）	〃　〃	1.8		1階和室入口(1)、内庭(1)、はき出し窓(1) }各6(本)(上小節)		
				2階ひじかけ窓(2)、はき出し窓(1)	各 6	本
	4.0 × 10.0	1.8		1階和室押入・天袋とも(2)		
				2階洋室(A)、(B)和室前室、7帖各押入・天袋とも(4×2) }各11(本)		
				和室前室高窓(1)　（上小節）	各 11	本
大壁出入口枠	4.0 × 10.5	4.0		建具表より	15	本
（メラピー）	3.4 × 10.0	〃		〃	3	〃
大壁サッシ枠	2.4 × 8.5	4.0		〃	17	本
（メラピー）	〃 × 14.0	〃		〃　（台所出窓）	1	〃
	〃 × 10.5	〃		〃　（勝手口）	1.5	〃
額縁（メラピー）	2.4 × 3.4	4.0		〃	25	本
	3.4 × 4.5	〃		〃　（外部用）	3	〃
サッシ外枠	4.0 × 5.2	3.8		〃　（障子窓外枠）	11	本
（米ヒバ、上小節）						
出窓皿板	3.4 × 50.0	2.7		出窓	1	枚
（ローズウッド貼物）	〃　〃	0.9		〃	1	〃
幅木（メラピー）	2.4 × 7.5	4.0		仕上集計表より 53.42(m)÷4.0×1.1=14.69 → 15(本)	15	本
畳寄せ（米ヒバ小節）	4.0 × 4.5	3.8		〃　17.29(m)÷3.8×1.1=5.01 → 5(本)	5	本
付けかもい（〃 無節）	3.6 × 4.0	3.8		（同上）	5	本
長押し（スプルース貼）	8.8	3.0		（1階和室）2.73＋2.73＋1.82＋3.64		
		3.8		（2階前室）2.73＋2.73＋2.73＋0.91＋0.91＋1.82		
				（〃 7帖）2.73＋3.64＋2.73＋0.91＋1.82＋0.91＋1.82	（3.0m物）	
				2.73 → 3.0m物　7（枚分）	7	枚
				3.64 → 3.8m物 1枚、1.82 → 同1/2、0.91 → 同1/4として	（3.8m物）	
				1/2＋1＋1/4＋1/4＋1/2＋1＋1/4＋1/2＋1/4＋1/2＝5（枚分）	5	枚
天井回縁（和室）	4.0 × 4.5	3.8		基本数量表より（和室周長）12.73＋12.74＋14.56＋床の間3.64＝43.67		
（米ヒバ無節）				43.67÷3.8×1.1＝12.64 → 13（本）	13	本
同　（洋室）	2.4 × 4.5	4.0		基本数量表より（周長）7.28＋6.07＋4.85＋6.98＋10.92＋8.19＋		
（メラピー）				13.65＋11.83＋11.83＋6.37＋8.19＋3.64＝99.8(m)		
				99.8÷4.0×1.1＝27.45 → 28（本）	28	本
カーテンボックス	2.4 × 9.0	4.0		1階 3.0＋2.0＝5.0 }13.0(m)×2＝26.0(m)÷4.0＝6.5 → 7.0(本)		
（メラピー）				2階 2.0×4＝8.0	7	本
	1.8 × 18.0	4.0		2.0m×5カ所分 → 4.0m物 2.5本 → 3(本)	3	〃
	〃	3.0		3.0 〃 ×1 〃 → 3.0m物 1（本）	1	〃
玄関框（ケヤキ突板貼）	10.5 × 15.0	1.8		1（本）	1	本
台所上り框（ラワン）	4.5 × 10.5	3.0		1（本）	1	〃
床の間セット	（松、貼）			1（組）	1	組
〃 天井板（合板台網代組）	0.4×91×182			1（枚）	1	枚
〃 無双（杉、無節）		1.82		1（本）	1	本
1階便所化粧棚	3.4 × 30.0	1.82		1（枚）	1	枚
（集成加工材）						
内庭化粧胴差	2.4 × 12.0	4.0		3（枚）	3	枚
（メラピー）						

表 8.20

○○郎新築 工事　　木拾い帖(6)(造作材②)　　平成○年○月○日作成

名称・材種・等級	規格・寸法（径・幅・厚cm）	長さ(m)	方向	数量・計算	合計	単位
(押入)						
根太(エゾ松1ト)	3.0 × 4.0	3.8	↔	(1階) 0.91 × 5本 × (3段 + 床の間分) = 18.2(m)		
				(2階) 0.91 × 7本 × (3段) × 4ヵ所分 = 76.44 } 98.28(m)		
			↕	(1階) 1.82 × 2本 = 3.64		
				98.28 ÷ 3.8 × 1.1 = 28.45 ⟶ 28(本)	28	本
床板(ラワン合板T1)	5.5mm × (3′ × 6′)			1階押入下段分　1(枚)	1	枚
〃(〃 T2)	〃 × (〃)			1階押入 中上段分 2(枚) } 14(枚)		
				2階 〃 下.中上段分 3(枚) × 4ヵ所分	14	枚
天井板(ラワン合板T2)	2.5mm × (3′ × 6′)			1.2階 5ヵ所分 5(枚)	5	〃
壁板(〃 〃)	4.0mm × (〃)			1ヵ所当たり5.5(枚)　5.5枚 × 5ヵ所分 = 27.5 ⟶ 28(枚)	28	〃
押入框材						
(米ツガ1ト)	10.5 × 2.7	3.8		1ヵ所当たり 1.82m × 4本(2本 + 0.91材4本分) ⟶ 3.8m物2本分		
				2(本分) × 5ヵ所分 = 10(本)	10	本
押入回縁(エゾ松1ト)	3.0 × 4.0	3.8		1ヵ所当たり (1.82 × 2) + (0.91 × 2) = 5.46(m) ⟶ 1.5本/3.8m		
				1.5本 × 5ヵ所分 = 7.5 ⟶ 8(本)	8	本
雑布摺(よせ)	0.7 × 3.0	1.82		1ヵ所当たり (1.82 × 1) + (0.91 × 2) の3段分 ⟶ 6本分		
(杉.無節)				6本 × 5ヵ所分 = 30(本)	30	本
(階段)						
側板(タモ集成材)	3.6 × 24.0	3.0		1(枚)	1	枚
〃(〃)	〃 × 35.0	1.2		2(枚)	2	〃
ササラ桁(〃)	7.2 × 24.0	3.0		1(〃)	1	〃
段板(〃)	4.5 × 〃	1.0		7(〃)	7	〃
箱廻り段板(〃)	4.5 × 103.0	1.03		2(組)	2	組
蹴込板(〃)	0.6 × 24.0	0.9		1(枚)	1	枚
手摺用幕板(メラピー)	3.4 × 33.0	2.0		1(〃)	1	〃
廻階段材(〃)	6.0 × 12.0	〃		6(本)	6	本
(階段.デッキ)						
手すり土台.笠木(タモ集成材)	6.0 × 9.0	4.0		2(本)	2	本
〃親柱(〃)	10.5 × 10.5	1.5		1(〃)	1	〃
〃子柱(〃)	4.5 × 4.5	1.1		29(〃)	29	〃
段框(〃)	6.0 × 9.0	0.9		1(〃)	1	〃
鼻かくし(杉1ト)	2.1 × 21.0	3.6		基本数量表より軒天外周長さ35.58m + 居間出窓4.14m + 台所出窓2.42m +		
				玄関ひさし3.82m = 45.96(m)　45.96 ÷ 3.6 × 1.1 = 14.04 ⟶ 14(枚)	14	枚
広小舞(杉1ト)	2.1 × 9.0	3.6		鼻かくしと同数 14(枚)	14	枚
庇(力板)(ラワン)	2.4 × 21.0	4.0		玄関1.5m × 5枚, 台所0.4m × 5枚, 勝手口〜居間0.65m × 9枚 = 15.35(m)		
				15.35 ÷ 4.0 × 1.1 = 4.22 ⟶ 4(枚)	4	枚
(出窓材)						
土台.柱(米ツガ1ト)	9.0 × 9.0	4.0		土台3.64m × 1本, 柱1.82m × 2本 = 7.28m ⟶ 4.0m材 2(本)	2	本
桁(〃)	3.6 × 24.0	〃		3.64m ⟶ 1(本)	1	本
たる木(〃)	3.6 × 4.5	3.0		0.6(m) × 9(本) = 5.4m ⟶ 3.0m材 2(本分)	2	本
たる木掛(〃)	2.7 × 10.5	3.8		3.64m × 2本 ⟶ 3.8m材 2(本分)	2	本
野地板(ラワン合板T1)	9.0mm × (3′ × 6′)			出窓分2枚 + 玄関庇分1枚 + 勝手口〜居間分2枚, その他1枚 計6(枚)	6	枚
ぬれ縁(既製品)	W × D × H (mm) 1800 × 450 × 400			1(ヵ所)	1	ヵ所
下駄箱(〃)	1700 × 400 × 700			1(〃)	1	〃

(7)　木工事の見積り

これまでの説明は木工事の見積りの基本となる木拾いについて行なってきました。

木拾いが終れば木工事の見積りと大方の作業が終了したような気分ですが，木拾い結果をもとに値入れ，材料費の算出，労務費を加えて，やっと木工事の見積りが終ります。

手順は次のとおりです。

1.	木材調書（値入れ）	木拾い結果を整理して，木材の一覧表を作成し，木材単価を入れ，木材費を算出します。
2.	補足材･くぎ･金物費の計上	木材費に対して補足材を加算し，さらにくぎ・金物費を計上し，合計したものが木工事のうち材料費となります。
3.	労務費の計上	木工事の大工手間，建前時のとび手間等の労務費を計上，以上を合計したものが木工事費ということになります。

1.　木材調書（値入れ）

木拾い結果を1階床組みから造作材までを整理して，単価を入れ

〔数量×単位＝金額〕

という形で整理されたものが木材調書ですが，木材費は数が多いため，わざわざ書式を用意して作成するのは大変で，見積書の内訳明細書をこれにかえて使用するのが普通です。木工事の見積りを材積計算までする見積書では，見積書には構造材，造作材に分けて材積数を記入し，内訳明細書には別紙木材調書（木材内訳明細書）どおりとして合計金額だけ計上していました。

〔値入れ〕　木拾いによる木材数量に対し単価を入れ，数量×単価＝金額を出すことを値入れといいます。

木材価格には

1.　自社の購入（仕入）単価
2.　自社の仕入単価に取扱い経費を加えた提供（販売）単価（倉庫，荷扱い，

運搬，金利負担等の経費を加算した単価）

3. 市中一般の相場による単価（業者団体が発表している相場表，物価資料の掲載単価）

見積りでは2，または3の単価を使用して値入れします。表8.21で物価資料の掲載単価の例（積算資料ポケット版）ですが，使用にあたっては，市況変動や該当地区等に注意が必要で，市況変動の有無，地区による値差等を問い合わせて下さい。経済調査会では，毎月，全国各都市で調査を実施しています。

事例の値入れ結果は巻末の内訳明細書に示しています（392～406頁参照）

表 8.21　木材価格資料例

樹　種	長×厚×幅 (m)(cm)(cm)	尺寸表示	等　級	材積 (m³)	東京 円/本	東京 円/m³	大阪 円/本	大阪 円/m³
土　台								
桧	4.0×10.5×10.5	13×35×35	特１等	0.0441	3,970	90,000	3,970	90,000
	〃　〃　〃	〃　〃　〃	１　等	〃	3,180	72,000	3,350	76,000
	〃　12.0　12.0	〃　40　40	特１等	0.0576	5,130	89,000	5,880	102,000
	〃　〃　〃	〃　〃　〃	１　等	〃	4,090	71,000	4,840	84,000
	3.0　10.5　10.5	10　35　35	特１等	0.0331	2,980	90,000	2,980	90,000
	〃　〃　〃	〃　〃　〃	１　等	〃	2,380	72,000	2,520	76,000
	〃　12.0　12.0	〃　40　40	特１等	0.0432	3,840	89,000	3,890	90,000
	〃　〃　〃	〃　〃　〃	１　等	〃	3,070	71,000	3,110	72,000
防腐土台								
米ツガ（カナダツガ）	3.0×10.5×10.5	10×35×35	—	0.0331	1,990	60,000	2,050	62,000
（内地挽）	4.0　〃　〃	13　〃　〃	—	0.0441	2,470	56,000	2,560	58,000
（本国挽）	〃　9.0　9.0	〃　30　30	—	0.0324	1,680	52,000	1,780	55,000
柱								
桧	3.0×9.0×9.0	10×30×30	特１等	0.0243	1,360	56,000	1,460	60,000
	〃　10.5　10.5	〃　35　35	上小節	0.0331	14,900	450,000	13,500	408,000
	〃　〃　〃	〃　〃　〃	特１等	〃	2,980	90,000	2,980	90,000
	〃　〃　〃	〃　〃　〃	１　等	〃	2,380	72,000	2,520	76,000
	〃　12.0　12.0	〃　40　40	特１等	0.0432	3,840	89,000	3,890	90,000
	〃　〃　〃	〃　〃　〃	１　等	〃	3,020	70,000	3,200	74,000
	4.0　〃　〃	13　〃　〃	特１等	0.0576	5,130	89,000	7,140	124,000
	〃　〃　〃	〃　〃　〃	１　等	〃	4,030	70,000	6,160	107,000
桧（KD）	3.0　10.5　10.5	10　35　35	特１等	0.0331	3,370	102,000	3,370	102,000
杉	3.0　9.0　9.0	10　30　30	特１等	0.0243	1,020	42,000	1,040	43,000
	〃　10.5　10.5	〃　35　35	上小節	0.0331	5,430	164,000	5,560	168,000
	〃　〃　〃	〃　〃　〃	特１等	〃	1,460	44,000	1,720	52,000
	〃　〃　〃	〃　〃　〃	１　等	〃	1,320	40,000	1,390	42,000
	〃　12.0　12.0	〃　40　40	特１等	0.0432	1,900	44,000	2,250	52,000
	〃　〃　〃	〃　〃　〃	１　等	〃	1,640	38,000	1,900	44,000
	4.0　〃　〃	13　〃　〃	特１等	0.0576	2,530	44,000	3,000	52,000
	〃　〃　〃	〃　〃　〃	１　等	〃	2,190	38,000	2,650	46,000
杉（KD）	3.0　10.5　10.5	10　35　35	特１等	0.0331	1,850	56,000	2,180	66,000

資料：「積算資料ポケット版総合編」一般木材(1)

2. 補足材・くぎ・金物費

〔補足材の計上〕 建築数量積算基準では，木材数量の所要数量の求め方について，

(イ) **間仕切下地**　設計寸法または図示の寸法による長さをm単位に切り上げた長さと，図示の断面積による体積に５％の割増しをした体積とする。

(ロ) **主仕上げ**　挽立て寸法による図示の断面積と，設計寸法または図示の寸法による長さに両端の接合のための必要な長さとして0.15 mを加えた長さとによる体積に５％の割増しをした体積による。

とあります。

・例１．10.5cm × 10.5cm × 5.46 mの場合

(イ)より　長さ（１m単位に切上げ）　5.46 m→6.0 m

断面積0.105 × 0.105 ⟶ 0.010（㎡）

体積＝長さ×断面積6.0 × 0.0110 ⟶ 0.0660（㎥）

５％の割増し0.0660 × 1.05 ⟶ 0.0693（㎥）

・例２．

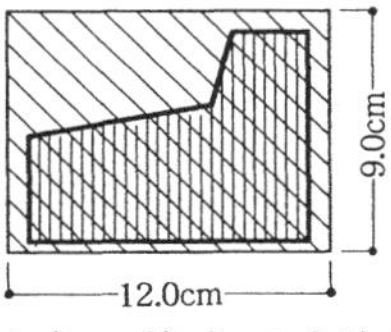

挽立材寸法　9.0cm × 12.0cm

長さ　設計寸法2.73 m

(ロ)より　挽立て寸法による断面積　0.09 × 0.12 = 0.0108（㎡）

長さ（接合のため0.15 m加算）2.73 + 0.15 = 2.88（m）

体積（長さ×断面積）　2.88 × 0.0108 = 0.031104

↓

0.0311

５％の割増し　0.0311 × 1.05 = 0.032655

↓

0.0327（㎡）

以上のような基準になっています。材積計算をして木材数量を出す場合の考え方ですから，木造住宅の一本拾いの考え方と同じではありませんが，拾いの基準で0.91 mを1.0 mに2.73 m→3.0 m，3.64 m→4.0 mに置き換えて拾った考え方など共通点もあります。いずれにしても接合や切りムダ，削り代の

割増しをみた上で，さらに所要数量の割増しとして５％をみるという考え方がうかがえます。

木造住宅について，こうした考え方の基準は現在のところ決められておりませんが，一般に慣習として３％をみるのが一般的です。やや割増率として少ないようですが，全体に対しての率であること，体積（㎥）に対してでなく金額に対してであることから，妥当な水準であるとしてこのまま使用することにします。

補足材：木材価格の合計×３％

〔くぎ・金物費〕

接合具としてのくぎ，ボルト，かすがい，接合物質としてのＺマーク表示品の各種金物が，建築基準法（第22条第２項，第４項）および建築基準法施行令（第45条第３項，第47条第１項，第２項）によって部位別の使用基準が定められています。このうち，基礎と土台をつなぐアンカーボルトは基礎工事に，火打金物（ＨＢ）を使用する場合は木工事に，バルコニー等の受柱の足元などに柱脚金物（ＰＢ-33, 42）を使用する場合は，それぞれの本数，個数，セット数を拾い計上しますが，その他のくぎ，かすがい，短ざく金物，羽子板ボルト等の金物は単価も安価ですから数量を拾うことはしません。面積当たりの統計数値（概算使用量　kg／㎡）を使用し計上します。

また，最近は接着剤を使用することも多く，この場合はくぎ・金物・接着

名　称	記　号	形状・寸法（㎜）	参考数量	単位	価格
太めくぎ	ZN－40 〃　65 〃　90	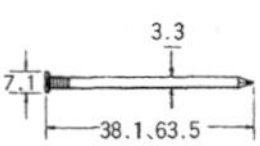	1箱　25kg	kg 〃 〃	360 360 368
スクリューくぎ	ZS－50	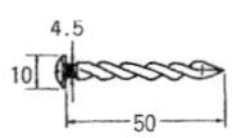	1箱　25kg	kg	368
かすがい	C－120 〃　150	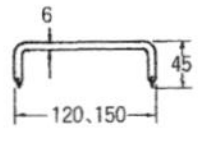	1箱　600本	本 〃	7 9
手違いかすがい 右ひねり および 左ひねり	CC－120右 〃　　左	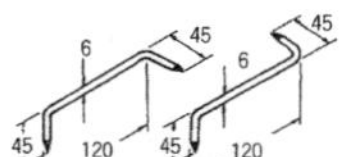	1箱　600本	本 〃	11 11

資料：「積算資料ポケット版総合編」軸組工法用金物(3)

剤費として計上します。ただ信頼性のある統計数値がないため，見積り上ではくぎ，金物費の場合と同じ考え方でみるか，接着剤費を別途，計上するようにします。

3. 労　務　費

木工事の労務費は大工手間（木材の墨出し，きざみ，現場取付け，仕上げ）と建前時のとび手間があります。

大工手間は単位面積当たり人工数×面積で総人工数を出し，これに1日当たり賃金額をかけて算出しますが，単位面積当たり人工数をどうみるかが基本になります。表8.22の統計数字はその一例ですが，仕上げ程度や使用木材（高級品を使用する場合，加工内容もそれに応じて手をかけることになる）によって変わってきます。

電動工具の使用や金物類の利用で生産性が上がり，人工数も少なくてすむはずなのですが実際の見積りではあまり変わっていないようです。これは一つには人工数が少ないことが，施工精度も低いという感覚があることと，今一つは「日額単価×人工数」という見積りの考え方から本業の施工で利益を上げる意味が，逆に考えられているからです。つまり施工技能を高め早くすると人工数も減り損をするという意識です。

このため手間請け大工の場合は別にして，一昔前の人工数とほとんど変わっていないのが現状です。

とび手間は建前部分を計上しますが，表8.22の注記のように1 m^{2}当たり

表 8.22　木工事歩掛り・金物数量統計数値

参考／木工事一式労務歩掛・材料概算値

名　称	仕　様	単位	歩　掛	概算材料使用量（m^{2}当り）		
				木　材	釘	金　物
			（人工）	（m^3/m^2）	（kg/m^2）	（kg/m^2）
木造平屋建	高級住宅	延m^2	1.50～1.70	0.13～0.27	0.5 ～0.7	0.6～1.0
	公庫住宅程度	〃	1.30～1.50	0.13～0.27	0.5 ～0.8	0.7～1.2
	事務所・アパート	〃	0.95～1.15	0.12～0.28	0.55～0.75	1.5～2.5
〃　2階建	高級住宅	〃	1.70～1.90	0.12～0.27	0.5 ～0.7	0.6～1.0
	公庫住宅程度	〃	1.45～1.65	0.12～0.27	0.5 ～0.8	0.7～1.2
	事務所・アパート	〃	1.10～1.30	0.11～0.26	0.55～0.75	1.5～2.5

☞ 建前、足場架払の労務歩掛は1m^{2}当り0.1～0.14（建前）、0.02～0.03（足場架払）程度である。木造住宅の場合はとび職の業務範囲で木工事費の中にとび手間として建前部分のみを計上する。

0.1 ～0.14 人工程度となっています。関東地区では仮設，基礎を含めた契約の中で，建前部分の配分を想定して計上することになります。(関東地区では基礎工事も含めて「とび職」と契約することが多い)

労務単価は95頁 表7.8参照。

・大工手間の部分別単価方式のすすめ

労務歩掛りによって必要人工数を計算・計上する方法に対して，大工施工の各作業別に単価を設定して見積り積算や発注するのが「部分別単価方式」です。

これまでの「日額単価方式」や「手間請け方式」による大工手間の考え方を変え，躯体や床，壁，天井（面積単位）や幅木や回縁（長さ），開口部や階段（個所単位）など建物の部分部位別に施工仕様と単価を設定し，契約・積算する方法です。

これまでの「手間請け」に似ていますが，床面積当たり単価ではなく建物の部分部位別に単価を設定する方法です。計算はやや複雑になりますが，歩掛り方式に比べると簡単で，一度単価を設定すると，部位の数量（面積，長さ，個所数）を把握するだけで，誰でも同じ水準の見積りができます。とくにリフォーム工事の見積りには便利な方法です。

この「部分別単価方式」は職人の組合団体である全建総連・東京都連積算委員会で筆者も参加して運動を進めてきた方式で，大工職人の待遇改善と社会的な地位向上を目指した運動です。

これまでの日額単価方式では，大工職人の腕が上がったり施工改善が行なわれ早く仕事がすめば，その分，大工職人の手間つまり収入は少なくなりかねません。このため「手間ひまかけて，いい仕事を」という意識が強まる結果になりました。これが，わが国の建築コストは高いのに大工職人の賃金は安く，職人も工務店も儲かっていない最大の理由です。つまりせっかくの大工職人の技能がコスト的に活かされていないのです。

これまでの「何時間，何日働いたか」という考え方から，「どんな仕事（質）をどれだけ（量）したか」変え，大工職人の技能を報酬に反映させようという考え方です。

何も特殊な考え方ではなく，大工職人以外の建築職人はすべてこうした考え方になっています。左官職人，タイル職人，クロス職人などすべて施工した仕事量に応じた施工費用になっています。また2×4工法の大工手間や大手の一部では部分別単価方式を取り入れているほか，部分別単価で請負う施工業者も現れています。

表8.23は大工手間の部分別単価を設定した例です。

表 8.23　大工手間部分別単価設定例①

部位・項目	単位	数量	単価	金額	備考
1.仮設・基礎					
水盛りやり方	建坪		900		
基礎墨出し	〃		600		
2.躯体					
墨付・刻み	延坪		13,500		
土台据え	建坪		1,200		
建て方	延坪		3,500		
床組み	床坪		1,300		
間柱入れ	間		1,600		
筋交い・S	個所		1,300		
・W	〃		2,400		
3.屋根					
たる木加工取付	実坪		1,100		
野地板ほか	〃		1,600		
ＰＢ下地	〃		1,550		
鼻かくし加工取付	間		2,500		
破風板加工取付	〃		2,600		
(軒天)					
軒天野縁取付	実坪		5,000		
軒天下地板張り	〃				
軒天仕上張り	〃		3,500		
4.外壁					
下地たて胴縁取付	壁坪		750		
外壁下地板張り	〃		2,300		
外壁仕上げ張り	〃		5,500		合じゃくり加工品
庇	個所		10,000		窓庇
外部手すり	〃		5,000		
5.開口部					
(外部)出入口枠(玄関枠)	個所		10,000		下拵え共
〃　(勝手口枠)	〃		8,000		〃
サッシ枠(大)	〃		10,000		〃
サッシ枠(中)	〃		8,000		〃
サッシ枠(小)	〃		6,000		〃
建具取付(ドア)	〃		6,000		
建具取付(雨戸有)	〃		6,000		サッシ取付け
建具取付(雨戸無)	〃		5,000		〃

※間＝1.82m

表 8.24　大工手間部分別単価設定例②

部位・項目	単位	数量	単価	金額	備考
(内部)鴨居・敷居	個所		6,000		下拵え共
収納鴨居・敷居	〃		5,500		〃
出入り口引き戸枠	〃		6,000		〃
〃　開き戸枠	〃		5,500		〃
収納枠	〃		5,500		〃
額縁	間		1,000		〃
8. 内部					
(床)根太組・1F（和室）	床坪		2,500		@455，根太掛共
〃　・1F（洋室）	〃		3,000		@300，根太掛共
〃　・2F（和室）	〃		2,500		@455
〃　・2F（洋室）	〃		3,000		@300
下地板・合板	〃		1,500		コンパネ12mm程度
〃　・PB下地	〃		1,800		12.5mm程度
〃　・挽板	〃		—		
仕上げ・ブナフローリング	〃		7,000		
〃　・複合合板フロア	〃		5,500		
〃　・コルクタイル	〃		5,200		
〃　・檜縁甲板	〃		10,500		
(壁)胴縁下地	壁坪		1,800		横胴縁@455
下地板・PB下地	〃		2,600		9.5mm程度
〃　・ラスボード張り	〃		2,300		9mm程度
〃　・ラスカット張り	〃		4,500		
化粧けいカル板張り	〃		5,200		4～5mm程度
羽目板張り(杉・檜)	〃		5,500		合じゃくり加工品
(天井)野縁組(洋室)	天井坪		2,000		吊木共
天井合板下地板張り	〃		2,500		9mm程度
天井PB下地板張り	〃		2,600		9.5mm程度
目透し天井板張り	〃		3,000		野縁込み
杉羽目板張り	〃		6,000		合じゃくり加工品
浴室天井パネル張り	〃		10,500		
(内のり)幅木	間		1,500		加工取付け
畳寄せ	〃		2,500		〃
回縁(和室)	〃		2,500		〃
〃（洋室）	〃		1,000		既製品，加工なし
付け鴨居	〃		2,500		加工取付け
長押	〃		2,500		既製品(貼)取付け
(収納)押入・1間	個所		20,000		鴨居・敷居別途

第9章　屋根・板金工事

屋根・板金工事では，屋根ぶき，下ぶき，とい，霧よけ，ひさし，雨押え，流し台まわりのステンレス板張りを含めます。一般建築工事では軽鉄下地組み，金網，ラス，ルーフドレイン，すべり止め，コーナービート，天井アルミ板，面格子，タラップ，手すりまで含めて金属工事としていますが，木造住宅の見積りでは，わかりやすい見積書をという観点から，できるだけそれぞれの部位ごとに計上するようにし，金属工事のうちこれまで「かざり（錺）金物」といわれてきた板金金物（金属屋根・雨押え・とい等）を屋根と一緒にし，その他の金属工事は次のように，それぞれ使われる部位で計上するようにします。

1. 金網（溶接金網）……………基礎工事へ
2. 換気口…………………………基礎工事へ
3. ラス張り………………………左官工事へ
4. 格子，窓手すり………………建具工事へ
5. 目板，水切り…………………建具工事へ
6. ノンスリップ…………………雑工事へ
7. カーテンレール………………雑工事へ
8. コーナービート………………雑工事へ
9. ベランダ，バルコニー………住宅設備工事へ

屋根ぶき材料には，伝統的な日本がわらを代表とする粘土焼成品，スレート，セメント製品，亜鉛鉄板，銅板等の金属製品，屋根下ぶきには，こけら（柿）板ぶき，アスファルトルーフィング，同フェルトぶきなどがあります。

図 9.1　屋根の形状

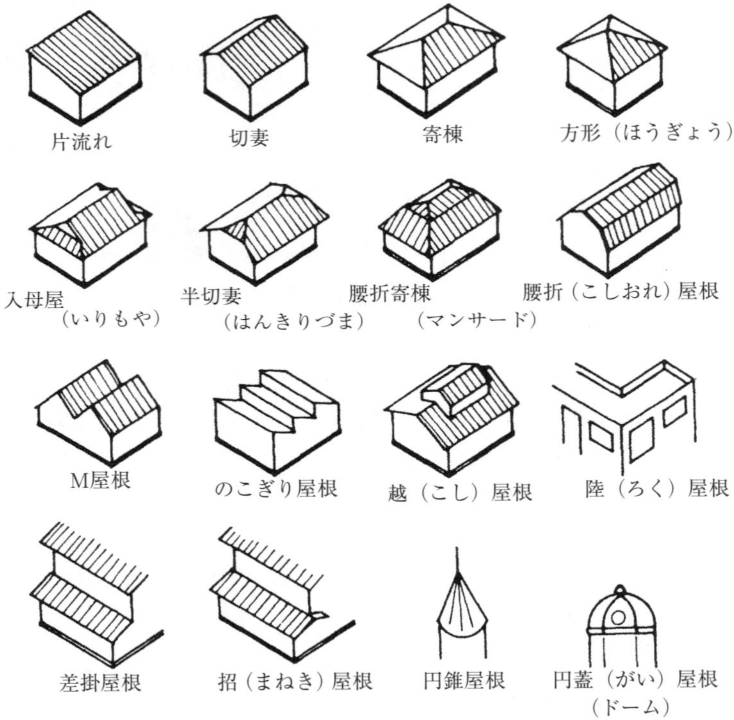

屋根は，建物を風雨，雪，気温の変化など自然の影響から守ると同時に，建物の外観を決定する意匠的な面をもっていますので，お客さんの好みと同時に，屋根の形状・勾配・自然環境を考えて選択されます。

木造住宅には伝統的な日本がわらが最も多く使われていますが，耐震・耐候性と同時に意匠的な面や屋根材の軽重，さらに新しい製品，工法も含めて，製品とコストの関係にたえず関心をもち，見積りの範囲を広げることが必要です。

（1）　屋根工事の材料と工法

□屋根下ぶき

下ぶきには「こけら板ぶき」と「アスファルトルーフィングぶき」，「同フェルトぶき」が多く使われています。

こけら板ぶき

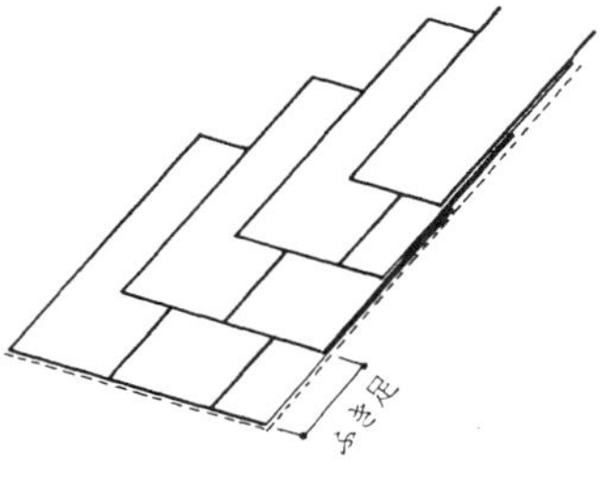

こけら板ぶきは，土居ぶきといわれる伝統的な工法で，最近はあまりみられなくなりましたが，こけら板といわれる杉･ヒバ･サワラなどの板を機械へぎ，または手へぎした薄板を，ふき足2寸（6cm），2.5寸（7.5cm），3寸（9cm）等にふき上げるもので，トントンぶきともいわれているものです。

こけら板は厚1.2～3㎜，幅100㎜，長さ240㎜内外（サイズは地方によってまちまち）の薄板で，15m^{2}分を1束としているようですが，材料およびふき手間はふき足のとり方や材料によってまちまちです。土居ぶき工1人当たり作業量は20～40m^{2}といわれていますが，ふき足1.2，1.4寸では10～15m^{2}のこともあります。

見積り積算では材工共の単価（表9.1参照）で値入れしますが，積み上げ計算をする場合は，ふき面積1.0m^{2}当たり材料（1.1m，または1.1m^2），くぎ0.002kg，手間0.01人工とします。

また，かわら，厚形スレート，金属製屋根など，屋根材の種類を問わず広く使われる下地材として「アスファルトルーフィングおよび同フェルト」があります。

アスファルトルーフィング，同フェルトともにJIS規格（JIS A 6006，同6005）以下の一般品（アスファルトルーフィングで1巻重量22kg，フェルトで17kgまたは20kg品）が使われており，野地板上に直接敷込み，タッカーくぎなどで留め付けられます。

見積りでは表9.1のような材工共単価も使えますが，こけら板ぶきが屋根ぶき工事と別途に計上される（屋根ふき職人で

はなく土居ぶき—トントンぶき屋—職人と職種が異なるため)のに対し,アスファルトルーフィング・フェルトは屋根ぶき工事費に下地ぶき共として計上されることが多いようです。

表9.1　屋根ぶき工事費

名　称	品名・規格・仕様	単位	材料価格	材工共価格
下　ぶ　き	アスファルトルーフィング　940（22kg）　1×21m巻	m^2	90	290
	アスファルトフェルト　17kg　1×42m巻	〃	40	180
	〃　430（20kg）　〃	〃	45	200
	〃　650（30kg）　〃	〃	105	330
	改質アスファルト（ゴムアス）ルーフィング	〃	—	580
	塩ビ製下地材　白　1×41m巻	〃	—	440
	〃　黒　〃	〃	—	420

資料：「積算資料ポケット版総合編」屋根工事（1）

□かわらぶき

かわらぶき材料には日本がわらをはじめ素材，形状によって各種の製品があります。日本がわらには三州・石州瓦と地がわら（各地方で生産される高級がわら）があり，いぶしがわらと呼ばれ，高級品となっています。その他，表9.2のように陶器がわら，厚形スレート，カラーベスト（平形・波形），金属がわら，さらに採光用のガラスがわらまで，素材（粘土・セメント・アスファルト・スレート・金属等）と形状（和形・S形・平形・波形等）によって多くの種類があります。

図9.2　粘土がわらの寸法

形状・寸法による区分		寸法mm 長さ A	幅 B	働き寸法 長さ a	幅 b	3.3㎡当たりのふき枚数
和形桟がわら	49	315	315	245	275	49
	53A	305	305	235	265	53
	53B	295	315	225	275	53
	56	295	295	225	255	57
	60	290	290	220	250	60
	64	280	275	210	240	65
S形桟がわら	53	310	310	240	260	53

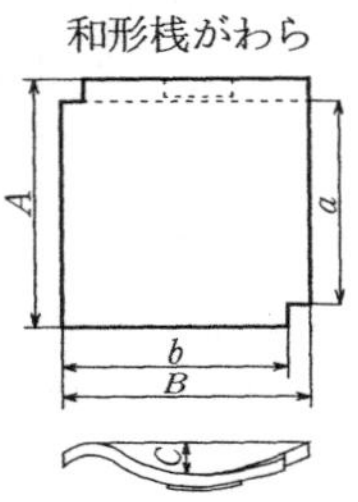

※旧JIS A5208による

かわらぶきは，これまでふき土（粘土1：石灰0.25：すさ0.25）をべたぶきまたは筋ぶきで，しっくい（石灰１：貝灰１：すさ0.7）で面戸取合い部を仕上げる土ぶき工法がとられていましたが，現在では棟の納まり部分で使われる程度で，ほとんど「引掛け桟（さん）がわら工法」（かわら桟〈2.0～2.5cm正割または平割材〉にかわらを載せ３～５段目ごとに尻くぎ打ちをする）がとられています。見積りでは，切妻屋根か寄棟屋根など屋根形状や屋根勾配によって多少異なりますし（切妻に対し寄棟はおよそ10％高い），役がわらの種類・数によっても変わりますが，補修工事以外では，一般に屋根材料の種類によって，材工共単価で値入れをし，屋根の枚数，計算や役がわらの数まで計算することはありません。

引掛け桟がわら工法

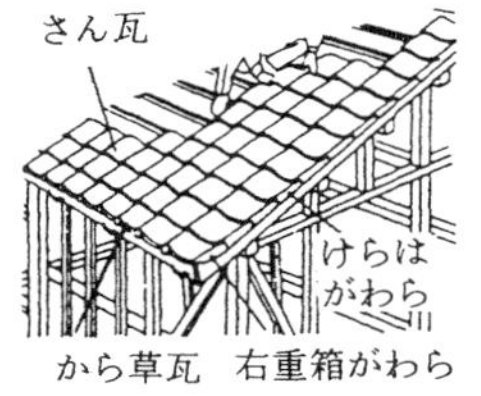

棟の納まり

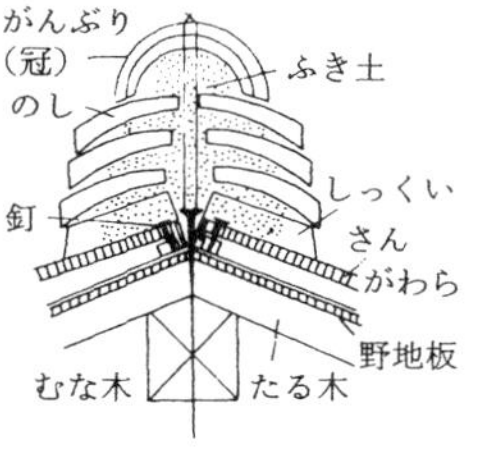

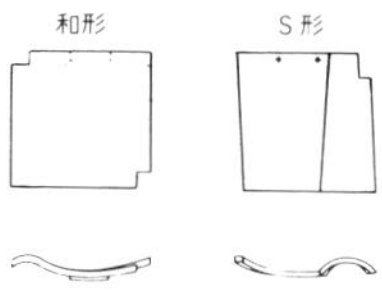

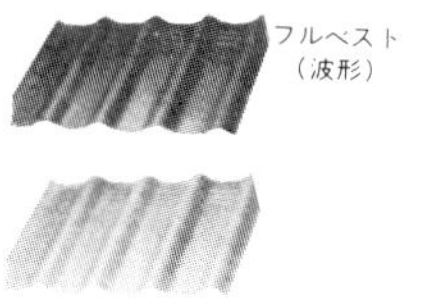

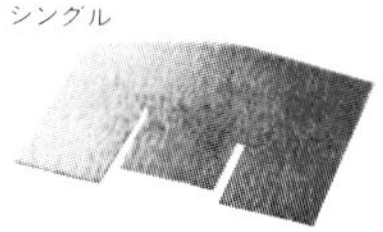

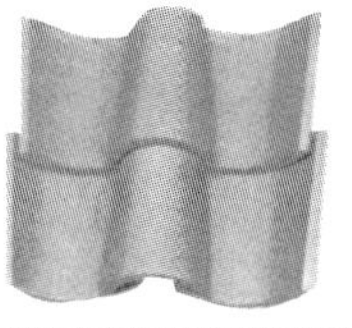

表 9.2　屋根材の種類

名　　称	品　名・規　格・仕　様	単位	材料価格	材工共価格
かわらぶき	**切妻屋根**			
	陶器がわら・J形　シルバー　1等品	m²	—	5,890
	〃　〃　黄金、青緑　〃　施工規模100m²	〃	—	5,980
	〃　〃　銀黒　〃　勾配40/100程度	〃	—	6,170
	〃　S形　黄金、青緑　〃	〃	—	6,930
	〃　F形　〃　〃　〃	〃	—	7,500
	いぶし黒がわら・J形　銀色　関東産1等	〃	—	6,840
	〃　〃　〃　三州産1等	〃	—	7,980
	寄棟屋根			
	陶器がわら・J形　シルバー　1等品	〃	—	6,840
	〃　〃　黄金、青緑　〃　施工規模100m²	〃	—	6,930
	〃　〃　銀黒　〃　勾配40/100程度	〃	—	7,220
	〃　S形　黄金、青緑　〃	〃	—	7,500
	〃　F形　〃　〃　〃	〃	—	7,500
	いぶし黒がわら・J形　銀色　関東産1等	〃	—	7,690
	〃　〃　〃　三州産1等	〃	—	8,640
スレートぶき	厚形スレート・F形　無塗装	m²	—	3,900
	〃　〃　焼付静電塗装品	〃	—	4,300
	〃　J形　白色、塗装品	〃	—	3,500
	〃　〃　焼付静電塗装品	〃	—	4,200
	〃　S形　白色、塗装品	〃	—	5,000
	〃　〃　焼付静電塗装品	〃	—	5,800
	〃ヨーロピアン　〃　切妻屋根	〃	—	3,900
	〃ニュースパニッシュ　〃　〃	〃	—	4,800
	スレート波板・大波　施工規模200m²程度	〃	—	2,050
	〃　棟　幅600㎜	m	—	1,950
	〃　けらば　長1820、2120、2420㎜	〃	—	1,850
	〃　巴	個	—	2,000
合成樹脂系波板ぶき	強化ポリエステル波板・大波(130㎜)厚1.2㎜フック止	m²	—	4,400
	〃　〃(〃)1.5　〃	〃	—	4,900
	ポリカーボネート波板・小波(32)0.7　〃	〃	—	3,000
	〃　〃(63)1.0　〃	〃	—	4,650
	硬質塩ビ波板　〃(32)0.8　〃	〃	—	1,950
	〃　〃(63)1.0　〃	〃	—	2,350
カラーベストぶき	コロニアル同等品　切妻屋根、標準役物共	m²	—	3,200
	〃　方形寄棟	〃	—	3,900
	〃　降り棟コーナー	m	—	2,500
	〃　アーバーニー切妻	m²	—	5,500
	雪止め金具	m	—	2,000

☞ 1．J形＝和形、S形＝スパニッシュ形、F形＝フランス形の意。

資料：「積算資料ポケット版総合編」屋根工事（1）

□金属板ぶき

金属板ぶきには素材では亜鉛鉄板（カラーを含む），銅板，アルミニウム板が，形状からは平板および一文字ぶき，かわら棒ぶき，波板鉄板ぶきがあり，住宅用としては亜鉛鉄板・銅板の平板，一文字ぶきおよびかわら棒ぶきが多くみられてきました。

一文字ぶき

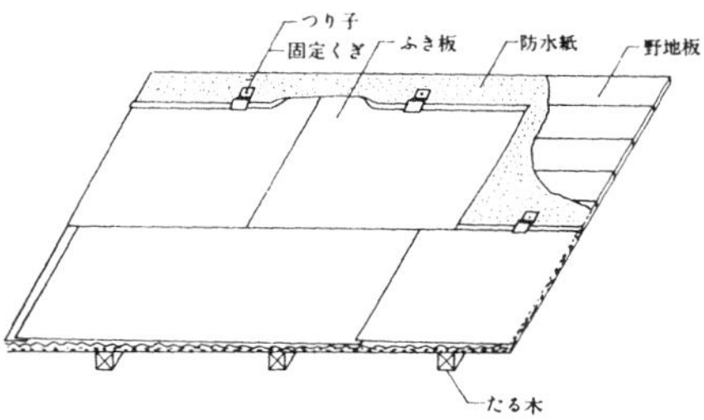

かわら棒ぶき

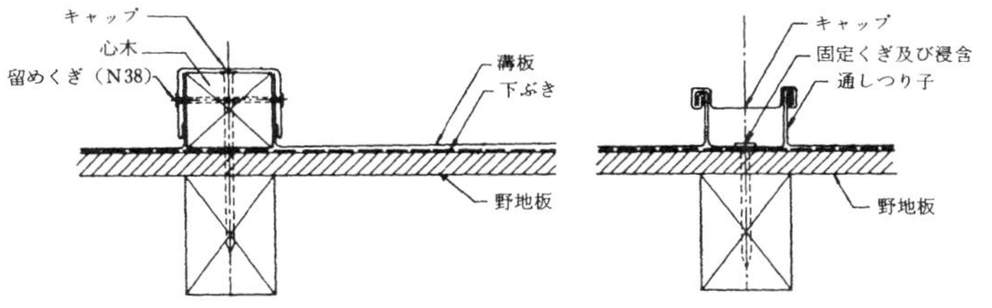

金属板ぶきは屋根を軽量化することが最大の特長で，雪の多い地方で多く使われているほか，銅板は社寺建築だけでなく，耐食性や優れた外観から住宅にも使われるようになりました。

表 9.3　金属板ぶきの価格資料

名　称	品名・規格・仕様	施工規模	単位	材料価格	材工共価格
かわら棒ぶき（切妻屋根）勾配5.5/10以下	カラー鉄板・心木なし　厚0.35mmピッチ420	100	m²	—	3,000
	〃　〃　0.4　〃	〃	〃	—	3,230
	塩ビ鋼板　〃　0.35　〃	〃	〃	—	3,710
	〃　〃　0.4　〃	〃	〃	—	4,040
	カラーステンレス　〃　0.3　〃	〃	〃	—	6,490
	〃　〃　0.4　〃	〃	〃	—	6,760
	カラーアルミ　〃　〃　〃	〃	〃	—	5,660
	〃　〃　0.5　〃	〃	〃	—	6,420
	カラー鉄板・心木あり　0.35　〃	〃	〃	—	2,910
	〃　〃　0.4　〃	〃	〃	—	3,000
	塩ビ鋼板　〃　0.35　〃	〃	〃	—	3,460
	〃　〃　0.4　〃	〃	〃	—	3,550
	カラーステンレス　〃　〃　〃	〃	〃	—	6,280
	カラーアルミ　〃　〃　〃	〃	〃	—	5,650
	※棟包み、けらば等の役物、下地、樋工事は別途。				
平板ぶき	カラー鉄板・四ツ切　厚0.35mm　（一文字）　役物共	100	m²	—	3,990
	〃　〃　0.4　〃　〃	〃	〃	—	4,080
	塩ビ鋼板　〃　0.35　〃　〃	〃	〃	—	4,270
	〃　〃　0.4　〃　〃	〃	〃	—	4,370
	銅　板　〃（365×1200）厚0.30mm　役物別途	〃	〃	—	10,100

資料：「積算資料ポケット版総合編」屋根工事（2）

（2） 屋根工事の見積り

屋根工事の見積りでは，屋根材の種類・工法によって単価が異なるため，まず材料種類をはっきりと確認します。かわらを例にとっても，三州のいぶしがわらもあれば厚型スレートがわらもあり，価格もさまざまです。数量や単価については，住宅の屋根の場合，特に難しい点はなく屋根面積を屋根伏図等から，こう配による伸び率を使って算出し，単価も特殊な場合を除き，役物等は意識せず材工共単価で計上します。

屋根こう配による伸び率は，木工事の小屋組みの項で詳しく説明（147頁参照）しましたが，次のとおりで，事例の屋根面積は基本数量表からみます。

表 9.4 屋根勾配による伸び率（水平長さ 1 に対する率）

屋根勾配(寸)	2.0	2.5	3.0	3.5	4.0	4.5	5.0	5.5	6.0	6.5	7.0	7.5
斜面長さ	1.02	1.03	1.04	1.06	1.08	1.10	1.12	1.14	1.17	1.19	1.22	1.25
すみ木長さ	1.43	1.44	1.45	1.46	1.47	1.48	1.50	1.52	1.54	1.56	1.58	1.60

役物の単価や屋根数量のロス率という疑問があるかと思いますが，材工共の複合単価で値入れをする場合は，そのままの数量・単価を使うことが基本です。一例として和がわら64形の複合単価の内訳を示すと表9.5のとおりで，材料ロスおよび役物を含んでいることがわかります。

表 9.5 和がわらぶきの工事歩掛り

名称	規格	単位	数量	単価	金額	備考
日本がわらぶき64形（平家切妻4.5寸勾配　施工規模：100m²）（3.3m²当たり）						
桟がわら	64 形	枚	64.0	×××	△△△	
役がわら		〃	20.0	×××	△△△	桟がわらの30%
釘	銅釘 ℓ＝45	kg	0.05	×××	△△△	
針金	銅線 φ 0.9	〃	0.1	×××	△△△	
ふき土		m³	0.07	×××	△△△	引掛さん瓦ぶき
屋根ふき工		人	0.17	×××	△△△	
手元		〃	0.20	×××	△△△	
合計　3.3 m²当たり					○○○○	

単価は寄棟の場合10%高，2階建ての場合は手元の人工数50%増とします。

数量算出については野地板の拾いも同じですが，2階建てで下屋の屋根や切妻2段屋根等で重なり部分の面積の拾いもれに注意して下さい。

(3) 板金工事の見積り

雨どいをはじめ，金属板屋根ぶきおよび霧よけ，ひさし，雨押え，流し台まわりのステンレス板張りを屋根・板金工事の中の板金工事部分としてみます。これまで「かざり（錺）職人」のかざり金物工事といわれていたもので，現在でもこの名称を使うことがあります。

□雨どい

雨どいは右図のように軒どい，はいどい，あんこう（集水ます），呼びどい，エルボ，竪どいおよび谷どいがあり，谷どい以外はカラー鉄板製のほかに銅板製・塩ビ製も多く使

雨どい

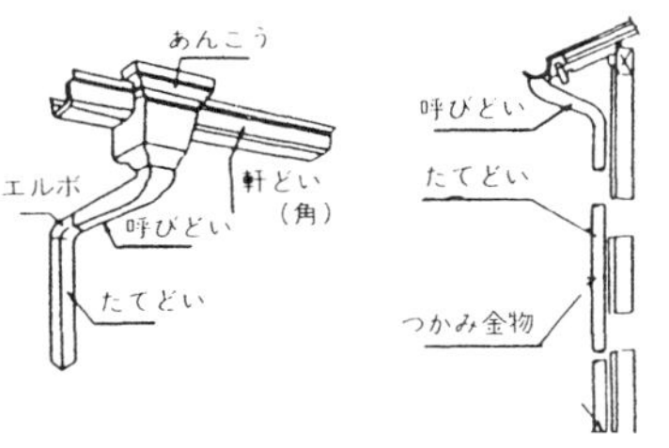

表9.6　雨どいの単価資料

名　称	規格・仕様	単位	材工共価格
軒どい	塩ビ製　一般用　半円形　径105mm	m	1,250
	〃　〃　〃　120	〃	1,410
	〃　〃　〃　150	〃	1,800
	塩ビ角どい　折板用　幅120mm	〃	2,410
	〃　〃　150	〃	2,950
	〃　〃　180	〃	3,410
	〃（前高型）〃　120	〃	2,100
	〃　〃　〃　150	〃	2,360
	〃　〃　〃　180	〃	2,870
たてどい	塩ビたてどい　丸形　径60mm	m	1,200
	〃　〃　75	〃	1,400
	〃　角形　65×40mm程度	〃	1,310
	〃　〃　80　50　〃	〃	1,700
	VU管（塩ビ製）継手共　呼び径　65A	〃	1,310
	〃　〃　〃　〃　75	〃	1,540
	〃　〃　〃　〃　100	〃	1,820
	〃　〃　〃　〃　125	〃	2,520
集水器	塩ビ製　半円形　径105mm用	個所	3,020
	〃　角形　120	〃	3,920
	塩ビ大ます　角形　250×300mm	〃	6,110

資料：「積算資料ポケット版総合編」とい工事

くさりとい

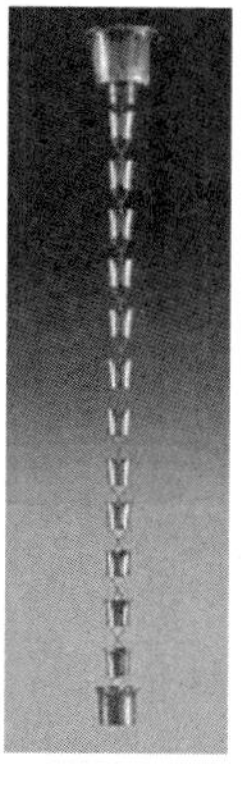

われています。見積りでは，材質および寸法（径），形状（丸・角）を確認して配置の延長さ（m）を集計し，受金物・つかみ金物費を含んだ材工共単価を使って値入れします。材料費，製作手間等の積上げ計算をすることはほとんどありません。

また雨どいは建物外観の意匠的な部分ですから，各種の飾りどい・あんこう（飾ります）や「くさりとい」等が市販されています。

一般品の見積りだけでなく，こうした装飾品の商品知識ももって，幅の広い見積りをするようにしてください。

□霧よけ・ひさし・雨押え・流し台回りステンレス張り

出入口ひさしにはアスファルトフェルトを下ぶきをし，この上にカラー鉄板等を加工してふき上げ，壁の立上りは下ぶきとも十分な高さをとります。鉄板は，ひさしの鼻かくし，力板の三方に通し付け子を取り付け，屋根面の先端とかみ合せに接合します。出窓屋根，霧除（窓上部のひさし）および雨戸戸袋屋根もカラー鉄板等でふき上げます。

見積り方法は，面積計算をする場合と小規模な場合は糸尺（幅）寸法別の延長さ（m）または個所数で計上する方法があります。事例の場合は玄関ひさし，勝手口，出窓，霧除（洗面・浴室・便所窓）とも延長さで計上しました。

単価は234頁 表9.7のような材工共単価を使います。

（事例の見積り）

① 玄関ひさし　1.0×1.9(m)
② 勝手口・居間　0.65×3.7
③ 出窓　0.65×3.6
④ 霧除　0.40×(1.8＋1.4＋1.0)

以上いずれもカラー鉄板0.35㎜平板ぶき。

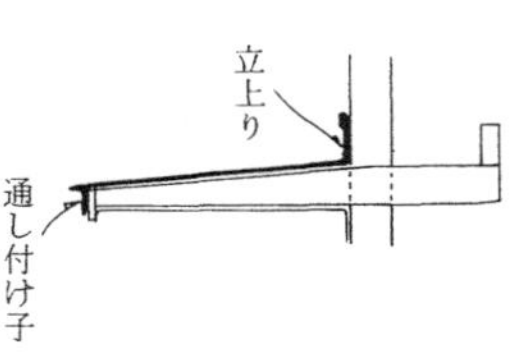

雨押え

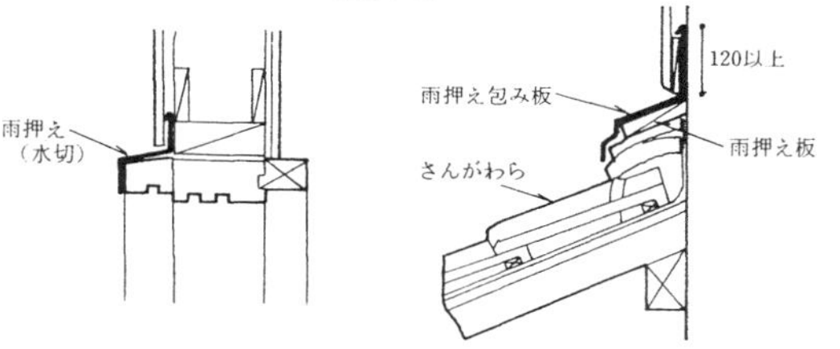

また，雨戸戸袋は既製品ですから屋根板金工事は不要ですが，戸袋内部のカラー鉄板張りとして，11カ所分を計上します。

雨押えはサッシ上わくの上部，雨戸戸袋上部（木製の場合）に雨押え（水切り）を，壁と1階屋根との取合い部分に雨押え包み板として設けます。

見積りは延長さ×単価で計上しますが，延長さはサッシの幅ではなく，開口部柱心々寸法で計上します。

流し台回りステンレス板張りは屋根板金工事とは少し場所が違いますが，同じかざり金物工事として，同時に計上します（ステンレス材質，板厚による面積計算）。

表 9.7　板金工事の単価資料

名　　称	規　格　・　仕　様			単位	材工共価格
棟包み	カラー鉄板	厚0.4mm	糸幅300mm	m	1,350
	〃	0.6	450	〃	2,380
	塩ビ鋼板	0.4	300	〃	2,270
	〃	0.6	450	〃	3,330
水切り、雨押え	カラー鉄板	0.35	延幅150mm	〃	1,090
	〃	〃	300	〃	1,240
	〃	〃	455	〃	1,500
	塩ビ鋼板	〃	幅150mm	〃	1,910
	〃	〃	300	〃	2,220
	〃	〃	455	〃	2,570
	カラーステンレス	0.3	延幅150mm	〃	2,520
	〃	〃	300	〃	2,850
	〃	〃	455	〃	3,170
軒とい	塩ビ製　半円形		径105mm	〃	1,370
	〃　〃		120	〃	1,550
	〃　〃		150	〃	1,980
谷どい	カラー鉄板	厚0.4mm	糸幅300mm	〃	1,690
	〃	〃	455	〃	2,030
	〃	〃	914	〃	3,000
	塩ビ鋼板	〃	300	〃	2,980
	〃	〃	455	〃	3,140
	〃	〃	914	〃	5,610
ひさし	カラー鉄板	〃	300	〃	1,530
	〃	〃	450	〃	1,800
	塩ビ鋼板	〃	300	〃	2,330
	〃	〃	450	〃	2,610
帳壁	角波板　カラー鉄板	0.35		m^2	2,170
	〃　〃	0.4		〃	2,380
	〃　塩ビ鋼板	〃		〃	3,500
戸袋屋根	カラー鉄板	0.35	糸尺300×950mm	個所	2,070
	〃	0.4	〃　〃	〃	1,950
	カラーステンレス	〃	〃　〃	〃	3,250
流し台前ステンレス張	ステンレス	〃	立上り180mm	m^2	8,380
浴室敷居ステンレス包	〃	〃		個所	6,520

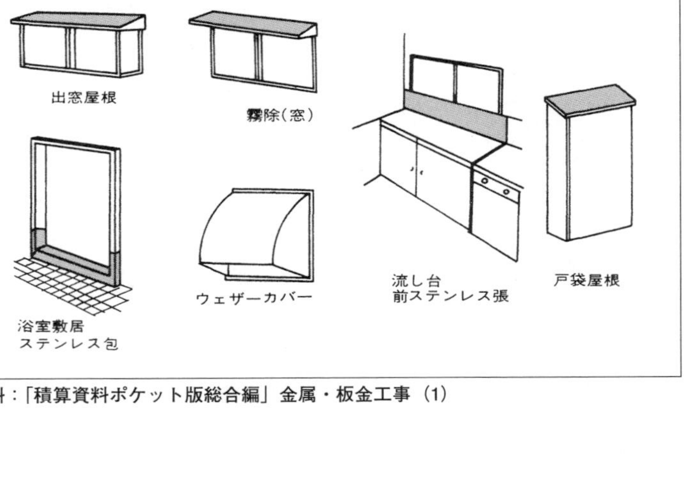

資料：「積算資料ポケット版総合編」金属・板金工事（1）

第10章　石・タイル工事

石・タイル工事では，レンガも含めて一般建築工事の組積，石，タイル工事をまとめて計上します。タイル工事の下地モルタルや合成樹脂系タイル・現場テラゾーなど左官工事・内装工事との区分に注意が必要です。

石・タイルとも歴史の古い建築材料で，内外装の仕上げ工事として使用されてきましたが，デザインタイルの意匠性や石・タイルのもつ高級感から，浴室や玄関まわり等に好んで使われています。見積り上では，製品の種類・工法をはっきりさせ計上するようにします。

(1)　石　工　事

建築本体工事費の石工事は，建物の内外装の仕上げに使われる石工事で，門柱や屋外の庭石・敷石等は付帯工事費の中に，また現場テラゾー仕上げ，人造石とぎ出し仕上げは左官工事に計上します。

石工事には大理石・花こう岩張り（壁・床，ひき石・割石），鉄平石張り，擬石張り，テラゾーブロック張り（床・壁・幅木），テラゾータイル張り等があり，大理石・花こう岩（みかげ石）は国産・外国産の各産地によるもの，また仕上げの種類は，のみ切り，びしゃんたたき，みがき仕上げがあります。

石材の仕上げ

のみ切り　びしゃん　小たたき　みがき

表 10.1 石工事価格表①

名称	規格・仕様	施工規模	単位	材工共価格	備考
花こう岩張り	壁 厚25㎜ 本磨き 並級品	50m²程度	m²	30,600	左記単価は平物の価格
	〃 〃 ジェットバーナー 〃	〃	〃	30,000	であり、特殊な加工を要
	〃 30 機械叩き 〃	〃	〃	31,300	する役物などは別途見
	柱 25 本磨き 〃	〃	〃	33,400	積りとする。
	〃 〃 ジェットバーナー 〃	〃	〃	32,800	
	〃 30 機械叩き 〃	〃	〃	34,200	張付け用のモルタル、
	床 25 本磨き 〃	〃	〃	26,200	鉄筋、金物等を含む。
	〃 〃 水磨き 〃	〃	〃	26,000	石厚は仕上り厚さ。
	〃 〃 ジェットバーナー 〃	〃	〃	25,900	
	〃 30 機械叩き 〃	〃	〃	26,700	〈花こう岩標準石割寸法〉
	段石 150×340×20 水磨き 〃	〃	m	20,100	壁 900×600㎜ または
	〃 〃 〃 25 ジェットバーナー 〃	〃	〃	21,700	1枚当たり50kg程度
	縁石 120×150 水磨き 〃	〃	〃	12,900	柱 900×600～900㎜または
	〃 〃 〃 ジェットバーナー 〃	〃	〃	12,900	1枚当たり50kg程度
	〃 〃 〃 機械叩き 〃	〃	〃	15,300	段石 160～340×長900㎜
	額縁 180 20 本磨き 〃	〃	〃	11,400	縁石 120～150 900
	甲板 600 40 〃 〃	〃	〃	36,700	
	笠石 180 20 〃 〃	〃	〃	10,900	
	沓摺 150 30 〃 〃	〃	〃	9,700	
	幅木 120 20 〃 〃	〃	〃	5,900	
	壁石 乱張 厚100㎜割肌 〃	〃	〃	38,800	
大理石張り	壁 厚25㎜ 本磨き並級品	〃	m²	31,200	〈大理石標準石割寸法〉
	〃 〃 〃 中級品	〃	〃	35,600	壁 900×400～800㎜
	柱 〃 〃 並級品	〃	〃	34,000	柱 〃 〃～〃
	〃 〃 〃 中級品	〃	〃	38,600	床 600 〃～600
	床 〃 〃 並級品	〃	〃	28,000	
	〃 〃 〃 中級品	〃	〃	32,500	

花こう岩のランク

並級品＝藤岡、加平、議院石、抱川、中国361・306・603
中級品＝稲田、北木、ビヤンコサルド、ローザポリーニョ、恵那錆、モンシーク、バルチックブラウン、カパオボニート、ニューインペリアルレッド、ラステンバーグ、サファイアブラウン（ブルー）、ブラウンマホガニー
上級品＝万成、カレドニア、マホガニー、バルモラルレッド、センチネルレッド、ベルファスト、アンゴランブラック、ジンバブエブラック、マロングァイバ、スウェディッシュマホガニー、ポリクローム

大理石のランク

並級品＝霰、台湾白
中級品＝ビアンコカラーラ、トラベルチーノロマーノ、テレサベージュ、ボテチーノ、ペルリーノ、ズベボロイヤル、リオーシュモンティモール、リオーシュシャイネット、サンフローリエンローズ、ロッソマニャボスキ、蛇紋、クレママルフィル
上級品＝ペンテリコン、シルバベルラ、セルペジャンテ、ローザアウローラ、レッドトラバーチン、ネグロマルキーナ、アラベスカート、トラベルチーノロマーノキァーロ、トラベルチーノストリアート

資料：「積算資料ポケット版総合編」石工事（1）

表 10.1　石工事価格表②

名　称	規格・仕様	施工規模	単位	材工共価格	備　考
大理石張り	幅木　厚120×20㎜ 本磨き 並級品	50m²程度	m	6,000	**〈大理石標準石割寸法〉**
	〃　〃　〃　〃 中級品	〃	〃	6,700	幅木(直)　幅120×長900㎜
	段石　150　340　〃 並級品	〃	〃	22,100	甲板　600×1000㎜
	〃　〃　〃　〃 中級品	〃	〃	26,000	笠石(平) 150×900㎜
	額縁　180　20　〃 並級品	〃	〃	12,500	
	〃　〃　〃　〃 中級品	〃	〃	14,300	
	甲板　600　40　〃 並級品	〃	〃	40,700	
	〃　〃　〃　〃 中級品	〃	〃	48,100	
	笠石　180　20　〃 並級品	〃	〃	11,000	
	〃　〃　〃　〃 中級品	〃	〃	12,700	
	ササラ幅木250　〃　〃 並級品	〃	〃	13,900	
	〃　〃　〃　〃 中級品	〃	〃	16,600	
	ササラ桁　350　〃　〃 並級品	〃	〃	18,600	
	〃　〃　〃　〃 中級品	〃	〃	21,300	
	稲妻幅木 100　〃　〃 並級品	〃	〃	15,100	
	〃　〃　〃　〃 中級品	〃	〃	16,600	
	階段ボーダー 〃　〃　〃 並級品	〃	〃	20,200	
	〃　〃　〃　〃 中級品	〃	〃	23,400	
	洗面甲板 600×20×1500　〃　〃	〃	個所	66,400	
テラゾーブロック張り(種石・大理石)	壁　厚25㎜	〃	m²	21,300	
	床　〃	〃	〃	19,500	
	幅木　〃　高120㎜以下	〃	m	4,500	
	ササラ幅木 〃	〃	〃	9,500	
	階段ボーダー　〃　幅100㎜	〃	〃	8,800	
	ササラ桁　〃	〃	〃	20,100	
	甲板　30	〃	m²	37,900	
	棚板　25　幅150㎜以下	〃	m	7,800	
	便所スクリーン 40	〃	m²	30,300	
	笠石　25　幅150㎜以下	〃	m	10,900	
テラゾータイル張り	床 大 理 石 400×400×30	〃	m²	8,700	
	〃 花こう岩 〃　〃　〃	〃	〃	10,500	
大谷石張り	壁　150×300×900	〃	〃	27,800	
鉄平石張り	方形　乱張	〃	〃	19,400	
	乱形　〃	〃	〃	16,500	
	小口積み	〃	〃	26,900	
小舗石張り	土間割肌　90×90×90(御影石)	〃	〃	14,400	

(石材の加工工程)

荒石 → 荒コブ取り → ノミ切り → ビシャン → 小叩き → 荒磨き → 水磨き → 本磨き

資料：「積算資料ポケット版総合編」石工事 (2)

みかげ石

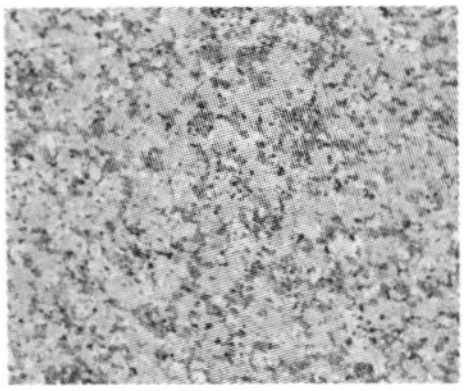

大理石

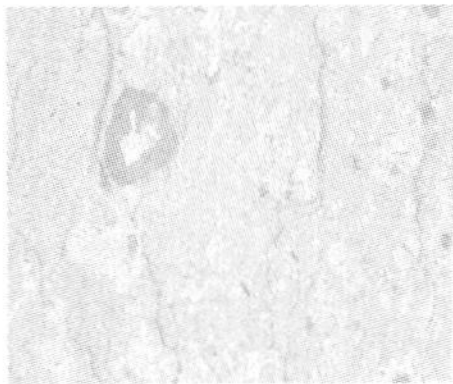

鉄平石張り

みかげ石・蛇紋石の乱形張り

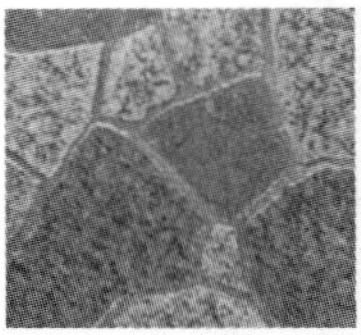

▲赤御影石

▲黒御影石

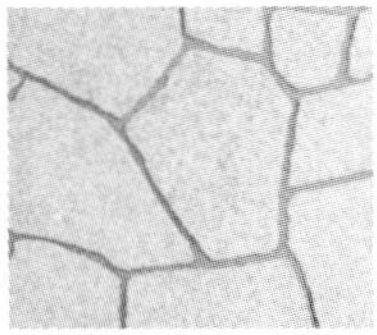

▲桜御影石

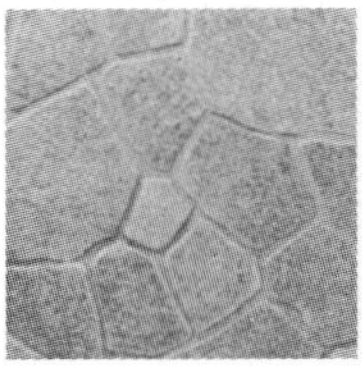

▲木曽石赤

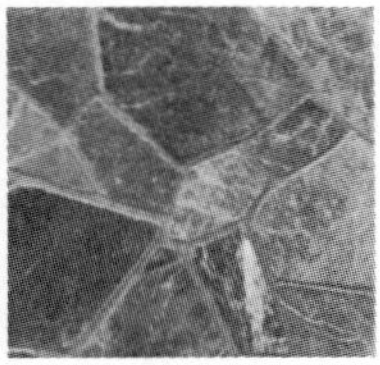

▲蛇紋石

見積りにあたっては，材料の種類・仕上げ，使用部位を確かめて，面積（壁・床），延長さ（幅木等）を計測して計上します。

単価は，加工手間，砂セメント，取付け手間を含んだ材工共単価で計上しますが，専門業者に工場加工から現場取付けまで一式施工をさせることが多いので，費用の範囲をはっきりさせて下見積りをとるようにします。また最近では天然石の名称を付した加工石も増加し，広く使われています。

（2） タイル張り

タイルとは床・壁などの表面に張り付けて使用する陶磁器タイルのことで，合板樹脂系のタイルは内装工事に計上します。

タイルは用途，材質（きじ），施釉（ゆう）・無釉の別，寸法・形状によって次のように分類されます。

浴室タイル張り例

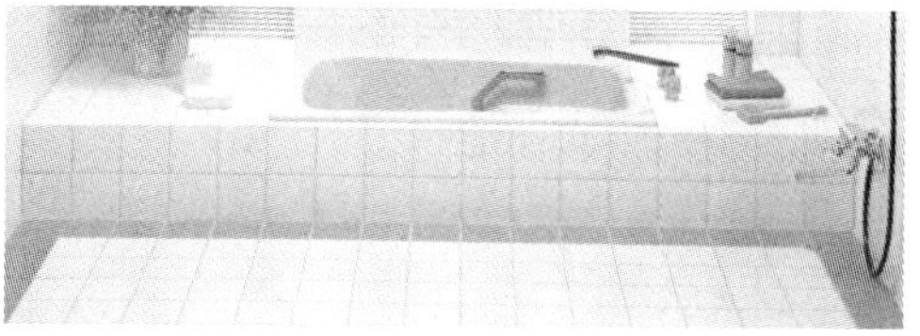

1．用途による分類

- 外装タイル（四丁掛，三丁掛，二丁掛，小口平，ボーダー）
- 内装タイル（50,36,33,25角）
- 床タイル（66,60,50,36角）
- モザイクタイル（寸五，寸三，八分，六分角）

2．材質（きじ）による分類

磁器質	吸水率 0～1.0％未満	焼成温度1200℃以上	外・床・モザイク
炻（せっ）器質	1.0～10％未満	1200～1350℃	外・床
陶器質	10％以上	1000～1200℃	内装

3．施釉，無釉の別

施釉タイル
- 光沢釉（高光沢を有する釉）
- マット釉（光沢の少ない釉）
- 透明釉（地肌のすけてみえる釉）

無釉タイル―（上ぐすりをかけないタイル）

4．寸法・形状

モジュール寸法

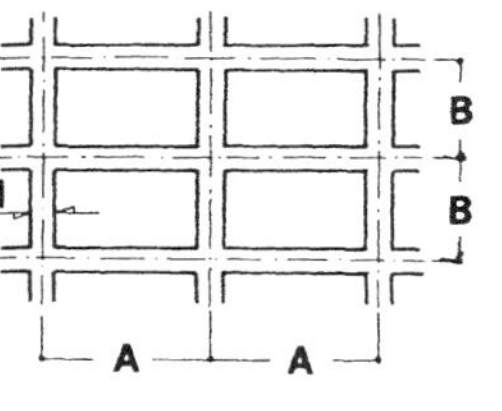

JIS規格（JIS A 5209）にタイルのモジュール寸法*が定められていますが，タイルそのものの実寸法は、この寸法より目地分、小さくなっています（図10.1参照）。かつては尺寸単位による呼称が使われていましたが、最近はモザイクタイルに一部残っている程度でメートル法（このモジュール寸法）による呼び方が一般化しています。

＊モジュール寸法とは，構成材の基準面間の距離で，タイルの場合は，図のように目地心から目地心までの寸法をいい，そのまま施工割付寸法として活用できる。

図 10.1　タイルの一般呼称寸法と形状

用途別タイル種類と主な実寸法

呼　称	床用（内外部）たて×よこ　厚mm	外装壁用 たて×よこ　厚mm	内装壁用 たて×よこ　厚mm
300角	292 × 292　12,13 295 × 295　8.0,8.5 296 × 296　8.0,8.5		
200角	192 × 192　10,13 195 × 195　8.0,8.5 197 × 197　7.0,7.5		197.8 × 197.8　5.5,6.0,6.8
150角	142 × 142　9.0,13 144 × 144　8.0,9.0,10,12	142 × 142　10,13	147.8 × 147.8　5.0,5.5
100角	92 × 92　8.5,9.0,13 94 × 94　8.0,9.0	90 × 90　20 92 × 92　10,20 94 × 94　9.0	97.8 × 97.8　5.0,6.0
75角	67 × 67　13	68 × 68　9.0 69 × 69　7.5,8.0,9.0	
50角		45 × 45　7.0,7.5 47 × 47　7.0,7.5	47.8 × 47.8　5.5,6.0
50二丁 50三丁		95 × 45　7.0,7.5,9.0 145 × 45　7.0,7.4,7.5	
25角			25 × 25　4.2,5.2
二丁掛 小口平		227 × 60　9.0,12,13,18 108 × 60　9.0,13	

※以上のほか400角（内装床用），200 × 100角（内外床・壁用），200 × 50・20，150 × 50・30・20（内装壁ボーダー用）などがある。
※旧寸法呼称は寸表示で，それぞれ66（ろくろく）角 = 200mm角，60（ろくまる）角 = 180mm，50（ごまる）角 = 152mm，36（さぶろく）角 = 108mm，33（さんさん）角 = 97mm，25（にご）角 = 75mm，寸五角 = 47mm，寸三角 = 40mm，八分角 = 25mm，六分角 = 19mm

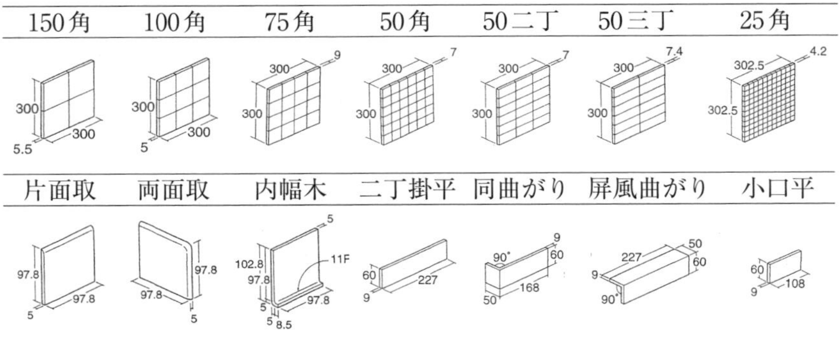

タイル張りの見積りでは，タイルの種類，寸法，目地幅，工法別に平物は張り上げ面積を，役物は延長さで算出します。

タイル張り工法は積上げ張り，圧着張り，接着剤張り，モザイクタイル張り工法があります。また，現場で組立てる型枠にタイルを固定させておき，コンクリート打設後にタイルを残して型枠だけ取りはずす「型枠先付け工法」も増えてきました。

さらに写真のようにアルミパネルや窯業系サイディング下地に，れんが調タイルをはめ込む「乾式タイル張り工法」も木造住宅の外装用に普及してきました。冬期に湿式工法では施工できない北海道で開発された工法ですが，タイル職人の不足と，木造住宅の外装にもタイル張りをという両面から都市部を中心に広がっています。

現在までのところ，湿式工法にくらべ，同程度か，やや高くなるようですが，下地施工がよければ目地の通りなど確実な仕上がりが得られることや，賃金が高くなるにしたがいコスト的にも有利になるものと考えられます。現在，メーカー

れんが調タイルの乾式工法
サイディングタイル（左）とセラミックサイディング

図 10.2　壁タイル張りの工法

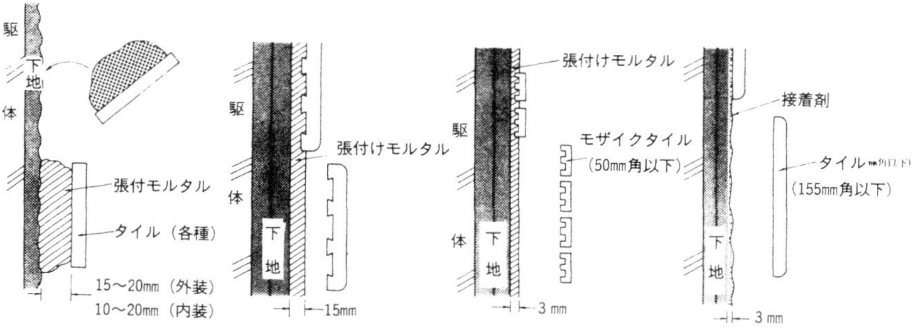

(a)積上げ張り（だんご張り）　(b)圧着張り（１枚張り）　(c)モザイクタイル張り　(d)接着剤張り（１枚張り）

により施工方法が少しずつ異なり，責任施工となっているため，見積りをとって見積り計上することになります。施工範囲（とくに下地調整，水切りなど）は工法によって多少異なりますので，確認することが必要です。

〔タイル張り（湿式工法）の見積り〕

数量は異形（役物）タイルを長さで計上し，平物を面積で計上しますが，平物面積の計上は役物タイル分を控除しないで，そのままの面積を計上します。数量は，内外部の仕上げ調書で整理した数値をそのまま使用します。

単価は，木造住宅の場合，床はコンクリート下地のことが多いのですが，壁は木製下地ですから，次のような構成になります。

タイル工事へ（張りモルタル(接着剤)+タイル）

下地板(木ずり)+ラス+下地モルタル+張りモルタル(接着剤)+タイル

左官工事へ（ラス+下地モルタル）

このうち，張りモルタル以降分をタイル工事に計上しますが，ラスおよび下地モルタルは左官工事の中に計上します。したがって，タイル工事には張りモルタル，タイル張りを含めた材工共の単価を表10.2～3のような単価資料またはタイル工との契約単価等を参考に値入れします。

タイルの寸法から割付け，枚数を算出し，モルタルや張り手間を加算する見積り方法もありますが，木造住宅の見積りでは特殊なデザインタイル等を使う場合以外はほとんど使われません。

一般に，タイル工１日当たり標準作業量は５～６m^2（0.17～0.2人工／m^2）といわれていますが，タイル寸法によって異なってきます。66角(200×200㎜）やデザインタイル張り（303㎜角）では７～８m^2（0.13×0.14人工／m^2），逆に25角（76×76㎜）では3.5～4.0m^2となります。床と壁，

表 10.2　タイル張り単価資料（1）（床）

種別	規格	対象製品	施工規模	単位	グループ	材工共価格
モザイクユニットタイル張り（圧着張り）	**角形モザイク**　50mm角紙張（磁器質・無釉）（実寸：45mm角）紙張目地共寸法：300×300mm	カラコン モザイクSカラー（同等品）	50m²程度	m²		7,100
	角形モザイク　50mm角紙張（磁器質・無釉）（実寸：46.5mm角）紙張目地共寸法：300×300mm	プレイン50（同等品）	〃	m²		7,200
磁器質タイル張り（圧着張り）	100mm角平　無釉（実寸:92mm角）	マックス（同等品）	〃	m² 〃	バラ ネット	6,500 6,300
	100mm角垂れ付き段鼻（実寸：（92＋30）×92mm）	〃		m		2,400
	100mm角平　無釉（実寸:92mm角）	ニューイナフロア（同等品）	〃	m² 〃	バラ ネット	8,800 8,600
	100mm角垂れ付き段鼻（実寸：（92＋30）×92mm）	〃		m		2,800
	100mm角平　無釉（実寸:94mm角）	ピアッツアOX（同等品）	〃	m² 〃	バラ ネット	9,500 9,300
	100mm角垂れ付き段鼻（実寸：（94＋30）×94mm）	〃		m		3,000
	150mm角平　無釉(実寸：142mm角)	新磁器床タイル(同等品)	〃	m²		9,700
	150mm角垂れ付き段鼻（実寸：（142＋30）×142mm）	〃		m		4,200
	150mm角平　無釉（実寸：142mm角）	ニューイナフロア（同等品）	〃	m²		9,700
	150mm角垂れ付き段鼻（実寸：（142＋30）×142mm）	〃		m		4,200
	200mm角平　無釉（実寸：194×94mm）	ピアッツアOX（同等品）	〃	m²		10,300
	200×100mm角垂れ付き段鼻（実寸：（94＋30）×194mm）	〃		m		3,400
	200mm角平　無釉（実寸：194mm角）	ピアッツア（同等品）	〃	m²		12,000
せっ器質タイル張り（圧着張り）	100mm角平　施釉（実寸:92mm角）	テクニカルG（同等品）	〃	m² 〃	バラ ネット	9,300 9,000
	100mm角垂れ付き段鼻（実寸：（92＋30）×92mm）	〃		m		2,900
	200mm角平　施釉（実寸：195mm角）	デザレート（同等品）	〃	m²		11,200
	200×100mm角垂れ付き段鼻（実寸：（95＋30）×195mm）	〃		m		3,600

☞1．材工共価格には目地手間および副資材費を含む。
2．クリーニングは別途（参考：300円／m²）。
3．ならし張りの場合はm²当たり3,000～3,500円加算。
4．バラは単体、ネットはネット張り。

資料：「積算資料ポケット版総合編」床タイル張り工事

表 10.3　タイル張り単価資料（2）（内装壁・外装壁）

種　別	規　格	対象製品	施工規模	単位	グループ	材工共価格
陶器質タイル （接着剤張り）	100mm角平　施釉 （実寸：97.75mm角）	ミスティキラミック100 （同等品）	50m²程度	m²	バラ	7,300
				〃	ネット張	7,000
	片面取（実寸：97.75mm角）	〃		m		1,500
	200×100mm角平　施釉 （実寸：197.75×97.75mm）	ミスティキラミック （同等品）	〃	m²	ネット張	9,500
	片面取（短辺） （実寸：197.75×97.75mm角）	〃		m		2,700
	150mm角平　施釉 （実寸：147.75mm角）	ミスティキラミック150 （同等品）	〃	m²	バラ	9,700
				〃	ネット張	9,400
	片面取（実寸：147.75mm角）	〃		m		2,500
	200mm角平　施釉 （実寸：197.75mm角）	ミスティキラミック200 （同等品）	〃	m²		11,800
	片面取（実寸：197.75mm角）	〃		m		3,300
大形タイル （圧着張り）	300mm角平　施釉 （実寸：297.5mm角）	アガトスセタ （同等品）	〃	m²		24,000
	片面取（実寸：297.5mm角）	〃		m		9,900

☞積み上げ張りの場合はm^2当たりの2,500～3,000円加算。

種　別	規　格	対象製品	施工規模	単位	グループ	材工共価格
外装壁タイル張 磁器質 （改良圧着張り）	モザイクタイル 50mm二丁紙張 実寸：95×45 （目地共：300mm角）	ディメンションM プレインカラー （同等品）	200m²程度	m²		7,000
	モザイクタイル 50mm二丁紙張 実寸：95×45 （目地共：300mm角）	ディメンションM ラスターカラー （同等品）	〃	m²		9,000
	小口タイル　小口平 実寸：108×60mm	ひいろタイル （同等品）	〃	m²	A	10,600
				〃	B	9,000
	小口タイル　小口曲 実寸：（108×50）×60mm	〃		m	A	3,700
				〃	B	3,300
	二丁掛タイル　二丁掛平 実寸：227×60mm	〃		m²	A	10,100
				〃	B	9,100
	二丁掛タイル　標準曲 実寸：（168＋50）×60mm	〃		m	A	5,900
				〃	B	5,000
ヴィブラート工法 （密着張り）	二丁掛タイル　二丁掛平 実寸：227×60mm	ひいろタイル （同等品）	〃	m²	A	10,600
				〃	B	9,600
	二丁掛タイル　標準曲 実寸：（168＋50）×60mm	〃		m	A	6,300
				〃	B	5,400

☞グループ欄A・Bは色・柄による価格差。

資料：「積算資料ポケット版総合編」内装壁タイル張り工事／外装壁タイル張り工事

大面積と小面積によっても違います。

張りモルタルは，塗厚がそのまま必要数量に25㎜厚＝0.025（m^3/m^2），7㎜厚＝0.007（m^3/m^2）となります。

〔事例の拾い〕

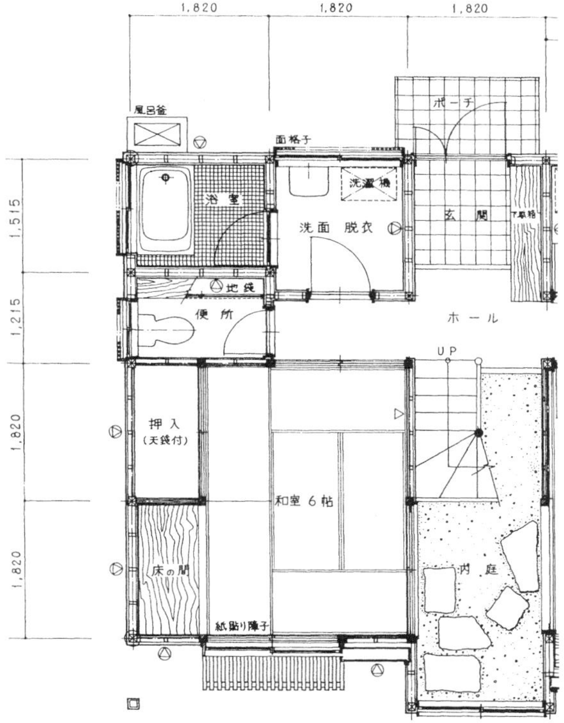

1.　玄関床タイル張り（内外）（無釉）36角（108㎜角）磁器質タイル

　ポーチ部分1.875×1.05m＝1.97m^2

　内部（仕上表より）　　　　2.76m^2　　合計4.73m^2

2.　同上役物タイル　　1.875＋(1.05×２）＋1.82＝5.73m

3.　同上幅木タイル　　0.3＋(0.5×２）＋(1.515×２）＝4.33m

4.　浴室床タイル張り　25角（75㎜角）炻器質タイル・施釉　1.80m^2

5.　同上壁タイル張り　36角（108㎜角）炻器質タイル・施釉　11.13m^2

6.　同上役物タイル(開口部まわり)入口戸5.18m＋引違い窓4.3m＝9.48m

7.　内庭，玄昌石幅木，平面張300角　$4.55 \times 2 \times 0.3 = 2.73\text{m}^2$

以上のほか，内庭に砂利（寒水）敷（$1.82 \times 4.55 \times 0.06 = 0.5\text{m}^3$），沓石1カ所，敷面石（大小6個）の据付けがあり，建築工事とは若干性格が異なりますが，石工事として計上します。

寒水

第11章　左 官 工 事

木造住宅の左官工事は，わかりやすい見積書をという観点から，できるだけ部位別に表示します。このため，一般建築工事と次の点が異なります。

1. 基礎モルタルの天端均し，刷毛引き仕上げおよび土間コンの金ごて仕上げ→基礎工事へ
2. モルタル下地のラス張り→左官工事へ（一般建築工事では金属工事）

以上から，木造住宅の左官工事は大別して

① モルタル下地ラス張り
② モルタル下地塗り
③ 仕上げモルタル・プラスター塗り，繊維壁塗り等の仕上げ工事
④ 土壁塗り（下地組みからしっくい塗り・大津壁等まで）
⑤ 吹付工事

となります。左官工事は他の工事と異なり，タイル張り下地など下地部分と仕上げ工事の部分と両面の要素をもち，他の工事との関連も深いため，見積りにあたっては，その整合性に注意が必要です。また，一般建築工事と異なり，木造住宅では左官工事が小規模ずつ点在することが多いため，拾いと同時に単価の水準把握にも注意が必要な部分です。基本的には，内外装工事の仕上調書，仕上集計表で左官工事部分も含めて拾いますが，数量の拾いに左官工事独特の伝統的方法もありますので，仕上集計表の数値をさらに確認して計上するようにします。

（1） 左官工事の内容

□モルタル下地ラス張り

木造建物の塗り下地は①ラス張りによるモルタル下地,②石こうラスボードによる塗壁下地,③こまい（木舞）組みによる土壁下地があります。石こうラスボード張りは木工事の中でみていますから，左官工事ではモルタル下地のラス張りを拾います。

ラス張り

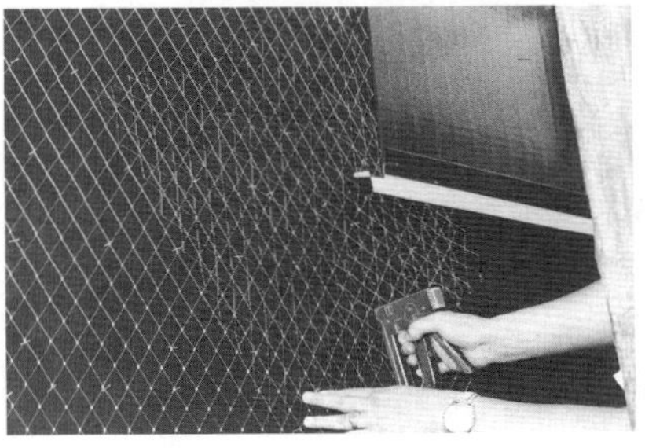

図 11.1 ラスシート張り

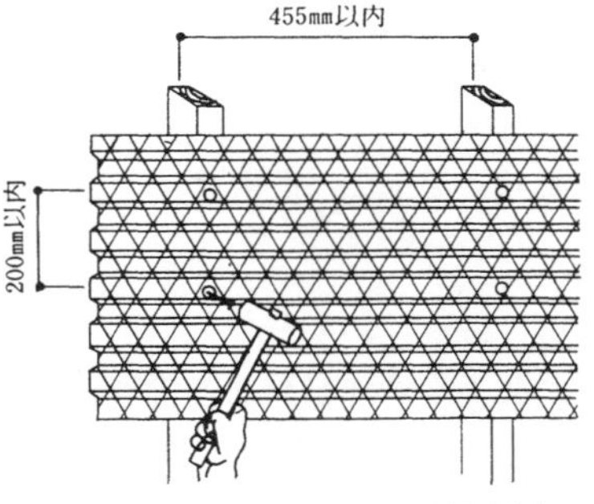

ラス張りにはワイヤラス張り，メタルラス張り，ラスシート張りがあり，メタルラス張りが最も多く使われています。メタルラスにも，平ラス・リブラス等の種類があり，防水紙としてアスファルトフェルト（1巻20kg以上）をたてに張り下げて，この上からステープルかタッカーくぎで打ち止めします。ラスシート張りはLS 1～LS 4までの規格（亜鉛鉄板の板厚による）があり,木造住宅ではLS 1（板厚0.19mm以上）が使われますが，ラスシート張りの特長は，図のように下地板を施工しないことです。

表 11.1 ラス張り単価資料

◆左官下地

名　　称	規　格　・　仕　様	単位	材工共価　格
ラス張り			
ワイヤラス張り	ひし形ラス　#18　径1.2×網目35mm（ラスフェルト共）	m²	870
メタルラス張り	平ラス　JIS　0号	〃	840
	リブラスA型（並品）厚0.4mm　力骨共	〃	…
	〃　（1号）　〃　〃	〃	…

資料：「積算資料ポケット版総合編」左官下地

□モルタル塗り

モルタル塗りには「壁モルタル塗り」「床モルタル塗り」「防水モルタル塗り」があり，塗り厚の標準は表11.2のとおりとされています。

床の塗り厚は上塗り25㎜の１回塗りとされていますが，壁・軒天・庇（ひさし）は下塗り，むら直し，中塗り，上塗りと時間をかけて何回にも分けて塗ることになり，当然単価も高くなります。防水モルタルは，防水剤を混和したモルタルを使って塗るもので，ベランダやひさしなどに用いられます。

タイル張り等の下地モルタル塗りも上記に準じて，厚さ10㎜以上のモルタルを木ごて押え塗り（積上げ張りの場合は不陸直し程度）をします。

表 11.2　モルタル塗りの標準塗り厚

下地	塗付け箇所	塗り厚（㎜）			
		下塗り・ラスこすり	むら直し	中塗り	上塗り
コンクリート	床	—	—	—	25
コンクリート ブロック	内壁	6	0～9	6	3
木毛セメント板	外壁・ その他	6	0～9	0～9	6
ワイヤラス	内壁	ラス面より約１㎜厚くする	0～6	6	3
メタルラス	天井・ ひさし		—	6	3
ラスシート	外壁 その他		0～9	0～9	6

□プラスター塗り

壁・天井の左官仕上げとしてドロマイトプラスター塗り，石こうプラスター塗り，パーライトプラスター塗りがあります。

見積りにあたっては下地の別，特に石こうラスボード下地の場合は，コンクリート，ラス，木毛セメント板下地の場合と，塗り方も単価も異なりますから，確認のうえ見積り計上をするようにします。

□繊維壁塗り

繊維壁材は下塗り，中塗りの区別がなく，すべて上塗り仕上げ材で，内装壁の和室まわりに使用されます。工法はこて塗りと吹付けとがあり，JIS A 6909の薄付け仕上塗材のうち内装薄塗り材料Wに適合するものを繊維壁材といっています。

塗り厚はラスボード下地に15㎜程度のこて塗りの場合と，薄付け仕上塗材のように下地が見えない程度の塗り厚とされている1.0㎜以下の塗り厚の場合とがあります。

製品はじゅらく（聚楽），京壁等の名称で数多く出回っており，3.3m^2（１坪）分１袋になっています。

□仕上塗材仕上げ

内外装を仕上げる塗材として，薄付け仕上塗材，複層仕上塗材，厚付け仕上塗材があり，凹凸模様を吹付け，ローラー塗り，こて塗りで仕上げるものです。

塗り厚は薄付けで単層，３㎜程度以下，複層は３層，１～５㎜程度，厚付けは単層，４～10㎜となっています。

下地はモルタル，プラスター，フレキシブル板で，仕上がりは砂壁状，スタッコ状，クレーター状等の模様で，多くのメーカーが数多くの商品を市販しています。

スタッコ仕上げ

□土壁塗り，しっくい

こまい（木舞または小舞）下地の上に壁土を塗り，仕上げにしっくい仕上げあるいは砂壁，大津壁に仕上げる，いわゆる土壁は一部の地方を除いてすっかり少なくなりましたが，伝統的な日本壁ですから紹介しておきます。

こまい下地：間渡し竹（篠竹３年生以上，径15㎜程度または真竹を割ったもの）を骨に，こまい竹を編み込んで作った下地で，並こまい，本四つこまい，縦四つこまいの種類があります。

図 11.2　土壁塗工法

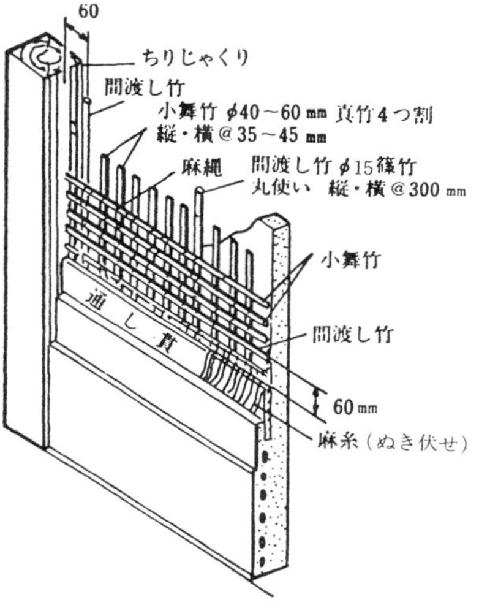

荒壁塗り：粘土混じりの土（関東では荒木田土，京都の伏見・山科産等）をふるいにかけ，わらすさを入れ，よくこね混ぜたうえで，こまいに塗り込む。

中塗り：荒壁土より上質の粒度の細かな土にもみすさを加え，ねかせたものを厚さ９～12㎜厚に塗ります。荒壁・中塗りとも十分日数をおき，乾燥させたうえで次の工程に入ります。

上塗り：上塗りには，土壁（色土＋砂にのりやすさを混ぜ，水でこねるもの），砂壁（色砂＋のり），大津壁（色土＋消石灰＋すさ＋水）およびしっくい（消石灰＋のり＋すさ＋水）があります。

見積りにあたっては，こまい（木舞）を組む（こまいかき）職人も少なくなり，見当もつきませんが，古い資料では並こまいで0.15（人／坪），縦四つ0.20，本四つで0.30人／坪程度です。荒壁塗り以降は左官職となり，裏返し・むら直し・中塗りまでで0.5人程度，大津壁仕上げで0.25人，砂壁0.45 人，土壁0.5人，しっくい壁0.5人工（いずれも１坪当たり）程度とされていますが，地域によって職人の有無からバラツキもあるようです。

表 11.3　左官工事単価資料例

部位	名　　称	規　格　・　仕　様	単位	材工共価格
床（下地）	コンクリート面直均し金ごて	薄張物下地	m²	※480
		厚張物下地　防水下地	〃	※380
	モルタル塗り木ごて押え	タイル下地　塗厚30～40mm	〃	2,020
	金ごて押え	張物下地　30	〃	1,980
		防水下地　15～20	〃	1,500
	保護モルタル塗り	〃　防水層保護用　厚15mm	〃	1,380
	セルフレベリング材塗り	〃　石こう系　10	〃	1,140
		〃　セメント系　〃	〃	1,400
床（仕上）	コンクリート面木ごて均し	木ごて１回	m²	※200
	木ごて仕上げ		〃	※430
	刷毛引き	〃	〃	※520
	防水モルタル金ごて仕上げ	コンクリート下地　塗厚30mm	〃	2,340
	色モルタル塗り金ごて押え	〃　緑色系　〃	〃	2,640
		〃　一般色　〃	〃	2,580
	豆砂利洗い出し	〃　大磯程度　〃	〃	13,200
	那智石埋込み	〃　〃	〃	15,600
	人造石塗り研出し	〃　〃	〃	19,200
	現場テラゾー塗り	〃　〃	〃	22,800
壁・柱幅木（下地・仕上）	人造石塗り研出し	コンクリート下地　高100mm　塗厚20mm	m	5,520
	洗い出し	〃　200　〃	〃	5,760
	硬質骨材入り色モルタル塗り	〃　100　出幅木　〃	〃	1,980
	人造石塗り研出し	〃　〃　〃	〃	6,300
	洗い出し	〃　200　〃	〃	6,600
壁（下地・仕上）	モルタル塗り金ごて押え	コンクリート下地　外壁　塗厚25mm	m²	3,240
	刷毛引き	〃　〃　〃	〃	3,060
	〃	〃　内壁　20	〃	3,000
	均しモルタル塗り	コンクリート防水下地　高300　〃	m	1,200
	保護モルタル塗り	〃　防水層保護用　〃　〃	〃	1,140
	モルタル塗り金ごて押え	ワイヤーラス下地（ラス工事別途）ラスこすり共　塗厚20mm	m²	3,300
	刷毛引き	〃　〃　〃　〃	〃	3,180
	金ごて押え	平ラス下地　〃　〃　15	〃	3,180
	刷毛引き	〃　〃　〃　〃	〃	3,060
	金ごて押え	ラスシート下地　〃　〃　25	〃	3,540
	刷毛引き	〃　〃　〃　〃	〃	3,360
	金ごて押え	リブラス下地　〃　〃　30	〃	4,320
	刷毛引き	〃　〃　〃　〃	〃	4,080
	プラスター塗り	ALC用特殊プラスター　A種　厚３mm	〃	1,680
		〃　B種　５～７	〃	2,100
	防水モルタル塗り金ごて仕上げ	コンクリート下地防水材入りモルタル使用塗厚　15mm	〃	3,240
	石こうプラスター塗り	コンクリート下地　20	〃	4,270
		ラスボード下地（ラスボード張別途）　15	〃	3,730
	ドロマイトプラスター塗り	コンクリート下地　20	〃	3,870
		ラスボード下地（ラスボード張別途）　15	〃	3,540
	パーライトプラスター塗り	コンクリート下地　20	〃	4,400
		ラスボード下地（ラスボード張別途）　15	〃	4,240
	京壁塗り	モルタル下地　20	〃	4,650
		ラスボード下地（ラスボード張別途）　15	〃	3,900
	繊維壁塗り	コンクリート下地　塗厚20mm	m²	4,220
		ラスボード下地（ラスボード張別途）　15	〃	3,620
	多彩模様こて塗り	コンクリート下地　25	〃	4,080
	しっくい塗り	ラスボード下地（ラスボード張別途）　15	〃	4,530
	人造石洗い出し	コンクリート下地　25	〃	11,500
	小叩き	〃　〃	〃	16,500

✣ 税込表示のない場合は消費税を含まず。

資料：「積算資料ポケット版総合編」左官工事(1)～(3)

表 11.4　吹付工事単価資料例

名称	規格・仕様	材工共価格 (円/m²)
薄付け仕上塗材		
外装薄塗材E	樹脂リシン　下塗、ローラー塗	630
内装薄塗材E	じゅらく　〃　上吹き	1,140
外装薄塗材E	着色骨材砂壁状（スキン）　〃　〃	1,200
〃 Si	シリカリシン　主材塗２	690
可とう形薄塗材E	弾性リシン　下塗・上塗２	1,080
厚付け仕上塗材		
厚塗材C（内・外装）（セメントスタッコ）	吹付け　下塗・基層塗１・模様塗１・上塗２　アクリルエナメル	1,740
	〃　〃　〃　〃　〃　ウレタンエナメル	1,940
	〃　〃　〃　〃　上塗なし	1,410
	凸部処理　〃　〃　〃　上塗２　アクリルエナメル	1,920
	〃　〃　〃　〃　〃　ウレタンエナメル	2,120
	〃　〃　〃　〃　上塗なし	1,590
厚塗材E（内・外装）（樹脂スタッコ）	吹付け　〃　〃　〃　上塗２　アクリルエナメル	1,690
	〃　〃　〃　〃　〃　ウレタンエナメル	1,840
	〃　〃　〃　〃　上塗なし	1,330
	凸部処理　〃　〃　〃　上塗２　アクリルエナメル	1,870
	〃　〃　〃　〃　〃　ウレタンエナメル	2,020
	〃　〃　〃　〃　上塗なし	1,510
厚塗材Si（内・外装）（シリカスタッコ）	吹付け　〃　〃　〃　上塗２　アクリルエナメル	1,810
	〃　〃　〃　〃　上塗なし	1,420
	凸部処理　〃　〃　〃　上塗２　アクリルエナメル	1,990
	〃　〃　〃　〃　上塗なし	1,600
複層仕上塗材		
複層塗材CE（ポリマーセメントタイル）	ゆず肌模様（ローラー）　下塗１・主材塗１・上塗２　アクリルエナメル	1,640
	凹凸模様（吹付）　下塗１・基層塗１・模様塗１・　〃　〃	1,760
	〃　〃　〃　〃　〃　ウレタンエナメル	1,930
	凸部処理（吹付）　〃　〃　〃　〃　アクリルエナメル	1,940
	〃　〃　〃　〃　〃　ウレタンエナメル	2,110
複層塗材Si（シリカタイル）	ゆず肌模様（吹付）　下塗１・主材塗１・上塗２　アクリルエナメル	—
	〃　（ローラー）　〃　〃　〃　〃	1,700
	凹凸模様（吹付）　下塗１・基層塗１・模様塗１・上塗２　アクリルエナメル	1,650
	〃　〃　〃　〃　〃　ウレタンエナメル	1,810
	凸部模様　〃　〃　〃　〃　アクリルエナメル	1,830
	〃　〃　〃　〃　〃　ウレタンエナメル	1,990
複層塗材E（アクリルタイル）	ゆず肌模様（吹付）　下塗１・主材塗１・上塗２　アクリルエナメル	—
	〃　（ローラー）　〃　〃　〃　〃	1,390
	凹凸模様（吹付）　下塗１・基層塗１・模様塗１・上塗２　アクリルエナメル	1,440
	〃　〃　〃　〃　〃　ウレタンエナメル	1,590
	凸部模様（吹付）　〃　〃　〃　〃　アクリルエナメル	1,620
	〃　〃　〃　〃　〃　ウレタンエナメル	1,770
複層塗材RE（水系エポキシタイル）	ゆず肌模様（吹付）　下塗１・主材塗１・上塗２　アクリルエナメル	—
	〃　（ローラー）　〃　〃　〃　〃	1,750
	凹凸模様（吹付）　下塗１・基層塗１・模様塗１・上塗２　アクリルエナメル	1,800
	〃　〃　〃　〃　〃　ウレタンエナメル	1,950
	凸部模様　〃　〃　〃　〃　アクリルエナメル	1,980
	〃　〃　〃　〃　〃　ウレタンエナメル	2,130
複層塗材RS（エポキシタイル）	ゆず肌模様（吹付）　下塗１・主材塗１・上塗２	—
	〃　（ローラー）　〃　〃　〃	2,310
	凹凸模様　下塗１・基層塗１・模様塗１・上塗２　ウレタンエナメル	2,640
	凸部処理　〃　〃　〃　〃　〃	2,820
防水形複層塗材CE	ゆず肌模様　ローラー塗　下塗１・増塗１・基層塗２・模様塗１・上塗２	2,700
	凹凸模様　〃　〃　〃　〃　〃　〃　ウレタンエナメル	2,860
	凸部処理　〃　〃　〃　〃　凸部処理　〃	3,040
防水形外装薄塗材	ゆず肌模様　ローラー塗　下塗１・増塗１・基層塗２・模様塗１・上塗２	2,400
	凹凸模様　吹付　〃　〃　〃　〃　〃　ウレタンエナメル	2,220
	凸部処理　〃　〃　〃　凸部処理　〃	2,400

税込表示のない場合は消費税を含まず。

資料：「積算資料ポケット版総合編」吹付工事(1)～(2)

（2） 左官工事の見積り

左官工事の数量算出は，建物の外部（軒天・外壁・ひさし等），内部（部屋別に床・幅木・壁・天井）別に，仕上表から計測・計算した仕上調書および仕上集計表（第5章　68～71頁参照）に基づいて計上します。

一般建築工事の数量積算基準では，積算数量は主仕上げの設計数量となっていますから，内のり寸法となりますが，木造住宅ではすべて柱心による心々寸法で計上しています。さらに左官工事では「こまい壁」面積の計算方法からきた数量算出方法が使われていますが，この考え方を単に古い考え方として排除せずに，木造住宅のわかりやすい，簡便な見積り方法に生かせないものかと考えています。柱心から柱心まで1間（1.8m）の幅に対して，つけかもいまでの高さ（1.8m）を1面坪（3.3m^2）を基準とした考え方で計算する方法で，2×4工法のドライウォール工事におけるP計算方式と，基本的に同じ考え方です。

たとえば壁面積の計算は（0.91mを1Pとすると）

（壁P×2.2m^2）－開口面積

となり，3尺単位で数量を計算しようという方法で，天井面積を0.91×0.91m^{2}を1Pとすると2間（3.64m）四方の場合を16Pとする考え方です。

左官工事の数量算出方法は，単位を1面坪（3.3m^2）としており，端数の計算方法は0.9m未満は0.9mとし，0.9～1.8mまでは1.8mとして切り上げる方法と，次のように細かく数える方法とがあります。

図 11.3　面坪の考え方

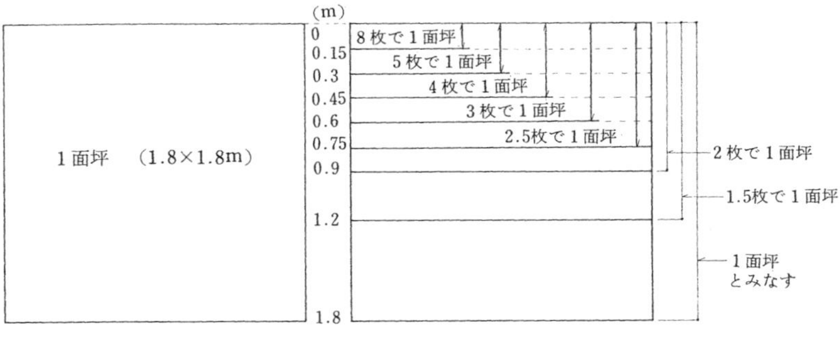

ある一定の単位を一つとして，簡便な方法で数量を把握しようした考え方で，数量計算は（施工者側に）有利になっていますが，小さい面積にはそれだけ手間がかかることを考えれば，合理的な手法ともいえます。特に，左官工事の単価の内容は，他の工事に比較して圧倒的に手間の費用の割合が大きいことから，こうした考え方が生まれたとも考えられます。2×4工法におけるP計算方法も含めて，住宅建築における仕上数量の算出方法として，今後検討されるべき課題だと考えています。

〔事例の見積り〕

1. 内　部

京壁仕上（和室・壁）　仕上集計表より→48.89m^2

スタッコ吹付け仕上げ（玄関・内庭ほか）　仕上集計表より→67.33m^2

タイル下地モルタル塗り（浴室・壁・ラス張りとも）　仕上集計表より→11.54m^2
（玄関床，浴室床は基礎工事に含む）

2. 外　部

外壁ワイヤラス張り，下地モルタル塗り，アクリルゴム系ガン吹付け工事　134.58m^2

軒天メタルラス張り，下地モルタル塗り，アクリルゴム系ガン吹付け工事　26.55m^2
（ひさしとも）

第12章　建 具 工 事

一般建築工事では「金属製建具」「木製建具」「ガラス」という科目に分けて計上されている工事を，木造住宅の見積りでは「建具工事」としてまとめて計上します。

これまで建具やガラスは現場をみて（採寸）から製作し，これに合わせて建具金物を用意していましたので，原価計算に近い見積り方法がとられ，塗装も含めて，建具製作について専門的な知識を必要としていました。現在も木製建具にはこういう傾向が残っていますが，金属製建具が普及し，これまで細かく拾っていたガラスや建具金物類，さらには面格子や雨戸までセットになった製品が多く使われるようになり，見積り上では細かい拾いをすることが少なくなっています。

一方では，次々と新しい商品が開発され，お客さんの関心も高まっていますから，見積り計算は便利に簡単になった反面，常に新しい商品についての

①
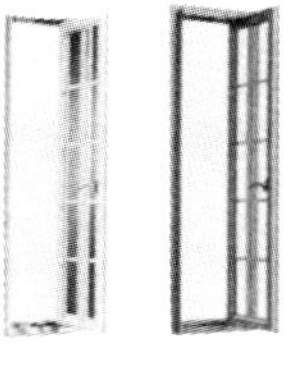
②
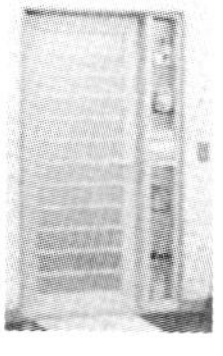
③

④

⑤

⑥

①たてすべり出し窓
②収納付ドア
③コーナーサッシ
④明り取り出窓
⑤ルーフウィンドー
⑥ボウウィンドー

知識と取付け方法，その費用について情報を収集し，整理しておくことが必要になりました。

建具工事は，建物の開口部の仕切りや開閉機能という居住性に大きくかかわる部分であり，工事費も全体の10～15%を占めますから，木造住宅の中では木工事に次いで大きな位置を占めています。

また見積りにあたっても，建具が材質によって価格差が大きいためコスト調整に使われることや，建具工事の内容が専門下職へ見積り依頼を必要とする部分が多いため，木工事と同時あるいは先行して，建具工事の見積りに入ります。建具工事で計測・計算したデータが，木工事・内装工事・左官工事・塗装工事などの見積りに関係し，使われることが多いからです。

図 12.1　建具工事と他の工事との関係

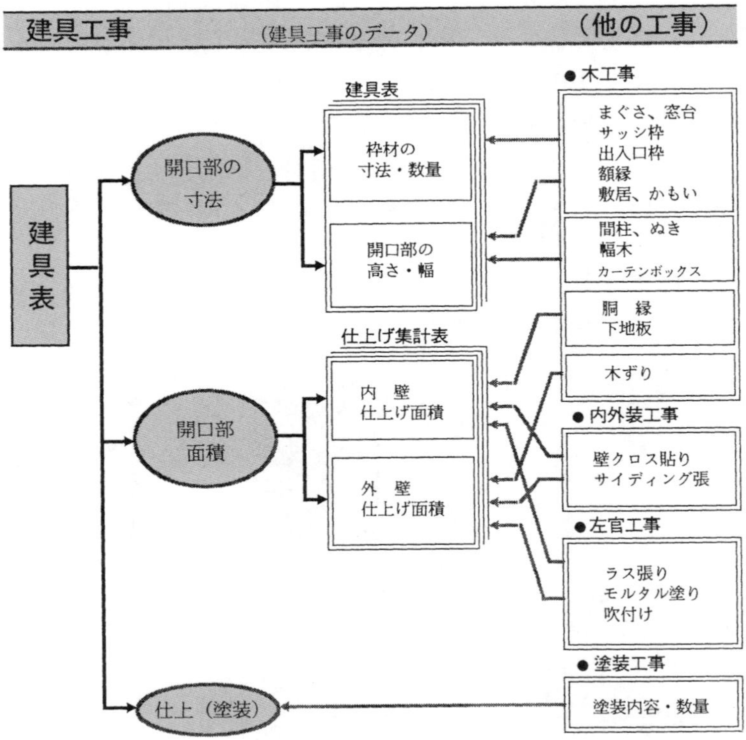

（1）　建具の拾い

建具工事の材料の拾いは「金属製建具」「木製建具」「ガラス」ですが，開口部まわりの数量は，前述のとおり他の工事の拾いに使われますから，わく材の寸法・数量を同時に拾います。

建具工事費の構成は

1. 金属製建具＝建具費＋現場取付費＋運搬費
2. 木製建具＝建具費＋現場吊り込み費＋建具金物費＋運搬費

となりますが，このほか「ガラス」,「塗装」費が必要な場合は，同時に計測・計算し，それぞれの科目に計上します。また，建具金物費は金属製建具は建具費の中に含まれていますが，木製建具は建具ごとに必要な金物を用意し，現場吊り込み時に取り付けられますから，別途に拾い計上します。ただ，一般的な金物については，標準的な金物費として計上し，特別な金物を使用する場合に，建具ごとに金物を選定し，拾うようにします。また，木製建具は材料木材の材質によって価格が大幅に違いますから，建具表がなければ設計者または施主側に確認または打ち合わせて拾うことが必要です。

〔建具表〕

建具表は表12.1のように，記号，名称，姿図（立面図・寸法），わく見込み，ガラス，仕上げ，金物等が記入されており，建具配置図は建具の配置を建具別に記号で示した平面図で，各階ごとに表し，取付けなどの柱，わくまわりの状況がわかるように表したものです。このような建具表がない場合には，図12.2のような見積り用の配置図を作成し，建具の寸法も記入します。配置図がある場合は，これに建具の寸法を記入して使いますが，建具工事だけでなく木工事の間柱・まぐさ・窓台の拾いにも使います。

建具記号はJIS A 0151を基準に，材質・種類・番号をつけて表します。また，寸法表示は幅（W）×高（H）に統一して表示します。製品寸法の表示は金属製の場合は，$W \times H$で同じですが，木製建具は，$H \times W$と逆に表示されるのが一般的ですから，注意が必要です。

以上の建具表・建具配置図をもとに，建具計算表をつくり整理しますが，

表 12.1　建具表例

記　号	(A1) G　数量 1	(A2) G　数量 1	(A3) G　数量 1	(A5) G　数量 2	(A6) G　数量 2
名　称	玄関引違い戸	面格子付引違い窓	勝手口ガラリ付ドア	雨戸付引違い肘掛窓	雨戸付引違いテラス戸
姿　図	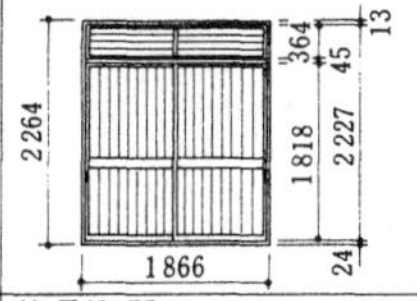	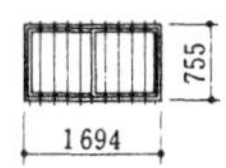	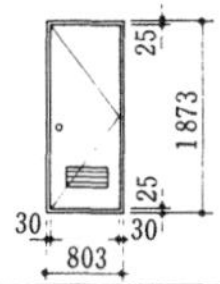	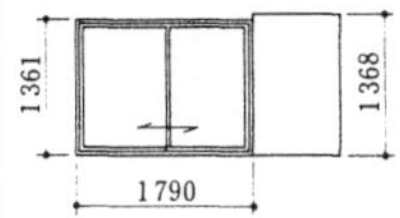	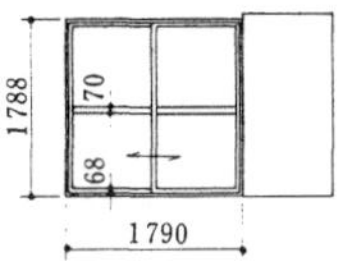
枠･皿板	枠見込 75	枠見込 56.85	枠見込 43　水切り皿板 40	枠見込 103.35	枠見込 115.2
仕上げ	自然発色アンバー	自然発色アンバー	枠, ドア表板自然発色アンバー	自然発色アンバー	自然発色アンバー
ガラス	4 mm 厚型板ガラス	3 mm 厚型板ガラス	なし	3 mm 厚透明	3 mm 厚透明
記　号	(A7) G　数量 1	(A8) G　数量 1	(W1) シ　数量 2	(W2) シ　数量 2	(W3) F　数量 2
名　称	雨戸付引違いテラス戸	面格子付引違い窓	肘掛窓引違い障子	掃出し引違い障子	額付フラッシュ戸
姿　図	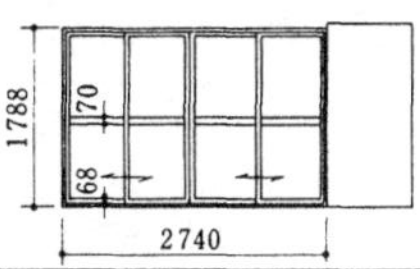	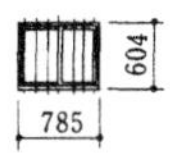	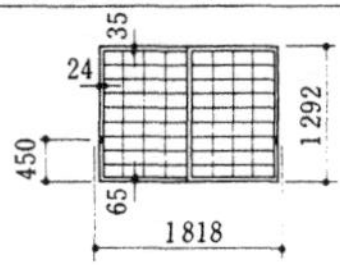	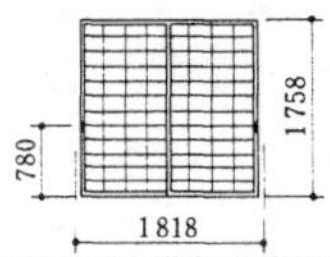	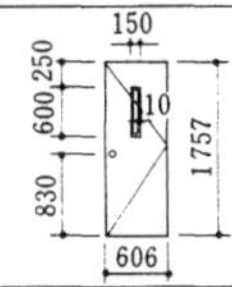
枠･皿板	枠見込 115.2	戸枠見込 56.85	戸見込 30　桟見付 8	戸見込 30　桟見付 8	戸見込 33　額見付 10
仕上げ	自然発色アンバー	自然発色アンバー	杉柾目素地	杉柾目素地	化粧合板, 額オイルステン塗り
ガラス	3 mm 厚透明	3 mm 厚すり（曇り）	紙貼り	紙貼り	2 mm 厚型板ガラス
記　号	(W4) F　数量 1	(W5) フ・ト　数量 1	(W6) フ　数量 3	(W7) フ・ト　数量 1	注 1．アルミ製建具はメーカー仕様による。 2．木製建具は現場合せとする。 3．A 4 G，A 9 は同じ仕様があるので省略した。
名　称	フラッシュ引き戸	額付戸ぶすま引き戸	引違いふすま	引違い額付ふすま	
姿　図	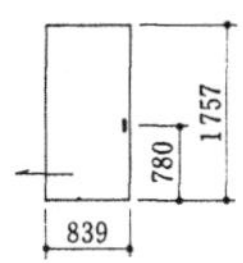	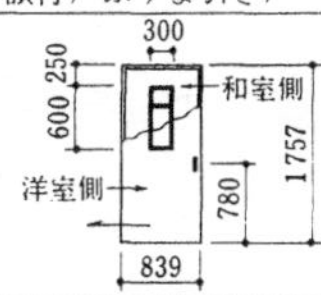	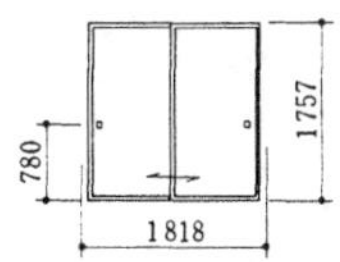	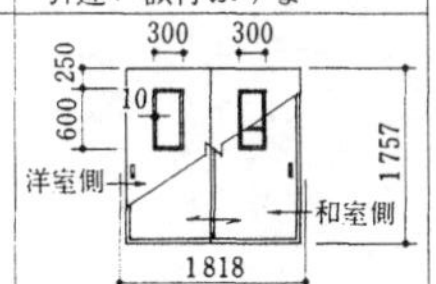	
枠･皿板	戸見込 33	戸見込 33		戸見込 33	
仕上げ	化粧合板	化粧合板, クロス貼り, 額カシュー塗り, 桟木素地	ふすま紙貼り, カシュー塗り	化粧合板, クロス貼り, 額カシュー塗り, 桟木素地	
ガラス	なし	2 mm 厚型板ガラス	なし	2 mm 厚型板ガラス	

資料：木造住宅設計の進め方（山室滋著・市ヶ谷出版社）

図 12.2　建具表（建具配置図－見積り用）事例より作成

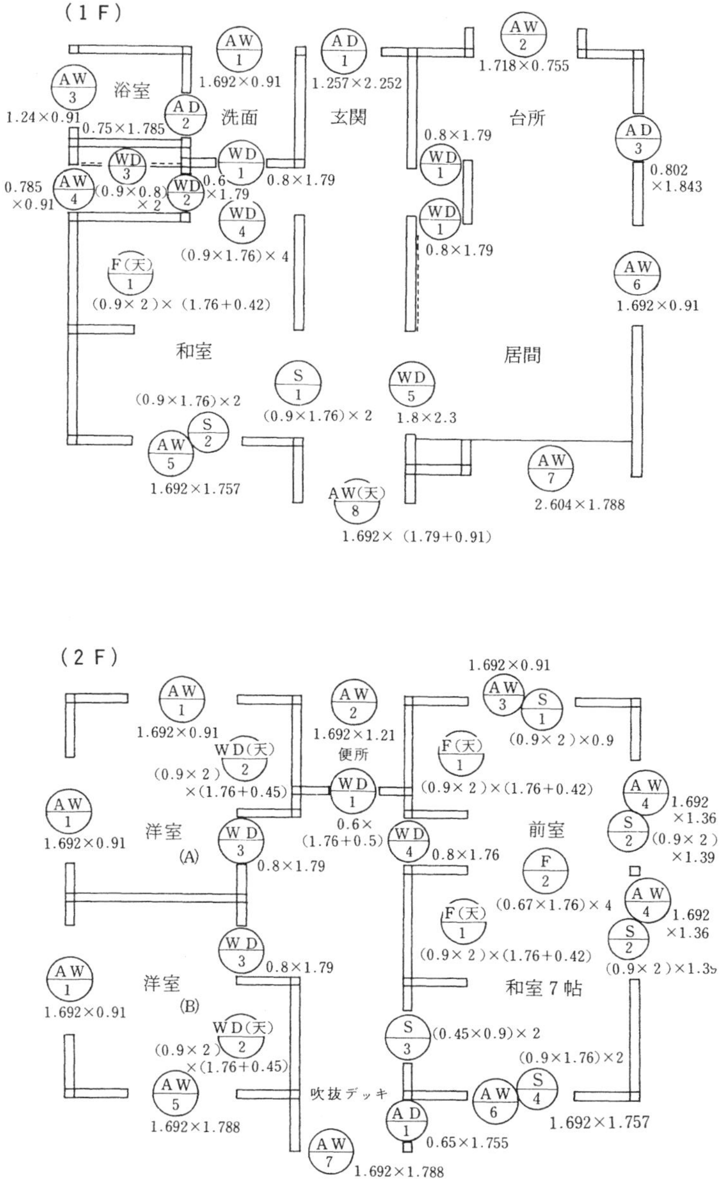

この建具計算表は，建具工事だけでなく木工事・内外装工事・塗装工事の拾いにも使いますから，建具寸法のほかに内周・面積・ガラス・塗装および特殊金物等も同時に拾い整理します。

建具記号・ガラス・塗装記号は次のとおりです。

図 12.3　建具・ガラス・塗装記号

〔建具記号〕

材種			種類		
	A	アルミニウム		W	窓
	S	スチール		G	ガラス
	SS	ステンレススチール		D	出入口(ドア)
	W	木　製		F	ふすま(襖)
				S	障　子
				L	雨　戸

表わし方

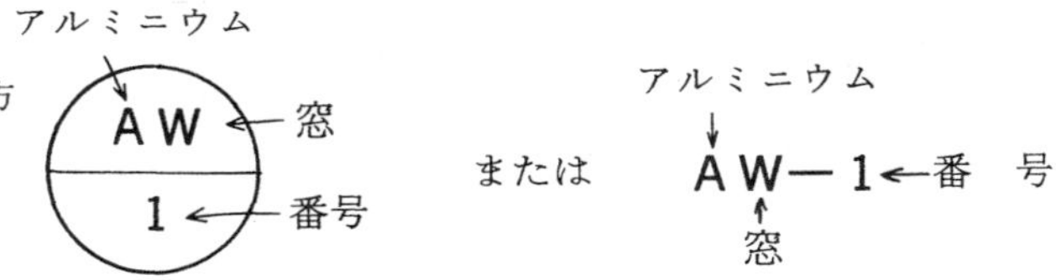

（注）　Sはスチール、シャッター、障子と記号表示が重複するため、障子をSHまたはPと表示することもありますが、木造住宅ではスチールシャッターの使用が少ないため、Sと表示することが多い。

〔ガラス記号〕

S	透明ガラス
F	型板ガラス
FW	網入ガラス
P	磨ガラス
FL	フロートガラス
PW	磨網入ガラス
H	熱線吸収（ブルー）
G	熱線吸収（グレー、ブロンズ）

（表わし方）

透明ガラス5mm→ S_5

熱線吸収磨(ブルー)8mm → HP_8

熱線吸収磨(グレー)6mm＋空気層6mm＋磨網入6.8mm → $GP_6 + A_6 + PW_{6.8}$

〔塗装記号〕

OP	（オイルペイント） 油性調合ペイント 合成樹脂調合ペイント
OS	オイルステイン塗
OSV	オイルステイン・ワニス塗
OV	スーパーワニス塗
CL	クリヤラッカー塗
EP	合成樹脂エマルジョンペイント塗
VP	塩化ビニルエナメル塗

(旧建設省による塗装記号を参考に表示した)

表 12.2　建具計算表(1)

○○邸新築　　　　工事　　　　**建　具　計　算　書（1）**　　　　平成○○年 ○月○○日作成

位置記号	使用箇所	名称・型式	寸法 (m) W	寸法 (m) H	内周 (m)		面積 (㎡)	本数	ガラス (㎡)	塗装 (m, ㎡) わく(m) OSV	塗装 窓わく(m) OSV	塗装 戸トロ(m) OS	備考（特殊金物等）
(1階)													
AD-1	玄関	ランマ付 親子戸	1.257	2.252	冂	5.76	2.83	1		5.76			ドアチェック、ドアチェーン、FWガラス共
2	浴室	浴室入口片開戸	0.75	1.785	冂	4.32 / 0.75	1.34	1		5.07			
3	台所	勝手口入口片開戸（わく付）	0.802	1.843		—	1.48	1					わく付、FWガラス、腰パネル、ドアチェーン共
AW-1	洗面	引違い窓（面格子付）	1.692	0.91		5.20	1.54	1			5.20		FWガラス共
2	台所	出窓、引違い完成品（面格子付）	1.718	0.755		4.95	1.30	1					〃
3	浴室	引違い窓（面格子付）	1.24	0.91		4.3	1.13	1			4.30		〃
4	便所	〃（〃）	0.785	0.91		3.39	0.71	1			3.39		〃
5	和室	外付型掃出引違い窓（防音雨戸付）	1.692	1.757		6.90	2.97	1		6.90			鏡板付
6	居間	内付型ひじかけ引違い窓（〃）	1.692	0.91		5.2	1.54	1			5.20		〃
7	〃	〃 出窓、4本引き（〃）	2.604	1.788		8.78	4.66	1			8.78		〃
8	内庭	掃出引違窓・ランマ付	1.692	1.79+0.91		8.78	4.57	1		8.78			S3、S5ガラス共
WD-1	洗・台・居	片開フラッシュ戸（樹脂合板）	0.8	1.79	冂	4.38 / 0.8	1.43	3		15.54		10.74	
2	便所	〃（〃）	0.8	1.79	冂	4.38 / 0.8	1.43	1		5.18		3.58	10cm額
3	〃	地袋引違い戸（〃）	0.9×2	0.8		—	1.44	1(2)					
4	和室	引違い フラッシュ戸(樹脂合板)+片面戸襖(上新鳥の子)	0.9×2	1.76	＝	1.8 / 1.8	3.17	1(2)				7.04	
5	居間	1本引フラッシュ戸（両面ビニル壁紙張）	1.8	2.3	＝	3.6 / 3.6	4.14	1		10.8		4.6	
F-1	和室	押入ふすま・天袋とも（上新鳥の子）	0.9×2	1.76+0.42	≡	1.8 / 1.8 / 1.8	3.92	1(2)					
S-1	和室	内庭境 大荒組 障子	0.9×2	1.76	＝	1.8 / 1.8	3.17	1(2)					
2	〃	掃出窓 〃	0.9×2	1.76	＝	1.8 / 1.8	3.17	1(2)					
		（1階 小計）								58.03	26.87	25.96	

表 12.3　建具計算表(2)

○○邸新築＿＿＿＿工事　　　**建 具 計 算 書（2）**　　　平成○年○月○○日作成

位置記号	使用箇所	名称・型式	寸法 (m) W	寸法 (m) H	内周 (m)		面積 (㎡)	本数	ガラス (㎡) S3	ガラス (㎡) F4	塗装 (m, ㎡) わく(m) OSV	塗装 窓わく(m) OSV	塗装 戸小口(m) OS	備考（特殊金物等）
（2階）														
AD－1	吹抜デッキ	片開パネルはめ込戸	0.65	1.755	冂	4.16 0.65	1.14	1			4.81		3.51	
AW－1	洋室A・B	内付型ひじかけ引違窓（防音雨戸付）	1.692	0.91		5.20	1.54	3				15.6		鏡板付
2	便所	引違窓（面格子付）	1.692	1.21		5.80	2.05	1				5.8		FWガラス共
3	和室前室	外付型ひじかけ引違窓（防音雨戸付）	1.692	0.91		5.20	1.54	1				5.2		鏡板付
4	和室前室 7帖	〃　〃　（〃）	1.692	1.361		6.11	2.30	2				12.22		〃
5	洋室B	内付型掃出引違窓（〃）	1.692	1.788		6.96	3.03	1			6.96			〃
6	和室7帖	外付型　〃　〃　（〃）	1.692	1.757		6.90	2.97	1			6.9			〃
7	吹抜デッキ	引違窓	1.692	1.788		6.96	3.03	1			6.96			FW 1枚ガラス共
WD－1	便所	片開フラッシュ戸（上部FIXとも）（樹脂合板）	0.6	1.76 ＋0.5	冂	5.12 0.6	1.36	1	（上部FIX）0.3	（そで）1.6	5.72		3.52	上部FIX 0.6×0.5＝0.3（㎡） そで（0.6×1.3）×2≒1.6（㎡）
2	洋室A.B	押入引違フラッシュ戸（片面樹脂合板）	0.9×2	1.76 ＋0.45	三	1.8 1.8 1.8	3.98	2(4)					17.68	
3	〃	入口片開フラッシュ戸（樹脂合板）	0.8	1.79	冂	4.38 0.8	1.43	2			10.36		7.16	
4	和室前室	〃　〃　（〃）	0.8	1.76	冂	4.32 0.8	1.41	1			5.12		3.52	
F－1	和室前室・7帖	押入引違ふすま、天袋共（上新鳥の子）	0.9×2	1.76 ＋0.45	三	1.8 1.8 1.8	3.98	2(4)						
2	〃	境引違ふすま（4枚建、上新鳥の子）	0.67×4	1.76	＝	2.68 2.68	4.72	1(4)						
S－1	和室前室	高窓、大荒組障子	0.9×2	0.9	＝	1.8 1.8	1.62	1(2)						
2	和室7帖	ひじかけ窓、〃	0.9×2	1.39	＝	1.8 1.8	2.50	2(4)						
3	〃	丸窓、引分け東障子	0.45×2	0.9	＝	0.9 0.9	0.81	1(2)	0.81					たてしげ
4	〃	掃出窓、大荒組障子	0.9×2	1.76	＝	1.8 1.8	3.17	1(2)						
		（2階小計）							1.11	1.6	46.83	38.82	35.39	
		（1.2階合計）							1.11	1.6	104.86	65.69	61.35	

（2）　金属製建具

アルミサッシを中心に金属製建具の普及は著しいものがあり，網戸・雨戸付・面格子付・出窓をはじめ，玄関ドア・勝手口ドア・浴室・化粧室ドア，さらには室内アルミ製建具（障子・ふすま）まで，多くの種類のものが使われるようになりました。

表 12.4　住宅用カラーアルミサッシの価格資料

◆雨戸付サッシ（単板ガラス用）

寸　法	記号	サッシ(含ガラス)		網戸	備　考
幅×高mm(内法寸法)	(呼称)	一般雨戸	断熱雨戸	(完成品)	
雨戸付サッシ・2枚引違い窓					
1195（4.5尺）×　900	11909	32,000	33,000	2,590	**雨戸付サッシ**
〃　〃　1100	11911	35,400	36,300	2,910	＝本体（アングル
〃　〃　1300	11913	37,600	38,900	3,240	付枠、障子〈含単
1650（6.0尺）×　700	16507	34,300	35,800	2,590	板ガラス〉)＋戸袋
〃　〃　900	16509	36,900	38,600	2,910	＋鏡板＋雨戸戸板
〃　〃　1100	16511	39,700	41,400	3,240	(必要枚数)
〃　〃　1300	16513	42,200	44,200	3,570	
〃　〃　1500	16515	44,800	46,900	3,900	**雨戸数**
					幅6尺＝2枚
雨戸付サッシ・4枚引違い窓					9　＝3
2560（9.0尺）×　1100	25611	58,000	60,700	4,320	12　＝4
〃　〃　1300	25613	62,300	65,200	4,700	
					関東間半外付タイ
雨戸付サッシ・2枚引違いテラス					プ
1650（6.0尺）×　1800	16518	55,900	58,800	5,170	
〃　〃　2000	16520	60,900	63,900	5,550	
〃　〃　2200	16522	66,600	69,800	5,920	
雨戸付サッシ・4枚引違いテラス					
2560（9.0尺）×　1800	25618	84,100	88,400	9,490	
〃　〃　2000	25620	92,000	96,500	10,200	
〃　〃　2200	25622	102,000	107,000	11,000	
3470（12.0尺）×1800	34718	101,000	107,000	10,300	
〃　〃　2000	34720	110,000	116,000	11,100	
〃　〃　2200	34722	122,000	128,000	11,800	

◆面格子付サッシ（単板ガラス用）

寸　法	記号	サッシ(含ガラス)		網戸	備　考
幅×高mm(内法寸法)	(呼称)	竪格子	ひし格子	(完成品)	
面格子付サッシ・2枚引違い窓					
740（3.0尺）×　300	07403	10,300	12,300	1,270	**面格子付サッシ**
〃　〃　500	07405	11,400	13,600	1,600	＝本体（アングル
〃　〃　700	07407	12,900	15,300	1,970	付枠、障子〈含単
〃　〃　900	07409	14,700	17,300	2,300	板ガラス〉)＋面格
〃　〃　1100	07411	16,500	20,300	2,680	子
1195（4.5尺）×　500	11905	14,800	17,500	1,930	
〃　〃　700	11907	16,100	19,000	2,260	関東間半外付タイ
〃　〃　900	11909	18,900	22,300	2,590	プ
〃　〃　1100	11911	21,900	26,700	2,910	
〃　〃　1300	11913	23,600	28,400	3,240	
1650（6.0尺）×　500	16505	18,600	22,100	2,260	
〃　〃　700	16507	20,100	23,800	2,590	
〃　〃　900	16509	22,700	26,800	2,910	
〃　〃　1100	16511	27,500	33,600	3,240	
〃　〃　1300	16513	33,400	38,200	3,570	

☞ 価格：ガラス代を含む　色：ブロンズ

資料：「積算資料ポケット版総合編」住宅用カラーアルミサッシ(3)

木造住宅の金属製建具の中心となっているアルミサッシも，一般木造（軸組み）用と2×4工法用，関東間，関西間，九州・四国間用など間口の標準幅別，内付け・半外付け・外付けの別，各カラー別・防音・断熱仕様用等の豊富な種類に，豊富な寸法がそろっています。

見積りでは建具表等から必要な種類・寸法のものを拾って計上しますが，一般に開口部の部材や作業構成は次のようになっています。

1. わく材・額縁・水切り
2. 建具
3. ガラス
4. 建具金物
5. 取付調整費または吊り込み手間
6. 塗装

(RC建築，連窓段窓では無目，方立)

以上がそのまま見積り項目になり，これまで必要な部材，仕上げを建具表等から拾い上げ集計していましたが，表12.4のような価格資料が普及していますので，価格の中に含まれるものと含まれないものに注意して，そのまま計上するようにします。

金属製建具の見積りでは一般に次のように考えます。

1. わく材·額縁→木工事で計上(ドアわく付の場合は建具価格に含めて計上)
2. 水切り——→材料費を計上
3. 建具
4. ガラス
5. 建具金物

（3.～5.）ガラス・金物を含めた価格で計上
（メーカーの価格表に注意。出窓，装飾窓では，ガラスを含まないことが多いので，この場合は別に計上する）
（ドアチェック・ドア錠等で，特別な金物を使う場合は別途に計上する）

6. 取付調整費→取付調整費として計上
7. 塗装———→アルミサッシでは不要
（わく材の塗装を塗装工事に計上）

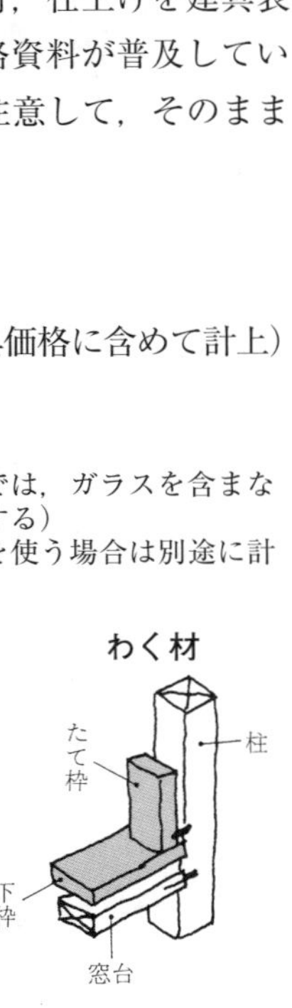

□わく材・額縁

サッシわく（下わく・上わく・たてわく）材や額縁は木工事で説明したとおり，木工事の中に計上します

図 12.4　雨戸・網戸・サッシ・障子の構成

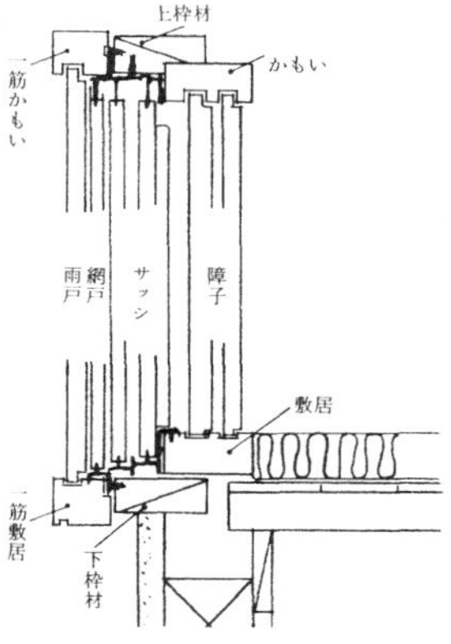

が，玄関ドア・室内ドアではわくを含めてセット価格になっていることがあります。この場合は建具価格に含めて計上するか，わく材として建具工事の中に計上するようにします。

これまで木工事に計上してきたわく材も，今後わかりやすい見積書をつくるという点からは，まぐさ・窓台までを木工事として，わく材は塗装仕上げも含めて建具工事に計上するように考えたいものです。

□サッシ・ドア，ガラス，建具金物

アルミサッシは一般引違い窓，防音・断熱用（ペアガラス使用，外側アルミ，内側樹脂サッシの一体形サッシ），出窓，装飾窓，ルーバーサッシ（ジャロジー，オーニング等），ブラインドサッシ（ブラインドを内蔵した二重ガラスのサッシ）があり，また，各地方ごとの寸法および内付け，外付けの別があります。ガラス・金物込みの価格で計上しますが，ガラス別途の場合や特別な金物を使用する場合は，別途計上します。

ドアには玄関ドア・勝手口・浴室・洗面室ドアが多く使われています。各種製品がありますので，含まれないもの（ガラス・金物・わく材等）に注意して拾います。玄関ドアにはスチール製，ステンレス製もあります。

建具金物は丁番，錠，取手などの開扉用金物，レール，戸車などの引扉用金物等がありますが，金属製建具の場合は一体となっていますから，ドアチェック（ドアクローザ）やフロアヒンジなどの特殊な金物や特別な装飾錠を使わなければ，別個に算出する必要はありません。

網戸は，サッシと別に価格が設定されていますから，別途に計上するか網戸共としてサッシに含めて計上する方法もあります。

雨戸付サッシも近年普及が著しく，雨戸本体（戸板），わく，戸袋（鏡板）の三つが一体となったもので，雨戸付サッシとして計上します（鋼板戸板・断熱戸板の別がある）。さらに写真のように，シャッター付サッシも使われるようになっています。（シャッターは手動と電動とがある）。

図 12.6　内付け・半外付け・外付けサッシ

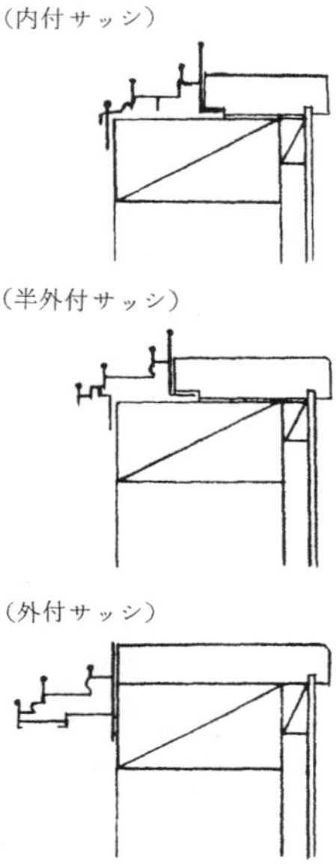

図 12.7　ドアクローザ

スタンダード型

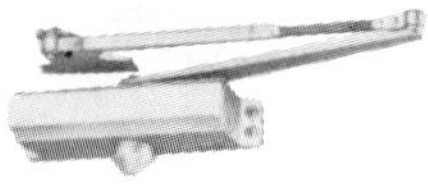

パラレル型

シャッター付サッシ

□取付調整費

販売店側が取り付ける場合（価格に取付調整費を含む）と大工さんが取り付ける場合があり，前者は建具価格に含まれており，後者は木工事手間に含まれているという考え方から，取付手間を計上しないことがありますが，いずれの場合も建具工事の中に取付調整費として計上するようにします。

1窓当たりの人工数は，種類や寸法によって異なりますが，0.15～0.3人工程度をみるようにします。

(3) 木製建具

木製建具は障子・ふすまおよび木製ドアが使われています。

障子は室の仕切りと光線を入れる機能をもった伝統的な建築材料で，和室にはふすまとともに欠かせない材料です。種類は腰付，水腰(腰付でない全面障子)，無地，摺り上げ（ねこま・雪見障子・引分けもあり）および組子の間隔によって荒組，横しげ，縦しげ（横方向または縦方向の組子の間隔が狭いものをいう），また，障子紙の代わりにガラスを入れた吾妻（または東）障子があります。

見積りにあたっては，こうした障子の種類および寸法と建具の材質を明記するようにします。

ふすまは間仕切り，入口戸，押入戸に使用され，片面，両面（押入れ用は片面，部屋と部屋との間仕切りには両面，また和室入口には片面フラッシュ戸，片面ふすまのフラッシュ戸ふすまがある），寸法によって天袋・地袋（高さ2尺程度），戸ふすま（幅3尺），引違い間仕切ふすま（同），幅広ふすま（幅1.0m以上）があります。

単価はふすまの骨，組子ざんの寸法・組み方，縁の材質，塗縁の仕上げおよび仕口，下張りの工程，上張りの紙質，引手の種類等によって価格差がありますので正確に把握して，と建築積算の教科書には書いていますが，そこまでは経師（きょうじ）屋さんにおまかせして，寸法と上張りの種類を明記して見積り計上します。

障子

化粧縁はカシュー塗り*（271頁脚注参照）といわれる仕上げで，金物の引手，吊り込み手間も含めて，ふすま価格に含まれるのが一般的ですから，特に計上はしません。

フラッシュ戸ふすまの場合は，片面化粧合板仕上げ等の既製品を使う場合以外はクロス張りまた

表 12.5　障子・ふすまの価格資料

◆規格品

形　　状	材　　質	単　位	建具価格	紙張代	金物費	取付費	合　計
紙張無地障子（高1730～1800×幅660～900×戸見込 30mm）							
640／880	スプルス	本	6,600	1,800	200	1,700	10,300
	秋田杉	〃	19,900				23,600
肘掛紙張障子（高1370前後×幅660～900×戸見込 30mm）							
	スプルス	本	6,000	1,400	200	1,700	9,300
摺上げ障子（猫間障子）（高1730～1800×幅660～900×戸見込 3Cmm）							
	スプルス	本	17,100	1,800	（硝子代）2,200＋（金物代）700	1,700	23,500
ガラス厚：2mm	秋田杉	〃	34,600				41,000

◆戸建て住宅用

グレード					襖紙	
共通品番	意匠	耐久性	施工法	両面襖の参考価格	襖の表紙の種類	貼替年数目安
NFS-10 並品	☆	☆	☆☆	11,000～15,000円	新鳥の子 600～1,000円	2年～3年
NFS-20 中級	☆☆	☆☆	☆☆	13,000～18,000円	普及織物 上新鳥の子紙 1,000～2,000円	3年～5年
NFS-30 上級	☆☆☆	☆☆	☆☆	17,000～25,000円	中級織物 鳥の子紙 1,600～3,000円	3年～5年
NFS-40 高級	☆☆☆☆	☆☆☆☆	☆☆☆☆	20,000～35,000円	高級織物 本鳥の子 5,000～20,000円	5年～10年
NFS-50 最高級	☆☆☆☆☆	☆☆☆☆☆	☆☆☆☆☆	48,000円以上	最高級織物 本紗・本葛布 加飾本鳥の子 20,000～30,000円	10年～20年

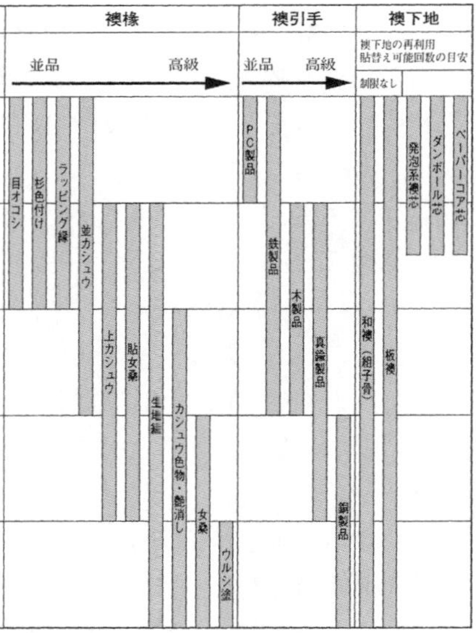

✣税込表示のない場合は消費税を含まず。

☞ 1．一般的な襖。価格は部材の組合わせによる参考価格。
2．現場納めの場合、上記価格のほかに運搬費と取付け費用が必要。
3．襖の価格は部材の組合わせや施工方法・下地の種類などで変わる。
4．グレードの共通品番は日本襖振興会が提唱する全国共通の品質表示品番による。
5．板襖のグレードには、かなりの地域差がある。

資料：「積算資料ポケット版総合編」障子戸(1)／襖価格(2)

は塗装仕上げとなりますから，それぞれの工種で拾うことになります。

木製ドアは玄関ドア・玄関引戸・室内ドアの各種製品があります。ラワン合板や雑木合板製のフラッシュドアの場合は塗装仕上げ，クロス張り等の仕上げをみますが，そのほかはほとんど塗装仕上げを含んだ価格になっています。ただ，ガラス代や金物費は別途になっていることが多いので，建具工事の中で，木製ドアについては建具金物費を拾うことになります。

とはいっても，建具金物の拾いは相当やっかいな作業で，建具表があって設計者が建具金物の種類・数量を指定している場合は，これに基づいて集計算出（表12.8参照）できますが，ない場合には建具価格に対する一般的な率計算で計上し，特別な高級金物の使用があれば加算するようにします。

〔一般的な建具金物費の建具価格に対する概算比率〕

- ・引戸（ガラス戸）　３～５％（戸車・レール・引手・内かぎ等）
- ・ガラス戸　10～15％（丁番・引手等）
- ・室内ドア（フラッシュ戸）　20～40％（丁番・ドアロック等）
- ・室内ドア（木彫戸等）　20～30％（丁番・レバーハンドル等）

表 12.6　室内ドアの価格資料

◆規格品

形　状	材　質	単位	建具価格	ガラス代	金物費	取付調整費	合　計
ムク木彫（クリアラッカー塗）							
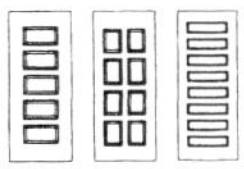	アガチス	本	58,000	―	8,000	11,000	77,000
	アガチス	〃	60,000	―	8,000	11,000	79,000
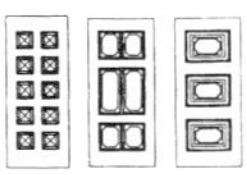	アガチス	〃	104,000	―	8,000	11,000	123,000

資料：「積算資料ポケット版総合編」室内ドア工事(1)

＊カシュー塗り（カシュウ塗り・cashew paint）：「うるし塗り」の一種で，カシュー樹のカシューナットから採れる「カシューうるし」を上塗りする仕上げをいう。「うるし」より工程は簡単だが光沢は優れており，ふすま縁のほか，床框（とこかまち），床柱などにも使われる。

◆注文品

形　　　状	材　質	単位	建具価格	金物費	取付費	合計
両面フラッシュドア―開き戸―（高1800×幅600～900×戸見込36～40中桟ピッチ150mm） ラワン合板はクロス張用でクロス代別途。ガラス代含む。金物は**ドアロック，丁番（2個）**。 高2000mmは10％増。高2100mmは20％増。						
	ラ　ワ　ン	本	7,600	4,500	5,000	17,100
	シ　　ナ	〃	9,200			18,700
	ポリエステル	〃	13,100			22,600
	つ　き　板	〃	17,100		8,200	29,800
	メラミン板	〃	23,400			36,100
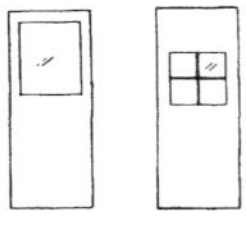	ラ　ワ　ン	〃	12,200	4,500	5,000	21,700
	シ　　ナ	〃	15,500			25,000
	ポリエステル	〃	17,100			26,600
	つ　き　板	〃	22,800		8,200	35,500
	メラミン板	〃	28,600			41,300
	ラ　ワ　ン	〃	14,700	4,500	5,000	24,200
	シ　　ナ	〃	17,900			27,400
	ポリエステル	〃	19,600			29,100
	つ　き　板	〃	25,400		8,200	38,100
	メラミン板	〃	31,100			43,800
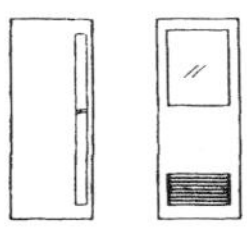	ラ　ワ　ン	〃	14,700	4,500	5,000	24,200
	シ　　ナ	〃	17,900			27,400
	ポリエステル	〃	19,600			29,100
	つ　き　板	〃	25,400		8,200	38,100
	メラミン板	〃	31,100			43,800

資料：「積算資料ポケット版総合編」ガラリ戸，フラッシュドア

表 12.7　ドア用付属金物の標準数量・金具セット価格例

ドア別	丁　番	にぎり玉付箱錠	上　げ落　し	戸あたりあおり止め	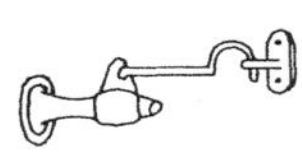
片開き	2～3枚	1組	―	1組	戸当りあおり止め（幅木付き）
両開き	4～6枚	1組	上下に各1組	2組	

かまちの厚さと丁番寸法　20～30㎜（75㎜）～33（90）～36（100～115）～43（125）
建具の種数と丁番寸法　小窓（64～76㎜）　窓（76～89㎜）　出入口（102～152㎜）
建具の高さと丁番枚数　H 2.0 m以下（2枚）　H 2.0 mを超えるもの（3枚）

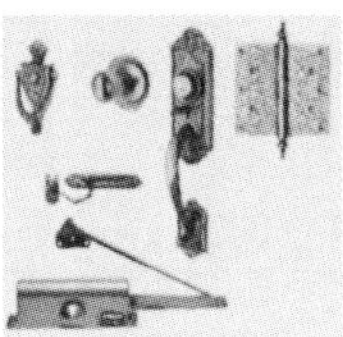

●ドア金具セット

KA-A
￥56,000
アンチックブラス仕上げ
ロックセット(KA-32A)……1個
ノッカー(N-2A)……………1個
蝶番(H-5A)…………………3枚
チェーン(CA-10A)………1個
ドアチェック(CH-BO)……1個

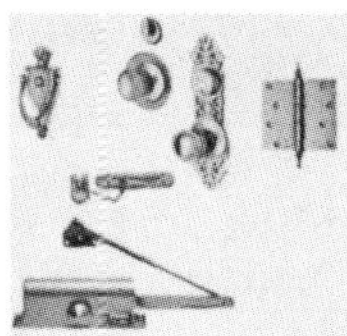

KA-B
￥47,700
アンチックシルバー仕上げ
ロックセット(KA-21B)……1個
ノッカー(N-2B)……………1個
蝶番(H-4B)…………………3枚
チェーン(CA-20B)………1個
ドアチェック(CH-BO)……1個

表 12.8　建具金物算出事例

名称		丁番ステンレス〃4	モノレックステンレスBC-64	戸当り	ドアチェック	ラバトリーヒンジ	ラバトリーストライク	角棒取手	表示付内掛錠	帽子掛戸当り	シリンダー箱錠	フランス落し	レールL＝3.6m	レールL＝1.8m	戸車	引手	かま錠	中折ねじ締
符号	カ所																	
WD－1	5	15	5	5	5													
－2	12					12	12	12	12	12								
－3	3	18		3							3	3						
－4	4	24	4	4	4													
－5	1													1	2	2	1	
－6	2													4	8	8		2
－7	1													1	2	2	1	
－8	3													6	12	12		3
WW－1	8													16	32	32		8
2	4												8		32	32		8
P－1	6															24		
2	2															16		
合　計	51	59	9	12	9	12	12	12	12	12	3	3	8	28	88	128	2	21

表 12.9　戸車・レールの標準寸法・数量

建具の種類	戸車径(mm)	レール(丸は径，角は辺，甲丸は幅×高)(mm)
小窓（H 0.85 m）	25	丸(６)　甲丸(５×６)
窓（W 0.9×H 0.9）	30，33	丸(６)　甲丸(６×７～7.6)
窓・出入口(W 0.9×H 2.0)	35，36	角(7.8)　甲丸(７～7.5×9.0)
特に大きい出入口	40，45，60	角(9～12)　甲丸(９×12)

	レール	戸　車(個)	引き手(個)	ねじ締り(組)
片引き(１枚建て)	(内のり幅×２)×１本	2	2	1
引違い戸(２枚建て)	(内のり幅)×２本	4	4	1
引違い窓(２枚建て)	(内のり幅)×２本	4	2	1

注）かま錠，差込み錠，外締まり，なんきん錠などは設計による

□木製建具の吊り込み費，建具金物の取付費

ふすまは建具の価格の中に金物費，吊り込み費を含んでいますから，建具代を計上するだけで，障子は紙張り費を取付費として，１本当たり2,200～

2,500円程度計上するだけですみますが，引戸・室内ドアは吊り込み費，金物費および金物取付費が必要です。

金物取付費の考え方は，これまで必ずしもはっきりしていなかったのですが，木造住宅の場合は建具の吊り込み時に一緒に行いますから，吊り込み費の中に含むという考え方でよいように考えます。ただ，金物によってはかなり差があることも事実で，こうした考え方で無理な場合は，**金物単価の10～15%程度**を金物取付費としてみるようにします。

建具の**吊り込み手間**も建具価格の10～15%程度をみるか全体の建具数から人工数を想定して，計上する簡便な方法がとられていますが，このほかにも建具面積から，

開き戸で0.2人工／ m^2

引戸・引違い戸で0.1人工／ m^2

とする考え方もあります。

少々細かくなり実用的ではありませんが，建具種類ごとの建具金物の種類と人工数データを，参考のために紹介します。（表12.10）

表 12.10　木製建具の労務歩掛り，金物数量

建具種類・寸法 (m)		単位	建具工（人／カ所）	建具枚数	建具金物数量								備考
					A	B	C	D	E	F	G	H	
片開ドア	0.6×1.8	カ所	0.18～0.25	1	2	1		1					
〃	0.8× 〃	〃	0.20～0.30	1	2	1		1					ランマ付きは0.2～0.25人工を加算
両開ドア	1.6× 〃	〃	0.35～0.50	2	4	[illegible]	1	1					
両開窓	1.5×1.2	〃	0.15～0.20	2	4	2	1		1				
上げ下げ窓	1.75×0.85	〃	0.20～0.28	2					1			4	窓車，分銅ワイヤ(各4)
回転窓	0.8×0.55	〃	0.18～0.25	1									回転軸(2)キャッチ(1)ひも，ひも掛
引違い窓	1.7×1.35	〃	0.11～0.16	2					1	4	2	4	
引違い戸	1.7×1.8	〃	0.12～0.18	2					1	4	2	4	
ドアチェック取付け		個	0.09～0.1										

※玄関ドアは，製品により差が大きいため，ケースバイケースで判断する（0.6～1.5人工）。

建具金物
- A　丁番　（枚）
- B　戸当りあおり止め（〃）
- C　上げ落し金物　（個）
- D　箱錠，空錠　（〃）
- E　窓締り，締り金物（組）
- F　戸車　（個）
- G　レール　（本）
- H　手掛金物　（個）

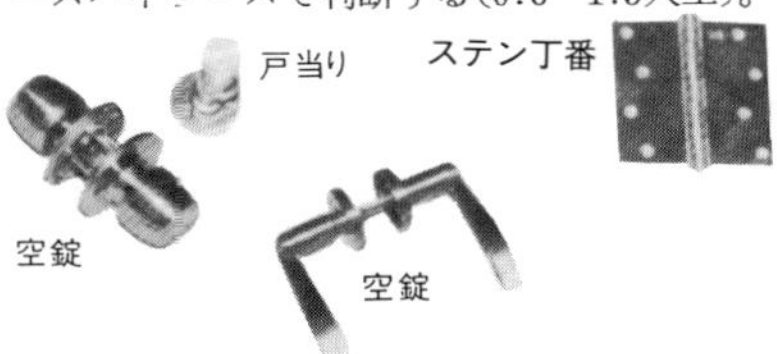

（4） ガ ラ ス

一般建築工事ではガラスとして独立した科目となっていますが，木造住宅の見積りでは建具工事の中に含めて拾います。ガラスは透光性・耐候性に優れ，意匠的にも優れているため，建築物に多く使われていますが，建具製品や家具と一体となって供給されるため，見積り上にはあまり多くは登場しなくなりました。

住宅建築用のガラスの種類は次のとおりです。（　）内は記号を示す。

1. 普通板ガラス（S）　厚3，5㎜

　透明ガラスとすりガラスに区分される。すりガラスは不透明で光をよく拡散するが，強度が落ち，汚れやすいという欠点がある。

2. 型板ガラス（F）　厚2.2，4，6㎜

　すりガラスの欠点を補い，各種の型模様をつけたガラス。光を拡散し視野をさえぎる。

3. フロートガラス(FL)　磨き板ガラス(P)厚3，5，6，8，10，12，15㎜

　表面の光沢仕上げをしたガラスで透明度が高い。磨き板に比べフロートガラスは強度がある。

4. 網入板ガラス（W）6.8㎜

　型板ガラス（FW），磨き板ガラス（PW）に金網を挿入したガラスで割れても破片が飛び散らず，火に強いという長所をもつ。

5. 熱線吸収ガラス（H）（G）（B）

　鉄・ニッケル・コバルト等を添加し，熱線を吸収しやすくしたガラスで，冷房効果を高める。種別にブルー（H），グレー（G），ブロンズ（B）がある。

6．合わせガラス

　フロート、網入板ガラスなど２枚のガラスを図のように合わせたガラス。破損してもガラスが飛び散らない、衝撃物が貫通しにくいなど安全なガラス。

7．複層ガラス

　図のように２枚のガラスの間に空気層

合わせガラス（左）と
複層ガラス（右）

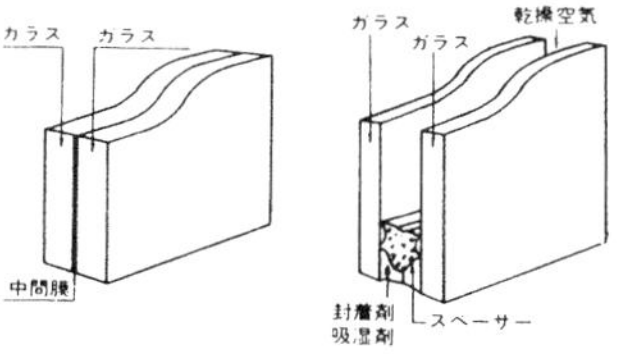

を設け断熱性，遮音性を高めたガラス。ガラスは3㎜フロートガラスから6.8㎜網入ガラスを使用し，空気層は6㎜（A6タイプ）と12㎜（A12タイプ）がある。

また夏の冷房効果を目的に室外側にLow-Eガラス*を使った遮熱複層ガラス，冬の暖房効果を目的に室内側にLow-Eガラスを使った高断熱低放射複層ガラス，さらに空気層を熱を通さない真空にして0.2㎜と薄くしながら高断熱を実現した写真の商品（日本板硝子「スペーシア」）も開発されている。

住宅の省エネ基準の強化策から寒冷地を中心に普及が進んできた。

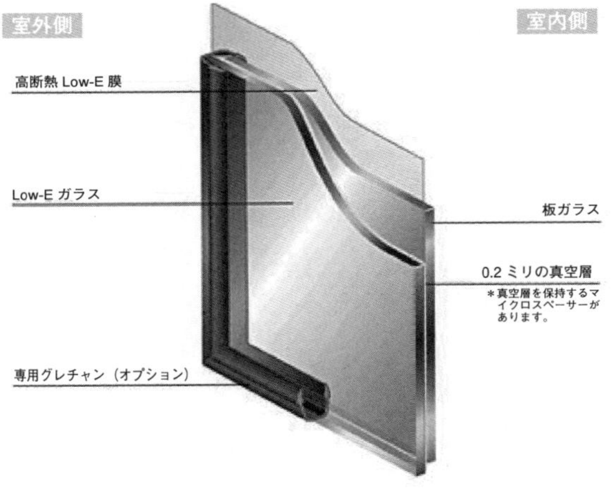

以上のほか「強化ガラス」があり，さらに成型品ガラスとして，ガラスブロック，プリズムガラスがあります。

また，樹脂ガラスも次のような商品名のものが使われています。

・アクリル板……デラグラス・パラグラス・コモグラス・スミペックス・アクリライト等

＊Low-Eガラス（Low E Glass）ガラス表面に酸化スズや銀など特殊金属膜をコーティングして遠赤外線の反射率を高めたガラス（低放射ガラス）。
Eは Emissivity（放射率）または Emission（放射）の意味。

図 12.8　ガラスの寸法計測

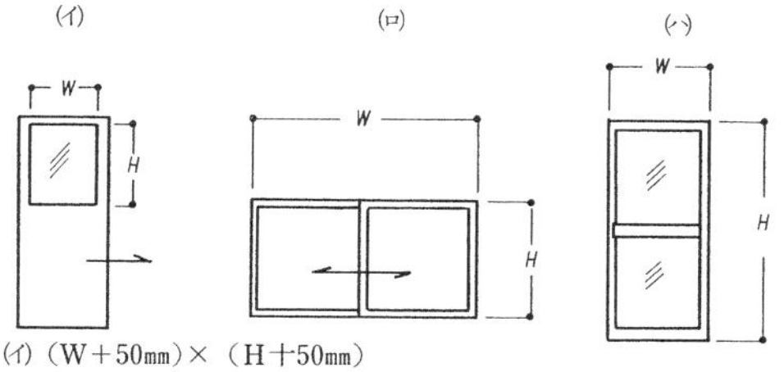

(イ)（W＋50mm）×（H＋50mm）
はめ殺しランマで，かまちのない場合も同様50mmを加算する。
(ロ)および(ハ)（W×H）

・ポリカーボネート板……ポリカーボネートプレート・レキサンシート・ポリカエース・ユーピロンシート・ステラ・パラマイティー等

木造住宅の見積書では，以上のような材料を建具工事の中に計上しますが，本来の窓ガラスがサッシとして計上されているため，木製建具や装飾窓等で建具価格の中にガラス分を含んでいないものを計上することになります。

拾いは，建具類の内のり面積をそのまま面積とします（図12.8参照）。かまち寸法を差し引いたり，建具面積の85％とか90％とかという考え方もありましたが，小さく区分して拾う煩雑さや，そうして算出した数量との誤差も小さく，見積り上大きな影響がないと判断されるからです。

その他，ガラスの見積りで注意が必要な事項は次のとおりです。

1. 建具工事以外から計上されるもの

　建具工事の拾いでは上がってこない，建具のないはめ殺しのそでや木製スクリーンのガラス等は内装工事等の拾いからのものを含めて計上します。

2. 雑工事に計上されるガラスは含めない

　鏡や既製戸棚等のガラス等は雑工事に計上されます。

3. 強化ガラスは面積計算をしない。

　住宅ではあまり使われませんが，強化ガラスはわく（フレーム），押え板等を含めて枚単位となります。

〔値入れ〕

ガラスの値入れは，「ガラス代＋副資材費＋労務費＋運搬費」で構成された材工共単価を使い値入れします。ポケット版など各種の単価資料では副資材費，クリーニング・養生費は含まないとされますが，そのまま採用し値入れします。ただ，サッシなどガラス込み単価で供給されている建具が多いため，見積りをする機会は少なくなっています。

クリーニング・養生も一般的な場合は特に計上しませんが，施工上の都合で特になんらかの作業が必要であれば，雑工事または仮設工事の中でみるようにします。

また，ガラスブロックは住宅向けのわく付パネルとして市販されていますので品種・形状を選んで1カ所単位で計上します。

□事例の見積り結果

事例の建具工事の拾い（263～264頁 建具計算表参照）から見積内訳明細書を作成した結果は，巻末の「事例による見積書作成，工事内訳明細書」（392～406頁）のとおりです。

第13章　内外装工事

これまで内装工事という科目はよく使われてきましたが，内外装工事とはあまりいわれませんでした。標準書式による科目にも「19.内外装」とありますが，それ以前に，左官・タイル・金属工事等があって大方の仕上げ工事の計上がすんでおり，内装工事も含めて残された工事をまとめて計上するという立場におかれているわけです。

見積書全体の最後のほうに近いという，不本意な位置におかれているわけですが,「内装に金をかける」とか「内装を一新する」など,お客さんのイメージは明るくて居心地の良い部屋づくりをと，関心の高い部分です。

これまで工種工程別の考え方から，左官・タイル・木工事等に計上していた内外装部分を，今後はわかりやすい見積書をという観点から，すべて含めてこの内外装工事に計上していくようにしたいものです。特に工種工程別の見積りでは，下地と仕上げが別々の工種になることが多いため，コストの比較には不便なものでしたし，同じ数量を何回も拾うという数量計算上のロスもあります。たとえば，ラスボードにプラスター塗り，塗装仕上げの場合ですと，ラスボードは木工事で，プラスター塗りは左官工事で，塗装仕上げは塗装工事で計上されますが，内装工事としてまとめて計上できれば，1回ですみますし，他の内装仕上げとのコスト比較も便利になります。

（1）　内外装工事の細目

内外装工事に計上する工事細目は，建物内外部仕上げ内容から木工事・屋根・左官・タイル等の他工事で計上されるものを除いた，すべてを計上しますが，木造住宅ではおよそ次のようなものがあります。

内外装工事の細目

イ）たたみ（畳）敷き
ロ）床張り（寄木張り・ソフトタイル張り・フローリング張り）(m^2)
ハ）じゅうたん,カーペット敷き（m^2）
ニ）幅木（ソフト幅木）(m)
ホ）壁紙・クロス張り（m^2）
ヘ）天井板張り（吸音板等）(m^2)
ト）外装サイディング張り（m^2）
チ）カーテン・ブラインド（m^2）

（他工事で計上されるもの）

木質系床・壁・天井張・木製幅木 →（木工事）
床・壁タイル張・石張 →（石・タイル工事）
塗壁・せんい壁・しっくい壁・モルタル壁・吹付仕上げ →（左官工事）
塗装仕上げ→（塗装工事）

内外装工事の材料は常に新しい製品・施工方法が開発され，たたみなど伝統的な材料と混在していますから，材料に関する知識，施工法，コストにたえず関心をもっておくことが重要になります。

□た　た　み

たたみは各地方によって各寸法があり，大きい順にメートル間（192 × 96），ほんげん間（京間191 × 95.5），六二（ろくに）間（188 × 94），六一（ろくいち）間（185 × 92），三六（さぶろく）間（中京間182 × 91），五八（ごはち）間（関東間176 × 88），五六（ごろく）間（団地間170 × 85），小間（156 × 76）があり，数字の六二,五八とは長さ（6.2尺，5.8尺）を表しています。代表的なものは京間・関東間ですが，柱心々の寸法によって使われ，柱心々が３尺（91cm）基準の場合，関東間，柱内のりが３尺の場合が京間または三六間とされています。

たたみ

拾いは畳数を数えるだけですが,材料の床・表・縁(へり)の材質によって等級が分けられ,価格も大きく違いますので，等級を確認して敷込費を含んだ材工共単価で値入れします。

図 13.1　たたみの寸法

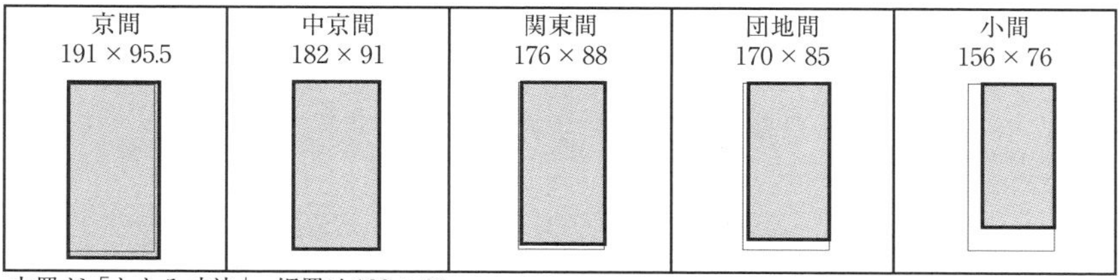

太罫が「たたみ寸法」，細罫は182 × 91cm

□床　張　り

木質系の床材は大工さんが施工するため，木工事の中で拾うことが多いのですが，本来は内装工事に計上すべきと考えます。寄木張り・フローリングブロック・縁甲板など多くの種類があります。

寄木張り床材

〔製品寸法・規格・材工共単価の目安〕

・縁甲板

厚14，15㎜　幅94,105,108,120㎜

長3.65 ～4.0m

檜無節上小節，１等　10,000 ～30,000円/m^2

アピトン　１等　6,000 ～10,000円/m^2

・フローリングボード張り

厚15㎜　幅75㎜　長：乱尺　ブナ･ナラ･カバ等　6,000 ～7,000円/m^2

・フローリングブロック張り

厚15㎜　303 × 303　ブナ・ナラ・カバ等　6,000 ～7,000円/m^2

・モザイクパーケット張り

厚８㎜（20 ～25）×（114 ～152）ブナ･ナラ･カバ等　5,000 ～6,000円/m^2

以上のほか単層フローリング･複合フローリングの各種,各寸法のものがありますが,塗装品と無塗装品（サンダーがけ塗装費を加算）に注意が必要です。

□クッションフロア

クッションフロアとは，合成樹脂系床材のうち発泡層のあるビニル床シートのことをいい，1.8，2.0，2.3㎜厚の製品がありますが，住宅用には写真の

クッションフロア（厚 12・13・14 × 幅 303 × 1818 ㎜）

ような合板をベースに張り付けた複合床材も多く使われています。

□じゅうたん・カーペット

じゅうたんは，毛製敷物の総称で次のようなものがあります。

1. フェルトカーペット
2. 織物カーペット（薄織カーペット・手織パイル織カーペット—だんつう—機械織カーペット・メリヤス織カーペット・刺しゅうカーペット・パイル接着カーペット等）

一般に，手織パイル織カーペット（だんつう）をじゅうたんといい，産地によってペルシャだんつう，インドだんつうというように最上品となっています。他のカーペットも一般には次のように呼ばれています。

(イ) ウィルトンカーペット（機械織カーペット）厚手で耐久性がある。

最大幅　364.455cm　　6,000～13,000円/m^2（材料価格）

(ロ) タフテッドカーペット（刺しゅうカーペット）住宅用に多い。

最大幅　364.385cm　　3,000～8,000円/m^2（材料価格）

じゅうたん

カーペットの断面

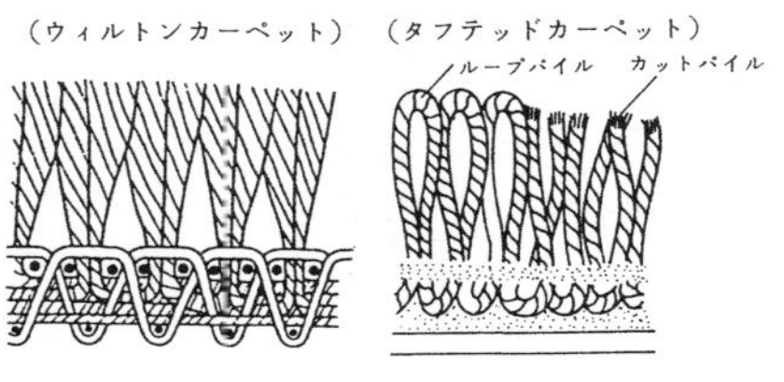

(ハ) ニードルパンチ（フェルトカーペット）カッティングが自由，施工性が良い。　寸法（幅）91～364cm　1,500～2,500円/m^2（材料価格）

(ニ) たいるかーぺっと（タイル状にカットしたもの）

寸法　50cm角　6,000～8,000円/m^2（材料価格）

施工方法は，①折込みくぎ打ち，②全面接着，③両面テープ張り，④グリッパー，⑤ピールアップ（タイル張り）の各工法があり，②，③，⑤で900～1,200円／m^{2}程度です。

図 13.2　じゅうたんの施工

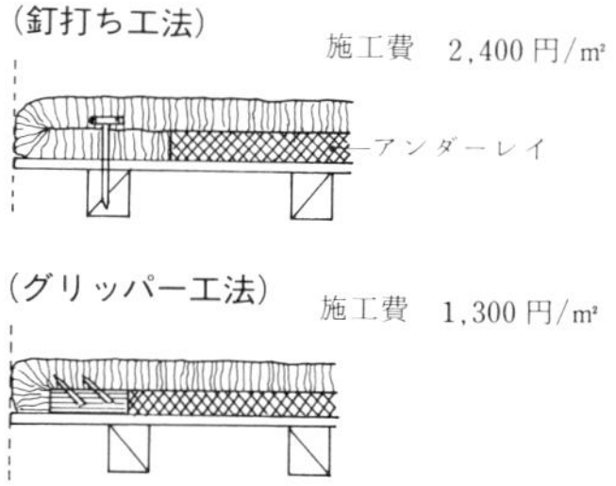

（グリッパー工法）

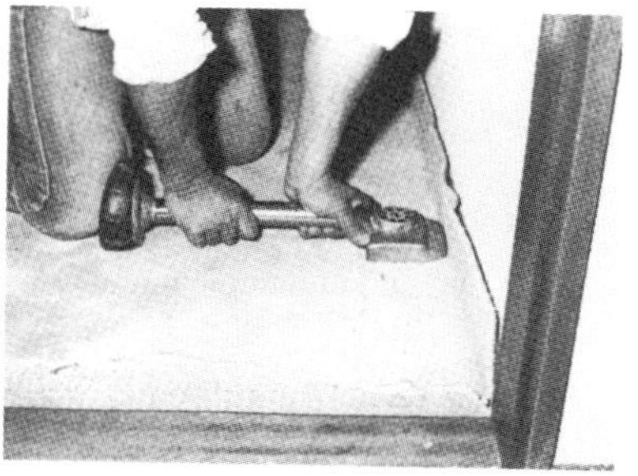

□クロス貼り

壁・天井の仕上げ材として，下地に不燃石こうボードや準不燃材料に貼り上げられた材料として「不燃」,「準不燃」,「難燃」の認定がなされています。施工が容易で，色彩・パターンをはじめ，防かび・吸音クロスなど種類が豊富なことと，比較的簡単に貼り替えられ，意匠的にも優れているため，壁・天井仕上げ材として広く使われるようになりました。

〔種類〕	商品価格
イ）紙壁紙	400～800（円/m^2）
ロ）織物壁紙	1,000～2,500
ハ）ビニル壁紙	500～1,200
ニ）化学繊維壁紙	800～1,500
ホ）無機質壁紙	1,000～2,000

商品は92，92.5cm × 50m乱が多い

認定表示マーク

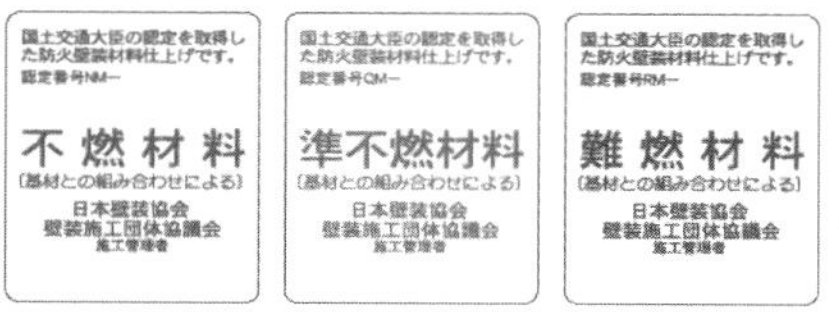

〔**施工手間**〕接着剤とも人工

（人/m²）

壁クロス貼り

一般品　0.06～0.09

高級品　0.08～

天井クロス貼り

一般品　0.07～0.10

高級品　0.09～

天井クロス貼り

□壁・天井板張り（石こうボード・その他のボード張り）

住宅の壁天井仕上げは和室では敷目板やさお縁天井が，洋室ではクロス貼りや吸音板等のボード張りが多く使われます。ボード張りでは

① 石こうボード（平ボード，化粧ボード，吸音用の穴あきボード）

② パルプセメント板

③ ロックウール吸音板

④ スレートボード（平板，フレキシブル板）

⑤ 軟質繊維板（インシュレーションボード・同吸音板）

があります。

以上のほか，浴室専用の天井・壁材製品として「バスリブ（松下電工）」「バステン（大建工業）」「バスイン（日東紡）」「バスミュール（フクビ化学）」等があります。

図 13.1　ボード類の寸法・価格

石こう平ボード	（厚）9.5・12.5㎜	（寸法）910×1820	1,000～1,500（円/m²）
化粧石こうボード	9.5	455×910・1820	1,000～1,500
吸音石こうボード	9.5	455×910・1820	1,000～1,500
パルプセメント板	5・6.3・8.0	300・450×1820・2420	1,300～1,800
ロックウール吸音板	9・12・15・19	300・303×600・606	2,000～4,000
スレートボード平板	5・6・8	910×1820	1,500～2,000
同フレキシブル板	3・4・5・6・8	910×1820	1,600～3,000
インシュレーションボード	12・15	303×600	1,500～3,000

□サイディング

湿式工法の外壁仕上げは左官工事となりますが，乾式外壁材は内外装工事の中でみます。

近年，施工の合理化から乾式外壁材（サイディングと総称する）の使用が増加しています。材料としては，窯業系・金属系・木質系に分類され，多くの商品が出されています。見積り上で注意が必要なことは，下見積りでの材工共単価に下地防水紙張り，ジョイナーまたはシーリング材，防水用テープ等の費用および水切り・雨押えの費用をどこまで含んでいるかを確認するようにします。

サイディング

窯業系以外は　m^2単価となっていますから，建物の外形面積から計上しますが，窯業系は1枚単位となっているため，必要枚数を出します。製品寸法は厚さ12，16，18㎜，幅450，455（働き幅），長さ1820㎜が中心です。

□ＡＬＣ

乾式外壁材として窯業系サイディングと同様，ＡＬＣ（軽量気泡コンクリート板）外装材も使われるようになっています。

外装用施工例（ヘーベルライト）

ＡＬＣは耐火性能をはじめ断熱性能（コンクリートの約10倍），遮音性能，軽量（コンクリートの約1/4）という特徴がありますが，さらに住宅外装用として表面加工したデザイン性を高めた製品を売り出したことと，専門施工業者による施工

床用（クリオン・晴舞台）の施工

で材料だけでなく施工品質の向上を図ったことも普及の一因になっているようです。

木造住宅の外壁用には35，37㎜厚，幅606㎜，長さ1820，2000，2100㎜（材工共で5,000～7,600円/m^2・耐火仕様は300～500円高・いずれも公表価格）の製品のほか，写真のように床用パネル（75，80㎜厚，幅300～600㎜，長さ600～2000㎜）も使われています。

写真は外装用施工例（へーベルライト）と床用（クリオン・晴舞台）の施工です。

□カーテン・ブラインド

建築工事費の中でみることは少なく，特に住宅の場合は，カーテンボックス・レール程度で，カーテンやブラインドまで含めて施工するケースはほとんどありません。もしあれば，布地の種別，仕上がり寸法と個所数で計上しますが，現場寸法に合わせて専門業者へオーダーを出し，見積額で値入れします。

数量および単価の種類別の目安は次のとおりです。

〔ドレープ〕	必要数量2.24m^2/m^2	2,500～8,000円/m
〔ケースメント〕	2.24	1,500～3,500
〔レース〕	2.74	1,000～1,500

（注）1. 単価のmは100～120cm幅物の長さ（材料のみ）

2. 製作および取付手間はドレープ0.11～0.16人/m^2，レースで0.08～0.12人/m^2程度

カーテン

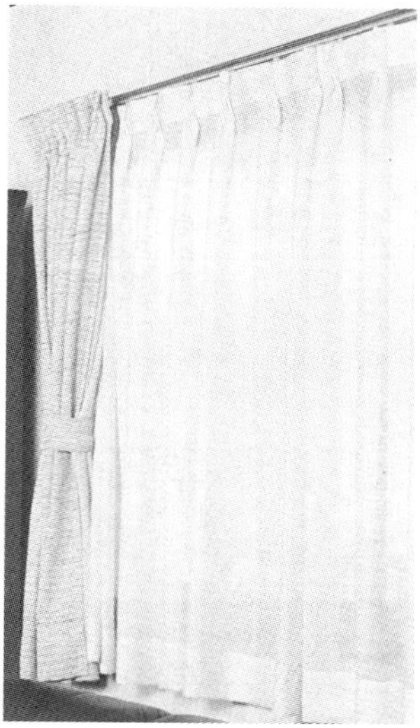

カーテンの採寸方法

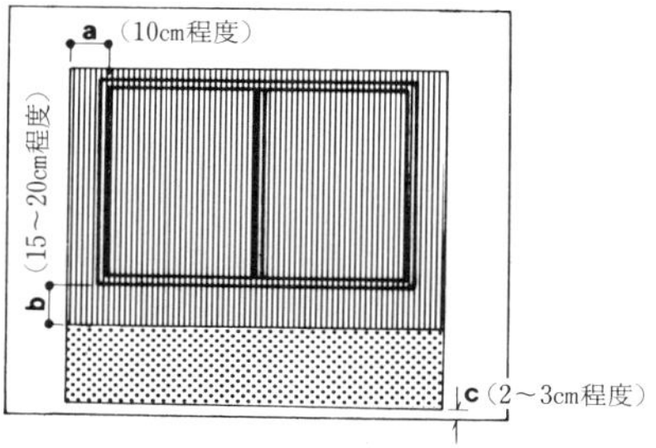

ケースメント（左）とレース（右）

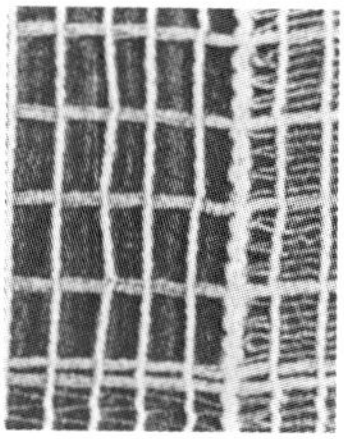

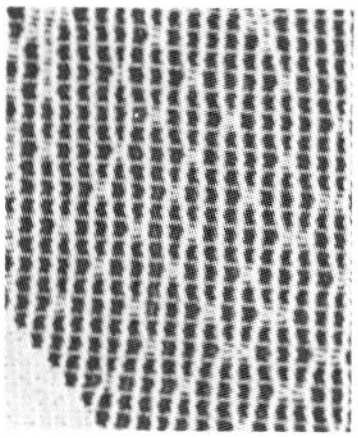

（2） 内外装工事の見積り方法

内外装, 特に内装工事の見積り・数量の拾いには「材料別積算方法」と「部屋別積算方法」とがあります。拾いを材料ごとに行うか, 部屋ごとにすべての材料を拾っていくかの別ですが, これまでの工種工程別の見積りでは前者が, 部分別見積りでは後者が適しています。前者は慣れれば早く拾えますが, 拾いもれが生じやすいのに対し, 後者は部屋の床・壁・天井ごとにすべて拾うため拾いもれは少ないが, 思考範囲が広がり遅くなるという, どちらかというと初心者向きといえます。

これまで木工事や左官工事等で拾っていた内外装の仕上げを内外装工事でまとめて計上するのであれば, 後者の部屋別積算方法が必要となります。

内外装工事は見積書の最後のほうに計上されますが, 見積り計算上は建具の拾いと同時に, 次頁の図13.3のように先に拾います。具体的な方法, 事例工事の数量算出例は第5章を参照してください。

図 13.3　内外装工事の数量拾い

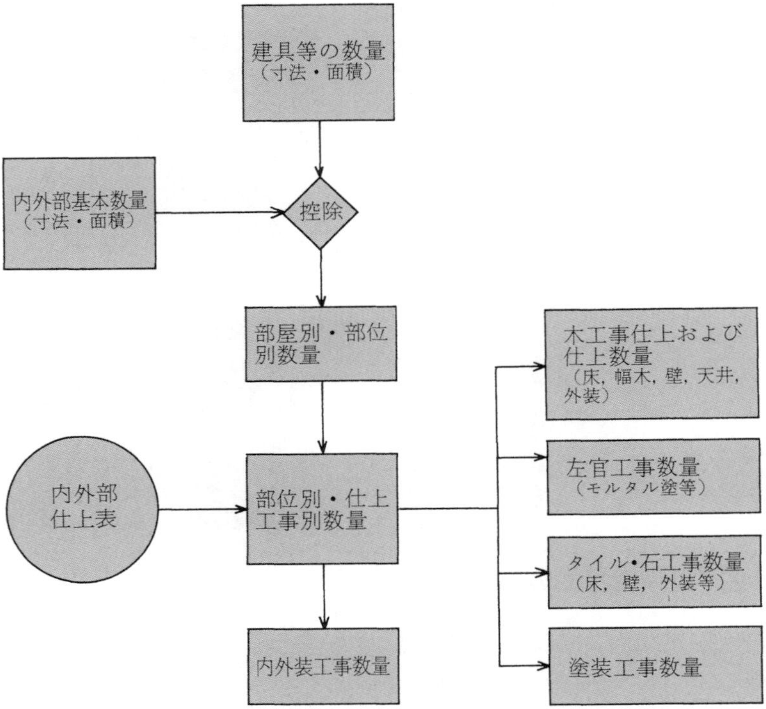

第14章　塗 装 工 事

塗装工事は建築仕上げ工事の最終段階の工程で，建物を構成する部材の保護・美装・防錆・防腐・防黴などの役割をもつもので，適切な施工によって建物の美観・保護・耐久性を高めることができます。

最近，建築材料には加工された工場製品が多くなってきたため，以前に比べ塗装工事の比率は少なくなってきています。とくにアルミサッシや表面仕上げされたドア，カラートタンの普及で，木造住宅の塗装工事の大半を占めていた金属製屋根や建具の塗装が少なくなってしまいました。

塗装工事の見積りは面積計算が基本でしたが，上記のような背景から，幅木や窓わく，回り縁等のいわゆる細物に中心となり，延長さ（m）で計上することが多くなっています。これまでの塗装工事でよく使われていた建具等の塗装係数表（倍数表）も次第に存在価値を失いつつあるようです。

塗装工事の要点は，塗装材料と施工方法と塗装技術の三つが一体となって初めてその機能を発揮するといわれています。適切な材料と施工方法・施工技術のいずれかが欠けても良質な塗装仕上がりは得られず，かえって建物の美観を損なう結果ともなりかねません。

塗装工事の見積りでは，たえずこのことを頭におきながら計上することが必要で，設計書で指示された塗装内容について，適切な数量計算と値入れをするようにします。無理な見積りをして仕上がりが悪ければ，それまでの施工内容に傷をつけてしまいますし，いちばん目立つところだけに，お客さんの信頼感を損なってしまいます。

（1）　塗装工事の内容

塗料は塗膜をつくる動・植物油脂や合成樹脂等の主要素に，色彩を出す顔料および溶剤を組み合わせたもので，それぞれの材料によって耐候性・耐アルカリ性・耐水性などの性能をもっています。主な塗料の種類・性能・適応カ所は表14.1のとおりです。

□**塗装の工程**

塗装の工程は塗装種類によって異なりますが，一般的には次のようになります。

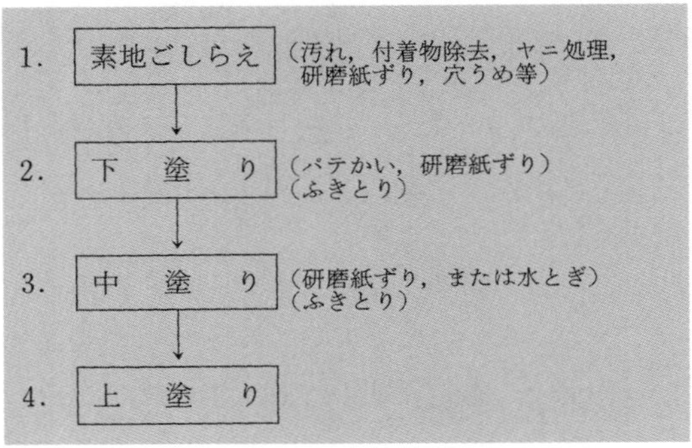

<研磨紙ずり>

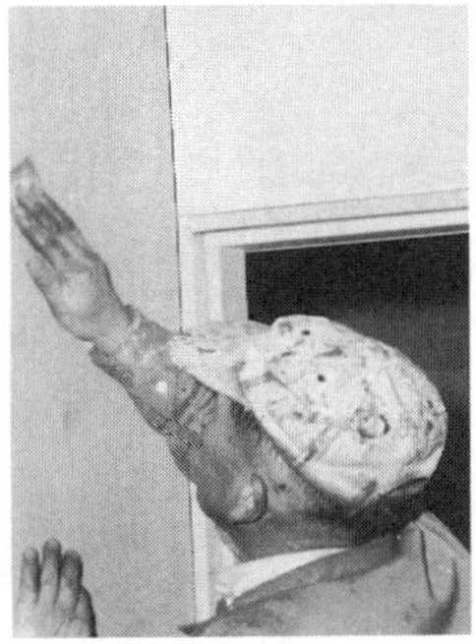

以上の場合で３回塗りとなります。塗装工事では，塗装の種類だけでなく何回塗りかによって単価が異なりますから，必ずはっきりさせるようにします。また下地処理（素地ごしらえ）を含むことが普通ですが，特にパテ付けやさび落し（ケレン）が必要な場合は別途計上をします。

油性調合ペイント・合成樹脂調合ペイント塗り（OP）

最も一般的な建築用塗料で，作業性がよく被塗面へのなじみがよいことから木部・鉄部に広く使われています。木部２回塗り，３回塗り，鉄部２回塗り，３回塗り。調合ペイントは亜麻仁油・大豆油などボイル油と顔料をあらかじめ調合（練合）したペイントです。

オイルステイン（OS），オイルステインワニス塗り（OSV）

オイルステイン塗りは素地に着色剤をしみ込ませ，表面に塗膜を作らない塗装で，木材の素地を生かした仕上げです。１回塗りまたは２回塗りで内外部の木材の塗装仕上げに使われます。OSV塗りはOS１回塗りのあと，上塗りにスパーワニス塗り（OV）をする仕上げです。

クリヤラッカー（LC）・ラッカーエナメル塗り（LE）

ラッカーには樹脂・可塑剤・溶剤をニトロセルローズに加えてつくられた

表 14.1　塗料の種類と性能・用途

種類名称	記号	主な用途	上塗乾燥時間	性能：付着性	性能：耐摩耗性	性能：耐水性	性能：耐アルカリ性	性能：耐候性	適応カ所：木部	適応カ所：鉄部	適応カ所：亜鉛メッキ面	適応カ所：コンクリートモルタル面	防火認定材料	価格水準	備考 (JIS)
油性調合ペイント塗り	OP（OP）	木部鉄面用	20	○	△	○	×	○	◎	◎	○	×	―	低	K 5511
合成樹脂調合ペイント塗り	OP（SOP）	木部鉄面用	16	○	○	○	×	○	◎	◎	○	×	○	低	K 5516
油性ステイン塗り	OS（OS）	木部用		○	×	×	×	×	◎	×	×	×	○	低	―
油性ステインワニス塗り	OSV（OSC）	〃		○	○	△	×	△	◎	×	×	×		低	―
スパーワニス塗り	OV（OC）	木部(内部用)	20	○	△	△	×	○	◎	×	×	×	―	中	K 5411
クリヤラッカー塗り	CL（LC）	〃	1	○	○	△	△	△	◎	×	×	×	―	中	K 5531
ラッカーエナメル塗り	LE（LE）	〃	1	○	○	○	○	○	◎	◎	△	×	―	高	K 5532
塩化ビニルエナメル塗り	VP（VE）	すべての素地に可	2	○	○	◎	◎	○	◎	◎	◎	◎	○	高	K 5582
アクリルエナメル塗り	VP（AE）	すべての素地に可	2	○	◎	◎	◎	◎	◎	◎	◎	◎	―	高	―
合成樹脂エマルションペイント 1種	EP-Ⅰ	外部用	2	○	○	○	○	○	○	×	×	◎	○	中	K5663　1種
合成樹脂エマルションペイント 2種	EP-Ⅱ	内部用	2	○	○	△	○	×	○	×	×	◎	○	中	K5663　2種

◎：優(最適)　○：良(適)　△：可(実用限界)　×：不可(不適)

記号語源　O：オイル（Oil）　P：ペイント（Paint）　V：ワニス（Varnish）　C：クリヤ（Clear）
E：エナメル（Enamel）　L：ラッカー（Lacquer）　EP：エマルションペイント（Emalsion Paint）

図 14.2 塗装単価資料

名　称	下　地	仕　様　・　摘　要	単位	材工共価格
合成樹脂調合ペイント(OP・SOP)B種	木部	2回塗りペーパー　パテ拾い共　平面	m^2	1,270
	〃	3回塗り　〃　〃　〃	〃	1,700
	木製幅木	2回塗り　〃　〃　H＝100	m	580
	額縁廻縁	2回塗り　〃　〃　(A35～50 B35～50)	〃	550
	〃	3回塗り　〃  〃　(A35～50 B35～50)	〃	710
	建具枠	2回塗り　〃　〃　糸幅150～200	〃	740
	〃	3回塗り　〃　〃　糸幅150～200	〃	920
	鉄面	2回塗り　〃　〃　平面	m^2	1,320
	〃	3回塗り下塗りは錆止め塗料　〃	〃	1,760
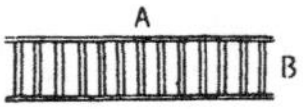	鉄部細物	2回塗り手摺・但し角パイプ・ペーパー　A×B	〃	2,530
	〃	3回塗り下地は錆止め塗料　〃　A×B	〃	3,460
	鉄部幅物	2回塗りペーパー　糸幅 100	m	510
	〃	3回塗り下地は錆止め塗料ペーパー　糸幅 100	〃	770
フタル酸樹脂エナメル(FP・FE)B種	木部	3回塗りパテ全面　水研き含む　平面（扉等）	m^2	4,370
	木部建具枠	3回塗り　〃　〃　糸幅150～200	m	1,700
	鉄部	3回塗り　〃　〃　平面（扉等）	m^2	4,370
	〃	3回塗り　〃　〃　糸幅120～150	m	1,750
屋根トタン用ペイント	トタン面	1回塗り　ペーパー共（塗り替え）平面	m^2	900
	〃	2回塗り　〃　〃　〃	〃	1,400
一液ウレタンワニス(UC)	木部	3回塗り　生地仕上げ　平面	m^2	1,840
	〃	〃　（幅木等）　糸幅 100	m	600
	〃	〃　（カーテン BOX）	〃	1,000
	〃	〃　（建具枠等）糸幅150～200	〃	800
クリヤーラッカー（CL・LC）	木部	5回塗り　オイルステイン着色共　平面	m^2	3,000
	〃	〃　〃（幅木等）　糸幅 100	m	1,100
	〃	〃　〃（カーテンBOX）	〃	1,300
	〃	〃　〃（建具枠等）糸幅150～200	〃	1,200
	〃	3回塗り　オイルステイン着色共　平面	m^2	1,750
	〃	〃　〃（幅木等）　糸幅 100	m	720
	〃	〃　〃（カーテンBOX）	〃	920
	〃	〃　〃（建具枠等）糸幅150～200	〃	820
オイルステインワニス（OSV）	木部	3回塗りオイルステイン着色共ペーパー掛共　平面	m^2	1,700
	〃	〃　オイルステイン着色共(幅木等)糸幅 100	〃	620
	〃	〃　〃　（カーテンBOX）	〃	900
	〃	〃　〃　（建具枠等）糸幅150～200	〃	750
オイルステインワニス 合成樹脂調合ペイント	建具 横手	2回塗り　オイルステイン 合成樹脂調合ペイント糸幅60	m	550
合成樹脂エマルションペイント（AEP）	石膏ボード	2回塗り　シーラービス頭パテ共　天井	m^2	1,310
	ケイカル板	3回塗り下塗りケイカル専用シーラー〃	〃	1,500
	プラスターボード	2回塗り　ジョイント処理含む　平面	〃	2,110
	モルタル面	〃　パテ拾い共　〃	〃	1,020
	〃	3回塗り下塗りシーラーパテ拾い共　〃	〃	1,350
合成樹脂調合ペイント	木部	破風鼻隠し2回塗り ペーパー掛けパテ拾い共　細幅150～200	m	700
オイルステイン	〃	破風鼻隠し2回塗り　細幅150～200	m	550

クリヤラッカーと，これに顔料を加えたラッカーエナメルがあり，それぞれ木材用と金属用があります。ラッカーの長所は乾燥が早いことで，短所は光沢が劣り，付着性が十分でないことです。木材の透明仕上げにはLCを用います。LEは吹付け施工が一般的です。

塩化ビニル樹脂，アクリル樹脂塗料（VP）

塩化ビニルは，耐アルカリ性が強いため内外部のコンクリート，モルタル面浴室，台所など湿気の多い所に使われます。RC造の社寺建築向けにも使われています。アクリル樹脂塗料は，塗膜が強靭で耐候・耐水・耐アルカリ性があります。建築に使われるのは，常温乾燥型の熱可塑性（熱を加えると軟らかくなる）塗料で，熱硬化性のアクリル樹脂塗料は厨房用品，家電製品，カラートタンなどに用いられています。

合成樹脂エマルションペイント（EP）

エマルションとは液体中に互いに溶け合うことなく混ざり合って懸濁している状態をいい，塗装後，水分が蒸発することによって塗膜を形成する塗料をエマルション塗料といいます。水で希釈できるため取扱いが容易で作業性もよく，乾燥も早い。耐水・耐アルカリ・耐酸性に優れているため，コンクリート・モルタル・プラスター面などの塗装に多く使われています。

木部洗い

塗装工事とは若干性格が異なるため，雑工事に計上することも考えられますが，工事の最終段階で塗装工事と並行して行われるため，塗装工事の中に計上されることが多いようです。和室の造作材などが工事施工中に手あか等で汚れたものを，清め洗いによってきれいにするものです。

素地を清掃し，か性ソーダの薄い温水で素地を洗い，あかぬけしたあと，しゅう酸を点滴した温水で中和させ，温水で十分に洗い乾燥させるものです。

（2）　塗装工事の見積り

塗装工事の施工は塗料の種類，下地の別，施工方法（何回塗りか）によって変化が大きいため，一般建築工事の見積りでは，塗装仕様によって，工程別に材料費，副資材費，労務費を計算し，複合単価を設定し値入れをしていましたが，木造住宅の見積りでは材工共の市場単価を使って値入れをします。数量は平面図・展開図等から塗り面積（m^2），長さ（m），カ所を拾って算出することが基本ですが，前に説明したように，建具表や仕上げ調書および集計表の数値を使います。

幅木の塗装（OSV）

〔事例の見積り〕

・外部

鼻かくし（杉 21.0cm）	OS ２回塗り		38.8m
出窓 〃 （杉 21.0cm）	OS ２回塗り		4.4
玄関等庇（ラワン 21.0cm）	OS ２回塗り		8.9

・内部

幅木（メラピー H7.5cm）	OSV	２回塗り	52.7m
出入口わく（メラピー10.5cm 額縁とも）	OSV	２回塗り	90.8m
窓わく　（メラピー8.5cm）	OSV	２回塗り	72.7
フラッシュ戸小口塗（２面）	OS	２回塗り	64.5
（以上，建具表および仕上集計表より）			
回り縁（和室除くメラピー 4.5 × 2.4cm）	OSV	２回塗り	92.5m
カーテンボックス（メラピー）	〃	〃	13.0
台所上りかまち（ラワン 10.5cm 角）	〃	〃	1.7
けい酸カルシウム板	VP	２回塗り	14.6（m^2）
階段，デッキ手すり，磨丸太	CL	３回塗り	24.1

台所上りかまち

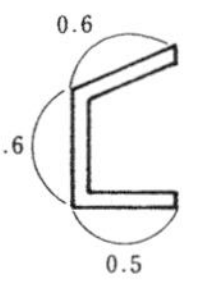

※階段および手すりは塗装係数を使い計算します。（塗装係数は，巻末の参考資料389頁を参照）

〈塗装係数〉　階段　　　　裏面積 × 4.0
　　　　　　らせん階段　裏面積 × 3.0
　　　　　　手すり　　　手すり面積 × 1.3 以上
　　　　　　　　　　　　（組子の間隔による）

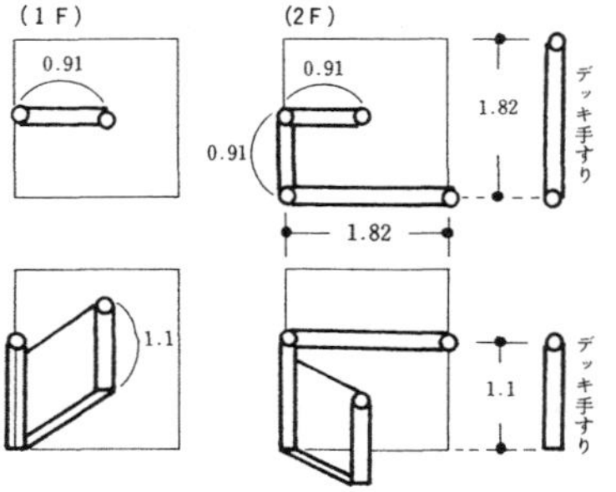

〈事例の階段〉（1.82 × 1.82） × 4.0 ≒ 13.25（m^2）

手すり（0.91 + 0.91 + 0.91 + 1.82 + 1.82）× 1.1 × 1.3 ≒ 9.11m^2

磨丸太　表面積（$2\pi r \cdot h$）

$2\pi \times 0.05 \times 5.4 = 1.7m^2$

（合計）13.25 + 9.11 + 1.7 = 24.06→24.1m^2

和室清め洗い　６畳 + ５畳 + ７畳 = 18畳分→29.7m^2

第15章　雑　工　事

雑工事とは，建築本体工事のこれまでの各科目で計上できなかった細目を消化するために適宜的に設けた科目です。したがって，もともと雑工事に計上すべき内容はこれこれのものがあるという考え方はないはずなのですが，雑工事の内訳細目として，次のようなものがあるとされてきました。

1）　完成品として現場に持ち込まれるもの……家具類，キッチンセット等

2）　現場でつくりつけ製品として機能的に製作されるもの……各種収納等

3）　職能的に他の工事に属さない工事……防蟻・防腐工事，断熱工事等

このほかに，既存構造物の解体撤去も雑工事に含めるという考え方まであり，雑工事といいながら広範囲で費用も大きな比率を占める結果となっていました。

建築材料，設備機器の工場生産化が進んでいますから，このままでは雑工事が増える一方ですし，キッチンセットや洗面化粧台，浴槽等はお客さんの関心が，最も高い商品ですから，雑工事として計上するには大きな抵抗感があります。こうした商品が建築現場で作られていた時代は遠く過ぎ去ったのに，見積り方法だけそのまま残っているような，また一般建築工事（ビル建築工事）の考え方がそのまま導入された結果として残っているのではないかと考えられます。

このため，設備工事費の中に新たに「住宅設備工事」を設け，これまでの雑工事のうち 1）の完成品として現場に持ち込まれるものを中心に，計上するようにしました。こうすることによって，建築費の中で雑工事が10％を超えるという異常な状態をなくすと同時に，建築工事のコスト計画・検討をしやすくすることができます。

また，わかりやすい見積書をという観点から，これまで雑工事でみていた

細目のうち，使用される部位に表示したほうが良いものについても，できるだけそれぞれの科目に整理するようにします。

〔これまでの雑工事としていた細目〕	〔移行する科目〕
床下換気口，スリーブ，防湿フィルム	（基礎工事）
ぬれ縁，カーテンボックス・面格子（木製）	（木工事）
台所前ステンレス板張り，水切り板，浴室敷居巻	（屋根・板金工事）
障子紙貼り，天窓（ルーフウィンドウ）面格子，窓手すり（金属製）	（建具工事）
カーテン，カーテンボックス（金属製），たたみ，ブラインド，アコーディオンカーテン	（内外装工事）
キッチンユニット，流し台・調理台，ガスキャビネット，吊り戸棚，換気フード，換気扇，床下収納庫，洗面化粧台，鏡，ベランダ	（住宅設備工事）
浴槽，防水パン，タオルかけ，石けん入，ペーパーホルダー，洗濯流し	（衛生器具設備工事）
雨水・排水ます類，給湯器・ボイラー	（給排水・給湯設備工事）
テレビアンテナ，フェンス，パーゴラ，ガスもれ・火災警報器，太陽熱温水器，家具類，下駄箱，掘ごたつ，セントラルヒーティング等の暖房・冷房システム，換気設備，し尿浄化槽	（付帯工事費）外構，造園，ガス，浄化槽，空調設備，その他工事 （別途費用）家具類

以上から，木造住宅の雑工事に計上する細目内容は次のようになります。

1）　断熱工事

2）　防蟻，防腐処理

3）　その他（めがね〈つば〉石，軒天・棟換気口，カーテンレール，ノンスリップ，コーナービート等）

□断熱工事

断熱工事は「住宅に係るエネルギーの使用の合理化に関する設計及び施工の指針」（建設省（当時））によって地域区分別の断熱材種類･厚さの基準が，建物の部位，構造別に定められています（住宅金融公庫共通仕様書参照）。

断熱材は，ロックウール，グラスウール，押出法ポリスチレンフォーム，硬質ウレタンフォームなどが使われ，製品化されています。断熱性能は熱伝導率が低いほど高いわけで，断熱材および一般材料の熱伝導率λ{W/（m･k）}は次のとおりです。

◆記号別の断熱材の種類　（λ＝熱伝導率{W/(m・k)}）

断熱材区分	断熱材種類
A-1 λ=0.052～0.051	吹込み用グラスウールGW-1、GW-2 吹込み用ロックウール断熱材35K相当 シージングボード
A-2 λ=0.050～0.046	住宅用グラスウール断熱材10K相当 吹込み用ロックウール断熱材25K相当 A級インシュレーションボード
B λ=0.045～0.041	住宅用グラスウール断熱材16K相当 ビーズ法ポリスチレンフォーム保温板４号 ポリエチレンフォーム保温板B種 タタミボード
C λ=0.040～0.035	住宅用グラスウール断熱材24K相当、32K相当 高性能グラスウール断熱材16K相当、24K相当 吹込み用グラスウール断熱材30K相当、35K相当 住宅用ロックウール断熱材 住宅用ロックウールフェルト 住宅用ロックウール保温板 ビーズ法ポリスチレンフォーム保温板１号、２号、３号 押出法ポリスチレンフォーム保温板１種 ポリエチレンフォーム保温板A種 吹込み用セルローズファイバー25K相当 吹込み用セルローズファイバー45K相当、55K相当 フェノールフォーム保温板２種１号
D λ=0.034～0.029	ビーズ法ポリスチレンフォーム保温板特号 押出法ポリスチレンフォーム保温板２種 フェノールフォーム保温板１種１号、２号、２種２号
E λ=0.028～0.023	押出法ポリスチレンフォーム保温板３種 硬質ウレタンフォーム保温板 吹付け硬質ウレタンフォーム断熱材
F λ=0.022以下	高性能フェノールフォーム保温板

資料：「木造住宅工事共通仕様書（解説付）」（住宅金融公庫監修）

見積りは，使用する断熱材の種類厚さを矩計図等で確かめ，使用部位の面積計算をします。

表 15.1　断熱工事単価資料

名　　称	規　　格	単位	材工共価格	備　　考
	厚　(mm)			〈壁〉 ・柱，間柱間の適切な位置に受け材・スペーサー類を取り付け，防湿層を室内側に向けはめ込み要所を釘またはステープル留めする。 ・防湿層の破れはテープで補修する。 〈天井〉 ・吊木当たり，電線貫通部当たりは，あらかじめ切り欠いた上，敷き込む。
ロックウール断熱材	50×420～430×1360・1370	m²	460	
	100　〃　〃	〃	650	
グラスウール断熱材(10k)	50　〃　〃	〃	400	
	100　〃　〃	〃	550	
押出法ポリスチレンフォーム板1種	20　910　1820	〃	640	
	25　〃　〃	〃	750	
	30　〃　〃	〃	850	
	50　〃　〃	〃	1,260	
硬質ポリウレタンフォーム	10　〃　〃	〃	920	
	15　〃　〃	〃	980	
	20　〃　〃	〃	1,050	
	25　〃　〃	〃	1,240	
	30　〃　〃	〃	1,420	
	50　〃　〃	〃	2,110	硬質ウレタンフォーム
ポリエチレンフォーム	50×386～431　〃	〃	1,420	
現場吹込み（天井）	グラスウール系　100㎜	〃	2,190	スプレーフォーム
	セルロース系　〃	〃	2,020	

◆現場発泡ウレタン吹付工事（次世代フロン仕様品）

名　　称	規　格	単位	材工共価格		備　　考
			一般材料	難燃材料	
壁・柱型・壁付き梁型	厚 15㎜	m²	2,500	2,600	規模：吹付面200m²以上
	20	〃	2,600	2,700	
	25	〃	2,900	3,000	
	30	〃	3,200	3,300	
	35	〃	3,600	3,700	
	40	〃	3,900	4,000	
	50	〃	4,700	4,800	

資料：「積算資料ポケット版総合編」断熱工事(2)

【壁の断熱材施工】

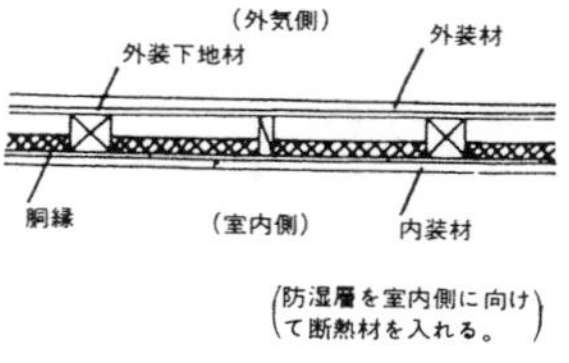

(参考) 壁内給水管の配管

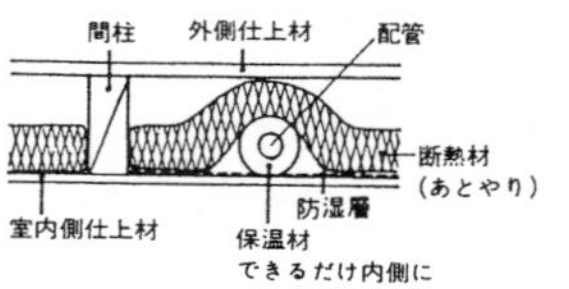

【天井の断熱材施工】

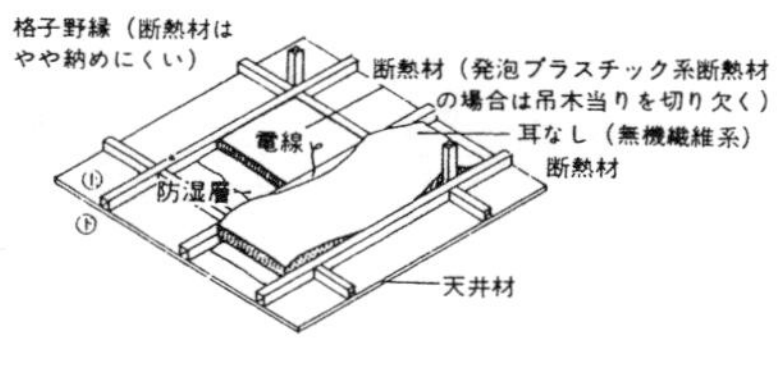

一方向野縁

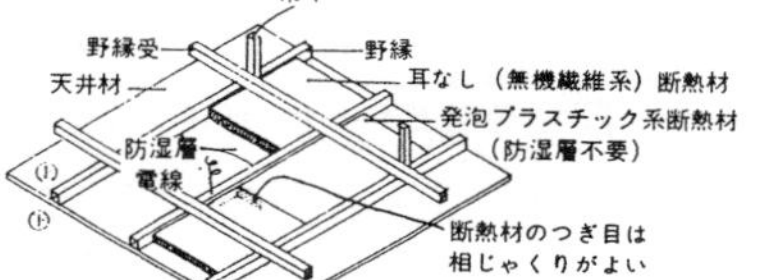

断熱材の敷込みは大工さんが行うことが多いため，木工事の中に材料代だけが計上される傾向にありますが，本来は材工共単価で別途計上すべきです。

大工さんの手間を分けて計上する分け方が難しいわけですが，見積り時には，大工手間は延坪から計算して出しており，特に断熱材敷込み手間を加算していないはずです。このため，見積りでは大工さんが施工する場合も，そのまま材工共単価で計上することが原則です。

図 15.1　断熱化の基本

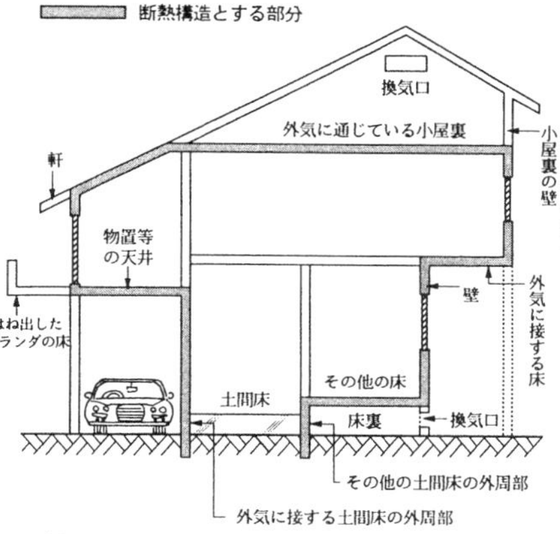

資料：㈶住宅・建築省エネルギー機構

断熱材敷込み手間に関する歩掛り資料は，まだ確かなものはありませんし，施工部位や断熱材料によっても違ってきますが，板状断熱材の場合で1 m^{2}当たり0.015～0.02人工程度としています。1人1日当たり50～67m^{2}程度になりますが，自社の施工実績等で調整して設定するようにします。

図 15.2　事例の断熱工事

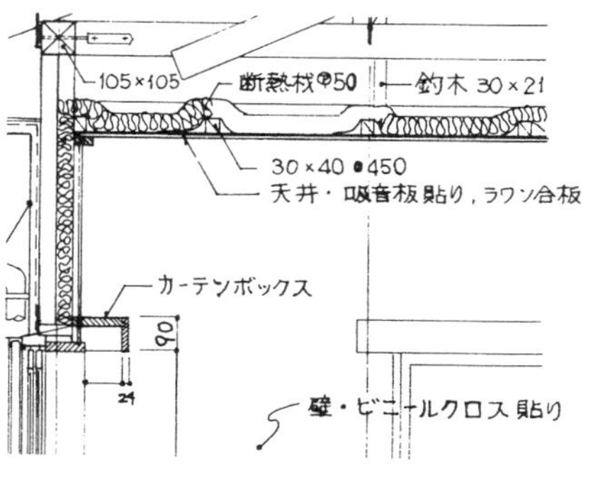

事例の断熱工事は図15.2のように，グラスウール50㎜厚を2階天井全面および壁の大壁部分に敷込んでいます。

天井分 (9.1 × 6.37) + (1.82 × 0.91) ≒ 59.6m^2

大壁分　間柱の拾いから概算で出します。間柱は0.91mで1本，1.82mで3本配置ですから平均で0.683m/1本，これを1，2階の間柱本数を，さらに高さ（1階2.815m，2階2.4m）を乗じて算出します。

1階（48 × 0.683 × 2.815 ≒ 92.29），2階（29 × 0.683 × 2.4 ≒ 47.54）の合計139.83m^2，天井分を加え199.43m^{2}とします。

□防蟻・防腐処理

防蟻・防湿，害虫駆除，防腐処理には，防腐土台（防腐処理をした土台）の使用，薬剤の塗布・散布・敷込みなど各社各様の仕様による工法があります。最も多いのが薬剤の塗布・散布で木材の防腐・防蟻を兼ねた油剤・乳剤が多く市販されています（18 l 入り18,000円程度）。

日本しろあり対策協会でしろあり防除の基準価格を発表しています。表15.2のように新築住宅の予防防除で，木部・土壌処理剤，工具損料，運搬費，人件費，経費共で1 m^{2}当たり2,500円（床面積70m^{2}基準）となっています。

訪問営業の悪徳業者の被害も増えています。この単価は床面積70m^2（建坪で約21坪）規模の住宅で，総額は17万5,000円です。割高となる駆除でも22万5,000円（総額）です。こうした単価や総額の目安を知っているだけで，被害の多くを避けることができるはずです。

事例ではGLより1 mまで土台およびラス下の防腐剤塗りをしています。

表 15.2　シロアリ防除工事

名　称	規格・摘要	単位	材工共価格（東京）	
			新築住宅（予防）	既存住点（駆除）
薬剤費	木部処理剤	m^2	650	620
	土壌処理剤	〃	640	640
保険料・消耗品・器具科および安全費	マスク，吸収缶等	〃	80	150
処理人件費	防除施工士	〃	230	390
	特殊作業員	〃	300	670
運搬交通費		〃	100	130
諸経費		〃	500	650
	(計)	m^2	2,500	3,250

＊税込表示のない場合は消費税を含まず。

☞1．㈳日本しろあり対策協会の「防除施工標準仕様書」並びに「安全管理基準」に基づいたもの。
2．木造住宅1階床面積70m^{2}程度を基準にし，木部処理，土壌処理を合わせて行った場合のもの。
3．対象面積は，防除を行う1階床面積（建築面積）。
4．防除処理の対象とするしろありの種類は，ヤマトシロアリ，イエシロアリ。
5．使用する薬剤は㈳日本しろあり対策協会が認定登録したもの。
6．木部処理法は，油溶性乳化性薬剤を1 m^{2}につき300mLを基準として，吹付けまたは塗布による。
7．土壌処理法は，基礎の内側，束石の周囲，配管等の立上り部分の土壌に対して帯状に20cmの幅で均一散布を基準。散布量は処理長さ1 m当たり1 L。
8．元請の諸経費は含まない。

□その他

以上のほか，煙突が木造の壁や屋根を通る場合，火災を防止するために不燃材料で煙突と建物躯体部分に置く「めがね石」や，軒天・棟の換気口およびカーテンレール等を設置する場合の，その費用等を計上します。

事例では，軒天用・棟用換気口がそれぞれ6カ所，4カ所使われます。

第Ⅲ編　設備工事費

建築本体工事が建物そのものをつくるのに対し，建築設備工事は建物の性能をつくり，性能を働かせ向上させるためのものといえます。人間の身体でいえば，骨格や筋肉という身体そのものが建築工事であり，呼吸器官や血管にあたるものが設備工事といえます。

建築工事の見積りの中で，設備工事は専門的になるため業者まかせになりがちですが，年々新しい設備や技術開発が進んでいますので，お客さんの関心も高まっています。ある程度の基本的な知識と情報入手に心がけ，快適な居住環境を提供しようとする姿勢が大切になってきます。

これまで設備工事は付帯工事費的な取扱いがなされ，一般ビル建築でも別途発注という形態もみられていましたが，第Ⅲ編で取り上げた範囲の工事は建築工事と一体のものとして見積りをするのが普通になっています。

一般ビルの建築の設備工事は，以下のような分類となっています。

建築設備工事の範囲

- 建築設備工事
  - 機械設備工事
    - 給排水衛生設備工事
      - 衛生器具設備工事
      - 給水　〃
      - 給湯　〃
      - 排水通気　〃
      - 消火　〃
      - 厨房　〃
      - し尿浄化槽〃
      - ガス　〃
      - さく井　〃
    - 冷暖房空調設備工事
    - 輸送機設備工事
  - 電気設備工事

以上に対して木造住宅の設備工事費および付帯工事費の考え方，一般ビル建築の設備工事とのちがい，科目区分は次のとおりです。

〔一般建築工事の科目・細目区分と木造住宅のちがい〕

一般ビル建築で一般的な冷暖房・空調設備やエレベーターなど輸送機設備が，住宅では，集合住宅以外では規模が小さいため一般化していないこと，また逆に厨房機器や浴槽，トイレ，洗面化粧台などが，住宅では重要な設備で大きなウェイトを占めるのに対し，一般ビル建築工事では雑工事（現在はユニット及びその他）あるいは給排水衛生工事の一部に厨房設備として計上されるという，建物の目的のちがいによる取り上げ方のちがいがあります。

これまでの住宅見積りでは，無理に一般建築工事の基準に合わせてきたため，雑工事の金額が非常に大きくなっていました。

木造住宅の設備工事の見積りは次のような基準で考えるようにします。

① 住宅設備の実態に合わせて科目分類をする

一般ビル建築工事では流し台，コンロ台，吊戸棚などはユニット及びその他（雑工事），厨房設備は機械設備工事というように，事務所ビルや商業ビルの設備の実態に合わせた分類になっています。木造住宅の場合，住宅設備として重要なものは，それなりの取り扱いをするようにしています。

あるお客さんが設計事務所のつくった見積書に，「システムキッチンや洗面化粧台，浴槽まで，なぜ雑工事なの」と質問したところ，「完成品として現場に納入されるものは，雑工事に計上するようになっていますので」と答えたそうです。住宅は住宅の設備実態に合わせて，分類計上したいものです。

② 一般的な設備工事を計上し，特殊なものは付帯工事として計上する

事務所ビルや商業ビルでは一般的な設備であっても，住宅においてまだ一般的ではない設備は，付帯工事として計上します。エレベーターや地下室などは，誰でもわかる設備ですが，冷暖房・空調設備，給湯設備は意見の分かれるところです。冷暖房設備は普及が進んでいますので，含めることにしました。

③ 設備機器の変化に応じて，わかりやすい見積書を心がける

住宅設備機器は最も変化の大きい設備です。ユニット（システム）バスなども数十年前にはなかったもので，当初はホテルのバスだったものが，急速に戸建て住宅にも普及したものです。どの工種，科目に計上するか判断に迷うところですが，ここでは住宅設備工事に計上しています。

暖房設備と床材など冷暖房・空調設備を中心にした複合化，多機能設備あ

るいは建材が，今後ますます増加するものと予想されます。従来の科目区分の考え方にとらわれていると，いよいよ対応が難しくなりそうです。

現時点で木造住宅の科目区分を次のようにしましたが，今後の変化に応じ，適時，実態にあわせて変更することが必要です。

〔木造住宅の設備工事の区分・範囲〕

- 設備工事
  - 住宅設備工事
    - 厨房用設備工事（システムキッチン，ビルトイン機器）
    - ユニットバス
    - 洗面化粧台
    - 収納設備（システム収納，床下収納，下駄箱）
    - 住宅付属設備（ベランダ，バルコニー）
  - 衛生器具設備工事
    - 衛生器具（衛生陶器，浴槽等）
    - 水栓，排水金具
    - 付帯器具（鏡，ペーパーホルダー，化粧棚等）
  - 給排水・給湯設備工事
    - 配管工事
    - 弁類取付・保温
    - ます類設置
    - 給湯設備
  - 電気設備工事
    - 引込幹線設備
    - 電灯コンセント設備
    - 照明器具設備
    - 動力設備
    - 電話用配管設備
    - 弱電設備
  - 冷暖房・空調設備工事

（付帯工事として計上する科目）

① 宅地造成・解体撤去

② 外構・造園

③ 昇降設備

④ 地下室

⑤ ガス・浄化槽

第16章　住宅設備工事

住宅設備工事は，これまで雑工事として取り扱われていた流し台･調理台･ガスキャビネット・吊戸棚・洗面化粧台などの住宅設備機器をまとめて計上するようにしたものです。

一般建築工事では流し台，コンロ台，水切棚，吊戸棚など厨房器具取付けは浴槽，風呂釜などとともに仕上ユニット工事（以前の雑工事）に，また機械設備工事に厨房設備工事が計上されています。一般事務所ビル等では，こうした設備の比重は小さく，こうした取扱いも理解できますが，住宅の場合はお客さんの関心も高く，全体見積り額に占める金額も大きいため，一つの科目として，厨房用設備，収納，洗面化粧台，ベランダ・バルコニーなどの住宅付属設備を取り上げるようにします。

内容は次のとおりです。

1．厨房用設備

システムキッチン，セクショナルキッチン，ビルトイン機器

2．ユニットバス

3．洗面化粧台

（洗面器，手洗器，流し等は衛生器具設備で計上する）

4．収納設備

システム収納，床下収納，下駄箱など

5．住宅付属設備

ベランダ，バルコニー，窓手すりなど

図 16.1　システムキッチンの構成

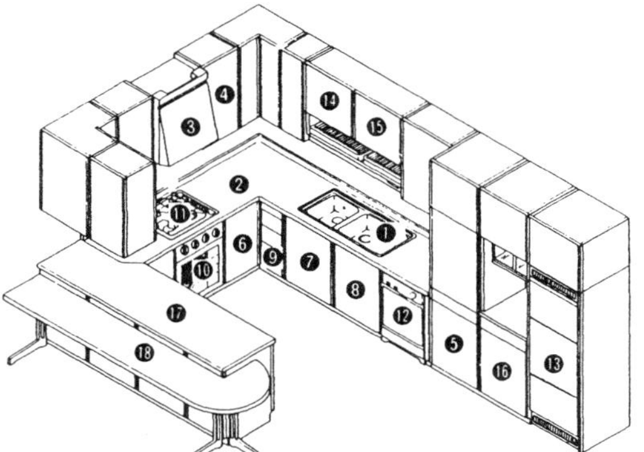

①ダブルシンク
②一体型カウンタートップ
③レンジフード
④吊戸棚
⑤竪型収納ボックス
⑥～⑨ベースユニット、引出し
⑩オーブンレンジ
⑪ガステーブル ｝ビルトインタイプ
⑫食器乾燥機 ｝ビルトインタイプ
⑬冷蔵庫
⑭～⑮吊戸棚
⑯電子レンジ用収納ボックス
⑰～⑱カウンター、テーブル

（1） 厨房用設備

キッチンは住宅内の設備機器として，もっとも日常生活に密着し家庭の中心となる設備で，昔からキッチンのない住まいはあり得ませんでした。

しかし，現在のようなキッチンは都市部は別として，戦後の台所改善運動までは見られず，土間に「かまど」，そして井戸という形が一般的でした。ステンレス流し台のJIS規格が制定されたのが昭和34年，システムキッチンの普及は昭和50年代の後半からで，このわずかの間に台所の姿は大きく変化してきたわけです。

一般に流し台，コンロ台，調理台の各キャビネットに分かれているセクショナル型キッチンと一体型ワークトップ（天井）のシステムキッチンと2つに分けられていますが，JISでは１種Ｓ（セクショナル）型，２種Ｈ（ホリゾンタル・水平分割）型，３種Ｍ（メディアル・簡易施工）型のすべてをシステムキッチンとしています。セクショナル型キッチンと一枚天板のいわゆるシステムキッチンの違いは，システムキッチンが，キッチンを構成する部品，部材を自由に選択でき，建築現場で現場寸法に合わせて組み立て，個々の家庭に合ったキッチンを作ることができることにあります。

このため，見積りでは各部材ごとの価格を組み合わせて全体の価格を出すことになり，お客さんへの適切なアドバイスができるようになりました。また，キッチンスペシャリスト(KS）制度により，キッチンについての専門的知識をもち，ユーザーに十分なコンサルティングをできる人が育成されています。

システムキッチン

キッチンの平面展開のタイプには一般的なⅠ型，Ｌ型をはじめ，Ｕ型あるいは平行型，部屋の中央にシンクと調理器を置いたアイランド型，壁面から突出した形でアイランド型と同様，

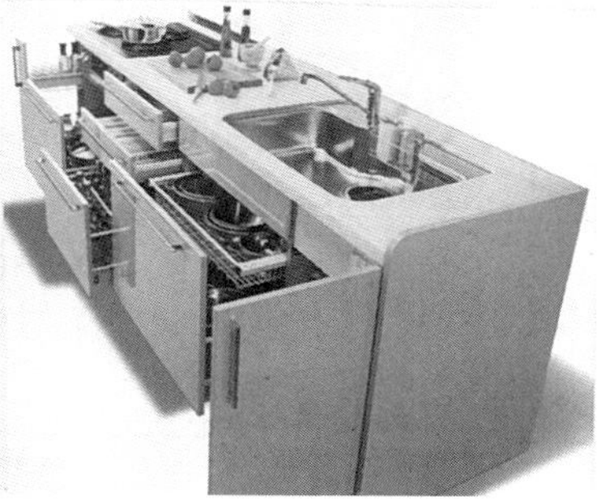

シンクと調理器を設けたペニンシュラ型の５タイプに分けられます。アイランド，ペニンシュラ型はシンク，調理器の前方にダイネットカウンターを設け，家族と対話しながら料理できる，楽しいキッチンを演出しようというものです。

ワークトップ，キャビネット化粧パネルの材質，ビルトイン機器など構成部材が選択基準となりますが，なかでもワークトップの材質に対する関心が高いようです。主な材質の耐熱温度，長所，短所は次のとおりです。

表 16.1　ワークトップの材質

材　質	耐熱温度	長　所	短　所
ステンレス	500℃	耐久性，耐水性，価格が安い	デザイン性
人造大理石	240℃	デザイン性など全般にすぐれている	耐摩耗性，やや高価
メラミン化粧板	180℃	デザイン性，やや安価	耐久，耐水，耐摩耗
天然石	500℃	耐久，耐水性	加工性，高価
タイル	600℃	耐久，耐水，耐摩耗性	やや高価

※人造大理石はアクリル系またはポリエステル系樹脂などと天然大理石の粉末を混合，仕上がりを大理石調にして硬化させたもの。

システムキッチンはお客さんの関心が最も高い設備だけに，商品知識とコストについての知識が，信頼を生むカギとなります。メーカーのショールームなどを多いに活用して，お客さんの商品選択，キッチンレイアウト，コストプランに役立てるようにします。

設置は床，天井の内装工事が終わった段階で，壁仕上げ前に設置する先付け施工と，壁仕上げ後に設置する後付け施工がありますが，見積りにあたっては水道，ガス，電気，水栓などの施工範囲を明確にしておくことが必要です。

またミニキッチンなど吊戸棚と一体となった自立型のキッチンでは，前面パネルや側板などが直接内装となるものもあります。一般に床，壁の基準面出しから，設置，水道ガス，電気のつなぎ，点火，通水，排水テストなど機能検査，清掃・養生まで業者側で行いますので，これらを含んだ見積りをとって，値入れします。

したがってシステムキッチンの費用の内訳は次のような構成になります。

① 部品，部材費，単品商品費

② 現場加工費（ワークトップ切断費，フィラー加工費等）

③ 組立て，取付費

④ 管理費（お客さんに対するコンサルティング料金を含む）

⑤ 養生費

システムキッチンの周辺機器も足元温風機やシャワー付水栓にとどまらず，自動水栓，電動昇降水切棚，スペースを生かし，出入れがラクな収納のパントリー，太陽電池付の生ゴミ収納庫，超音波で食器を洗うクリーンシンクなど，次々と新しい商品が生み出されています。少々，行きすぎの感もありますが，こうした商品知識もお客さんの信頼感に影響します。できるだけ展示フェアーやショールームにも足を運び，最新の商品知識をもつことが，必要になってきました。

電動昇降水切棚

50万円前後までの普及タイプから，100万円を超える高級品まで，システムキッチンの商品も幅が広く，メーカー数も輸入商品も含めると50社を越えるまでになり，すべての商品を知ることがは不可能ですが，お客さんの関心が最も高い設備だけに，市場動向には常に関心をもっていたいものです。

システムキッチン

公表価格

品名	ピアッセ・アイズ	イスト	グランピアッセ	キャプラン	クリンレディ	SSステンキャビシステムキッチン	セレラ	ピアサス
ワークトップ高	800/850	850	800/850/900	850	800/850/900	800/850/900	850	850
吊り戸棚高	500/600/700	500/600/700	500/600/700	500/700	500/700	500/700	700	700
奥行	650	650	650	650	650	650	650	650
タイプ	スタンダードタイプ(壁付け)	スタンダードタイプ	スタンダードタイプ	スタンダードプラン	ベーシックプラン	スタンダードプラン	標準プラン	標準プラン
価格ランク	中級	普及	中・高級	普及	中級	中・高級	中級	中・高級
扉仕様・素材等	PET系樹脂シート	シリコン系コート紙張他	エナメルUV塗装他	—	—	—	EBコート	ガス器ステンレス扉/鏡面シート
特記・備考	防汚技術(エクセラガードシンク)			—	グッドデザイン賞受賞	グッドデザイン賞受賞	カウンターはロールエンボスステンレス	カウンターはヘアラインステンレス
I型　間口寸法(mm)(ワークトップ：ステンレス、食洗機なし)								
1650	—	340,300～	532,300～	—	—	—	365,500～	—
1800	530,300～	348,700～	539,600～	331,700～	—	—	376,000～	—
1950	539,600～	361,800～	555,000～	360,200～	451,000～	—	386,500～	—
2100	556,300～	365,800～	571,600～	369,700～	470,000～	712,000～	407,000～	—
2250	566,700～	379,500～	588,600～	383,700～	490,000～	760,500～	427,500～	448,875～
2400	597,600～	390,500～	625,900～	395,200～	491,500～	773,400～	440,500～	462,525～
2550	610,100～	396,700～	642,900～	405,700～	499,000～	796,500～	453,500～	476,175～
2600	620,200～	409,400～	656,100～	411,700～	—	—	459,500～	482,475～
2700	624,100～	413,700～	660,100～	432,700～	512,000～	813,000～	469,000～	492,450～
2850	666,200～	456,100～	687,300～	461,700～	534,000～	857,400～	500,500～	525,525～
3000	690,700～	463,800～	706,500～	469,700～	546,000～	872,500～	514,000～	539,700～
L型寸法(シンク側×加熱器側)(ワークトップ：ステンレス、食洗機なし)								
1950×1650	763,400～	566,500～	770,400～	474,700～	574,500～	—	—	—
1950×1800	789,300～	581,100～	791,800～	501,700～	582,500～	—	—	—
2100×1650	779,000～	593,400～	793,300～	482,200～	582,000～	884,000～	—	—
2100×1800	804,300～	593,600～	814,700～	509,200～	590,000～	912,000～	—	—
2250×1650	797,500～	604,200～	817,300～	505,200～	596,000～	978,400～	—	—
2250×1800	822,800～	609,200～	838,700～	532,200～	604,000～	1,006,400～	—	—
2400×1650	812,300～	627,300～	831,100～	516,700～	614,500～	1,026,900～	612,500～	—
2400×1800	837,300～	642,700～	852,500～	543,700～	622,500～	1,054,900～	—	—
2550×1650	828,700～	639,300～	853,900～	525,200～	620,000～	1,050,500～	—	—
2550×1800	854,000～	657,600～	875,300～	552,200～	628,000～	1,078,500～	636,000～	822,500～
メーカー	INAX			クリナップ			永大産業	

〔INAX〕
ピアッセ・アイズ

〔クリナップ〕
SSステンキャビシステムキッチン

資料：「積算資料ポケット版総合編」厨房・給湯工事

（2）ユニットバス

浴槽を設置し，配管，タイル仕上げなど在来工法で浴室施工をする場合の浴槽は，次章の衛生器具設備工事で，配管，タイルなどの仕上げは，それぞれの工種で計上することになりますが，急速に普及してきたのがユニット（システム）バスです。

ユニットバスの設置は次の4通りの方法があります。

① フルパネル方式　床，壁，天井すべて平面状のパネルに分割されて搬入，現場搬入が比較的楽なのがメリット。ノックダウン工法。

② 軸組パネル方式　床，壁，天井はフルパネル方式と同じだが，現場で防水パンの上に軸を組んで組み立てる方式。ノックダウン工法。

③ フルキュービック方式　床と壁の下部，天井と壁上部を一体成形し，内装も済ませて搬入，現場で床の固定と上部下部の接続をする。現場搬入がやや難点。パッケージ工法。

④ セミキュービック方式　ハーフユニット式の下部構造と，上部壁，天井が分割されており，現場でハーフユニットの上に上部壁，天井を組み立てる。セミパッケージ工法。

現在，各メーカーのユニット（システム）バスは①②④の方式で，③のフルキュービック方式はホテルや集合住宅向けで，戸建て住宅向けには少ないようです。大きさは¾坪，1坪，1¼坪，1½坪と次第に大きなものが発表され，人気も高まっているようですが，価格の方もそれにつれて高くなりました。

搬入据付手間はメーカーによって違いますが，1坪タイプで5～8人工とされていましたが，実態はかなり下回っているようです。1坪タイプで6～8万円程度で，メーカー側の専門施工業者による施工になります。

新聞の折込チラシに施工費込みでメーカー希望価格の50～70％掛け（メーカーT社を除く）という宣伝が頻繁に行われていますので，見積り時にはメーカーに確認して無理のない水準で計上してください。

（3）　洗面化粧台

洗面化粧台

洗面化粧台も各メーカーから多くの商品が売り出されています。幅は500，600，750，800，900㎜の一般的なものから，システムキッチンと同じように扉デザイン，収納，ミラーなど部材やサイズを，機能の組み合わせができるシステム洗面化粧台まであります。システム洗面化粧台の幅は，900，1050，1200，1500，1650，2100，2400㎜まで可能。最とも多いのは750㎜の標準タイプですが，朝シャンブーム以降，洗髪シャワー付き，洗面ボール12ℓ以上の大容量のものが好まれています。

機能もワンタッチでシャワーと整水が切り換えられるもの，フットスイッチ付，スライド式シャワーヘッド，使う人の高さに合わせて洗面ボールが上下する昇降洗面化粧台（写真），出窓タイプや壁面収納の省スペース型など，多様化しています。

見積りは本体価格に設置手間を加えて計上します。設置手間は組立て設置から，配管の接続，調整まで含めた人工数を想定して，賃金額×人工数として計算します。

人工数は各商品の規格寸法（とくに幅），グレードによって異なりますが，おおまかには，小型のもので0.6～1.0人工（職種は配管工）程度です。これまでの実績等から自社内で基準を設けておくようにします。

（4）　収納設備

これまで木造住宅の収納には，押入れ，下駄箱など，大工さんが現場で作る収納が中心で，木工事の中で見積りされてきましたが，下駄箱から玄関収納，押入れからの壁面収納または収納壁，吊り戸棚がシステムキッチンの一部に，さらにリビング収納，クローゼット，間仕切収納，床下収納，天井収納など，次々と製品化されてきました。

一方で造り付け収納もスペースにあわせてオリジナルな収納スペースができることから，既製品にない良さが好まれています。

天井収納ラックタイプ

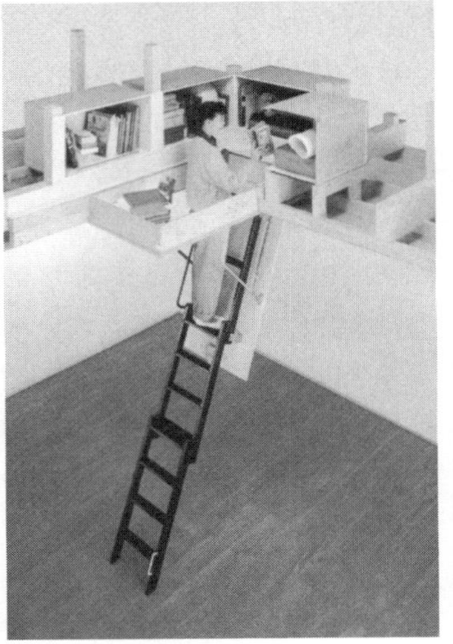

製品化された収納設備は価格がはっきりしていますので，これに取付手間を加えて見積りをしますが，造り付け収納の場合は，材料費，製作加工費，塗装費，取付費の見積りが必要になります。

木工事でみるか，住宅設備工事でみるかは，意見の分かれるところですが，現場で大工さんが製作，取り付けするような簡単なものなら，木工事の中に，別の場所で製作して現場で取り付けるものや，ガラス，鏡，建具金物，既製の収納パーツやユニットを使うものは，収納設備として，前述の材料費から，取付費まで含めた合計額を見積書に一本で計上します。見積書をことさら難しくしないために，費用の内訳までは書かないようにします。材料費や塗装費で，使用量が少ない場合は，最少商品単位（1枚および1缶など）とし，製作加工費，取付費は必要人工数を想定して賃金額を乗じて算出します。取付費は簡単なもので0.7～1.0人工，大型のものや現場で寸法出

床下大型収納「キッチンカプセル」
とロータリークローゼット（右）

しや加工が必要なもので1.5～２人工程度をみます。キャスター付や家具に近いようなもので，単に置くだけなら取付費はみないことになります。

造り付け収納は壁面，窓下スペース，洗面室，玄関，居室の天井スペース，トイレのタンク上部や天井スペースなどの有効利用があります。

またすべてを手作りにこだわらず，市販の収納部材やパーツなどをうまく利用することもひとつの方法のようです。

既製品の収納部材でよく使われているので，床下収納や下駄箱，玄関収納ですが，新しい製品の利用も増えてきました。ひとつは人手不足という背景もありますが，基本的には既製品のデザインや仕上がりなど品質が向上してきたこと，需要が増え，メーカー間の競争で価格など経済性もでてきたことにあるようです。

見積りは製品価格に取付費を加算します。床下収納など，木工事の中に商品代だけを計上することもあるようですが，取付手間も含めて住宅設備工事でみるようにします。取付費は造り付け収納とほぼ同じような考え方です。

（5）　住宅付属設備

ベランダ，バルコニー，窓手すりなど，既製品を使うことが多くなり，住宅付属設備としてみるようにします。下駄箱，階段などを含めて，木工事とするのかどうか判断に迷う部分ですが，大工さんが取り付けるものであっても既製品を使うものは木工事から外していくのが基本です。断熱材や外装のサイディングと同じように，住宅の部位あるいは機能に対して，そのコストを把握していくことが，大切だからです。

またベランダ，バルコニーは，エクステリア建材として取扱われることも多いものです。本書でも外構・造園工事の中心にバルコニー，デッキなどを取り上げていますが，本来，外構工事は建物本体とは別のもの，つまり付帯工事としているものです。なんだか苦しい説明ですが，建物の一部としてみるときは住宅設備工事に（坪単価でみるときに含まれる），カーポートや門扉のように住宅の付帯設備だが,建物の部分ではない（坪単価に含まれない）のどちらでみるかによって判断してください。

組立て，据付費は外構工事（364～367頁）を参照してください。

〔事例の住宅設備工事の見積り〕

① システムキッチン
ステンレス　Ｉ型プラン　間口2700㎜　セミジャンボシンク　1組

② 台所換気扇
250角　防火ダンパー付　1台

③ 床下収納庫
幅1200mmタイプ　一体型　1台

④ 洗面化粧台
洗面台　ＬＤ755ＮＣＬ，化粧鏡　ＬＭＡ750ＨＬ　1組

⑤ アルミバルコニー
柱建て式　3.65 × 0.91 カラー　2セット

⑥ アルミ窓手すり
規格品　3.65 × 0.6 カラー　1セット

深形レンジフード
（プロペラファン形）

浅形レンジフード
（ターボファン形）

床下収納庫

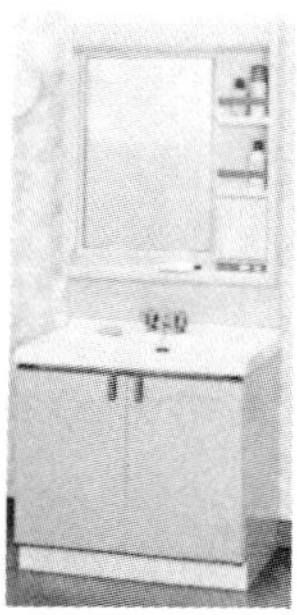

洗面化粧台

浴室用
換気乾燥機

衣類乾燥と
浴室換気ができる

第17章　衛生器具設備工事

一般建築工事における給排水衛生設備工事の中の，衛生器具設備工事に該当する部分の工事で，第18章の給排水・給湯設備工事が給水・給湯・排水のための設備，つまり配管工事を中心にみるのに対し，衛生器具設備工事は配管後の水栓金具，衛生陶器等をみます。

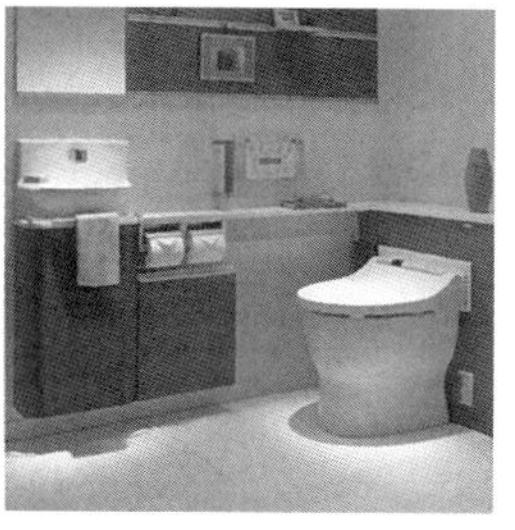

内容は次のとおりです。

1．給水･給湯をするための水栓類，シャワーなど
2．水・湯を受ける器具である便器，洗面器などの衛生陶器
3．排水金物，トラップなどの排水器具
4．鏡，化粧棚，ペーパーホルダーなどの付帯器具

衛生器具の区分については，必ずしもはっきりした分類方法があるわけではなく，かなり混乱して取り扱われているのが現状です。

水栓類を給排水・給湯設備工事の給水・給湯設備に計上したり，排水金物を排水設備に計上することもあります。

また洗面器は衛生陶器として，洗面化粧台を住宅設備工事に計上しますが，この区分も必ずしも明確ではありません。衛生陶器の中に計上する事例も多くみられます。むしろ衛生陶器という名称を少なくとも住宅の見積りでは変えた方がいいのかも知れません。

いずれにしても，水回りの設備は，配管を中心としたものを給排水・給湯設備工事（第18章）で，水栓金具，衛生陶器など水，湯，排水の出口・入口部分を衛生器具設備工事（第17章）で，キッチン，洗面化粧台などの製品を中心に住宅設備工事（第16章）に分けて計上するわけです。

元々，建築工事の工種区分は，現場で製作したり部品を組立てることを前提に，またビル等大型建築物を前提に考えられていますから，現在の戸建て住宅では，なじみにくい部分があることも確かです。役所が発注する公共工事をやるのではありませんので，あまり基準を意識する必要はなく，各自の事情に合わせて，できるだけわかりやすい見積書を工夫することが大切です。

（1） 衛生器具設備工事の内容

1. 衛生器具……型番・付属品等（セットまたは個），セット価格で計上することが基本で，付属品の内容等に注意します。
   - (イ) 衛生陶器　洗面器，手洗器，洋風便器，和風便器，小便器，流し等
   - (ロ) 浴槽　FRP製，鋼板ホーロー製，鋳物ホーロー製，ステンレス製，木製，人工大理石製
2. 水栓，排水金具……衛生陶器類の付属品として計上したものを除き，水栓，排水金具の種類・寸法別に数量を拾い計上します。
   - (イ) 水栓　一般水栓のほかに厨房用，洗面器用，バス用，シャワー用，シャワーバス用の水栓があります。
   - (ロ) 排水金具　排水設備に計上することもありますから，重複に注意して，種類・呼径を明記し，個数で計上します。
3. 付帯器具　鏡，ペーパーホルダー，化粧棚，石けん入れなどの小物類

（衛生陶器）

洗面器，手洗器，便器，流しなど陶器の衛生器具で清潔感のある素材で広く使われてきましたが，住宅用としては便器が中心となって，洗面器，手洗器は一部のデザイン商品を除いては，洗面化粧台に置き変わってしまいました。衛生陶器の価格は表17.1の価格資料のように本体の単体価格と金具等の付属品を含んだセット価格になっています。また施工もメーカー側が行いますので，取付費も発表されており，通常は取付費も含んだ価格で値入れします。表17.2（321頁）に取付費の資料を表示していますが，人工数でみる場合はFV（フラッシュバルブ）式で1.1人工，ロータンク式で1.8人工（いずれも配管工）程度とされています。（いずれも洋風大便器の場合，和風便器は約２割高）

表 17.1　便器・便座単価例（公表価格）

公表価格

東陶機器
☎0570-01-1010
FAX 0570-01-2111

税込

タイプ	品名・品番	価格	おしり吐水量（L/分）	ムーブ洗浄・ビデ洗浄・おしり洗浄	新洗浄方式ワンダーウェーブ	やわらか洗浄	マッサージ洗浄	洗浄位置調節	着座センサー・暖房便座	便座・便ふたソフト閉止	オート開閉	オート便器洗浄	オートパワー脱臭	脱臭	温風乾燥	室内暖房	節電タイマ・スイッチ	ワイヤレスリモコン	リモコン便器洗浄	便座・便ふたワンタッチ着脱	本体ワンタッチ着脱	抗菌
便器一体型	ネオレストEX2 CES9921B	390,600		○	○	○	○	○	○	—	○	—	○	○	○	○	○	○	○	○	—	○
	〃 EX1 〃 9911B	369,600		○	○	○	○	○	○	—	○	—	○	○	○	—	○	○	○	○	—	○
	〃 SD3 〃 9581	283,500		○	○	○	○	○	○	—	○	—	○	○	○	○	○	○	○	○	—	○
	〃 SD2 〃 9571	262,500		○	○	○	○	○	○	—	○	—	○	○	○	—	○	○	○	○	—	○
	ZG3 〃 9099E	296,100		○	○	○	○	○	○	—	○	—	○	○	○	—	○	○	○	○	—	○
	ZS2 〃 9068E	219,450		○	—	—	—	○	○	○	—	—	—	○	○	—	○	○	○	○	—	○
シートタイプ（ウォシュレット）	アプリコットN4A TCF4141A・4140A	177,450		○	○	○	○	○	○	○	○	○	○	○	○	○	○	○	○	○	○	○
	〃 N3A 〃 4131A・4130A	156,450		○	○	○	○	○	○	○	○	○	○	○	○	—	○	○	○	○	○	○
	〃 N2A 〃 4121A・4120A	130,200		○	○	○	○	○	○	○	—	○	○	○	○	—	○	○	○	○	○	○
	GA 〃 781・780	145,950		○	—	○	○	○	○	○	—	—	—	○	○	○	○	○	—	○	○	○
	GB 〃 771・770	124,950		○	—	○	○	○	○	○	—	—	—	○	○	—	○	○	—	○	○	○

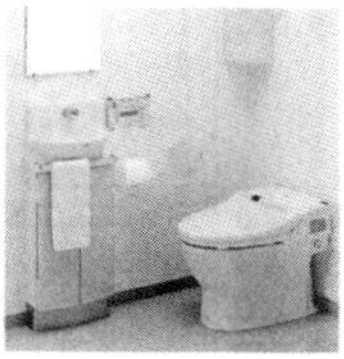

サイホンゼット式(トルネード洗浄)
CES 9571＃N11
ネオレストSDシリーズ便器
（ウォシュレット一体型）
262,500円

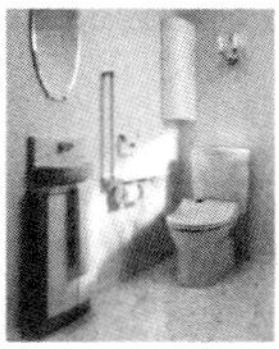

サイホンゼット式
ピュアレストシリーズ
ハイシルエット便器
（ウォシュレット含む）
227,850円

サイホンゼット式
QRシリーズ
ハイシルエット便器
（ウォシュレット含む）
246,750円

資料：「積算資料ポケット版総合編」便器・便座　(2)

（浴槽）

木製，FRP製，ホーロー，ステンレス，人工大理石製など豊富な種類が出回っています。お客さんの好みもあって関心の高い部分ですが，最近は戸建て住宅にもユニット（システム）バスの使用が増えてきました。

浴槽の施工で最も大切なのが，防水を完全にすることで，洗い場の床はもちろん，洗い場側壁面も立上り最低30cm以上，浴槽が接する壁面は浴槽の上端部から最低10cm以上の高さまで完全防水工事をすることになっています。また浴槽の据え付けも足を確実に固定することが必要で，堅練りのモルタルを土手状に盛り上げ，これに浴槽を上から所定の位置まで正確に押し下げます。この状態でモルタルが硬化するまで一昼夜待つなど，手間がかかり施工精度が求められる工種といえます。

設置方法には据置式と埋込式とがありますが，据置式の場合でＦＲＰ製で0.9～1.5人工(浴槽の大きさ，和風洋風の別で変化する)，鋳物ホーロー製で1.8～3.0人工程度をみます。

（ＦＲＰ製）（左）
（鋳物ホーロー製）（右）

（ステンレス製）

（木製）

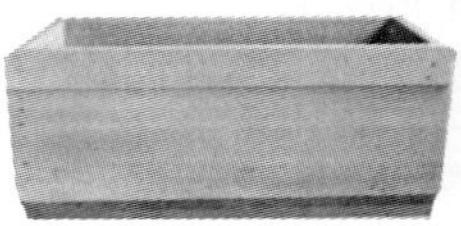

（ハーフバスルーム）

タイル張り，石張りおよび木製の造り付け浴槽の場合は，それぞれの工種でみることになります。

（水栓）

下の写真のような用途別の分類のほか，給水栓，給湯栓，湯水混合栓の別，さらに設置方式では埋込型，露出型があります。また温度調節機構には最も構造が簡単な「ツーバルブ」，湯と水の開閉弁を１本の軸に連結，ハンドルが１つの「ミキシングバルブ」，温度設定ハンドルを回して希望する温度を設定する「サーモスタット」，指一本で吐水・止水のほか温度や水量の調節もできる「シングルレバー」があります。

取付手間は一般水栓で0.08～0.1人工（１個当たり．配管工），湯水混合水栓で0.1～0.12人工（同）です。

（一般水栓用）

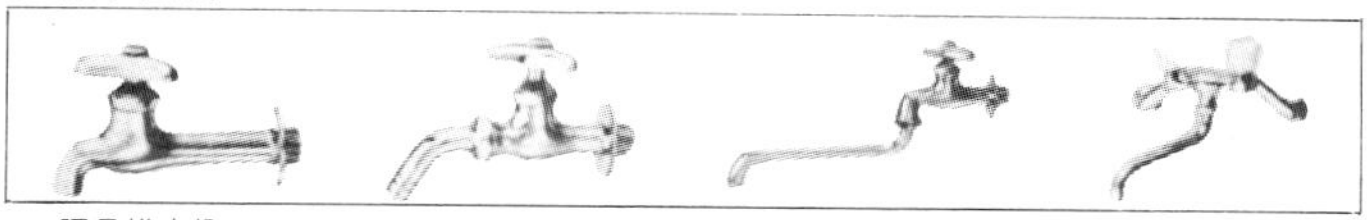

胴長横水栓　ホーム水栓　自在水栓　湯水混合栓

（厨房用）

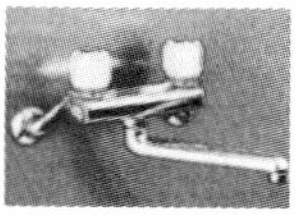

（バス用）

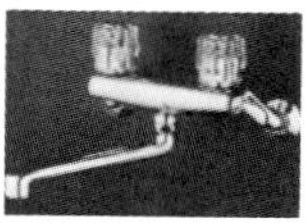

（洗面器用）

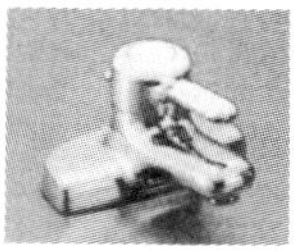

（シャワー用）

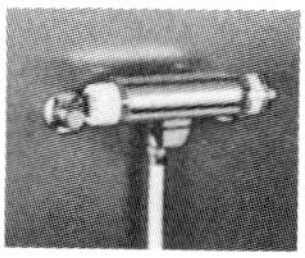

（シャワーバス用）

(排水金具)

排水器具設置の注意点には，下水管渠や排水管から逆行するガスを防止するためのトラップを設けること。また浴槽排水方式が間接排水方式の場合，排水を地面に吸収させたり，残留水が生じないようにし，湿気の発生を防ぐことが必要です。

(排水金具)

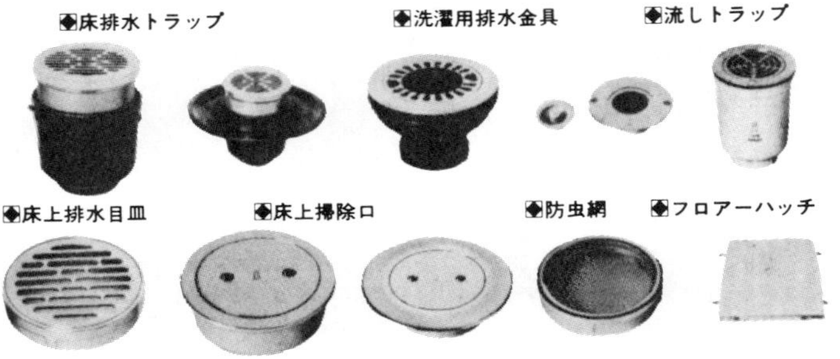

(付帯器具)

鏡，ペーパーホルダー，化粧棚，タオル掛け，握りバー，石けん入れなどで衛生陶器のセットの中や洗面化粧台に含まれているもの以外のものを計上します。新しい商品が増える傾向にあり，お客さんの関心も高いので，できるだけ豊富な商品知識をもって打合せにのぞむようにします。

一方で，洗面化粧台やユニットバスなどに組み込まれることが多くなったため，建築工事の見積りの上に出てくることが少なくなったのも事実です。

また金額が小さいことから，つい見落しがちになる傾向にもありますが，こうした小物で，良いセンスをみせることは，費用もたいしてかからず，喜ばれることも多いようです。

(2) ユニット製品

これまでの建築および設備工事の見積り科目区分は，現場で製作または部品を組み立てることを前提に分けられていましたが，最近，洗面化粧台，ユニット（システム）バス，システムトイレ，シャワーユニット，さらに地下室なども含めて，ユニット化された製品を採用することが多くなってきました。

このため，従来の工種，科目区分では該当するところがなく，ユニットバスも住宅設備工事へ入れたのは前述のとおりですが，住宅向けのシステムトイレなどが出てきた場合，一体どこに入れるのかと迷わざるを得ません。システムキッチンと同じように住宅設備機器の中にでも入れるのでしょうか。

将来は住宅設備工事または衛生設備工事(あえて器具という字句を削除した）として，科目も思い切って台所設備工事，浴室設備工事，サニタリー設備工事というように，部分部位別の考え方というか，部室別の考え方をすることも検討されていいように思います。

今後の検討課題として，読者の皆さんのご意見もお聞かせください。

（3） 衛生器具設備工事の見積り

衛生陶器を中心に必要な品名，メーカー名，型番，寸法等の仕様，セットの場合は含まれている品名を確認しながら数量（組・個数）を計上します。

見積りには材料価格だけを計上し，取付費はまとめて計上する方法と，品名ごとに取付費込みで計上する方法があります。一般には後者のケースが多いのですが，特別な器具で取付費に大きく影響するような場合は別途に計上します。取付費の参考のため器具ごとの単価資料を示します。また，取付費には消耗品雑材料費，小運搬費を含みますが，穴あけ・同補修がある場合は別途計上します。

表 17.2

仕様	単位	取付費
衛生器具		
和風大便器　フラッシュ弁方式	組	25,300
ロータンク方式	〃	34,200
洋風便器　フラッシュ弁方式	〃	19,900
ロータンク方式	〃	29,600
洋風便器ウォシュレット仕様　ロータンク方式	〃	…
身障者用大便器　フラッシュ弁方式	〃	40,800
ロータンク方式	〃	…
小便器（単体）　壁掛形小便器	〃	12,200
（フラッシュ弁方式）　床置形ストール小便器大	〃	27,200
〃　中	〃	23,600
〃　小	〃	20,700
壁掛形ストール小便器　大	〃	18,800
〃　小	〃	15,600
感知洗浄装置		
個別感知フラッシュ弁（埋込形）	個	3,200
連立感知フラッシュ弁　〃	組	9,100
便器ユニットなど		
大便器ユニット	組	51,200
小便器ユニット	〃	47,800
洗面器ユニット	〃	46,500
温水洗浄便座（電熱機能付）加算額	〃	4,700
洗面器・その他		
洗面器（水栓１個付、大）	組	13,400
〃　（　〃　、小）	〃	12,000
〃　（２バルブ混合栓、大）	〃	15,400
身障者用洗面器(そでなし、水栓１個)	〃	15,600
手洗器	〃	6,900
掃除流し（バック付）	〃	18,600
洗濯機パン（トラップ付）	〃	8,400
化粧棚（陶器製縁付）	個	2,500
鏡（防湿形縁なし）　600×800mm	枚	4,600
身障者用鏡(傾斜鏡)　〃　〃	〃	7,300
水石けん入れ	個	2,100
シートペーパーホルダ	〃	2,400
タオル掛け	〃	2,000
水栓類		
一般水栓類　口径13Ａ	個	1,360
20	〃	1,560
湯水混合水栓　口径13A　20A共	〃	2,830
散水栓（箱共）　〃　〃	〃	6,700
水抜栓　15　〃	〃	2,900
不凍水栓　〃　〃	〃	5,800
水栓柱	〃	3,800
量水器等		
量水器(単式・複式)　径15Ａ	個	4,200
〃　〃　20	〃	4,600
〃　〃　25	〃	6,500
〃　〃　32	〃	6,900
〃　〃　40	〃	7,300
〃　〃　副管付50	〃	11,800

資料：「積算資料ポケット版総合編」
衛生器具・給湯器取付工事

〔事例の衛生器具設備工事の見積り〕

①衛生陶器	C 420タンク密結形洗落し洋風便器S 517 B防露式ロータンク	2セット
②衛生陶器	L－230 D　ソデ付洗面器	1セット
③ステンレス浴槽	FE－120　1200×780×650㎜　半埋込式	1台
④水栓	混合水栓　TGK 20 AN　台所・洗面	2個
⑤水栓	シャワー付混合水栓　TN 610 C　浴室	1個
⑥水栓	ホーム水栓T 200 S 13　洗濯機(1)　浴槽(1)　1，2 F洗面(2)	4個
⑦散水栓	T 27-13ボックス共 玄関横，和室南側	2組
⑧床排水トラップ	T 5 AF　50㎜　浴室	1個
⑨洗濯機用防水パン	PW 30	1枚
⑩紙巻器	CF－12 H	2個
⑪同上衛生器具取付費（消耗品雑材料費とも）	配管工×7.2人工	7.2人工

第18章　給排水・給湯設備工事

一般建築工事の機械設備工事では，給排水衛生設備工事のうち①給水設備工事②給湯設備工事③排水通気工事に該当するもので，給排水・給湯工事図面の給水・給湯カラン，排水口までの配管，量水器，ますなどを計上します。

工事の内容は配管工事（屋外配管の根切り・埋戻しを含む），ます類の設置，

図 18.1　事例の給排水・給湯，ガス工事図

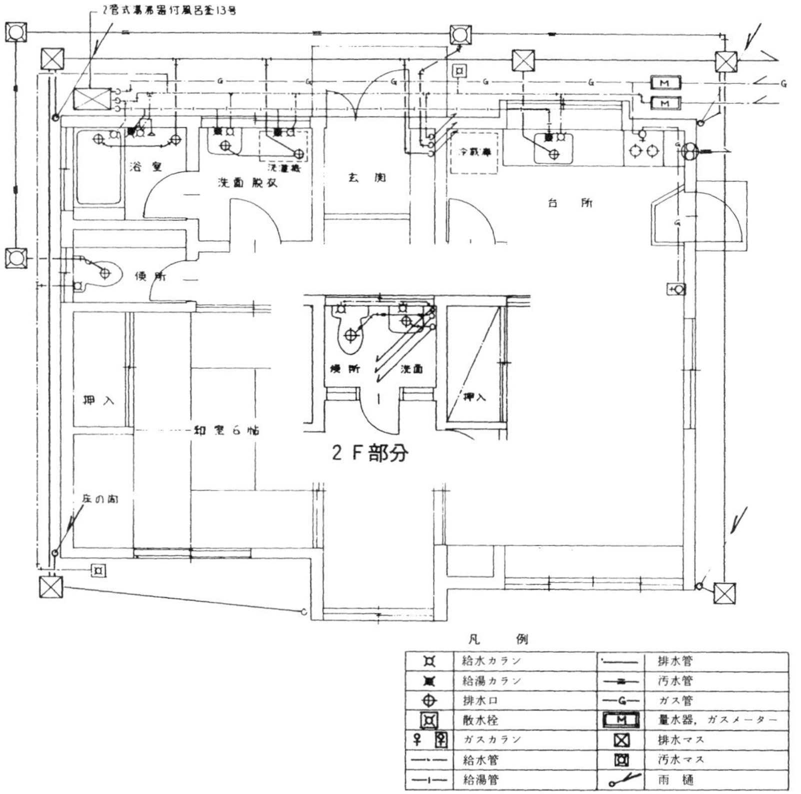

量水器や給湯のための熱源機などの設置になります。

一般建築工事では給水設備，給湯設備，それぞれごとに分けて見積り計上しますが，戸建て住宅の場合は，三つの工事に共通した配管・保温・塗装工事などをまとめて計上します。屋外配管の根切り，埋戻し，ます類も同時に拾うようにします。

配管工事では，ガス配管工事や冷暖房のための室内配管工事もありますが，数量の拾いや，見積り額算出は同時に行っても，見積り計上は別途，付帯工事費として取扱います。

図 18.2　給水配管図

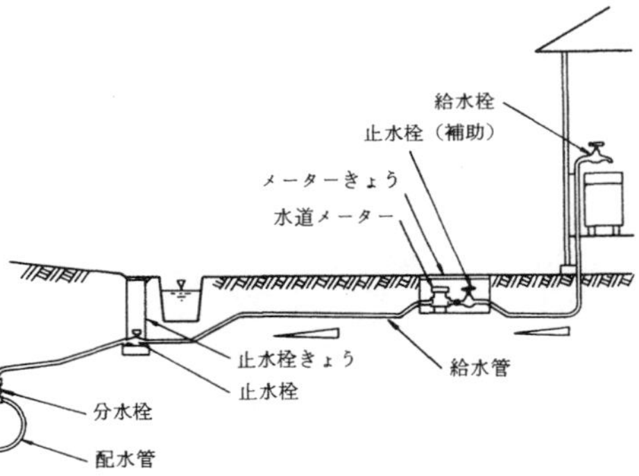

表 18.1　住宅の給排水設備工事概算費用

◆戸建住宅・集合住宅の設備工事概算例

項目＼型式		1戸当たり工事費			
		戸建住宅		集合住宅	
		木造平屋	木造2階建	3LDK・20戸	4LDK・30戸
給水	上水用	208,000	356,000	149,000	163,000
給湯	各戸別給湯	149,000	218,000	184,000	208,000
排水	地下室あり	356,000	525,000	−	238,000
	地下室なし			137,000	160,000
衛生器具		426,000	743,000	356,000	366,000
消火	地下駐車場あり	−	−	−	92,000
	地下駐車場なし	−	−	−	49,000
ガス	中央式給湯	−	−	108,000	99,000
	各戸別給湯	198,000	356,000	172,000	188,000

☞ 1．戸建木造平屋・2階建：給水管は塩ビライニング鋼管，給湯は銅管を使用，水栓金具共。排水は塩ビ，耐火二層管（2階建の場合）使用。設備は，便所（洋風便器），浴室（ホーロー），洗面所，台所，洗濯パンを含む。同2階建は便所，浴室，洗面所各2とする。

2．集合住宅・3LDKは70㎡程度，4LDKは90㎡程度とする。

資料：「積算資料ポケット版総合編」給排水・給湯設備概算工事費

（1）配管工事

□配管工事の数量算出

配管材料は管種，管径，材質・規格別に延長さ（m）を設置図等から計測・計算します。設計図の表示は平面的配置しかないため，立面図，断面図等から立上がりを，また地下埋設深さは一般敷地で土かぶり30cm以上，車両道路では75cm以上（寒冷地では凍結深度以上）とし，給水管と排水管を平行して埋設する場合は図18.3のように50cm以上，両配管が交差する場合もこれに準じ，給水管を排水管

図 18.3　給水管・配水管の埋設位置

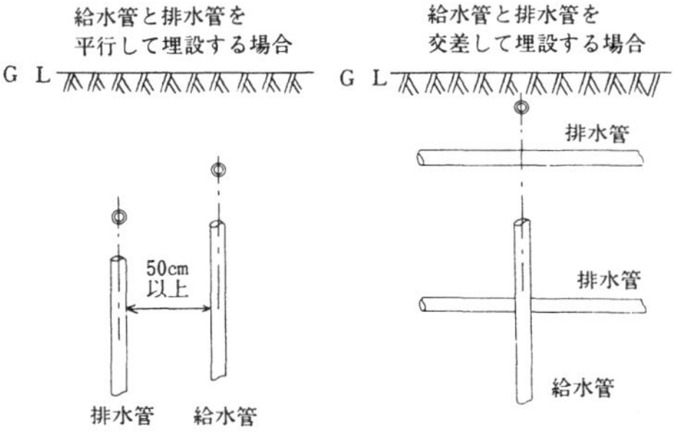

表 18.2　配管材料

名　称	規　格	用途 給水	用途 給湯	用途 排水	備　考
水道用亜鉛メッキ鋼管	JIS G 3442	○			鋼管の内外部に亜鉛めっきを施したもの。腐食にやや弱い。定尺5.5 m。
〃　塩ビライニング鋼管	JWWA K-116	○			鋼管の内部を塩ビ管で被覆したもの。管内部の腐食に強い。定尺5.5 m。主に給水に使用
〃　ポリ粉体ライニング鋼管	JWWA K-132	○			鋼管の内部をポリエチレンの粉体で塗装したもの腐食，耐久性に優れる。定尺5.5 m。
硬質塩化ビニル管（VP管）	JIS K 6742	○			塩化ビニル樹脂による管材。安価であるが，鋼管に比べるともろい。定尺4 m。給排水用
〃　（VP管）	JIS K 6741	○			〃
〃　（VU管）	JIS K 6741			○	〃
耐衝撃性塩ビ管（HI管）	JWWA K 118	○			定尺長4 m，呼径13～150
耐熱用硬質塩ビ管（HT管）	JIS K 6776		○		〃　4 m，　〃　13～150
銅管・被覆銅管	JIS H 3300		○		耐久性，腐食性共に優れるが高価である。被覆銅管はコイル状，主に給湯用。
ステンレス鋼管	JIS G 3448	○	○		耐久性，腐食性に優れ，軽く作業性が良いが高価，主に給湯用。定尺4 m。
排水用鋳鉄管	JIS G 5525			○	接合方法により，鉛コーキング用とメカニカルに分かれる。施工性，耐震性に優れるメカニカルが主流。主に汚水排水用。

陶管（JIS R 1201，1202・排水用），鉛管（JIS H 4311排水用，JIS H 4312・給水用）の使用は少なくなり，架橋ポリエチレン管（JIS K 6769），ポリブデン管（JIS K 6778）の使用が増えています（331頁参照）。

の上方へ埋設するようにします。

継手類は個所数を計測することが煩雑ですし，計画どおり施工できないこともあるので無視し管類の金額に対する率で計上します。ただ，伸縮継手，弁類，排水用の会所ます等は，種別・寸法・規格別に実数を計測します。

支持金物，はつり補修費も継手類と同様，管類金額に対する率で計上します。継手類および支持金物類の管材金額に対する率は，一般建築工事で使われている管価に対する率をそのまま使います。継手類が30～85％，支持金物は5～25％範囲です。次頁からの表18.3～4の単価には継手接合材，支持金物を含んでいます。

配管材の数量のロス率は次のようにします。

・鋼管類	呼径	15～50　ロス率	10（％）
		65以上	5
・銅管			5
・鉛管			5
・塩化ビニル管		（屋内）	10
		（屋外）	5
		（排気通気管）	10
・鋳鉄管		（本数でみるため実数を計上）	

□配管工事費

ロス率を加えた配管材料の数量（延長さ）に，管材単価を乗じて配管材料費を，また同数量に歩掛りを使い人工数を出し，これに労務単価を乗じたものが配管施工費となります。労務歩掛りは給水・給湯・排水の系統別に，鋼管，塩ビ管など管種別に，管の口径別，さらに屋内・屋外別に異なりますから，かなり繁雑な作業です。これに継手価格，消耗品，支持金物費を加えたものが配管工事費となりますが，こうして算定された見積書の内訳は，手間のかかるわりには，決してわかりやすいものではありません。住宅の見積りでは管類の価格に対して配管工賃のほうが大きくなりますが，見積書上では，継手価格，支持金物と同様に配管工賃も一式計上という表示になるからです。管価格，継手価格配管工賃まで含めた表18.3～4のような管種・口径別の複合単価を使って，延長さ×複合単価とした方が，簡単でわかりやすい見積書となります。

表 18.3　配管工事費の複合単価資料例(1)

◆給水配管

品　名	規　格　・　摘　要	単位	材料価格	手　間
塩化ビニルライニング鋼管(SGP-VA)	屋内一般　呼径1/2B 15A	m	490	1,770
	3/4　20	〃	560	1,990
	(注) 継手はライニング継手使用。　1　25	〃	790	2,440
	1¼　32	〃	1,080	3,010
	(材料価格には継手接合材、支持金物等を含む)　1½　40	〃	1,270	3,310
	2　50	〃	1,600	4,140
	〈参考〉継手接合材＝管材価格×65% 支持金物類＝管材価格×10%			
硬質塩化ビニル管 水道管 (VP) JIS K 6742	屋内・一般　呼径13　外径18×肉厚2.5mm	m	130	900
	16　22　3.0	〃	190	960
	20　26　〃	〃	230	1,210
	25　32　3.5	〃	330	1,450
	30　38　〃	〃	410	1,540
	40　48　4.0	〃	590	1,980
	50　60　4.5	〃	820	2,500
一般配管用ステンレス鋼管 JIS G 3448 (SUS304TPD)	屋内・一般　プレス接合　呼径13SU　厚0.8mm	m	710	1,030
	20　1.0	〃	1,080	1,400
	25　〃	〃	1,360	1,770
	30　1.2	〃	1,750	2,100
	40　〃	〃	2,270	2,610
	50　〃	〃	2,550	2,950
一般配管用ステンレス鋼管 JIS G 3448 (SUS316TPD)	土中埋設　プレス接合　呼径　13SU　厚0.8mm	m	1,290	700
	20　1.0	〃	1,950	980
	25　〃	〃	2,460	1,230
	30　1.2	〃	3,180	1,450
	40　〃	〃	4,130	1,810
	50　〃	〃	4,630	2,050

〈価格構成〉材料価格＝管（直管）材料費＋継手材料費＋支持金物費＋接合材費＋雑材費
　　　　　材工共価格＝上記材料費＋労務費（加工取付費）＋機械工具損料＋経費
〈施工条件〉墨出し，スリーブ，インサート，支持金物，座金取り付け，場内小運搬を含む。

資料：「積算資料ポケット版総合編」給排水管工事

表 18.4　配管工事費の複合単価資料例(2)

◆給湯配管

品　　名	規　格　・　摘　要	単位	材料価格	手　間
被覆銅管（Mタイプ）	屋内･一般管　ろう接合　　呼径 1/2B 15A	m	480	1,180
	3/4 20	〃	805	1,640
	1 25	〃	1,140	2,100
	1¼ 32	〃	1,660	2,580
〈参考〉継手接合材＝管材価格×85%	1½ 40	〃	2,270	3,040
支 持 金 物＝管材価格×10%	2 50	〃	3,630	4,000
耐熱性硬質塩化ビニル管（HT管） JIS K 6776	屋内･一般　呼径13　外径18×肉厚2.5mm	m	260	1,040
	16　22　3.0	〃	390	1,040
	20　26　〃	〃	470	1,400
	25　32　3.5	〃	680	1,670
	30　38　〃	〃	830	1,790
	40　48　4.0	〃	1,220	2,280
	50　60　4.5	〃	1,860	2,890

☞ 銅管にはK、L、Mタイプがあり、K、L、Mの順に肉厚が薄くなる。K、Lタイプは主として医療配管用に、L、Mタイプは主として給排水、給湯、冷暖房、都市ガス用に使われる。

◆排水配管

品　　名	規　格　・　摘　要	単位	材料価格	手　間
硬質塩化ビニル管(VP)	屋内・一般　接着接合　　呼径40A	m	340	1,970
	50	〃	480	2,490
	65	〃	610	3,180
	75	〃	940	3,700
〈参考〉継手接合材＝管材価格×30%（DV継手）	100	〃	1,380	4,760
支 持 金 物＝管材価格×25%	125	〃	1,775	5,860
硬質塩化ビニル管(VU)	屋外・土中　接着接合　　呼径40A	m	145	1,420
	50	〃	175	1,805
	65	〃	280	2,300
	75	〃	370	2,675
	100	〃	560	3,465
〈参考〉継手接合材＝管材価格×25%（DV継手）	125	〃	910	4,240
排水用耐火二層管(VU)（繊維補強モルタルビニル二層管）	屋内・一般　　呼径40A	m	645	3,080
	50	〃	795	3,910
	65	〃	1,150	4,970
	75	〃	1,390	5,800
	100	〃	2,010	7,470
	125	〃	2,850	9,180
排水用硬質塩化ビニルライニング鋼管(D-VA)	屋内・一般　ねじ接合　　呼径40A	m	1,140	3,290
	50	〃	1,560	4,130
	65	〃	2,190	5,360
	80	〃	2,240	6,080
	100	〃	3,040	7,940
	125	〃	3,720	9,380

☞ 材料価格には継手接合材、支持金物を含む。

資料：「積算資料ポケット版総合編」給湯・排水管工事

□ステンレス配管

ステンレス配管

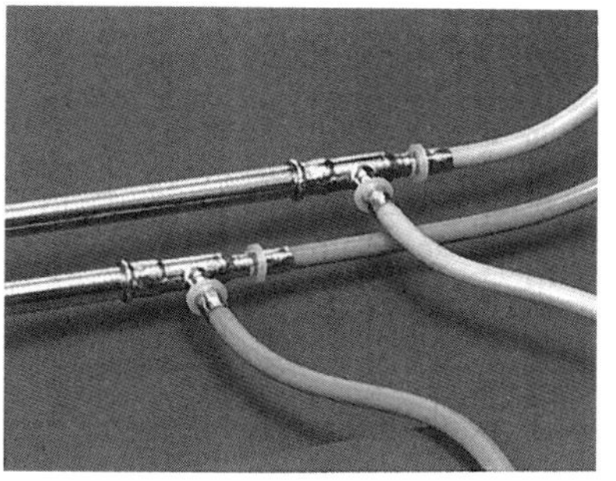

（ベネックス）

大工手間の部位別単価方式，基礎（ベタ基礎，布基礎）の１回打ち工法とともに地場工務店にお勧めしているのがステンレス配管です。

これまで給湯用に銅管と同様，ステンレス管が使われることがありましたが，給水用にステンレス管を採用したのは先進的な工務店や水道工事店でした。毎日飲む水ですから赤サビや化学物質の心配がなく，耐久性と同時に衛生的で安心して使えることから，ユーザーに喜ばれているようです。

これまでステンレスパイプはユーザーだけでなく工務店や設備業者まで高価でぜいたくな配管材というイメージが強かったのですが，確かにパイプや継手は高くつきますが，プレス接合など施工手間を含めた全体コストは水道用鋼管と同程度に納まっており，赤サビや配管のメンテナンスなど長期的なランニングコストを含めると経済的ともいえます。

見積りは一般の配管工事と同じように図面よりパイプ，継手類の数量を拾い，積上げ計算をする方法と，給水・給湯の個所数単位の複合単価を使って見積りをする方法（表18.5　見積り例 ステンレス管②）があります。

戸建て住宅など規模の小さな建築現場では後者の方が現実的で，他の配管材料による配管工事とのコスト比較にも便利な方法といえます。
ステンレス管の規格寸法は巻末の参考資料を参照してください。

表 18.5　給排水・給湯工事見積り例（ベネックス）
（ステンレス管①・材料積算）

名称・内容	数量	単位	単価	金額	備考
(1)給水配管					
ステンレスパイプ(JISG3448)13Su	72.0	m	410	29,520	
〃　20	20.0	〃	620	12,400	
同継手・90°エルボ　13	70.0	個	445	31,150	
〃　20	6.0	〃	605	3,630	
水栓エルボ　13×1/2	7.0	〃	1,180	8,260	
〃　20　〃	1.0	〃		1,730	
チーズ　20×13	8.0	〃	1,165	9,320	
RC　20×13	1.0	〃		465	
ASオス　13×1/2	1.0	〃		780	
〃　20×3/4	1.0	〃		960	
小　計	一式			98,215	
(2)給湯配管					
ステンレスパイプ(JISG3448)13Su	28.0	m	410	11,480	
同継手・90°エルボ　13	30.0	個	445	13,350	
水栓エルボ　13×1/2	3.0	〃	1,180	3,540	
チーズ　13	2.0	〃	960	1,920	
ASオス　13×1/2	1.0	〃		780	
小　計	一式			31,070	
(3)配管および特殊工具	一式			50,000	
合計（1～3の合計）	一式			179,285	
消費税	一式			8,964	
	一式			188,249	

（ステンレス管②・簡便積算）

名称・内容	数量	単位	単価	金額	備考
(1)屋内給水設備工事					
給水管（1階）主管20SSP	6.0	カ所	13,600	81,600	
〃（2階）　〃	1.0	〃		20,800	
保温工　20	一式			35,000	
ゲート弁取付工　20	1.0	カ所		4,300	
給湯機接続費	一式			6,500	
諸経費	一式			14,800	
小　計	一式			163,000	
(2)給湯設備工事					
風呂釜付給湯機	1.0	台		別途工事	
同上設置費	一式			別途工事	
追焚き配管	一式			12,000	
給湯管（1階）主管20SSP	3.0	カ所	13,600	40,800	
〃（2階）　〃	1.0	〃		20,800	
保温工　20	一式			30,000	
給湯機用配管	1.0	カ所		12,300	
フレキチューブ取付工	1.0	〃		1,600	
給湯機接続費	1.0	〃		4,500	
屋外配管工	16.0	m	4,000	64,000	
諸経費	一式			18,600	
小　計	一式			204,600	
(3)屋外給水設備工事					
宅地内布設工	29.0	m	4,000	116,000	
メーター回り取付工	1.0	カ所		41,500	
外流しセット	一式			12,000	
申請手続費	1.0	カ所		30,000	
運搬費	一式			6,000	
諸経費	一式			19,000	
小　計	一式			224,500	

□さや管ヘッダー工法

図 18.4　さや管ヘッダー工法

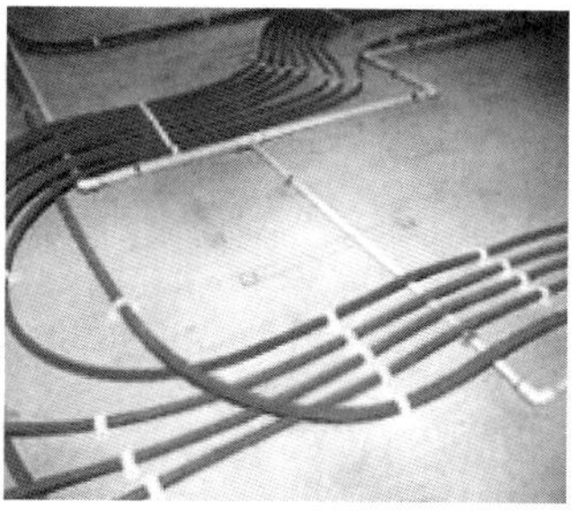

1998年の水道法改正による規制緩和を機にハウスメーカーを中心に普及してきたのがポリエチレンの波付管の「さや管」に架橋ポリエチレン管やポリブデン管を通して給水・給湯する「さや管ヘッダー工法」です。

比較的自由に曲げられ，管を継がずに布設できる架橋ポリエチレン管やポリブデン管は，これまで集合住宅でしか使えなかったのが，規制緩和で戸建て住宅にも使えるようになりました。

この管の特徴を活かしたのが図18.4のようにヘッダーとさや管を使って各給水・給湯個所へタコ足状に配管する工法です。ヘッダーから直接，給水・給湯個所へ直結し，分岐がないため複数の水栓を同時に使っても水量や温度の変化がないほか，継手の使用が少なくてすむため，漏水のリスクも少なくなります。

1建築現場単位に必要な部材をセットにして現場に搬入する仕組みや，各部材とも軽量のため施工効率が格段に向上したことも特徴です。この「さや管ヘッダー工法」の採用で工期は1/4に，コストも約2割安くなったとも言われていますが，ハウスメーカー中心の普及で，地場工務店へは，これからといったところのようです。今後の普及が期待されます。

架橋ポリエチレン管やポリブデン管の規格寸法は巻末の参考資料を参照してください。

＊架橋ポリエチレン管（JIS K 6769）
ポリエチレンを架橋反応させることで，耐熱性（95°C），耐クリープ性を高めたパイプ。クリープ（creep）とは応力が一定に保たれた状態で歪みが時間の経過とともに増大する現象。

＊ポリブデン管（JIS K 6778），水道用ポリブデン管（JIS K 6792）
高温域でも高い強度と腐食に強いプラスチック管材，従来は温泉引き湯用，床暖房用，ロードヒーティング用などに使われてきた。

給水・給湯の「さや管ヘッダー工法」の見積り

工事費はヘッダーおよび配管材（架橋ポリエチレン管，ポリブデン管），継手類，固定金具，床や壁の水栓ボックス（コンセント）類の材料費および施工手間で構成されますが，この工法の特徴の一つに，図面からあらかじめ必要な部材をセットして工事現場に納入されるため，図18.5のように

基本セット単価＋給水・給湯配管個所数×個所単価＋オプション個所単価

で見積りされることがあります。

図 18.5　さや管ヘッダー工法の見積り書式（前澤給装工業）

(物件名)＿＿＿＿＿＿＿＿＿＿＿＿＿＿＿＿様邸

下記の通り御見積り申し上げます（運賃・梱包費含む）

区分		1階 給水	1階 給湯	2階 給水	2階 給湯	3階 給水	3階 給湯	基本セット単価（円／セット）	①～⑩から選択
①		○	○						
②		○	○	○					
③		○	○	○	○				
④		○	○	○	○	○			
⑤		○	○	○	○	○	○		
⑥				○	○				
⑦		○		○	○				
⑧				○	○	○			
⑨				○	○	○	○		
⑩						○	○		

給水及び給湯配管（1箇所当たり）	
1階、2階、3階給水及び給湯配管の箇所数と上記以外の配管の箇所数	
［円／箇所］	
×	
1階給水及び給湯配管の箇所数	
2階給水及び給湯配管の箇所数	
3階給水及び給湯配管の箇所数	
上記以外の配管の箇所数	
計　［円／箇所］	

オプション	
添付配管図から積算した数量	
［円／箇所］	
×	
オプション数量［箇］	

［円］＋［円］＋［円］

＝［円／棟］（税別）

「基本セット単価」は図18.5のように，①は1階の給水，給湯，②は①＋2階の給水，③は①＋2階の給水，給湯・・・・という区分になっています。

1.　配管材

さや管（CD管）と架橋ポリエチレン管またはポリブデン管の樹脂管材が使われています。架橋ポリエチレン管，ポリブデン管はそれぞれ保温材付（保温材厚5，10㎜），消音テープ付があります。さや管は写真のようにポリエチレン製の波付管で軽くて可とう性があり，手作業で容易に配管経路に設置できます。中に給水，給湯管を通して二重にすることで，内管を保護すると

同時に内管の更新にも便利になっています。

さや管と内管との寸法の関係は次の表18.6のとおりです。

表 18.6　さや管と内管との寸法の関係

さや管			内管	備考
呼び径	外径mm	内径mm	適合管径	
22	27.5	22.3	10,13	ヘッダー→各水栓の2次側用
25	30.5	24.5	13	
28	34.0	27.2	16	メーターからヘッダー，給湯器からヘッダーの1次側用
30	36.5	29.4	16	
36	42.0	33.2	20	

さや管　　　架橋ポリエチレン管

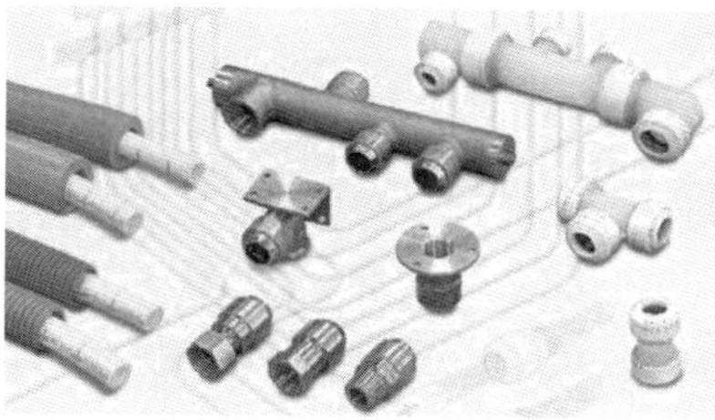

図 18.6　さや管ヘッダー工法の材料価格

調査頻度：B

品名・規格・参考質量	呼び径mm	外径mm	内径mm	厚さmm	長さm	kg/m	単位	全国②③
◆樹脂管・さや管								
架橋ポリエチレン管	10	13.0	9.8	1.60	120	0.0539	m	102
(JIS K 6769)	13	17.0	12.8	2.10	120	0.0924	〃	121
(PN15 M種)	16	21.5	16.2	2.65	120	0.148	〃	167
〃	20	27.0	20.5	3.25	100	0.228	〃	247
ポリブテン管	10	13.0	9.8	1.60	120	0.053	m	76
(JIS K 6778)	13	17.0	12.8	2.10	120	0.090	〃	119
〃	16	22.0	16.8	2.60	120	0.122	〃	166
〃	20	27.0	21.2	2.90	120	0.202	〃	216
さや管	22	27.5	22.3		50		m	74
〃	25	30.5	24.5		50		〃	82
〃	28	34.0	27.2		30		〃	133
〃	30	36.5	29.4		30		〃	136
〃	36	42.0	33.2		30		〃	167
◆ヘッダー・ヘッダー廻り継手材								
連鋳ヘッダー(プラグ付)	Rc3/4×Rc1/2×2P						個	1,460
〃	〃 3P						〃	1,750
〃	〃 4P						〃	2,280
〃	〃 5P						〃	2,670
〃	〃 6P						〃	3,300
〃	〃 7P						〃	3,620
連鋳ヘッダー用保温カバー	Rc3/4×Rc1/2×2P用						個	456
〃	〃 3P用						〃	564
〃	〃 4P用						〃	652
〃	〃 5P用						〃	688
〃	〃 6P用						〃	896
〃	〃 7P用						〃	984
オスねじアダプター	10×R1/2						個	576
(ナット締付型)	13　R1/2						〃	648
(JIS K 6770･6779 M種)	16　R1/2						〃	944
〃	16　R3/4						〃	992
〃	20　R3/4						〃	1,530
メスねじアダプター	10×Rc1/2						個	672
(ナット締付型)	13　Rc1/2						〃	724
(JIS K 6770･6779 M種)	16　Rc1/2						〃	992
〃	16　Rc3/4						〃	1,040
〃	20　Rc3/4						〃	1,580
オスねじエルボアダプター	13×R3/4						個	992
(座なし，ヘッダー引込用)	16　R3/4						〃	1,240
〃	20　R3/4						〃	1,780

品名・規格・参考質量		単位	全国②③
◆壁取出し用部材			
水栓ボックス	壁空間40mm以上，適合さや管径22mm	個	1,090
〃	〃　　〃 25mm	〃	1,090
水栓エルボ(標準形)	10×Rp1/2	個	1,010
〃	13　Rp1/2	〃	1,100
水栓エルボ(ロング形)	10×Rp1/2	個	1,100
〃	13　Rp1/2	〃	1,200
◆床取出し用部材			
たて型水栓ジョイント	T-1型　B-1	個	391
〃	T-1型　B-2	〃	492
〃	T-1型　B-3	〃	528
水栓ソケット	10×Rc1/2	個	864
〃	13　Rc1/2	〃	916
固定座金		個	142
調整座金		個	106
サポートバー		個	152
◆さや管廻り付属品			
シーリングキャップ	適合さや管径22	個	45
〃	〃 25	〃	50
〃	〃 28	〃	50
〃	〃 30	〃	50
〃	〃 36	〃	50
CDサポート(スタンド付き)	適合さや管径22・25	個	184
〃	〃 28・30	〃	304
遮熱管	適合樹脂管径10	m	38
〃	〃 13	〃	42
〃	〃 16	〃	42
〃	〃 20	〃	76

資料：「積算資料」2005年12月号・さや管ヘッダー工法用部材　*単価は大口ユーザー向け

2. ヘッダー

水道メーターおよび給湯器から各給水・給湯個所へ分岐するための部材が「ヘッダー」です。2Pから9Pまで給水・給湯配管個所に応じたヘッダーを，給水用ヘッダと給湯用ヘッダーと２本並列して使われています。写真（左・中央）は5Pのヘッダーと保温カバーです。（前澤給装工業）

また，写真（右）のようにヘッダー部分を給水・給湯集中管理ユニットとして洗面室等に設置する「分水盤」も発売されています。写真（右）は分水盤のカバーをはずした内部です。（TOTO・公表価格65,000 ～78,000円/セット）

ヘッダーと保温カバー

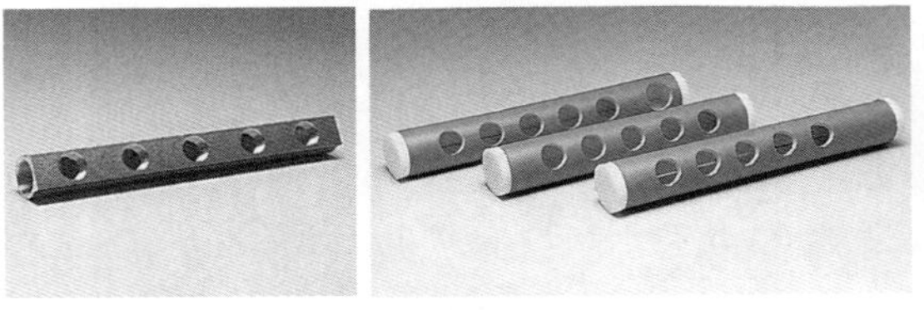

（前澤給装工業）

分水盤

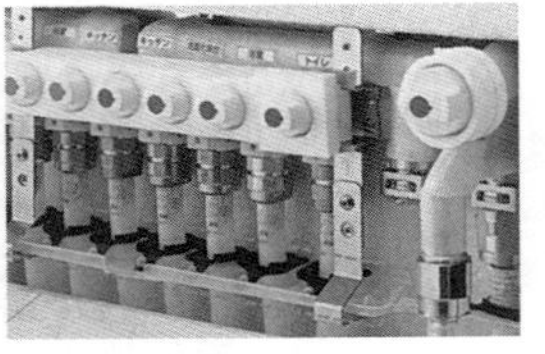

（TOTO）

3. 水栓ボックス類

電気のコンセントと同様に床や壁に水栓ボックスを設置するための部材です。壁用は写真のように水栓ボックス本体と継手キャップ、ロックリング、化粧リング、ロックナットおよび壁用水栓エルボから構成されています。床用も水栓ボックス本体と継手（床用水栓アダプターまたは床用水栓エルボ)、金具セットで構成されています。

部材価格は壁用で4,370 ～4,650円/セット（前澤給装工業・公表価格)、床用は写真のⅢ型の構成で5,230円/セット（同）です。

壁用水栓ボックス

床用水栓ボックス（Ⅲ型)

また給水・給湯の接続がワンタッチでできる給水コンセントも製品化されています。ボックスタイプとツリータイプがあり、価格は以下のとおりです。写真はトイレ向けのボックスタイプ2口用です。

トイレ向けのボックスタイプ２口用

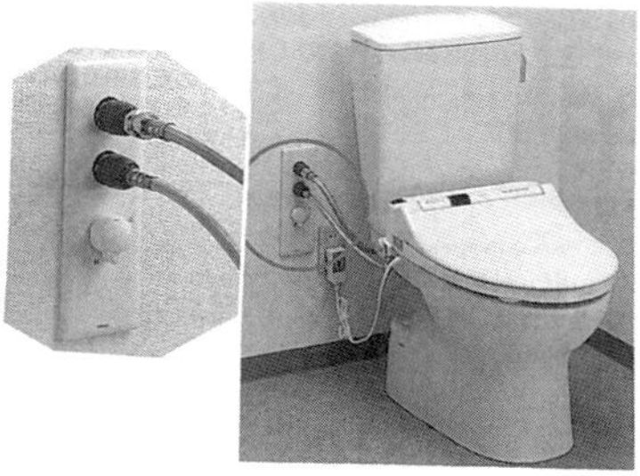

表 18.7　給水コンセント（TOTO・公表価格）

名　称	内　容	単位	価　格	備　考
給水コンセント	ボックスタイプ　1口用	セット	10,200	トイレ向け
〃	〃　2 〃	〃	13,900	
〃	ツリータイプ　1口用	〃	6,400	キッチン、洗面化粧台向け
〃	〃　2 〃	〃	8,600	

□　排水ヘッダー工法

給水・給湯のさや管ヘッダー工法に続き、排水のヘッダー工法も普及しはじめています。

図18.7のように硬質塩化ビニル製の排水ヘッダーにトイレ、浴槽、洗面台、洗濯機および台所からの排水を集め、屋外へ排出するシステムです。同時に基礎貫通排水管セットを使うことが多いようです。

図 18.7　排水ヘッダー（タキロン）

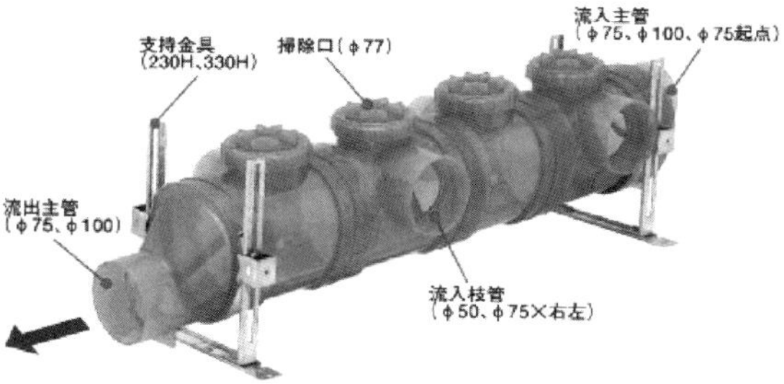

接続する流入側の枝管、排出側の主管は従来どおりの塩ビ管（VU管）が使われ、従来どおりの工法で接続されます。流入側の枝管はトイレから最大

２カ所できるのを含めて、最大7カ所程度の配管接続、流出側はまとめて１カ所から。これまでの排水配管工事では排水個所ごとに屋外側に「排水ます」が必要だったり、屋内から屋外へ基礎を貫通して配管していましたが、排水ヘッダーを使うことで、これらの工事が１カ所で済むことや屋外の土工事を大きく減らすこともできます。

排水ヘッダーは排水の集中する洗面脱衣室などの土間コンクリートに支持金物で固定（２カ所）されます。部材費の見積りは、建築現場単位に必要な部材をセットにして現場に搬入する方法のため、図面をみて現場ごとに見積りをしますが、概算費用は注入口１カ所当たり約8,000円＋設計料という考え方のようです。

基礎貫通排水管セットは図18.8のようにさや管（スリーブベンド管）を基礎コンクリート打設前に設置し埋設、これに排水可とう管を通して屋内と屋外の排水管につなぐものです。

さや管、排水可とう管のサイズ、セット価格は表18.8のとおりです。

図 18.8　基礎貫通排水管セット（タキロン）

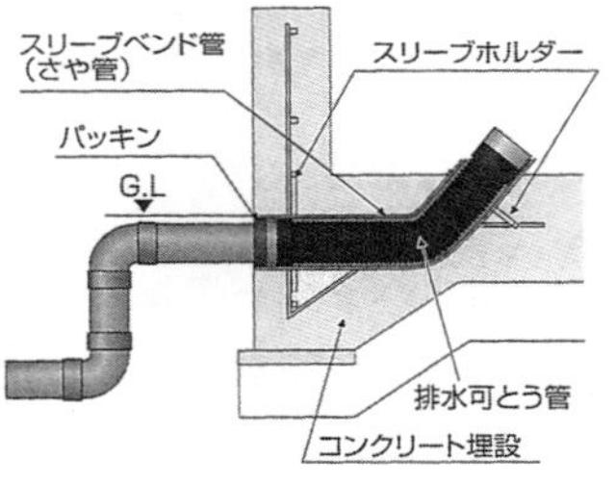

表 18.8　排水用・給水用基礎貫通セット（タキロン）

さや管		排水可とう管		セット価格（公表価格）
対象管径	外径mm	外径mm	接続管径	
50用	89	78	67	11,660 ～13,600円
75用	114	101	97	15,660 ～17,660円
給水用	60	－	－	2,400 ～3,500円

＊価格はさや管の外形寸法（配管高さH230 ～430・深基礎用）によって異なる

（2）根切り・埋戻し・弁類取付け・保温工事

メーターボックス・量水器・止水栓，管類の保温工事，屋外配管のための根切り・埋戻し工事を，図面より個所数，延長さを計測し，配管工事と同じように複合単価を使用して計上します。

管の塗装工事がある場合は，建築工事の塗装工事に準じて計上し，塗装工事か，配管工事費かのどちらかに計上します。

表 18.9　根切り・埋戻し・保温工事複合単価資料例

◆設備根切り・埋戻し工事

名　称	仕　様	単位	根切り 普通土	根切り 砂利混り	埋戻し 根切土	埋戻し 良質土
給　水	宅地内・深0.45×幅0.30m	m	600	780	300	450
	私道内　0.75　0.45	〃	1,500	1,950	740	1,110
	公道内　1.20　0.60	〃	3,600	4,680	1,580	2,370
排　水	管底までの深0.5以下 ×幅0.4m	m	900	1,170	440	660
	0.5～1.0　0.45	〃	1,520	1,980	740	1,110
	1.0～1.5　0.5	〃	3,100	4,030	1,380	2,070
	1.5～2.0　0.5	〃	4,300	5,600	1,980	2,400

◆給排水管・給湯管・温水管/グラスウール保温筒

仕様	管径	厚	材工共（円/m）
屋内露出（一般居室、廊下） ①保温筒 ②鉄線 ③原紙 ④綿布	15A	×20mm	1,860
	20	〃	1,870
	25	〃	1,890
	32	〃	1,980
	40	〃	2,060
	50	〃	2,220
	65	〃	2,580
	80	〃	2,760
	100	25	3,680
	125	〃	4,260
	150	〃	5,040
	200	40	8,440

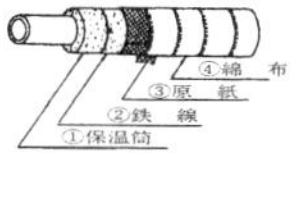

仕様	管径	厚	材工共（円/m）
床下、暗渠内 ①保温筒 ②鉄線 ③ポリエチレンフィルム ④防水麻布 ⑤アスファルトプライマ	20A	×20mm	2,000
	25	〃	2,020
	32	〃	2,110
	40	〃	2,200
	50	〃	2,370
	65	〃	2,760
	80	〃	2,950
	100	25	3,940
	125	〃	4,560
屋外、多湿個所 ①保温筒 ②鉄線 ③ポリエチレンフィルム ④ステンレス鋼板 厚 0.2mm	20A	×20mm	6,010
	25	〃	6,080
	32	〃	6,340
	40	〃	6,610
	50	〃	7,110
	65	〃	8,280
	80	〃	8,840
	100	25	11,800
	125	〃	13,600

資料：「積算資料ポケット版総合編」管塗装・根切り・はつり工事／保温・防露工事

(3) 雑排水ます・汚水ます

屋外の排水合流点，分岐点，起点に雑排水ます（雨水ます），汚水ますを設けます。給排水工事図面に表示されていますから種別・寸法を確認し，個所数を計測します。ますは現場打ちコンクリートでつくるか，コンクリート製品，合成樹脂製品の市販品を使うかになりますが，いずれの場合も設置場所の掘削，割栗または砂利地業および均しモルタルを敷き設置しますから，それらの費用を計上するようにします（費用算出は土工事・基礎工事参照）。

図 18.9 雑排水ますと汚水ます

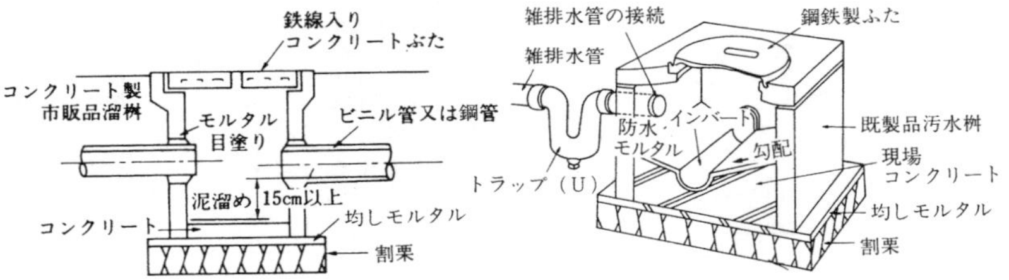

表 18.10 汚水ますその他工事複合単価資料例

◆排水その他工事

品名	規格・仕様	単位	材工共価格
汚水桝	径300×高300㎜	個	7,700
	〃 350	〃	8,500
	〃 450	〃	9,100
雨水桝	〃 〃	〃	7,500
U字溝接続工事		個所	30,000
継手類		式	3,500
公設桝接続工事		〃	25,000
継手類		〃	25,000
諸官庁申請費		〃	100,000

資料：「積算資料ポケット版総合編」給湯排水配管工事

（4）　給湯設備

必要個所に温水を供給する設備で，使用個所，熱源機によって給湯方式が異なります。熱源機の種類や供給方式も数多くなり，年々，新しい商品が売り出されています。最も変化の大きい商品のひとつで，大能力化と同時にコンパクト化が進んでいます。

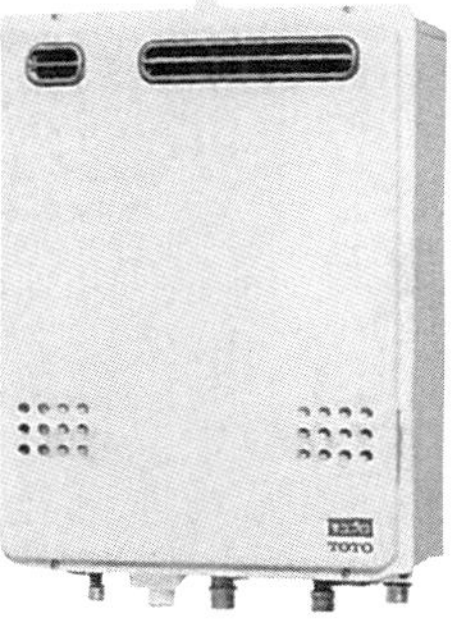

熱源の種類による給湯器は，

1.ガス湯沸器（置台形貯湯式・壁掛形・瞬間・バランス形瞬間）
2.電気温水器（貯湯式）
3.石油給湯器
4.風呂釜（風呂専用，シャワー付，給湯付）

等の各種能力のものがあり，さらに給湯と暖房，追焚きを兼ねたものまで，住宅設備の内容に合った熱源の選択が必要です。

また，太陽熱を利用して，給湯あるいは冷暖房を行う方式も普及しはじめています。現在のところ，給湯が主で，比較的古くから販売されている汲み置き式と最近多く販売されるようになった循環式とがあります。循環式には貯湯タンクが集熱器（コレクター）といっしょに屋根にあるものと，貯湯タンクをコレクターと分離させ，住戸内に設置する強制循環型があり，設備費は高くつきますが，集熱効率は高くなっています。

〔給湯設備の見積り〕

給湯設備の見積りは機器の価格把握が中心になり，給湯器の種類，品番を記入し，取付費込みの単価ま

表 18.11　給湯器の取付費例

仕　　様	単位	取付費
ガス湯沸器類		
貯湯湯沸器・置台形貯湯量10L	台	8,800
〃　〃　20	〃	8,800
〃　〃　40	〃	9,800
〃　壁掛形　10	〃	16,000
〃　〃　20	〃	16,000
〃　〃　40	〃	17,000
〃　〃　60	〃	20,700
瞬間湯沸器　13号	〃	28,600
〃　16	〃	34,000
〃　20	〃	40,500
〃　24	〃	47,200
〃　30	〃	57,000
電気湯沸器類		
電気湯沸器・置台形　貯湯量20L	台	9,000
〃　〃　60	〃	11,700
〃　〃　90	〃	14,200
〃　壁掛形　20	〃	12,400
〃　〃　40	〃	17,800
〃　〃　60	〃	21,300
風呂釜・浴槽等		
バランス形風呂釜・上り湯シャワー付	台	24,000
上り湯シャワーなし	〃	21,000
浴槽（据置形）　800×700×640mm	個	10,800

資料：「積算資料ポケット版総合編」
衛生器具・給湯器取付工事

図 18.10　事例の給水・給湯配管図（上）
〃　排水配管図（下）

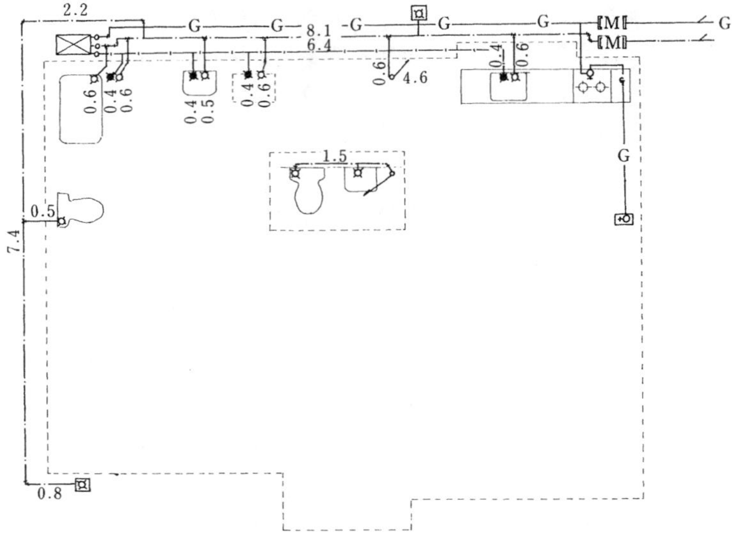

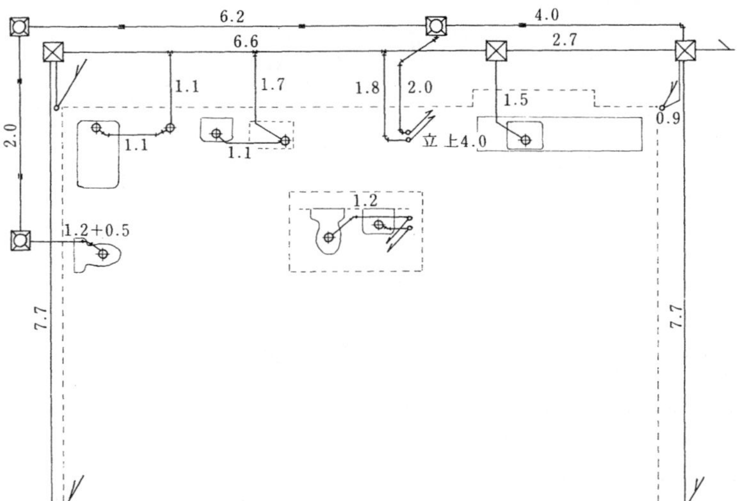

たは機器価格と取付費を分けて計上します。一般に，小型機種の場合は取付費込みの販売価格となっていますから，特に取付費を計上する必要はないようです。

一般的な取付費は表18.11のとおりです。

〔事例の給排水給湯設備工事の見積り〕

①　配管材料

配管材料は給水管・給湯管・排水管の別に管種，口径別に給排水・給湯工事図から拾います。拾いは平面長さに立上がり配管に必要な長さを加えて，図18.10のように給水・給湯・排水の系統別に拾い，ロス率を加えて計上します。

（図18.10より）

(1)　給水管

(イ)　水道用塩ビライニング鋼管　ねじなし　SGP－VB　20 A

8.1＋（0.60×4）＝10.5 m
立上がり，下がり（1.5×4）＋（0.5×1）＝6.5 m
} 17.0 m
ロス率　17.0×1.1×18.7 m

(ロ)　水道用硬質塩ビ管（VW）20 A

2.2＋7.4＋0.8＋0.5＋0.6＋0.3＋4.6＋1.5＝17.9 m
立上がり　（0.5×2）＋（1.5×1）＝2.5 m
} 20.4 m
20.4×1.1≒22.4 m

(2)　給湯管

銅管（Lタイプ）3/4 B（20 A）

6.4＋（0.4×4）＝8.0 m
立上がり，下がり（0.5×1）＋（1.5×4）＝6.5 m
} 14.5 m
14.5×1.1≒16.0 m

(3)　排水管

硬質塩ビ管（VU）

（100 A）4.0＋6.2＋3.0＋2.7＋6.6＋2.0＋1.7＋1.1＋1.1＝28.4 m
立上がり　（0.5×2）＝1.0 m
29.4×1.1≒32.3 m

（75 A）1.2＋7.7＋4.0＋1.2＝14.1 m
立上がり　（0.5×2）＝1.0 m
} 15.1 m　　15.1×1.1≒16.1 m

（50 A）0.9＋7.7＋0.2＋1.5＋1.8＋1.1＋0.7＋0.4＋3.6
＋4.0＋0.4＝22.3 m
立上がり　（0.5×7）＝3.5 m
} 25.8 m
25.8×1.1≒28.4 m

②　はつり，孔あけ，補修工事（労務費の10%，屋内工事分）

≒8.000

③　防食および保温工事

(イ)　防食工事　給水塩ビライニング管　17.0 m分（アスファルトジュートテープ・プライマー塗）

(ロ)　保温工事　給水塩ビライニング管　7.2 m分（グラスウール保温筒20㎜隠ぺい）

給湯用銅管　16.0 m分（グラスウール保温筒　暗渠）

④　根切り・埋戻し工事

（給水・給湯）　深0.45　幅0.3 m

（5.0＋8.1＋2.2＋7.4＋0.8＋6.4）×1.1≒32.9 m

（排水）　深0.5～1.0　幅0.45 m

（5.0＋2.7＋6.6＋（7.7×２）＋3.6＋4.0＋6.2＋3.0）×1.1≒51.2 m

⑤　ます類

排水ます（雨水ます）	300×300㎜	栗石基礎とも	3カ所分
汚水ます（インバート仕上）	360×360	栗石基礎とも	5カ所分

⑥　機器類

２管式湯沸器付風呂釜（13号）　リモコン付	1台
メーターボックス（中）　メーターテーパーとも	1組
止水線（丙）　20 φ	1個

⑦　申請手続費

水道	1式
下水道	1式

以上のほか自治体によっては上下水道局加入金（局納金）が必要な場合がありますが，別途費用としてお客さんが直接支払うか，立替払いをして精算するようにして見積書には含めません。

上・下水道の配管工事は以上のほか本管までの引込み工事費が必要です。

指定材料・業者が決められていますから，道路復旧費が必要な場合はあわせて見積りを依頼し，計上します（事例の場合は含んでおりません）。

第19章　電気設備工事

電気工事の見積りにはいくつかの方法があり，どのような方法をとるかによって見積りに要する時間が違ってきます。一般建築工事における見積り方法の，図面から配線長さを計測・計算して必要材料費を出し，この材料ごとの工数を集計し，電工費を出す方法（表19.1参照）が基本的な方法ですが，住宅等の小規模工事の見積りでは，数量の拾いに要する手間と見積り額とのバランスがとれず，現実的ではないようです。

住宅の見積りで広く行われてきた方法が“1灯いくら”といわれる方法で，配線，配管長さの計測は無視して，図面上から電灯，スイッチ，コンセントの個所数を拾い，ある一定の配線長さを含んだ材工共の単価で計上していく方法です。

この方法は最も原始的などんぶり勘定であると，批判されることが多いのですが，積算に要する時間が短くてすみ，数量の増減に即応できるなどの有利さがあるほか，最も大切な見積り内容がわかりやすいという点にあります。見積りの先生方にいわせると，この方法では発注者に対し費用の内容説明が困難だし，単価に権威がないということですが，住宅の発注者や工務店にとっては，この方法のほうがわかりやすいように思われます。

ただこのような批判があることも事実で，これまで電気工事業者の組合や協会から出されていた単価表も姿を消し，それでなくてもわかりにくい電気工事の見積りが，さらにわかりにくいものになりそうなのは残念なことです。

以上の方法に代わって，検討・研究されている方法に

①**工量制による積算見積り**（花井充行先生による）

②**簡易積算**（松下電工）**による見積り**

の2つがあります。

表 19.1　電気工事の見積り例(1)－住宅の見積り方法には不適当

項目番号	品名	形状・寸法	材料費 数量	材料費 単位	材料費 単価	材料費 金額	労務費 歩掛り	労務費 工数	
A	電灯コンセント工事								①材料の数量拾いを基準に材料費および工数（労務費）が計算される。
	電　線	ＩＶ　8□	21	m	65	1,365	0.016	0.336	②材料数量×歩掛り＝工数 左表例 21(m)×0.016＝0.336
	〃	〃　2.0	7	〃	25	175	0.012	0.084	
	ケーブル	ＶＶＦ　2.0〜3C	28	〃	97	2,716	0.03	0.84	
	〃	〃　2.0〜2C	10	〃	61	610	0.02	0.2	③歩掛りは1m，1個当たりの必要 人工数
	〃	〃　1.6〜3C	25	〃	63	1,575	0.025	0.625	
	〃	〃　1.6〜2C	65	〃	38	2,470	0.02	1.3	
	小　計					8,911			④工数の合計（人工数）×労務単価＝電工費
	電線管	(31)	6	m	210	1,260	0.096	0.576	
	〃	ＶＥ　(22)	4	〃	90	360	0.03	0.12	
	〃	〃　(16)	9	〃	80	720	0.024	0.216	
	〃	〃　(31)	4	本	190	760	—	0	
	〃　附属品	（Ｐの30%）	1	式		930	—	0	
	雑材消耗品	材料の30%	1	式		2,783		0	
	小　計					2,783			
	材料費計					95,565		9,347	工数の合計
	工　費	電　工	1	式	17,900	167,311			電工費（工数の合計）9.347×(単価)17,900≒167,311円
	試験手続費	注(1.5人)		〃		26,850			
	運搬費	〃(材料の2%)		〃		1,910			
	現場経費	〃(以上の5%)		〃		14,582			
	労経費計			〃		210,635			
	計					306,218			

①の**工量制の見積り**は住宅工事向けに考えられた方法で，あらかじめ自社の電工１日当たりの賃金と仕事量から“工量単価”を，また材料もあらかじめ１灯１個当たりの数量を，たとえば，配線所要電線数量を（VVF1.6×２）＝電灯個数＋コンセント個数＋スイッチ個数の合計×６mと定めておく方法

表 19.2 工量制による見積書式例

電灯工事　　書

平成　　年　　月　　日
東京都江東区○○○
○○電設工業協同組合

様
件名
金額　¥
下記の通り御　申上げます

工		量			材		料	
工事費目	数量	工量 定数	工量 総点数	金額	品名	数量	単価	金額
引込口工量(単二)		7			計器取付板			
〃 (単三)		10			SV × c			
コンセント１コ用		3						
					配電盤 回路			
スイッチ 1コ用		3						
〃 3路		10			FVケーブル1.6×2			
配電盤 回路		1.5						
電線工量 VA		0.15						
					ジョイントボックス(中)			
					コードペンダント			
電線管工量 M		1						
引出口設備		5			スイッチ			
接地極設備		2			〃 3路			
測定工量		4			コンセント（1コ用）			
電灯		3			〃 （2コ用）			
計器板取付		3						
器具取付		3			アース棒			
					取付枠			
出張修理		3			日本間ボックス			
(1) 工量計					〃 （2コ用）			
雑工事		2%			プレート（1コ用）			
労務補償費		5%			〃 （2コ用）			
工具 〃		3%						
運搬費		5%						
設計費		10%						
点検手続費		10%			小計			
(2) 小計		35%			雑材料及消耗品	5%		
(3) 以上の合計(1)+(2)					(4) 材料合計			
(5) 一般管理費(3)+(4)の10%								
(6) 業法第26条による書類保管費１件につき　1,000円								
(7) 照明器具（別紙参照）								
総計								

です。この方法では工量単価を各社の実情に合った水準で設定できることや見積りに要する時間が少なくてすむ（スピードアップが図れる）という利点があります。

ただ，この方式の目的が適性利潤の確保と見積りのスピードアップにある

表 19.3　簡易積算による数量拾い表

材料算出メモ（電灯コンセント設備用）

VVFケーブル 2.0×2C	VVFケーブル 1.6×3C	VVFケーブル 1.6×2C	名称		記号	数量	スイッチボックス	スイッチ ●	スイッチ $●_3$	取付枠	プレート					
		3.5 m× =	電灯	屋内・屋側灯												
		16 m× =	電灯	門・車庫灯												
			電灯	小計		①										
		4 m× =	スイッチ	片切×1	●											
	4 m× =		スイッチ	片切×2	●●											
		8 m× =	スイッチ	片切×3	●●●											
	6 m× =		スイッチ	3路×1	$●_3$											
	6 m× =	4 m× =	スイッチ	片切×1 3路×1	$●●_3$											
			スイッチ				②									
			スイッチ				1個用									
			スイッチ				2個用									
			スイッチ	小計		②										
		5.5 m×③ =	コンセント	1口	$\odot$											
			コンセント	2口	$\odot_2$											
			コンセント	接地極付	$\odot_E$											
			コンセント	防水	$\odot_{WP}$											
			コンセント				③									
			コンセント	小計		③										
			コンセント	専用 2P20A	$\odot_{20A}$											
			コンセント	専用			④									
			コンセント	専用 小計		④										
			ジョイントボックス		⊘		=（①+②+③）×1/3									
10 m× =			分電盤	一般回路												
12 m×④ =			分電盤	専用回路												
			合計				1個用 2個用									

（注）専用コンセントの電線は専用回路の欄に記入する。

だけで，発注者側にわかりやすい見積りをという視点に欠けていることが残念で，大工・工務店段階での見積りには，やや難点があります。

②の**簡易積算による見積り**は一般木造住宅の電気工事用に，松下電工が開発した方法で，電灯・スイッチ・コンセント・専用回路の数を拾うことで，材料数量，労務費を算出しようとするもので，この方法で最大の特長が表19.3に示す「材料算出メモ」用紙です。

表 19.4　材料数量の算出基準

幹	線	1件当たり	12m
VVF 1.6㎜×2C	電　灯	1灯当たり	3.5m
	門灯・車庫灯	〃	16m
	スイッチ　1連	1カ所当たり	4m
	〃　3連	〃	4m×2=8m
	調光器	〃	4m
	コンセント	〃	5.5m
VVF 1.6㎜×3C	スイッチ　2連	1カ所当たり	4m
	3路スイッチ	〃	6m
	自動点滅器	〃	4m
VVF 2.0㎜×2C	一般分岐回路	1回路当たり	10m
	専用回路	〃	12m

・スイッチの電線は1.6㎜×2Cおよび3Cを適宜使い分ける

電灯・スイッチ等のそれぞれの種類ごとに数を拾い，材料の必要数量が計算される方法で，電線数量（m）は表19.4のような基準になっています。

この方式による見積書では，労務費は歩掛りを使って積上げ計算をするようになっており，見積り作業そのものの合理化をねらったもので，いかにも電気工事業者側だけの議論のように感じます。工務店側，発注者側に対する視点を加えて，さらに改善されることを期待したいものです。

木造住宅の見積りでは，以上の方法・考え方も取り入れ，できるだけわかりやすく，早くできる見積書の作成が必要です。

表 19.5　概算電気工事費

（単位：円/3.3m²）

用途	住宅	共同住宅	店舗	事務所
◆木造				
施工規模（坪）30未満	6,800～7,400	7,700～8,400	8,700～10,300	6,700～7,300
30～50〃	6,300～6,800	7,200～7,800	7,900～9,300	6,400～6,900
50～70〃	6,100～6,600	6,900～7,400	7,700～8,600	6,100～6,400
70以上	5,700～6,300	6,300～6,800	7,600～8,400	5,800～6,200

一般的な住宅等小規模建築物の電気工事の項目は次のとおりです。

① 引込幹線設備
② 電灯コンセント設備工事
③ 照明器具設備工事
④ 動力設備工事
⑤ 電話用配管設備工事
⑥ 弱電設備工事

（1） 引込幹線設備

引込幹線設備では，引込線から分電盤までの配線工事，分電盤工事で電力会社申請料を含めます。

使用する機器の消費電力量によって，配電方式が100V 単相二線式，100/200V 単相三線式, 200V 単相二線式，200V 三相三線式がありますが，200V

図 19.1　分岐回路

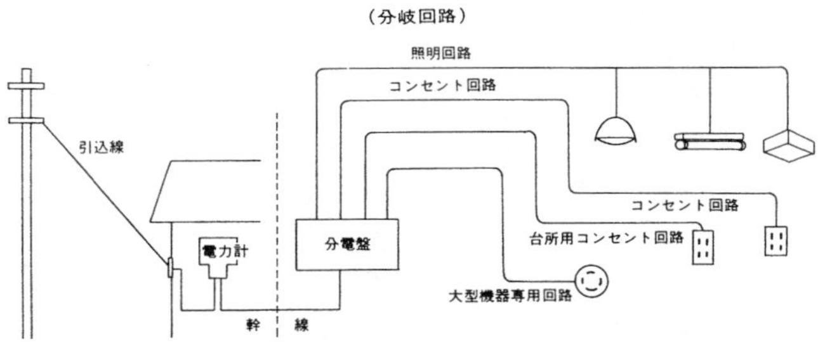

表 19.6　幹線引込工事単価資料

■幹線引込工事

名　称	内　容	単位	材工共価格	備　考
単相 3 線式	SV 14□ 120A	カ所	50,400	・住宅で、冷暖房機器を設置する場合には、
	〃 8□ 100A	〃	43,200	単相 3 線式が必要
	〃 5.5□ 60A	〃	38,900	・1.5馬力以上の冷暖房機器の場合は三相
単 相 100 V	SV VVF2.6mm 30A	〃	37,400	3 線式（動力）が必要（8～15万円程
	〃 〃 2.0 20A	〃	29,900	度）
	〃 〃 〃 15A	〃	25,400	・単相200V 1kWまで 34,000円/式
	〃 〃 〃 10A	〃	20,400	・屋外からの引込み配電盤まで、引込線、
	〃 〃 〃 5A	〃	16,400	電力計は電力会社側

資料：「積算資料ポケット版リフォーム編」設備のリフォーム

の大型電熱器や電動機等の使用によって配電方式が異なります。

（分電盤）

分電盤工事は，引込線からの幹線と分岐回路とを接続するもので，分電盤には分岐開閉器（安全ブレーカ）と自動しゃ断器（漏電ブレーカー）が配列されています。分電盤は分岐回路の数によって分岐ブレーカの数が決まり，工事費も変化します。

一般に分岐回路数は（30 W × 住宅の広さ（m^2）+ 1000W）÷ 1,500 + 大型機器とされていますが，将来のことを考えて，予備回路のあるものを選ぶことも必要です。住宅の広さ別の分岐回路数は次のようになっています。

100 V 単相二線式　　100/200 V 単相三線式

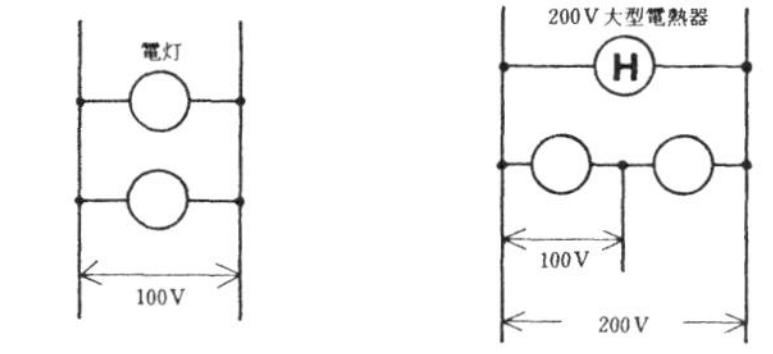

分岐回路および住宅など小容量の幹線に用いる

200 V の大型電熱器や100 V の電灯の電源を同じ回路から取れる方式、電線が細くてすむため電灯幹線として経済的

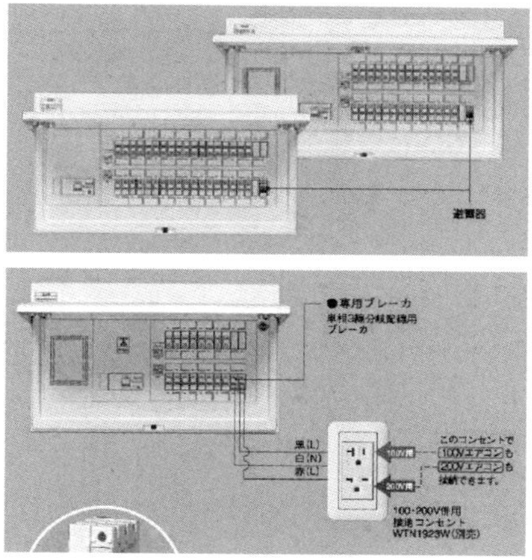

避雷機能付住宅分電盤（上）と単相３線分岐配線用（下）住宅分電盤

住宅の広さ						
15坪(50m^2)以下	電灯用	1	コンセント用	2	計5回路	＋専用回路
20〃(70〃)〃	〃	2	〃	5	7〃	＋〃
30〃(100〃)〃	〃	2	〃	6	8〃	＋〃
40〃(130〃)〃	〃	3	〃	7	10〃	＋〃
50〃(170〃)〃	〃	4	〃	9	13〃	＋〃

（1 kW以上の電気機器，電子レンジ，ホットプレート，温水洗浄便座，乾燥機，エアコンなどは専用回路が必要）

（2）　電灯・コンセント設備工事

電灯，コンセント設備工事では，どんぶり勘定だと批判がありそうですが，

現状では電灯，コンセント，スイッチの個所数を電気工事図から拾い，１カ所当たり単価を掛けて計上します。

１カ所当たりの単価の中に必要な材料費（ある一定長さの配線材料も含めて）と労務費が含まれているという考え方です。

コンセントやスイッチには新しいインテリア感覚のものも使われるようになっていますので，図面記号や仕様書等を確認しながら拾い，単価の採用にも，材料単価を調べ調整して使用するようにします。

表 19.7　電灯・コンセント工事費資料

◆簡易積算

工　事　項　目	単位	材工共価格
電灯配線工事（キーソケットまでケーブル等すべてを含む）	個所	2,750
コンセント配線工事（W）（プレートおよびケーブル取付け含む）	〃	2,750
防水コンセント　〃　　〃　　　　　　〃	〃	4,950
防水･アース付コンセント　　　　　　〃	〃	4,950
専用コンセント（クーラー、電子レンジなど）	〃	6,050
スイッチ配線工事（プレートおよびケーブル取付け含む）	〃	2,750
３路スイッチ　〃　　　　　　〃	〃	4,920
テレビ配線工事　　　　　　〃	〃	11,200
電話配管・配線（二次側工事）	〃	10,500
インターホン配線工事：器具取付、親機から子機間の配線工事	〃	30,000
アース工事	〃	8,200
幹線引込工事	式	45,000
分電盤工事（10～12回路程度）露出タイプ	面	45,000
〃　　　〃　　　埋込タイプ	〃	55,000
電力会社図面申請料	式	33,000

資料：「積算資料ポケット版総合編」電気工事

（３）　照明器具設備工事

照明器具設備工事は電灯配線工事のあと，蛍光灯や白熱灯等の照明器具を設置する費用で，照明器具取付費と照明器具そのものの費用から構成されます。

住宅建築の場合，照明器具代は電気工事費の中で大きな比率を占めることや，商品によって価格差が大きく，お客さんの嗜好も強い商品ですから，見積り段階では含めないのが普通です。

照明器具の選択・購入までまかされて，見積りに計上する場合も，別途費用として計上し，電気工事費の中では取付費および天井等の補強工事が必要であれば補強工事として計上するだけにします。

照明器具の取付工事費は，蛍光灯・白熱灯の別，取付方法（直付，吊り下げ，埋込み）によって異なりますから，照明器具の種類別に灯数を拾い，計上することになります。

表 19.8　照明器具取付費

◆蛍光灯器具取付費

名　称	仕　様	単　位	取付け手間		
			直付け	吊下げ	埋め込み
1灯用器具取付け	直管　10W	灯	1,570	1,780	2,830
	〃　20	〃	1,990	2,410	3,360
	〃　30	〃	2,200	2,830	4,200
	〃　40	〃	3,040	3,780	5,770
	〃　110	〃	6,090	7,770	10,500
	丸管20～40W	〃	1,990	2,410	3,360
2灯用器具取付け	直管　20W×2	〃	2,410	2,100	3,570
	〃　30　〃	〃	2,620	3,460	4,510
	〃　40　〃	〃	3,460	4,200	5,980
	〃　110　〃	〃	6,720	9,130	11,600
	丸管20～40W×2	〃	2,200	2,620	3,360
3灯以上用	直管　20W×3～	〃	2,620	3,360	3,990
	40　〃	〃	3,990	4,720	6,300
	〃　5	〃	5,670	—	—

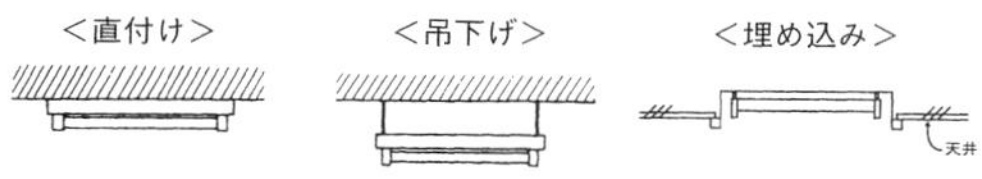

◆白熱灯取付費

コードペンダント	パイプペンダント	チェンペンダント	シーリングライト
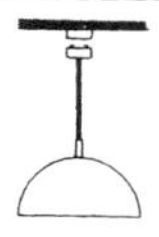	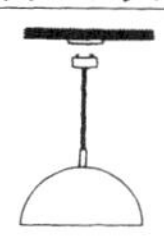	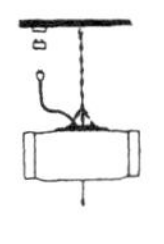	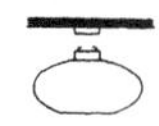
（サークライン等含む） 1,260円	（グローブ、セード等含む） 2,400円	（グローブ、セード等含む） 2,400円	（グローブ、セード等含む） 2,400円
壁付灯	レセプタクル	ダウンライト	シャンデリア
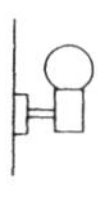	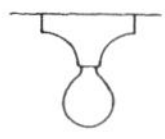	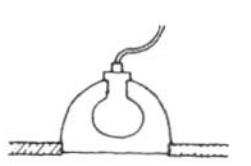	
（グローブ、セード等含む） 2,400円	1,570円	（天井加工費別途） 3,150円	（天井補強費別途） 6,300円

☞1．サークライン等の器具組立費は含むが、器具代は別途）
　2．一般住宅の照明器具代の目安：$3.3m^2$当たり7,000～10,000円。

資料：「積算資料ポケット版総合編」照明器具取付工事

（4） 弱電設備工事

弱電関係の設備費には，電話配管，インターホン・チャイム，テレビ・FM配線およびアンテナ設置費用等のほか，ホームセキュリティシステムなど，年々工事費のウェイトが高まっています。いずれも機器別途の配管，配線工事費だけでみるのが原則ですが，インターホンやアンテナ設置では機器共で計上することもあります。

図 19.3　マルチメディア配線例

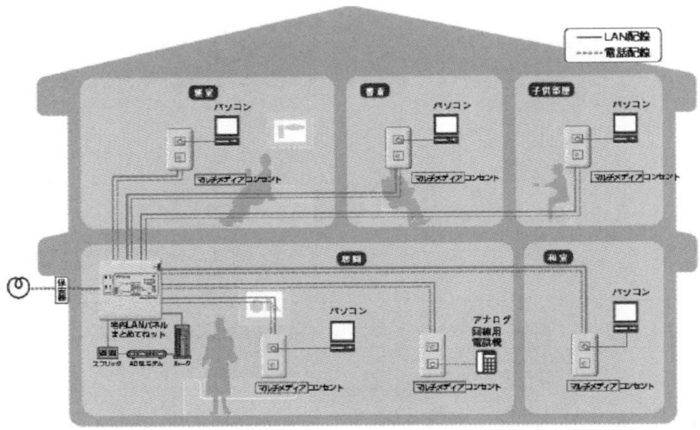

上図の配線例の部材価格（公表価格）

名称・内容	数量	単位	単価	金額
宅内LAN「まとめてねット」WTJ-5043	1	台		20,475
マルチメディアコンセント WTF16216W	6	個	1,785	10,470
プレート WTF7002W	6	〃	116	696
合　　計				31,881（工事費別途）

また弱電関係の配線は，将来に備えて先行配線をすることが少なくありません。電話配管のように回線部分の費用（電話工事負担金）や機器費用は別途にし，建築工事の見積りでは配管工事だけをし，これにリード線を通しておくだけのものもあります。さらに，空調設備等のリモコン用，セキュリティ設備用配線など住宅設備の高度化につれて，弱電関係の配管，配線工事は年々増加する傾向にあるといえます。

図 19.2　事例の電気工事図

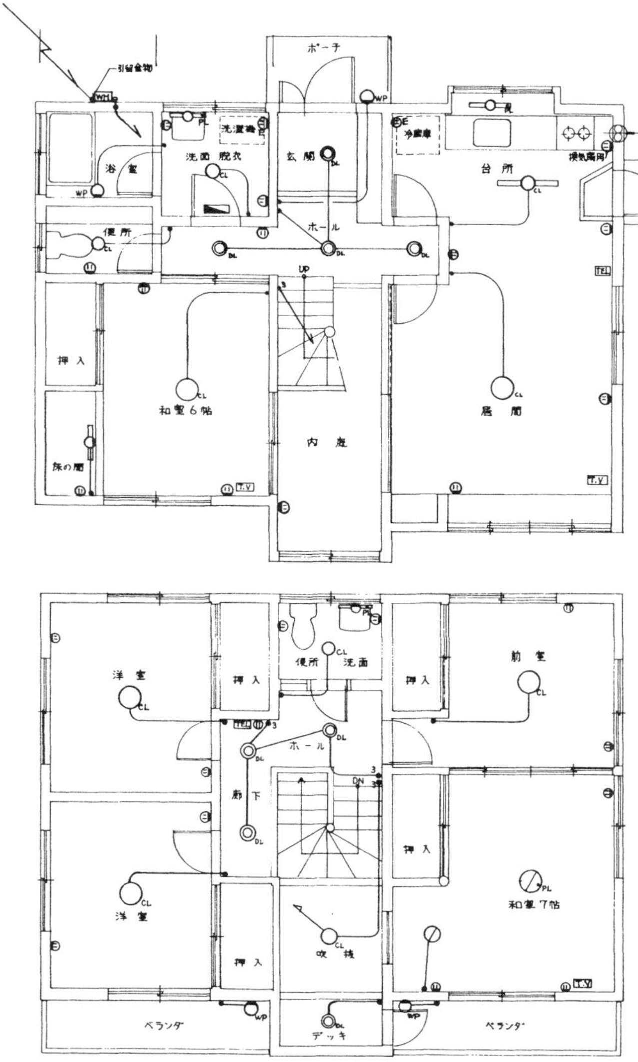

凡　例	
○	直付天井灯
⊘	コードペンダント
◐	ブラケット
▭	蛍光灯
◎	ダウンライト
⓫	壁付コンセント（2口用）
╱	スイッチ
╱3	3路スイッチ
PL	プルスイッチ
W.H.	積算電力計
◢	分電盤
TEL.	電話配管
T.V.	TV、アンテナ配管

（注）　ＪＩＳ記号では◎は「はとめ」でダウンライトは◉となっているが，最近はダウンライトを◎で表示することも多い。

〔事例の電気工事の拾い〕

事例の電気工事図（前頁）から１，２階に分けて，照明器具の種類別に電灯配線・照明器具取付，コンセント，スイッチなどの配線器具を拾います。個所数を中心にした拾い結果は，以下のとおり。

表 19.9　事例の電気工事図よりの拾いの結果

名　称	記　号	内容・数量			合 計
1.幹線工事					
引込幹線工事	W・H	単相三線式SV14□（申請料とも）			1カ所
分電盤工事		3 P50A 8 回路			〃
2.電灯コンセント設備工事		（1 F）	（2 F）		
電灯配線	CL（シーリングライト）	4	5	9灯	
	（コードペンダント）	0	2	2	
	WP（壁付灯）	2	2	4	
	DL（ダウンライト）	4	4	8	
	（蛍光灯）	3	0	3	
	（壁付蛍光灯）	1	1	2	計28灯
配線器具取付	コンセント（1個）2 P15A	3	2	5個	5個
	〃　（2個）　〃	10	10	20	20〃
	E アース付コンセント	2	0	2	2〃
	T.V　テレビ配線ユニット	2	1	3カ所	3カ所
	TEL　電話配管	1	1	2	2〃
	スイッチ（1 P10A）	9	8	17個	17個
	3 3路　〃　（3 P10A）	1	3	3	3〃
照明器具取付	CL（シーリングライト）	4	5	9	9灯
	（コードペンダント）	0	2	2	2〃
	WP（壁付灯）	2	2	4	4〃
	DL（ダウンライト）	4	4	8	8〃
	（蛍光灯直付）	3	0	3	3〃
	（壁付　〃　）	1	1	2	2〃
インターホン設置					1組

第20章　冷暖房・空調工事

一般建築工事における機械設備工事には，①共通工事，②給排水衛生設備工事，③空気調和設備工事とがあり，このうち住宅の冷暖房工事に相当する③の空気調和設備工事は次のような内容になっています。

〔空気調和設備工事の内容〕

①　ボイラおよび付属機器設備

②　冷凍機設備

③　空気調和設備

④　風道設備

⑤　配管設備

⑥　自動制御機器

ビル建築等の大型建築工事では空調設備が一般化していますから，このように設備工事の中に計上されます。住宅建築では増えたといえ，全体的な空調設備（集中型の冷暖房空調設備）が一般化するまでには，まだまだ時間がかかりそうだとして，付帯工事費の中で必要に応じて計上されてきましたが，品確法で換気が義務づけられたことや，エアコン設置も一般化したため，設備工事として計上することにしました。

空気調和設備とは，単に部屋の温度を上げ下げする冷暖房だけでなく，温度の調節，湿度，汚染（換気）を含めてコントロールする意味の“エアコンディション”の訳語からきています。

集中型（セントラル方式）の場合は冷熱源機の設置だけでなく，配管工事やダクト工事が必要になり，給排水・給湯工事と同じような見積り方法になりますが，個別方式の場合は，冷暖房機器の費用とその取付費になります。

冷暖房機器には各種の商品があり，「こたつ」や「ストーブ」など，工事

表 20.1　冷暖房機器取付工事費資料

◆空気熱源パッケージ（圧縮機屋内型）

名　　称	規　格・仕　様	単位	取付費
空気熱源パッケージ（直吹き、ダクト接続）	屋内外機　JIS冷房能力12.5kW以下	台	26,600
	〃　18.0　〃	〃	37,600
	〃　25.0　〃	〃	46,300
	〃　35.5　〃	〃	76,700

◆空気熱源パッケージ（圧縮機屋外型）

名　　称	規　格・仕　様	単位	取付費
空気熱源パッケージ（セパレート・マルチ）	屋外機　JIS冷房能力10.0kW以下	台	23,700
	〃　14.0　〃	〃	27,800
	〃　20.0　〃	〃	49,800
	〃　25.0　〃	〃	55,800
	室内機　カセット型　3.2　〃	〃	28,100
	〃　〃　5.6　〃	〃	29,800
	〃　壁掛け型　3.2　〃	〃	23,200
	〃　〃　5.6　〃	〃	25,800
	〃　床置き型　3.2　〃	〃	23,400
	〃　〃　5.6　〃	〃	48,300

◆ルームエアコン取付け

名　　称	規　格・仕　様	単位	壁掛形	床置形
ルームエアコン（セパレート）	圧縮機0.75kW　JIS2.5kW以下	台	9,100	10,000
	1.1　3.6　〃	〃	11,100	11,500
	1.5　4.0　〃	〃	13,400	13,500
	2.0　4.5　〃	〃	19,300	19,500
	6.3　〃	〃	23,400	—

ルームエアコンの取付図

〈床置形〉　〈壁掛形〉　〈壁掛形〉　〈窓取付け用〉

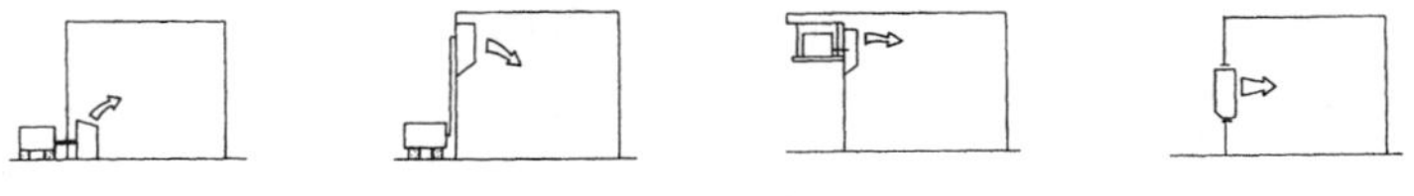

◆換気扇取付け

用　途・規　格		単位	取付費	用　途・規　格		単位	取付費
居室・台所用	羽根径20cm	台	5,400	浴室用	羽根径10cm	台	4,110
	25	〃	6,240		15	〃	4,930
	30	〃	7,490	窓用ファン	20	〃	4,110
レンジ用	幅60	〃	7,320		25	〃	6,390
	70	〃	7,320	シーリングファン	40	〃	5,750
ウェザーカバー	20～30cm用	〃	1,640		50	〃	6,570
トイレ用	10・15cm	〃	3,280	木枠取付	20～30cm用	〃	1,640

全熱交換形換気機器

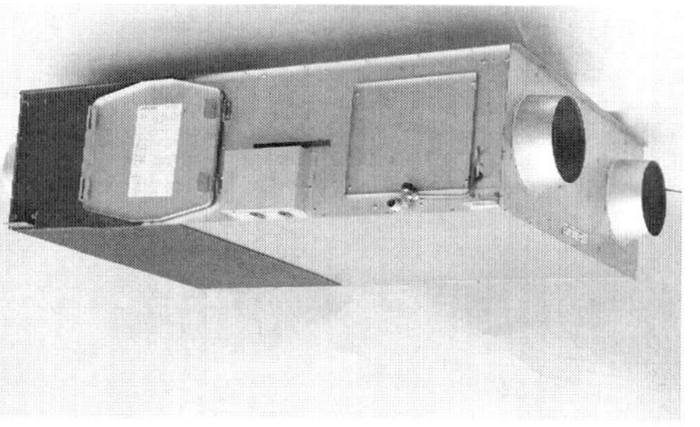

とは関係のないものもありますが，FF式暖房機やエアコン設置では取付費が必要です。一般的な冷暖房機器取付工事費は表20.1のとおりです。ただ機器の価格に幅があるため，工事費部分がかならずしも明確ではないこともありますので，その都度機器販売業者から見積りをとるようにします。建築工事の見積りと別途に考える場合は別ですが，同時に施工する場合には，お客さん側と機器の販売店側ともよく打ち合わせて，必要な費用を計上します。給排水工事・ガス工事や電気工事との関連がありますから，給水栓・ガス栓・電源（コンセントや配電方式も含めて）等を確認しておきます。

最近，住まいの健康という視点から住宅の中の換気に対する意識が高まっています。建築工法やサッシなど材料の進歩，断熱工事などで住宅の気密性がよくなり，冷暖房効果は高まりましたが，一方で湿度によるカビやダニの害，あるいは酸素濃度など室内空気に対する問題が発生してきたからです。住まいの高気密・高断熱化そのものは素晴らしい技術ですが，換気に関する配慮が十分なされなければ，かえって悪影響をもたらすことになります。

こうした換気に対する配慮から，住宅の冷暖房を給湯や換気も含めたシステムとして行う考え方がでてきました。また換気による熱ロスをふせぐ熱交換型換気扇，アクティブあるいはパッシブソーラーシステムなどの技術開発も進んできました。見積りはメーカーなり専門工事業者と相談，見積りをとって計上することになりますが，こうした新しい技術に関心をもって，お客さんの健康な住まいづくりを積極的に提案していくことがだんだんと重要になってきています。

ヒートポンプ（Heat Pump）は大気の熱を汲み上げて自然冷媒のCO_2に伝え，それを圧縮することで高温にし，その熱でお湯を沸かすシステムです。機器は本体の「ヒートポンプユニット」と暖められた熱を貯める「貯湯ユニット」，「リモコン」で構成されます。

電気を熱に変えるのではなく大気中の熱を利用するため，消費電力の3倍

図 20.1　ヒートポンプ式給湯器

の熱エネルギーが得られるということです。また設置時に国の補助金（財団法人ヒートポンプ蓄熱センター・5 万円）もあります。機器の価格は 60 ～ 80 万円と高いのですが，毎月の電気代が大幅に節減され続けると経済的かもしれません。

第Ⅳ編　付帯工事費，諸経費，別途費用

これまで説明した「建築本体工事」「設備工事」は，大部分の住宅建築において共通して必要な工事種別で，坪単価など建築コストを比較する場合の対象とされるほか，普通一般に「建築費」としていわれる場合に含まれる費用です。

設備工事費を含めず建築本体工事（仮設～雑工事まで）だけで比較し，設備工事以下を「付帯設備工事」とすることもありますが（設備工事のウェイトが低い時代に多かった），電気，給排水は一般化していますから，ここまで含めてコストを比較したり，建築費ということが多くなっています。

これに対して宅地造成など工事事例によっては行われない工事や建築費とは異なる費用を，次のように「付帯工事」・「別途費用」として扱います。

木造住宅の付帯工事・別途費用の内容

建築工事費（見積額）
- （建築本体工事）
- （設備工事）
- 付帯工事
  1. 宅地造成工事，解体撤去
  2. 外構・造園工事
  3. 昇降設備工事
  4. 地下室工事
  5. ガス・浄化槽工事
  6. その他
- 別途費用（別記）
  1. 家具，装飾品，照明器具
  2. 上下水道加入金
  3. 設計監理料，確認申請手数料
  4. 地鎮祭，上棟式等の費用

諸経費は施工業者側の利益を含む営業経費，本社経費や工事現場に必要な経費の合計，つまり企業を運営してゆくのに必要な費用で，建築工事費合計額に対する率で計上されます。

付帯工事費は宅地造成，外構・造園工事など建築工事そのものではありませんが，建築工事に付帯して施工される工事で，工事内容によって行われる場合と必要のない場合とがある工事のことです。造園工事のように，建築工事とは別途に専門業者に発注施工されることが多いこともありますから，契約内容に応じて見積りに含めて計上する費用です。

別途費用は基本的に建築工事費ではない費用で，見積りに含めないのが普通ですが，含める場合も別途費用として工事費とは別記します。また含めない場合も，見積書には含まれていないことを明記し，説明しておくようにします。

第21章　付帯工事費

付帯工事は，工事事例によって加わってくる工事のことで，宅地造成，解体撤去工事，外構，造園，ガス，浄化槽その他の工事です。最近，ホームエレベーターや地下室など新しい住宅の設備も使われるようになりましたが，あれば付帯工事費の中に計上します。

工事事例によって，いろんな付帯工事がでてきますが，見積り上では，どこまでが工事範囲として見積りに含めるかをはっきりさせることが，まず第1のポイントです。お互いの思い込みによるくい違いから，後々のトラブルの原因となることを避けるためには，当初見積りの段階でまずはっきりさせておくことと，その後の変更については必ず「工事内容変更合意書」（22頁参照）を取り交わしておくようにします。

付帯工事費の中で比較的事例の多いもの，今後増加が予想される

①　宅地造成・解体撤去工事

②　外構・造園工事

③　昇降設備工事

④　地下室工事

⑤　ガス・浄化槽工事

について説明します。

（1）　宅地造成・解体撤去工事

敷地内に古家や障害物，立木等があって工事施工前に解体・撤去工事が必要な場合や，傾斜地で宅地造成工事が必要な場合の工事費です。小規模な場合は解体撤去工事を仮設工事に，宅地造成工事を土・基礎工事に含めて計上することがありますが，建築費のコスト計画・検討のためには，追加工事的な取扱いをしますから，付帯工事として計上したほうがわかりやすいといえます。

解体撤去工事には建物解体，部分解体，ブロック塀など障害物撤去等があ

り，その時々の状況に応じて見積りをすることになります。地区によっては廃材処分地が遠距離になったり，近隣への配慮や現場条件によって養生，搬出方法，使用機械などの制約から，思わぬ費用となることがあります。

一般には廃材処分費まで含めて坪当たり10,000～12,000円というように計上しますが，上記のような状況がある場合には，養生費，廃材処分費を別途に，また解体費は数量(面積)×単価ではなく，人工数×賃金額で計上します。

表21.1　建物解体費

◆建物解体

建物種別	摘　　要			施工規模	単位	価格
木造建物	**上屋解体**					
	一戸建住宅	手こわし	2階程度	100	延m²	4,500
	共同住宅（アパート）	人力・機械併用	〃	300	〃	2,750
	店舗・事務所	〃		500	〃	2,600
	基礎コンクリート解体					
	一戸建住宅（無筋）	手こわし		10	m³	21,000
	〃（有筋）	人力・機械併用		〃	〃	14,000
	共同住宅　〃	〃		30	〃	7,400
	店舗・事務所　〃	〃		100	〃	7,000

資料：「積算資料ポケット版総合編」建物解体

コンクリート基礎部分の解体撤去は無筋か有筋基礎かによって異なりますし，現場条件によって機械力をどの程度使えるかなど，事例ごとにちがってくるのが普通です。したがって上記のような施工費の単価資料はあくまで標準的にものとしてみて，現場状況によって増減させたり，人工数を想定して人工数×賃金額という方法を使います。

このほか，浄化槽，外構フェンスやブロック塀，樹木の撤去などがある場合には，別途に費用をみます。浄化槽は撤去前に清掃業者に清掃を依頼し，済ませておくことが必要です。フェンスやブロック塀の撤去は規模によってちがってきますが，基礎および埋戻しまで含めて1m当たり，フェンスで0.15～0.25人工，ブロック塀で0.18～0.3人工（職種は特殊作業員でみます）をみるようにします。

植木など樹木は，樹高や移植するかどうかなどで大きくちがってきます。街路樹の移植時に役所で使っている積算基準では，人力掘取りで幹回り10cmで0.12人工（造園工・以下同じ），20cm0.35人工，30cm0.72人工，50cm1.54人工，100cmで6.66人工，機械併用の場合では，幹囲り30cmで0.58

人工（トラッククレーン2.9 t吊0.1 h），50cm1.23人工（同4.9 t吊0.14 h），100cm5.33人工（同8 t吊0.21 h）というようになっています。積算では以上のほか普通作業員（造園工の12～15%），埋戻し用砂をみるようにしています。また基準は公園内の採取作業を前提としており，街路上などの場合は40%の範囲で割増ができるようになっているなど，現場の状況によって異なることをうかがわせています。

〔宅地造成〕

宅地造成費は盛土工事，石積み・コンクリートブロック積み，宅造用L型よう壁等の組合せとなります。最近では，同時にコンクリートボックスによる地下駐車場を組み合わせて施工することも多いようです。

盛土工事は，第7章土・基礎工事を参考に（96頁），ブロック・石積みも単価資料等を参考に値入れします。

ボックスガレージ

表21.2　ブロック・石積みの単価資料例

レンガ縁石（小端横使い）	縁石
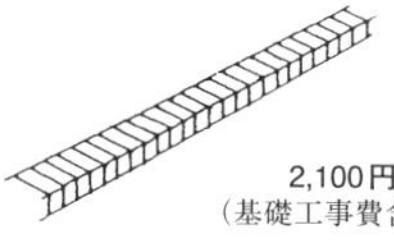 2,100円／m（基礎工事費含む）	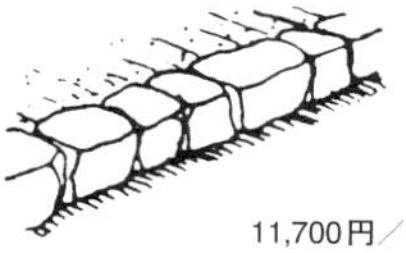 11,700円／m
石積（野面積）  （高0.5m 根入れ20cm） 49,000～66,000円／m（基礎工事費含む）	石積（崩積）  （高0.5m 根入れ20cm） 39,000～43,000円／m
石積（雑割石積）  （高0.5m 根入れ10cm） 55,000円／m（基礎工事費含む）	石積（割石積） 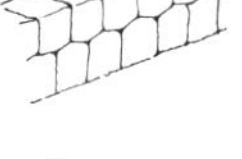 （高0.5m 笠石控25cm 根入れ10cm） 71,000円／m（基礎工事費含む）

資料：「積算資料ポケット版総合編」飛石･延段･縁石･つくばい／景石･石積･灯ろう

単価資料は大型の宅地造成地向けのような施工規模の大きいものを対象にしている場合がありますので，調査基準となっている施工規模に注意が必要です。盛土工事で機械施工ができない小規模現場の場合は，盛り土用土砂費用に人力施工の人工数を加算した費用になります。人工数については１m^{3}当たり 0.13 ～ 0.15 人工（小規模人力土工・盛り土）をみます。

盛土工事をした場合は，地盤が締まるまで日数をおくことが必要ですし，ろうそく基礎とすることもあります。また，地盤の状態によっては杭打ち施工とすることがありますが，いずれも付帯工事として計上します。

雑割石積（H900mm・10個以内/m²）

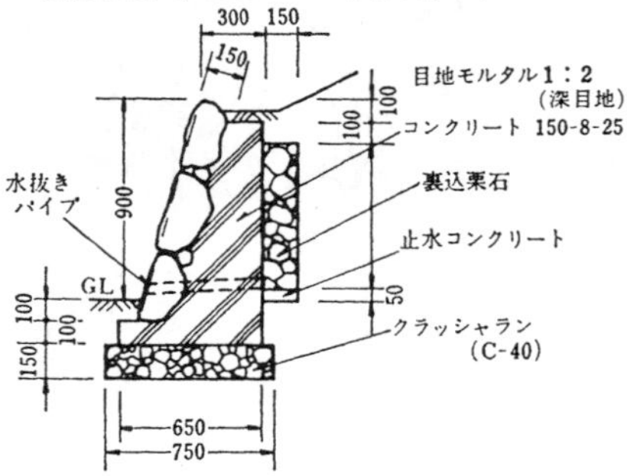

石積みには，雑石，玉石，雑割石，割石，間知石など加工程度による種類があり，材料代も積み手間も後者になるほど高くなります。このうち玉石は河川敷などで採取される角のとれた丸味の石のことですが，最近少なくなってきました。積み手間は石の種類，控え長さ（石の前後の長さ，長いほど手間がかかる）によって変わりますが，雑石または玉石で0.15～0.25 人工，雑割石 0.18～0.28 人工，割石 0.2～0.3 人工，間知石 0.22～0.35 人工（いずれも石工，１m^{2}当たり人工数）と補助作業員（普通作業員）として石工の２倍の人工数をみます。（水抜きパイプ設置を含む，基礎，裏込めコンクリートは別途）

（2） 外構・造園工事

門扉，フェンス・塀・垣根，玄関アプローチ，駐車場設備などの外構工事や造園工事を建築工事と同時に行うことが多くなっています。土を動かす場合に，建築工事の前と後では施工能率が違ってくることや給排水工事との関連，門柱灯やインターホンの配線工事などの都合もありますし，なによりも一度きれいにしたものを，また掘り返したり汚されたりされることなど，日常生活の中で工事施工のわずらわしさがあるからです。

見積りにあたっては，以上のことを含めてよく打ち合わせ，見積りに含め

図 21.1　植栽・造園工事資料（材工共単価）

名　　称	数量	単位	材工共価格	金　額
ユズリハ	1.0	本	14,900	14,900
ハナミズキ	1.0	〃	32,500	32,500
シャラノキ	2.0	〃	24,900	49,800
ノムラモミジ	1.0	〃	16,500	16,500
キンモクセイ	1.0	〃	11,700	11,700
ツバキ	2.0	〃	8,700	17,400
ドウダンツツジ玉	2.0	〃	5,400	10,800
サツキ	50.0	本	1,650	82,500
ツツジ	10.0	〃	1,700	17,000
タマリュウ	2.0	m²	11,500	23,000
生垣	13.0	m	5,900	76,700
芝生	12.0	m²	1,400	16,800
切り石舗装	26.0	枚	8,500	221,000
◆合計金額　590,600円（ブロックべい別途）				

以下の資料：「積算資料ポケット版総合編」飛石・延段・縁石・つくばい／景石・石積・灯ろう

四ツ目垣　高0.9m

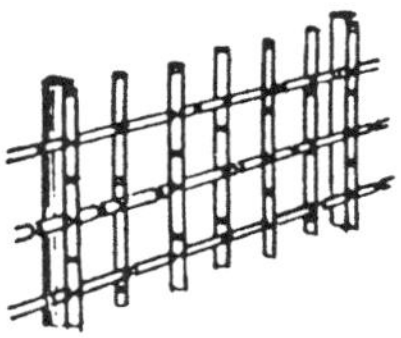

1m当たり 5,600円

沓脱石

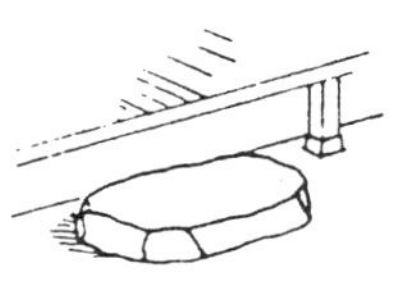

70cm×35cm×35cm
56,000円～104,000円

砂利敷

（約3～5袋/m²）
1袋当たり価格（20kg/袋）

那智石	3,200円/袋
白川砂利	2,400円/袋
伊勢砂利	1,700円/袋
新大磯砂利	2,300円/袋
五色石	2,400円/袋

鉄砲垣　高1.8m

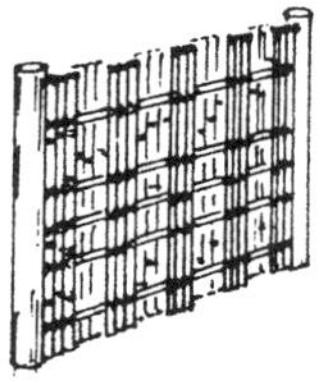

1m当たり35,000円

飛石

直径35cm内外
1枚 4,500円

枝折戸

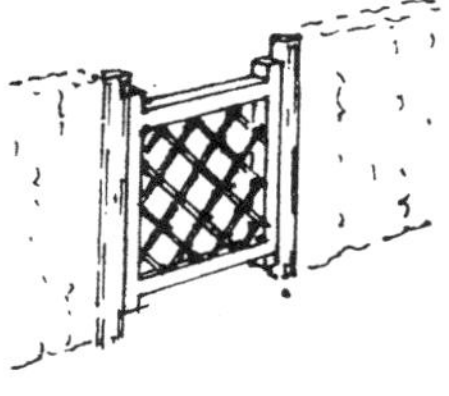

15,600円

延段（鉄平石）

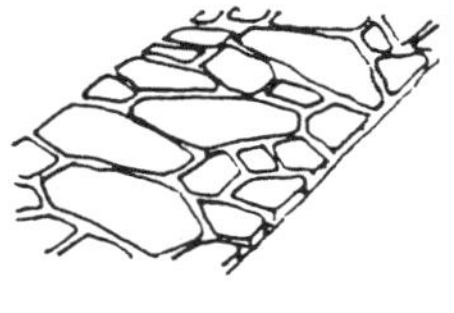

1m²当たり28,600円
（基礎工事費含む）

雪見

笠径45cm　70,000円

る内容をはっきりさせることが必要です。よく相談せずに工事に入ってしまい，途中からあれこれ注文がでたうえ，お互いに疲れるという結果にならないようにしたいものです。

造園工事は変化が多く，施主側の好みや専門的な知識も必要なことから，直接，造園工事業者と施主側と打ち合わせをさせ，見積りも別にすることが普通です。建築工事が終ったあと，時期をみて植栽など造園工事をすることが多かったのですが，せっかくきれいにしたのに，また汚されることをきらうケースも増えてきています。また門扉，フェンスなど外の外構工事との関連もあるため，施主時期，見積り範囲などよく打ち合わせて，明確にしておくことが必要です。とくに大きな景石を入れる場合は先に搬入するようにします。

造園工事の見積りは，樹木や石，造形物などの材料価格に変化が大きく，キリのない部分が多いのですが，その地方地方の大体の相場を把握して，施主の相談にのるようにします。樹木は施主側の好みや希望も聞きながら，その土地の気候にあった樹種，植栽に適した季節かどうか（一般的には盛夏は不適），枯死保証期間（通常は１年間）などに注意します。

外構工事，エクステリアには各種の新しい商品が増えていますので，商品情報をできるだけ集めて対応するようにします。門扉，垣根・フェンス・塀，車庫，バルコニー，テラス，物置きなどあります。

見積りは商品価格＋組立て据付費となり，一般的なエクステリア建材の組立据付費は表 21.3 のとおりですが，特殊商品はメーカーまたは取扱店（施工代理店）に問い合わせて確認するか，組立て据え付けに要する手間（時間

ガーデンバルコニー（左）とデッキ（右）（新日軽）

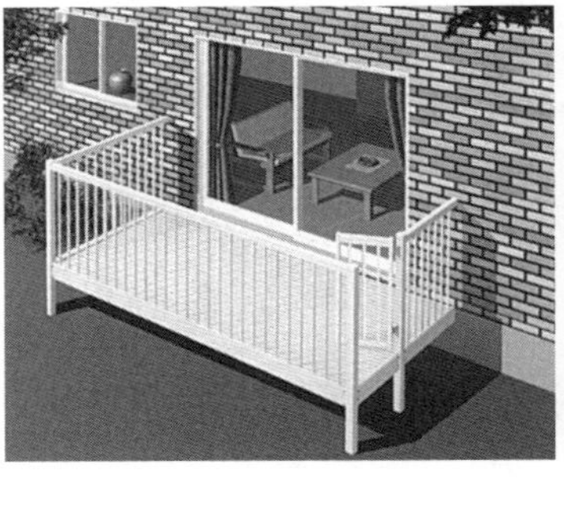

数×人数）を想定して値入れします。

エクステリア照明は電気工事と同時に施工し，特別のことがなければ電気工事費の中に含めて計上します。

表 21.3　エクステリア建材の組立て・据付費（部材費を除く）

品　　名	規　格・摘　要	施工費	備　　考
アルミ門扉（形材）	両開き 片開き	20,000円 15,000円	埋込施工
アルミ門扉（鋳物）	両開き 片開き	25,000円 20,000円	埋込施工
アルミアコーディオン門扉	両開き 片開き	23,000円 18,000円	
アルミフェンス（空胴ブロック取付）	連続フェンス　高600～800mm　形材 600　鋳物 ブロックフェンス　高600　幅1400～1500	1,300円/m 1,300円/m 2,200円/枚	●柱間隔 1.5～2 m ●　〃　0.5m ●柱2本

品名・型式	間　口	奥　行			備　　考
バルコニー（屋根置き式／柱建て式）		3　尺	4　尺	5　尺	デッキ材の敷き込み手間を含む
	1　～2 間	23,000円	24,000円	25,000円	
	2.5～4 間	29,000円	29,500円	30,000円	
	4.5～6 間	35,000円	35,500円	36,000円	
バルコニー（アーム式）		2　尺	3　尺		
	1　～2 間	28,000円	29,000円		
	2.5～4 間	33,000円	34,000円		
	4.5～6 間	38,000円	39,000円		
テ　ラ　ス		5　尺	6　尺		波板屋根葺きの手間を含む ※寒冷は 3,000円高
	1　～2 間	14,000円	16,000円		
	2.5～4 間	20,000円	22,000円		
	4.5～6 間	23,000円	26,000円		
カーポートひさし型		5000mm未満	5000～5500mm		
	－	22,000円	24,000円		支柱3本
（サポートをつける場合は材工共12,000円／3本を加算）					
アーチ屋根	－	－	40,000円		支柱4本

カーポート
（YKK AP）

（3） 昇降設備

木造３階建て住宅，高齢者・障害者に配慮した住宅向けにホームエレベーターが設置できるようになり，各メーカーから発売され，設置事例も増えてきました。住宅の昇降設備としてはこのほか階段昇降機がありますが，これは建築時に設置されるというより，あとで必要に応じて設置されるもので，建築の見積りに含まれることはないようです。

ホームエレベーターはその駆動方式によってロープ（巻上げ）式，トラックション（つるべ）式，油圧式などがありますが，価格は駆動方式というより階数，停止個所数，建物構造などによってちがってきます。木造住宅の場合，昇降路の構造は自立型，半自立型で設置されることが多く，昇降路のための鉄塔をたてるスペースとピットに配慮する程度で，設計上の難しさはあまり無いようです。鉄塔，出入口のドア，組立て，調整までメーカー側が行いますので，こうした費用を含めてメーカー側に見積りを依頼します。現状では 170 ～ 290 万円と大分安くなってきました。将来もっと普及することで量産効果が上がり安くなることを期待したいところです。

一般ビルに設置されるエレベーターの工事費資料もありますが，ホームエレベーターの見積りには参考にならないようです。個別事例ごとに見積りをとって計上しているのが現状です。

（4） 地　下　室

地下室のドライエリア（B & L）

土地の有効利用ということから地下部分を居住空間として利用しようという動きも注目されています。

旧建設省から地下室の設置基準が出され，さらに容積率の計算からもはずされるなど地価の高い都市部を中心に普及が進んでいますが，地下室は土地の有効利用という側面だけではなく排湿に注意すれば，室温の変化が少ないこと

製品化された地下室の施工（B & L）

や，遮音性が高いなど居住空間としてもすぐれています。各メーカーから各種の製品が発売されています。

見積りは製品を使用する場合には，メーカーに見積りをとって計上することになりますが，土・基礎工事や内装工事などに含まれる範囲をはっきりさせ，必要な工事を加算して計上します。製品によっては内装，換気設備，ドライエリアまで含んだものもあります。土工事は木造住宅でのこれまでの土工事が規模が小さく人力施工を前提にしていたのに対し，地下室の場合は機械施工になりますので，見積り方法が違ってきます。「ポケット版」「建築施工単価」などの物価資料の土工・総掘りの機械施工単価を参考にしてください。また必要に応じて山止め費用を加算します。

表21.4は製品化された地下室の土工事を含めた見積り例です。

表21.4　地下室工事の見積り例

名　称　・　内　容	数量	単位	単価	金額	備考
地下室製作費・据付工事	一式			3,778,350	内装別途
基礎工事・仮設工事	一式			267,800	
山留工事	一式			713,800	
土工事	一式			841,100	
鉄筋・金物工事	一式			42,700	
コンクリート工事	一式			368,100	
諸経費	一式			480,950	
小　　計	一式			6,492,800	
消　費　税	一式			324,640	
合　　計	一式			6,817,440	

（地下室製作費・据付工事）

名 称 ・ 内 容	数量	単位	単価	金額	備考
地下室本体3.75×4.5×2.7m（心々）	5.1	坪	487,500	2,486,250	内装別途
建家基礎取り合い金物	83.0	本	700	58,100	
ドライエリア・ペアガラスサッシ	一式			180,000	開口部補強
・逆止弁付ポンプ	2.0	台	125,000	250,000	配管済
・避難用伸縮はしご	1.0	基		34,000	
地下室運搬費 4t	3.0	台	80,000	240,000	
据付重機費　25t	1.0	〃		80,000	
据付手間	5.0	人	30,000	150,000	
構造計算費（確認申請対応、作図共）	一式			300,000	
小　　計	一式			3,778,350	

（基礎工事・仮設工事）

水盛りやり方・墨出し	一式			30,000	
安全対策費	一式			30,000	
水替え費、水中ポンプ	一式			30,000	
敷き鉄板損料	4.0	枚	700	2,800	
同　運搬費（往復）	一式			80,000	
清掃片付け費	一式			35,000	
ガードマン費（据付時）	2.0	人	15,000	30,000	
仮設材運搬費	一式			30,000	
小　　計	一式			267,800	

（基礎工事・山留工事）

親杭（50kgレール、L=6000）	20.0	本	9,000	180,000	
山留用鋼材運搬費	2.0	台	35,000	70,000	
頭つなぎ	18.1	m	2,000	36,200	
杭打ち機損料	1.0	日		90,000	
杭打ち機回送費（往復）	一式			80,000	
杭頭カット	20.0	本	3,000	60,000	
横矢板（木製ｔ25材、運搬共）	61.3	㎡	2,000	122,600	
横矢板入れ（手間）	2.0	人	20,000	40,000	
簡易山留（単管、コンパネ）		㎡		0	
運搬費	一式			35,000	
小　　計	一式			713,800	

（土工事）

根切り	68.8	㎥	2,000	137,600	
床付け	20.3	㎡	1,000	20,300	
残土処分	82.6	㎥	7,000	578,200	
埋め戻し（良質土）GL=-300～0mm		〃		0	
栗石地業　150mm厚	3.1	〃	10,000	31,000	
目つぶし砕石	0.4	〃	10,000	4,000	
シート敷き		㎡		0	
重機回送費（往復）	一式			70,000	
小　　計	一式			841,100	

（鉄筋・金物工事）

ワイヤーメッシュ 6×150×150	20.3	㎡	1,000	20,300	
定着金物 M20-350L	32.0	本	700	22,400	
小　　計	一式			42,700	

（コンクリート工事）

ベースコンクリートFc210kg	6.1	㎥	15,000	91,500	
コンクリート均し（打設手間共）	一式			30,000	
ドライエリア生コンFc160kg	1.9	㎥	14,000	26,600	
同　　打設手間	1.0	人		12,000	
埋め戻し生コンGL=－100以深	9.9	㎥	20,000	198,000	
空練りモルタル	0.5	〃	20,000	10,000	
コンクリートポンプ車	0	回		0	
小　　計	一式			368,100	

製品を使用せず現場施工も考えられます。この場合は型わく，鉄筋，コンクリートおよび防水工事の組み合わせになりますが，木造住宅など小規模建築ではコンクリートの湿気が残ったり，防水工事の信頼性など製品を使用した方が有利のようです。

（5） ガス・浄化槽工事

ガス工事は，都市ガスの場合とプロパンガスの場合がありますが，見積り

表 21.5　ガス工事単価資料

ガス配管　木造戸建住宅に適用　**東京ガス**

〈ネジ工法〉

区分		口径	15A	20A	25A	32A	40A	50A	80A
埋設管工事費	PLS管	円/m	5,210				5,750	8,110	12,990
	PE管	円/m	—	—	4,490		—	6,470	9,360
非埋設管工事費	白ガス管	円/m	3,500	3,580	3,730	4,270	4,640	5,370	8,520
	カラー鋼管	円/m	4,230	4,270	4,530	5,310	5,530	6,510	9,550

ガス栓（円/個）
- ・露出ガス栓　1口　**2,300円**
- ・　〃　　　2口　**4,600円**
- ・壁・床ガス栓1口　**3,210円**
- ・壁2口ヒューズコック　**5,530円**
- ・ネジコック　**1,820円**

〈フレキ工法〉

区分			種別	戸建	集合住宅
基本工事費　注1			円/ガスメーター	29,370	12,450
埋設管工事費（32A以下）注2		PLS管	円/m	5,210	
		PE管	円/m	4,490	
非埋設管工事費（32A以下）注2		白ガス管、カラー鋼管	円/m	3,760	3,530
普及型ガス栓ライン工事費（25A以下）	1口ガス栓	A単価　注3	円/栓	18,990	
		B単価　注4	円/栓	10,410	
	2口ガス栓	A単価　注3	円/栓	22,140	
		B単価　注4	円/栓	13,560	

注1．基本工事費等にはメーター廻り工事、ヘッダ廻り工事の費用を含む。
2．40A以上については、ネジ工法の単価を適用。
3．戸建は第1栓、第2栓、第3栓それぞれに適用。集合住宅はメーター1個につき第1栓に適用。
4．戸建は第4栓、集合住宅はメーター1個につき第2栓以上に適用。

は，いずれの場合も建築工事の見積りとは別途にするのが普通です。ガス会社の方で，設備の施工とガス供給を独占しているためで，工事費に含める場合もガス会社の見積りをとってそのまま精算払いとする扱いが多いようです。

表 21.5 は，東京ガスの設定した工事費で，当初見積りで概算額を出す必要がある場合の参考にして下さい。いずれにしても所在する地域の実情を把握しておき，お客さんに説明できるようにしておくことが大切です。

〔浄化槽〕

浄化槽は，公共下水道のない地区で水洗設備をする場合に必要な施設で，建築基準法施行例（第 32 条）や浄化槽法でその構造基準が決められています。浄化槽には，現場施工型とユニット製品型，また処理方式では分離ばっ気式，分離接触ばっ気方式，小型合併式とがありますが，戸建て住宅用には分離ばっ気式，分離接触ばっ気方式のユニット製品が多く使われています。

製品は各社（クボタ，西原ネオ，フジクリーン，山正産業など）とも５，７，10 人槽がありますが，実際の家族数ではなく，建物の延べ床面積 130 ㎡（39.4 坪）以下の場合は５人槽，同 130 ㎡を超える場合は７人槽と決められています。

施工は砂利地業，捨コンクリートの上に鉄筋コンクリート基礎を打ち，浄化槽を設置，埋戻しをしますが，浄化槽法第６条による施工技術基準によることになっていますから，専門業者の見積りをとって計上するようにします。

浄化槽価格＋根切り＋砂利地業＋捨コンクリート＋鉄筋コンクリート基礎＋埋戻し工事という構成になります。

本体価格は「ポケット版」等を参照してください。公表価格で５人槽 60 ～ 70 万円，７人槽で 85 ～ 100 万円程度です。

第22章　諸　経　費

一般建築工事標準書式では工事費の構成をつぎのようにしています。

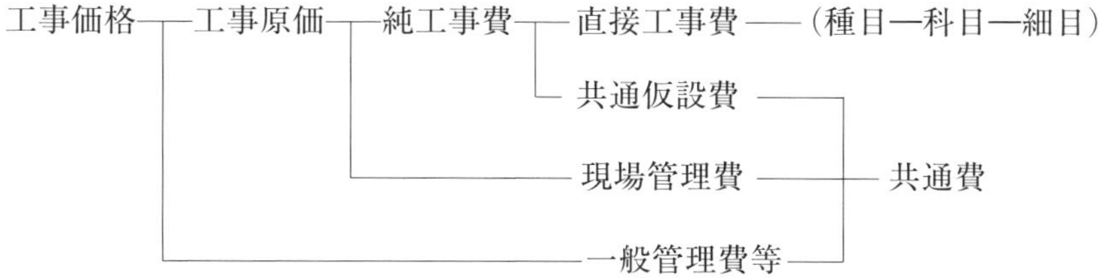

これまで現場管理費（旧･現場経費）と一般管理費等の合計額を「諸経費」としていましたが，今回の改定で「諸経費」という呼称を止め，共通仮設費を含めて，図のように「共通費」としています。

「現場管理費」という呼称は土木工事と合わせたもので，また「一般管理費等負担額」といっていたものも，単に「一般管理費等」へ変更しています。

しかし前述（第４章）したように木造住宅の見積りでは，まだこのような表現にはなじみがなく，また各棟にまたがる仮設費という「共通仮設費」の概念もないため，従来どおり「現場経費」「諸経費」という表現を使っています。

第21章までで説明してきた「建築本体工事費」「設備工事費」および「付帯工事費」の合計額は，この図の「純工事費」または「直接工事費」に相当します。これは木造住宅では「共通仮設費」がないため，どちらとも言えるわけです。「共通仮設」は各棟に共通する仮設という意味で，これまでは「総合仮設」と言われていました。

一般建築工事における仮設の考え方は

①　各科目に区分できるものはその科目の細目に

②　各科目に共通的なものは直接仮設に

③　各棟にまたがる全般的なものは共通（総合）仮設

で取り扱う，とされており，共通仮設は間接費としての扱いです。木造住宅では基本的に一棟建築ですから，②③を含めて仮設工事として，工事原価の中に含まれるという考え方です。「純工事費」とか「直接工事費」という表現は，あまりなじみもなく，「工事原価」に対する「諸経費」という考え方が一般的です。

これまで「諸経費」を「工事原価」に対する率計算でという説明が多かったのですが，「工事原価」とは単に「直接工事費」の合計額のことをいうのか，図のように現場経費（管理費）を含めているのかは不明確なままでした。

正確には図のように現場経費は純工事費に対する率計算をし，その合計を「工事原価」とし，一般管理費等を工事原価に対する率計算をするという考え方です。標準書式，基準どおりの考え方では，「工事原価」に対する「率計算」をするのは間違いということになるわけです。

また直接工事費，純工事費，工事原価という言葉もそれ自体に意味のあるものではなく，工事費の説明上使われているもので，それぞれ間接工事費，経費部分，管理費部分に対応する費用という意味です。

このため，木造住宅の見積りでは直接工事費，純工事費，工事原価という表現を使う必要ではないわけで，単に「建築本体工事費」「設備工事費」の合計額に対して，諸経費を加算して全体工事費（見積額）とするという簡単な考え方をするようにします。

諸経費の内容は表22.1のとおりですが，現場管理費の大半（60 ～ 70％）

工事費（見積額）
- 合計額
  - 建築本体工事費
  - 設備工事費
  - （付帯工事費）
- **諸経費**

（別途費用）……設計監理費，家具，照明器具，地鎮祭，上棟式費用

を占める人件費（現場管理のための従業員給与手当等，ただし保安要員は仮設工事に含む）が，木造住宅の場合は少なくてすむことや，設計監理料を別途費用としてみる場合もあることなどを考慮する必要があります。

参考のため「平成11年3月公共建築工事共通費実態調査報告書」による

表 22.1　諸経費の内容

1.　現場管理費	労務管理費，租税公課，保険料，従業員給料手当，施工図等作成費，退職金，法定福利費，福利厚生費，事務用品費，通信交通費，補償費，原価性経費配賦額，その他
2.　一般管理費	役員報酬，従業員給料手当，退職金，法定福利費，福利厚生費，維持修繕費，事務用品費，通信交通費，動力用水光熱費，調査研究費，広告宣伝費，交際費，寄付金，地代家賃，減価償却費，試験研究償却費，開発償却費，租税公課，保険料，契約補償費，雑費
3.　営業利益	

現場管理費率と純工事費の関係式および率（表 22.2）を紹介します。

（現場管理費率算定式）　$Jo = 19.20 \times Np^{-0.064}$　　Jo：現場管理費率（%）
Np：純工事費（千円）

以前（昭和 55 年）の率に比べて純工事費額の低い部分は下がっていますが，7,000 万円を超えると上昇しており，大規模工事では 1 割以上アップという変更になっています。

一般管理費等は一般管理費と営業利益のことで，企業の運営管理，維持発展させるための本・支店，営業所の経費のことで，表 22.1 に費目内容，表 22.2 に一般管理費等率を表示しています。工事原価と一般管理費等率の関係式は次のとおりです。

（一般管理費等率算定式）

$Gp = 15.065 - 1.028 \times \log Cp$　　Gp：一般管理費等率（%）
Cp：工事原価（千円）

一般管理費等率は昭和 62 年，平成元，3，5，7 年度「建設工事の競争参

表 22.2　現場管理費率・一般管理費等率

純工事費・工事原価 Np（百万円）	現場管理費率 Jo（%）	一般管理費等率 Gp（%）
5		11.26
10	10.65	10.95
20	10.19	10.64
30	9.93	10.46
40	9.74	10.33
50	9.61	10.23
60	9.50	10.15
70	9.40	10.08
80	9.32	10.02
90	9.25	9.97
100	9.19	9.93
（以下省略）	−	−

＊現場管理費率（%）は純工事費に対する率，一般管理費等率は工事原価に対する率

加資格審査申請書の中の財務諸表の損益計算書および完成工事原価報告書」をもとに制定されたものです。（旧建設大臣官房官庁営繕部）

図 22. 1 建設業業種別工事原価内訳は材料費や労務費，さらに経費内訳を建設業の各業種別に比率で示したものです。

この経費率は現場経費と一般管理費を合計したもので，前述の現場管理費率，一般管理費等率がそれぞれ純工事費，工事原価に対する比率なのに対して，工事費全体に占める割合になっています。

例えば原価に対する率 20%（100 に対する 20）は後者の内訳比率では約 16.7%（120 に対する 20）と小さくなりますが，それでもこの図 22.1 の 9.21% という率は前述の表 22.2 の約半分，低い水準になっています。

また特に建築が低くなっています。この背景には外注費の中に経費的な費用が含まれていることと，他の業種に比べ，建築が特に外注の割合が高いことが影響していそうです。

以上が現在一般に公表されている諸経費及びその率です。公共事業等の積

図 22.1　建設業業種別工事原価内訳
数字は構成比率

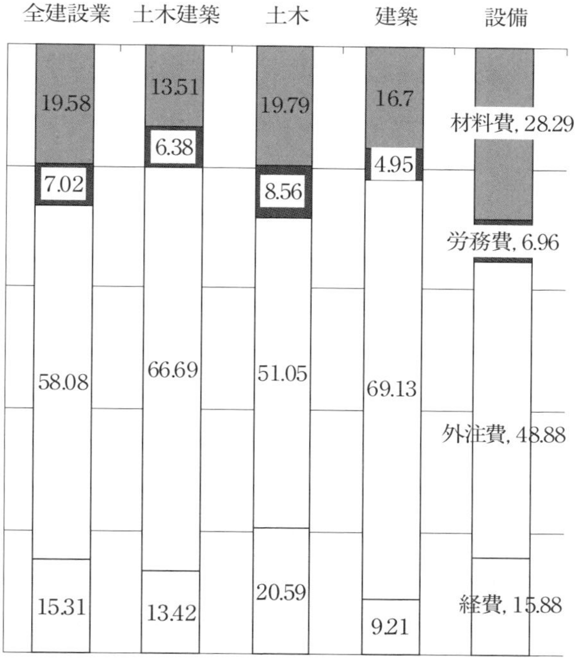

資料：建設業の経営分析（平成13年度）財団法人建設業情報管理センター

算で、共通費（現場管理費、一般管理費等）算定の基礎資料として使われているものです。

木造住宅の見積りに，この諸経費率をそのまま使用することは，おそらく抵抗感があって現実的ではありませんが，本来の諸経費のあり方として認識しておきたいものです。諸経費を実情どおり計上しにくい理由には，値引きの対象としてみられることや原価でサービスしますという営業姿勢もありますが，基本的には建築本体工事費や設備工事費に，ある程度のものが含まれているということがあります。外注施工部分の外注単価の中には，専門工事業者の諸経費が当然入っているわけですが，元請としての経費部分も最低限10～15％程度のものを計上するようにしたいものです。原価でサービスといっても額面どおり受け取られることはありませんし，諸経費を計上しない見積書には，逆に不信感をもたれる結果も考えられます。

全建総連・東京都連積算委員会では平成元年度版積算資料の中で，町場工務店と経費について「町場の標準的な工務店の諸費用･経費についての試算」を行っています。試算の前提としては，年間に一般木造住宅５棟＋ α （増改築修繕工事など）の仕事量で，売上げ高を１億２千万円を想定しています。常用職人３名，個人経営工務店，事務所は自宅の一部，借地で作業所というモデルをもとに試算したものです。

結果は図 22.2 のとおり利益を含めて 15.8％の諸経費率となっています。

図 22.2　町場工務店の経費試算例（全建総連）

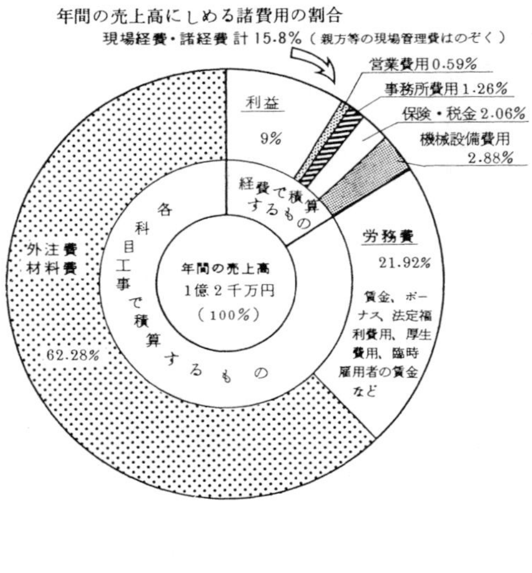

第23章　別 途 費 用

住宅に関わる必要な費用として，建築工事費のほかには不動産取得税，建物表示登記,所有権保存登記等の税金をはじめ次のようなものがあり,こうした費用は建築工事費とは別途のものとして見積りに含めないのが普通です。

①設計監理料
②確認申請費用
③上下水道加入金
④家具・装飾品
⑤照明器具
⑥地鎮祭・上棟式等費用
⑦不動産取得税，登記費用
⑧ローン関係費用
⑨建築期間中の家具等の保管，仮住まい，引越し費用

こうした費用はお客さんが住宅建築の予算を立てる際に，当然必要な費用ですから，相談を受けることがありますので，大体の費用の目安は知っておきたいものです。照明器具や家具などは，見積りの中に含めるか別途とするか微妙なところですから，お客さんとよく打ち合わせてはっきりさせておくことが大切です。一般に照明器具は廊下や洗面室などのものは見積り（電気工事）に含めますが，シャンデリアや玄関灯，和室の照明などはお客さんの好みが強く出る部分ですから，できるだけお客さん自身で選び，購入するように勧めます。取付費だけを見積りに含めるようにします。

家具なども含めて選択・購入をまかされることもありますが，この場合，別途費用として計上，立て替え払い的な扱いにするか，販売店から直接お客さんに請求してもらうようにします。

〔その他の諸費用の目安〕

■上下水道加入金

自治体によって，この制度がある場合に必要な費用です。5～15万円と自治体によって差がありますから，営業範囲の市町村の具体的な内容を知っておくようにします。

■設計監理料

家づくりを工務店ではなく建築士に依頼するときの，設計，工事監理料など建築設計事務所に支払う費用です。

単に確認申請のための図面作成だけを依頼する場合から，家づくり全体を依頼し，工務店は施工業者として入る場合など，様々な形態がありますが，ここでは後者の場合の費用について説明します。

一般には工事費に対する率計算で行われることが多いのですが，建築の設計・監理業務の業務報酬の算定基準として，以下のような算定方法があります。（建設省告示第1206号・昭和54年制定，平成９年最終改正）

報酬額＝直接人件費＋直接・間接経費＋技術経費＋特別経費＋消費税

直接人件費：日額人件費×業務日数
直接・間接経費：直接人件費に対して100％（直接人件費×1.0）
技術経費：直接人件費に対して０～50％（直接人件費×０～0.5）
特別経費：出張旅費，特許使用料，その他建築主の特別の依頼に基づいて必要となる費用

①日額人件費

設計監理技術者の人件費は技術者の技能や地域によって違ってきますが，㈳日本建築士事務所協会連合会の業務・技術委員会は「技術者日額および直接人件費の考え方」を次のようにしています。

１年間に支払われた給与・諸手当・賞与等に社会保険料等および退職給与積立金等の事業所負担分の合計額を年間の労働日数で除せば，技術者日額の目安が出るとしています。また「告示」の解説書では年間実労働日数を約

200日としています。

厚生労働省の「賃金構造基本統計調査」による一級建築士の給与額等は以下のとおりです。

表23.1　一級建築士の給与額等

区分	年齢	勤続年数	決って支給する現金給与額	年間賞与その他特別給与額
	才	年	千円	千円
男	43.8	13.4	435.7	954.3
女	33.6	6.4	316.6	746.0

※厚生労働省の「賃金構造基本統計調査」（平成15年７月調査実施分）による

②業務日数

㈳日本建築士事務所協会連合会の業務・経営委員会は告示で示された標準的な業務人・日数に建設工事費デフレータによって補正した「標準業務人・日数表」を以下のとおり発表しています。

表23.2　標準業務人・日数表（推定値）

区分	業務内容区分	工事費									
		1000万円	1500万円	2000万円	3000万円	4000万円	5000万円	6000万円	8000万円	1億円	2億円
第4類1	設計	25	36	47	68	88	107	126	163	199	369
	監理	13	18	24	34	44	54	63	81	99	185
	計	38	54	71	102	132	161	189	244	298	554
第4類2	設計	15	20	25	33	41	49	56	69	82	—
	監理	7	10	12	17	21	24	28	35	41	—
	計	22	30	37	50	62	73	84	104	123	—

※区分の第４類は戸建て住宅，第４類１は一般的な木造住宅を除く戸建住宅，木造３階建，非木造住宅。第４類２は一般的な木造住宅（２階建まで）

以上の基準を参考に一般的な木造住宅（第４類２）の設計・監理料を計算

してみます。工事費3,000万円の場合の計算例です。

出張旅費や特許使用料などの特別経費はないものとします。

表23.3　工事費3,000万円の場合の計算例

項　　目	計　　算	金　　額	
直接人件費	50日×30,900円	1,545,000	①
直接・間接経費	直接人件費×1.0	1,545,000	②
技術経費	直接人件費×0.1とします	154,500	③
特別経費	ここではないものとします	0	④
小　　計	①+②+③+④	3,244,500	⑤
消費税	5％　⑤×0.05	162,225	⑥
合　　計	⑤+⑥	3,406,725	

技術者日額および直接人件費の考え方は以下のとおりです。

日額人件費は本来，依頼する建築士事務所の技術者の給与等および年間労働日数によって計算されますが，ここでは前述の厚生労働省「賃金構造基本統計調査」による一級建築士の給与額等を参考に以下のように計算しています。

（435.7千円×12ヶ月＋954.3千円）÷200日≒30,900円

業務日数は表23.2の一般的な木造住宅「第４類２」から，

工事費3,000万円の場合 33＋17＝50日 となります。

以上を参考に一般的な木造住宅（第４類２）工事費1,000万円から5,000万円の設計･監理料および工事費に対する比率を計算すると以下のとおりです。出張旅費や特許使用料などの特別経費はないものとしています。

工事費1,000万円の場合，		設計・監理料1,499（千円），	対工事費15.0（％）
2,000	〃	2,521	12.6
3,000	〃	3,407	11.4
5,000	〃	4,974	9.9

となります。

前回（改訂版・平成２年度）では標準日額人件費が25,750円（日本建築士事務所協会連合会・平成２年度推定値）で，設計・監理料の対工事費比率は工事費1,000万円の場合で10.82％，同2,000万円で9.61％，3,000万円で8.41％，5,000万円で7.31％でしたので，標準日額人件費で1.2倍に，対工事費比率は約1.3～1.4倍の上昇となっています。

ただこの金額および比率は一つの目安であり，依頼する建築士事務所の技術・企画・創造力および業務経験等によって異なり，当事者間の協議または慣行に基づいて定めるのが適当だとされています。

■確認申請手数料

設計事務所に設計監理を依頼した場合は，確認申請手続きもしてくれますので不要ですが，そうでない場合は確認申請に必要な図面作成と申請業務を行うか代願業者に依頼することになります。

自治体に納める確認申請手数料は3,000～8,000円程度ですが，代願業者への代願料は10～15万円程度が必要です。

■地鎮祭・上棟式

お客さんの意向次第ですが一般に地鎮祭では神主，頭（とび），棟梁（大工）などへの祝儀，斎（いみ）竹，さかき，お供え料，酒おつまみ等の費用，上棟式では大工棟梁，とび頭を中心に各職人，施工業者責任者，設計者への祝儀，酒，肴，赤飯などの折箱の費用および一番高い棟木に立てる幣束（へいづか）や破魔矢（はまや）など飾り物の費用です。（簡略化した市販の幣束セットは4,000 ～5,000円程度）です。

地鎮祭での神主への謝礼は神饌料，御玉串として３万円程度，職人への祝儀は日当１日分が基準とされてきましたが，最近は日当が高くなり１日分は上限と考えてよさそうです。地鎮祭で10 ～13万円，上棟式では折箱費用も含めて15 ～20万円。地方地方での習慣もあり，それに見合った方法で行なわれることは言うまでもありません。

このほかビルなど大規模建築物では、竣工式（清祓（せいばつ）の儀、落成祝賀式）が行われますが、戸建て住宅では地域にもよるのでしょうが、あまり行われていないようです。かわりに家族と親しい親戚、知人・友人に工事関係者（設計者を含む）を加えて、完成した住宅･建物の披露を兼ねてホームパーティ形式の祝宴を開くことが多いようです。

(参考資料)

木造住宅概算・換算データ

1．建物部位別概算数量

屋根仕上げ面積
外部（外壁面積，同面積倍率，外周長さ）
外部開口部（個所数，面積・種類数，開口率）
基礎（延長長さ，独立基礎・束石個数）
間取り（部屋数・平均面積）
内部壁（面積，同面積倍率）
部屋の広さ別，壁仕上げ面積
収納（個所数，平均面積）
内部開口部（個所数，種類数）
木材本数・枚数
木材使用量（延べ床面積3.3㎡当たり材積量の平均データ）

2．塗装係数

木製・鋼製建具（額縁・枠とも）
内外装
屋根

3．配管材呼称寸法，外形寸法，質量（kg/m）

鋼管（ガス管，水道用亜鉛めっき鋼管）
銅管
ステンレス管
塩ビライニング鋼管
塩ビ管
架橋ポリエチレン管
ポリブデン管
さや管

（長さの換算表）

1．建物部位別概算数量

項　　目	内　　容	係数	単位	備考（範囲）

屋根仕上げ面積

屋根仕上げ面積	建築面積当たり	1.5	倍	1.28～1.77 倍
屋根仕上げ面積倍率	切妻・建築面積10 坪規模	1.5	〃	軒の出 455mm の場合
	〃　30　〃	1.3	〃	〃
	〃　50　〃	1.3	〃	〃
	切妻・建築面積 10 坪規模	1.95	〃	軒の出 910mm の場合
	〃　30　〃	1.55	〃	〃
	〃　50　〃	1.45	〃	〃
	寄棟・建築面積 10 坪規模	1.55	〃	軒の出 455mm の場合
	〃　30　〃	1.35	〃	〃
	〃　50　〃	1.35	〃	〃
	寄棟・建築面積 10 坪規模	2.00	〃	軒の出 910mm の場合
	〃　30　〃	1.60	〃	〃
	〃　50　〃	1.50	〃	〃

*いずれも屋根勾配 4/10（1.08 倍）の場合，入母屋屋根は寄棟の各倍率＋ 1.0 ×入母屋数となる

外部

外壁仕上げ面積	実面積	59.7	坪	47.6～74.4 坪
同床面積比・小規模	〃　延べ床面積25～30 坪	1.9	倍	1.7～2.3 倍
〃　・中規模	〃　〃　40 坪前後	1.6	〃	1.2～2.0 倍
〃　・大規模	〃　〃　50～60 坪	1.3	〃	1.0～1.4 倍
外周壁延長長さ	延べ床面積当たり	1.0	間／坪	

外部開口部

全体開口個所数	平均個所数	23.4	個所	16～30 個所
うち出入口個所数	〃	2.3	〃	1～4 個所
うち窓個所数	〃	21.1	〃	15～28 個所
開口部面積	1 個所当たり平均面積	1.55	㎡	1.21～2.11 ㎡(平均面積の範囲)
開口部の寸法種類	1 戸の縦横寸法種類の平均	11.8	種類	5～19 種類
〃　高さ寸法種類	1 戸の高さ寸法種類の平均	7.6	〃	4～13 種類
外部開口部率（全体）	全壁面積に対する開口面積の割合	16.6	%	9.5～23.6%
〃　（北面）	〃	13.6	〃	5.5～24.5%
〃　（東面）	〃	17.0	〃	6.8～25.4%
〃　（南面）	〃	27.1	〃	11.7～31.9%
〃　（西面）	〃	9.7	〃	3.3～22.7%

基礎

布基礎延長長さ	建築面積当たり	2.65	m／坪	1.60～3.90m ／ 3.3 ㎡
独立基礎	〃	0.06	個／坪	
束石	〃	1.4	〃	

項目	内容	係数	単位	備考（範囲）
間取り				
全体部屋数	収納･廊下・階段室を除く	11.5	部屋	9～16 部屋
1 階部屋数	〃	7.1	〃	4～11 部屋
2 階部屋数	〃	4.4	〃	2～6 部屋
平均部屋面積（全体）	〃	3.9	坪	2.5～9.5 坪
〃（1 階）	〃	3.9	〃	2.4～4.7 坪
〃（2 階）	〃	4.2	〃	2.6～8.9 坪
内部壁				
内部壁仕上げ面積	収納部分を除く	88.2	坪	62.03～118.8 坪
同床面積比・小規模	〃 延べ床面積25～30 坪	3.5	倍	2.7～4.0 倍
〃 ・中規模	〃 〃 40 坪前後	2.3	〃	1.8～3.0 倍
〃 ・大規模	〃 〃 50～60 坪	1.9	〃	1.5～2.5 倍

部屋広さ別，壁仕上面積（窓・出入口の開口部分の控除をしていない全壁面積）

1.0 帖（1.65 ㎡）	周長 3 間・5.46 m	13.2	㎡	*壁坪数 3 坪
2.0 帖（3.3 ）	4 7.28	17.6	〃	4
3.0 帖（4.95 ）	5 9.10	22.0	〃	5
4.5 帖（7.43 ）	6 10.92	26.4	〃	6
6.0 帖（9.9 ）	7 12.74	30.8	〃	7
8.0 帖（13.2 ）	8 14.56	35.2	〃	8
10 帖（16.5 ）	9 16.38	39.6	〃	9
12 帖（19.8 ）	10 18.2	44.0	〃	10
14 帖（23.1 ）	11 20.02	48.4	〃	11
16 帖（26.4 ）	12 21.84	52.8	〃	12

* 備考欄の壁坪数は開口率 25% の場合の実壁坪数，床面積・周長・壁面積は尺貫法では8 帖 8 間 8 坪となる。
* 上記周長，壁面積は開口部を考慮しない全体の長さおよび面積（天井高さ 8 尺＝ 2.4m で計算）。開口部率は和室で約 35 ～ 50%，洋室で 20 ～ 35%。

収納（平均的な収納個所数，1 個所当たり平均広さ）

収納個所数（全体）		7.9	個所	5～11 個所
〃（1 階）		4.2	〃	2～6 個所
〃（2 階）		4.1	〃	0～7 個所
平均収納面積（全体）	1 個所当たり平均面積	0.48	坪	0.38～0.69 坪
〃（1 階）	〃	0.40	〃	0.31～0.68 坪
〃（2 階）	〃	0.55	〃	0.40～0.77 坪

** 収納面積は幅 1 間の押入で 0.5 坪，上記平均面積は 1 間の押入よりやや狭い程度，2 階は逆にやや広い。

内部開口部

出入口個所数	襖，障子，収納戸を除く	8.0	個所	1～14 個所
〃 開き戸個所数		6.5	〃	0～11 個所
〃 引き戸個所数		3.1	〃	1～5 個所
〃 の寸法種類数	縦横寸法種類数の平均	3.3	種類	1～7 種類
〃 高さ寸法種類数	高さ寸法種類数の平均	1.7	〃	1～4 種類
襖 個所数		4.1	個所	1～10 個所
障子 〃		4.0	〃	1～18 個所
収納戸 〃		6.5	〃	1～12 個所

項目	内容	係数	単位	備考（範囲）

木材本数・枚数

躯体木材本数	延べ床面積当たり本数	8.1	本／坪	2.9〜18.5 本／坪
柱材　〃	〃　〃	2.4	〃	1.7〜3.1 本／坪
梁桁材　〃	〃　〃	2.0	〃	1.0〜4.2 本／坪
床下地組材〃	床実面積　〃	3.2	〃	0.2〜5.8 本／坪
壁下地組材〃	壁実面積　〃	4.1	〃	0.8〜9.9 本／坪
天井下地組材〃	天井実面積　〃	7.1	〃	3.1〜15.3 本／坪
床下地板材〃	床実面積　枚数	1.8	枚／坪	1.0〜3.4 枚／坪
壁下地板材〃	壁実面積　〃	3.3	〃	1.1〜6.1 枚／坪
天井下地板材〃	天井実面積　〃	2.0	〃	1.4〜3.4 枚／坪

*躯体木材，梁桁材は 3m，4m 材等込み，柱材は 3m 換算，下地組材は 3m，4m，2 間物込みの本数，下地板は 3 × 6 材換算の枚数。下地板には合板，PB を含む。

項目	内容	係数	単位	備考（範囲）

木材使用量（延べ床面積 3.3 ㎡当たり材積量の平均データ）

躯体木材	合計	0.4045	㎥	0.3168〜0.5932 ㎥／坪
	軸組	0.1773	〃	0.0798〜0.3107
	1 階床組	0.0511	〃	0.0176〜0.0946
	2 階　〃	0.0750	〃	0.0136〜0.1676
	小屋組	0.1010	〃	0.0276〜0.1532
下地木材	外部下地合計	0.1015	㎥	0.0405〜0.1873 ㎥／坪
	屋根下地	0.0641	〃	0.0032〜0.1206
	軒天　〃	0.0068	〃	0.0〜0.0497
	外壁　〃	0.0307	〃	0.0〜0.0924
	内部下地合計	0.1036	〃	0.0011〜0.1602
	床下地	0.0306	〃	0.0003〜0.0855
	壁　〃	0.0466	〃	0.0002〜0.1012
	天井〃	0.0264	〃	0.0001〜0.0475
仕上木材	仕上材合計	0.1027	㎥	0.0070〜0.1988 ㎥／坪
	外部仕上	0.0193	〃	0.0〜0.0714
	開口部枠材	0.0065	〃	0.0〜0.0204
	内部仕上	0.0572	〃	0.0〜0.1494
	内部内法	0.0140	〃	0.0〜0.0571
	収納部材	0.0088	〃	0.0〜0.0201
木材合計		0.7189	㎥	0.4318〜0.9458 ㎥／坪

2．塗装係数

項　　目	内　　容	係数	単位	備考（範囲）
木製・鋼製建具（額縁・枠とも，枠幅 120 ㎜程度）				
唐戸 *	両面塗り	4.0	倍	内法面積に対する倍率
腰唐戸	〃	3.0	〃	〃
フラッシュ戸	〃　，片開・片引き	2.7	〃	〃
〃	〃　，親子開き	2.6	〃	〃
〃	〃　，両開・引き違い	2.5	〃	〃
額入フラッシュ戸	〃　，片開・片引き	2.2	〃	〃
〃	〃　，両開き	1.9	〃	〃
〃	〃　，親子開き	2.2	〃	〃
フラッシュ戸ガラリ付	〃　，片開・片引き	3.1	〃	〃
〃	〃　，両開き	2.8	〃	〃
〃	〃　，親子開き	2.9	〃	〃
額入フラッシュ戸ガラリ付	〃　，片開・片引き	2.5	〃	〃
〃	〃　，両開き	2.3	〃	〃
〃	〃　，親子開き	2.5	〃	〃
ガラスドア	〃　，片開・片引き	1.6	〃	〃
〃	〃　，両開き	1.4	〃	〃
シャッター	〃　，ボックスとも	3.7	〃	〃
玄関プレスドア	〃	3.0	〃	〃
引き違い窓	両面塗り，建具のみ	0.8	倍	内法面積に対する倍率
〃	〃	1.5	〃	〃
〃	〃　，2段・ランマ付	2.1	〃	〃
はめ殺し窓	〃	1.0	〃	〃
上げ下げ窓	〃　，片開・片引き	2.5	〃	〃
内倒し・上り出し窓	〃	1.7	〃	〃

* 唐戸　框戸（かまちど）の原型で社寺建築の出入口で使われた。框と縦横の桟および鏡板からなる。ここではフラッシュ戸（桟戸）に対する框戸の意味

内外装

腰羽目・笠木・幅木	片面塗り	1.5～2.5	倍	平面積に対する倍率
南京下見板	〃	1.2	〃	張面積　〃
面格子	両面塗り	1.0～2.0	〃	内法面積　〃
手すり	〃	1.3～2.0	〃	高×長　〃
金網張り	〃	1.0	〃	〃　〃
階段	〃	4.0	〃	裏面積 *　〃
らせん階段	〃	3.0	〃	〃　〃

* 裏面積　立方体の底面からみた面積，投影面

屋根

瓦棒葺き屋根	全面塗り	1.2	倍	屋根面積に対する倍率
折板屋根	片面塗り	1.7	〃	平面積　〃
折板ルーフデッキ	〃	1.4	〃	〃　〃
波板屋根	大波	1.2	〃	屋根面積　〃
〃	小波	1.3	〃	〃　〃

3．配管材呼称寸法，外形寸法，質量（kg/m）

鋼管（ガス管，水道用亜鉛めっき鋼管）

呼び径 A	呼び径 B	外径 mm	肉厚 mm	質量 kg/m
6	1/8			
8	1/4			
10	3/8			
15	1/2	21.7	2.8	1.31
20	3/4	27.2	2.8	1.68
25	1	34.0	3.2	2.43
32	1 1/4	42.7	3.5	3.38
40	1 1/2	48.6	3.5	3.89
50	2	60.5	3.8	5.31
65	2 1/2	76.3	4.2	7.47
80	3	89.1	4.2	8.79
100	4	114.3	4.5	12.2
125	5	139.8	4.5	15.0
150	6	165.2	5.0	19.8
200	8	216.3	5.8	30.1
250	10	267.4	6.6	42.4
300	12	318.5	6.9	53.0
350	14	355.6	7.9	67.7
400	16	406.4	7.9	77.6
450	18	457.2	7.9	87.5
500	20	508.0	7.9	97.4

配管用炭素鋼鋼管（ガス管 JIS G 3452 SGP,SGP-MN）黒管，白管，水道用亜鉛めっき鋼管（JIS G 3442 SGPW,SGPW-MN）

ステンレス管

呼び径	外径 mm	肉厚 mm	質量 kg/m
13Su	15.88	0.8	0.301
20	22.22	1.0	0.529
25	28.58	1.0	0.687
30	34.0	1.2	0.980
40	42.7	1.2	1.24
50	48.6	1.2	2.20
60	60.5	1.5	

一般配管用ステンレス鋼管 JIS G 3448　SUS304TPD

銅管

呼び径 A	呼び径 B	外径 mm	肉厚 mm	質量 kg/m
8	1/4	9.52	0.76	0.187
10	3/8	12.70	0.89	0.295
15	1/2	15.88	1.02	0.426
20	3/4	22.22	1.14	0.675
25	1	28.58	1.27	0.974
32	1 1/4	34.92	1.40	1.32
40	1 1/2	41.28	1.52	1.70
50	2	53.98	1.78	2.61
65	2 1/2	66.68	2.03	3.69
80	3	79.38	2.29	4.96
100	4	104.78	2.79	7.99
125	5	130.18	3.18	11.3
150	6	155.58	3.56	15.2

建築用銅管（JIS H 3300　C1220T）L タイプ・直管，コイル。L タイプは給排水・給湯配管用，M タイプは薄肉管。

塩ビライニング鋼管

呼び径 A	呼び径 B	外径 mm	肉厚 mm	質量 kg/m
15	1/2	21.7	2.8	1.31
20	3/4	27.2	2.8	1.68
25	1	34.0	3.2	2.43
32	1 1/4	42.7	3.5	3.38
40	1 1/2	48.6	3.5	3.89
50	1/2	60.5	3.8	5.31
65	2 1/2	76.3	4.2	7.47
80	3	89.1	4.2	8.79

水道用硬質塩化ビニルライニング鋼管（JWWA K 116）配管用炭素鋼鋼管（ガス管 SGP）黒管の内面に硬質塩化ビニル管を接着した管

塩ビ管

呼び径	外径 mm	水道管 VP		一般管 V P		薄肉管 V U	
		肉厚 mm	質量 kg/m	肉厚 mm	質量 kg/m	肉厚 mm	質量 kg/m
13	18	2.5	0.174				
16	22	3.0	0.256				
20	26	3.0	0.310				
25	32	3.5	0.448				
30	38	3.5	0.542				
40	48	4.0	0.791	3.6	0.791	1.8	0.413
50	60	4.5	1.122	4.1	1.122	1.8	0.521
65	76			4.1	1.445	2.2	0.825
75	89	5.9	2.202	5.5	2.202	2.7	1.159
100	114	7.1	3.409	6.6	3.409	3.1	1.737
125	140			7.0	4.464	4.1	2.739
150	165	9.6	6.701	8.9	6.701	5.1	3.941
200	216			10.3	10.129	6.5	6.572
250	267			12.7	15.481	7.8	9.758
300	318			15.1	21.962	9.2	13.701
350	370					10.5	18.051
400	420					11.8	23.059
450	470					13.2	28.875
500	520					14.6	35.346
600	630					17.8	52.679

架橋ポリエチレン管

呼び径	外径 mm	内径 mm	肉厚 mm	質量 kg/m
10	13.0	9.8	1.6	0.0539
13	17.0	12.8	2.1	0.0924
16	21.5	16.2	2.65	0.148
20	27.0	20.5	3.25	0.228

ポリブデン管

呼び径	外径 mm	内径 mm	肉厚 mm	質量 kg/m
10	13.0	9.8	1.6	0.0539
13	17.0	12.8	2.1	0.0924
16	22.0	16.2	2.65	0.148
20	27.0	20.5	3.25	0.228

さや管

呼び径	外径 mm	内径 mm	内管適合管径	備　考
22	27.5	22.3	10,13	ヘッダー→各水栓の 2 次側用
25	30.5	24.5	13	
28	34.0	27.2	16	メーターからヘッダー，給湯器からヘッダーの 1 次側用
30	36.5	29.4	16	
36	42.0	33.2	20	

長さの換算表

m	間	尺	寸
1.0	0.55	3.3	33.0
1.818	1.0	6.0	60.0
0.303	0.167	1.0	10.0
0.030	0.017	0.1	1.0

m	yd	ft	In
1.0	1.094	3.281	39.37
0.914	1.0	3.0	36.0
0.305	0.333	1.0	12.0
0.025	0.028	0.083	1.0

間	yd
1.0	1.99
0.503	1.0

尺	ft
1.0	0.994
1.006	1.0

寸	In
1.0	1.193
0.838	1.0

(参考)　事例による見積書作成例

御　見　積　書

No.
平成○年○月○○日

○○○○○　殿

下記のとおりお見積り申しあげます

金　　　　　　　円也

工 事 名　○○邸新築工事

工事場所　○○市○○町○丁目○○番地

工　　期　○年○月○○日～○年○月○○日

(請負者住所氏名)

○○工務店
○○県○○市○○町○○番地
電話○○○－１２３－４５６７
代表者　○○○○○
㊞

(見積有効期限　○年○月○○日まで)

・工事概要 (建築面積・階数・構造・工事範囲)

工事概要　木造２階建て，カラーベスト葺き，アクリルゴム系吹付け仕上げ，新築工事
面積１階 59.4 ㎡(18 坪)，２階 59.4 ㎡(18 坪) 延べ 118.8 ㎡(36 坪)

工事範囲　仮設工事～給排水，給湯工事，電気（照明器具別途）まで，仕上内容は設計図書および添付仕様書によります。

・支払条件

・別途費用・その他
次の工事および費用は含んでおりません（外構，造園，ガス，冷暖房工事，照明器具，家具類，設計および確認申請料，上下水道加入金および登記費用)

No.

工　事　費　内　訳　書　(1)

工事名	○○邸新築工事

工　事　種　目	工　事　科　目	単位	金　　額	備　　考
A. 建築本体工事	1. 仮設工事	一式	884, 819	
	2. 土・基礎工事	〃	830, 098	
	3. 木工事	〃	6, 940, 018	
	4. 屋根・板金工事	〃	624, 251	
	5. 石・タイル工事	〃	322, 470	
	6. 左官工事	〃	1, 386, 082	
	7. 建具工事	〃	2, 081, 280	
	8. 内外装工事	〃	484, 553	
	9. 塗装工事	〃	364, 371	
	10. 雑工事	〃	290, 810	
	(小計)	〃	14, 208, 752	
B. 設備工事	1. 住宅設備工事	一式	1, 164, 020	
	2. 衛生器具設備工事	〃	638, 960	
	3. 給排水・給湯設備工事	〃	939, 392	
	4. 電気設備工事	〃	464, 630	
	(小計)	〃	3, 207, 002	

○ ○ 工 務 店

No.

工　事　費　内　訳　書　(2)

工事名　○○邸新築工事

工　事　種　目	工　事　科　目	単位	金　額	備　考
C.諸経費	(A+B) の15%	一式	2,612,363	
工事費合計	(A+B+C)	一式	20,028,117	
値引き			667	
見積額			20,027,450	
(消費税)	5%		1,001,373	

○ ○ 工 務 店

No.

工　事　費　内　訳　明　細　書　(1)

工事名　○○邸新築工事

No.	名　称	内　容	数量	単位	単　価	金　額	備　考
A	建築本体工事						
1	仮設工事						
	水盛やり方	外形面積	63.3	建㎡	350	22,155	
	外部足場	単管ブラケット足場 (外周長さ×高)	251.2	架㎡	1,000	251,200	架払，損料共
	内部足場	脚立足場　1，2階床面積	119.3	延㎡	150	17,895	
	仮設電気	電気使用料，工事費共	1.0	式	—	60,000	申請料共
	仮設水道	水道　〃　，　〃	1.0	式	—	20,000	〃
	〃	水道使用料	119.3	延㎡	300	35,790	
	養生費	室内養生 (床，柱等)	119.3	延㎡	430	51,299	1，2階床面積
	掃除，片付費	内外清掃	119.3	〃	400	47,720	〃
	仮設物費	仮設トイレ，リース料，水洗式	1.0	ヵ所	65,600	65,600	3ヵ月程度
	仮設材運搬費	足場材等運搬，4t車2日分	2.0	日	25,000	50,000	
	クリーニング	入居前清掃	119.3	延㎡	900	107,370	
	廃材処分費	発生材処分	2.0	台	60,000	120,000	
	〃　〃	〃	119.3	延㎡	300	35,790	
		(1．仮設工事費計)				(884,819)	

○ ○ 工 務 店

No.

工　事　費　内　訳　明　細　書　(2)

工事名	〇〇邸新築工事

No.	名　称	内　容	数量	単位	単　価	金　額	備　考
2	土・基礎工事						
	整地・均し	草刈を含む	132.0	m²	420	55,440	敷地面積
	布基礎（鉄筋）底盤あり	底盤幅400mm　H600mm	41.5	m	12,100	502,150	
	〃　（無筋）〃 なし	H500mm	11.8	〃	6,540	77,172	
	布基礎天端ならし	（布基礎合計長さ）セルフレベラー	53.3	〃	300	15,990	
	〃　刷毛引仕上げ	外周部分・モルタル塗	30.6	m²	1,200	36,720	
	アンカーボルト	φ13　ℓ=380mm	31.0	本	160	4,960	
	床下換気孔	鋳物製120×300mm	8.0	個	900	7,200	
	スリーブ（塩ビパイプ）	φ65mm	0.3	m	2,300	690	
	〃	100	0.9	〃	3,470	3,123	
	〃	125	0.3	〃	4,240	1,272	
	独立基礎	上幅150　下幅300　高600mm	2.0	ヵ所	4,330	8,660	
	土間コンクリート（無筋）	コンクリート厚60mm	17.1	m²	4,010	68,571	
	束石	150×150mm（材工共）	24.0	個	900	21,600	
	浴室まわり腰壁	ブロック５段積　H1.0m	5.9	m²	4,500	26,550	
		（2．土・基礎工事費計）				(830,098)	

〇 〇 工 務 店

No.

工　事　費　内　訳　明　細　書　(3)

工事名	〇〇邸新築工事

No.	名　称	内　容	数量	単位	単　価	金　額	備　考
3	木工事						
	（木材価格・構造材）						
	土台　桧	特１等　10.5×10.5(cm)　4.0(m)	18.0	本	3,970	71,460	
	火打土台　〃	並１等　9.0　4.5　〃	3.0	〃	1,130	3,390	
	２階梁・小屋梁　米松	特１等　11.5　15.0　3.0	2.0	〃	2,800	5,600	小屋梁分とも
	２階梁　〃	〃　〃　21.0　〃	3.0	〃	3,920	11,760	
	〃　〃	〃　〃　27.0　4.0	1.0	〃	6,960	6,960	
	〃　〃	〃　〃　30.0　〃	1.0	〃	7,730	7,730	
	小屋梁　松太鼓	特１等末口18.0(cm)　4.0	3.0	〃	7,150	21,450	
	〃　〃	〃　〃 15.0　〃	2.0	〃	4,950	9,900	
	〃　〃	〃　〃　〃　3.0	1.0	〃	3,540	3,540	
	（胴差・甲乙梁・軒桁・妻梁・間仕切）　米ツガ	特１等　10.5×10.5　4.0	33.0	〃	2,470	81,510	（20＋13本）
	〃　〃	〃　〃　〃　3.0	19.0	〃	1,990	37,810	（８＋11本）
	棟木，すみ木　〃	〃　10.0　10.0　4.0	4.0	〃	2,080	8,320	
	（火打梁・母屋・小屋束・出窓・土台・柱）　〃	〃　〃　〃　3.0	5.0	〃	1,560	7,800	
	〃	〃　9.0　9.0　4.0	26.0	〃	1,680	43,680	（11＋13＋２本）
	〃　〃	〃　〃　〃　3.0	10.0	〃	1,260	12,600	
	大引・床束　桧	並１等　〃　〃　4.0	11.0	〃	1,720	18,920	

〇 〇 工 務 店

工事費内訳明細書 (4)

No.

工事名	○○邸新築工事

No.	名称	内容	数量	単位	単価	金額	備考
	通し柱　桧	特1等　12.0×12.0(cm)　6.0(m)	4.0	本	13,300	53,200	
	〃　杉	磨丸太　φ11.0　〃	1.0	〃	70,000	70,000	
	管柱　桧	1方無節　10.5×10.5　3.0	8.0	〃	43,030	344,240	
	〃　〃	特1等　〃　〃　〃	3.0	〃	2,980	8,940	
	〃　杉	〃　〃　〃　〃	20.0	〃	1,460	29,200	
	〃　吊束　桧集成	2方無節　10.3　10.3　3.0	14.0	〃	4,890	68,460	(13＋1本)
	〃　米ツガ	特1等　〃　〃　〃	21.0	〃	1,690	35,490	
	床柱　黒タン張	12.0　12.0　〃	1.0	〃	50,000	50,000	
	〃　北山杉	紋丸太　φ10.0　〃	1.0	〃	55,000	55,000	
	(下地組他)						
	1階根太　米ツガ	特1等　4.5×3.6(cm)　3.8(m)	39.0	本	300	11,700	
	間柱・まぐさ・窓合・押入框・出窓たる木掛　〃	〃　10.5　2.7　3.0	107.0	枚	420	44,940	(77＋18＋10＋2枚)
	〃・出窓・たる木・棟　〃	〃　4.5　3.6　〃	59.0	本	240	14,160	(53＋2＋4本)
	半柱・筋かい　〃	〃　10.5　4.5　〃	9.0	〃	690	6,210	(3＋6本)
	筋かい　〃	〃　〃　〃　4.0	7.0	〃	930	6,510	
	〃　〃	〃　〃　3.6　3.0	12.0	〃	560	6,720	
	〃　〃	〃　〃　〃　4.0	2.0	〃	740	1,480	
	つり木受・たる木　〃	〃　3.3　7.2　〃	39.0	〃	470	18,330	(29＋10本)

○○工務店

工事費内訳明細書 (5)

No.

工事名	○○邸新築工事

No.	名称	内容	数量	単位	単価	金額	備考
	たる木　米ツガ	特1等　3.3×7.2(cm)　3.0(m)	38.0	本	350	13,300	
	根太掛　杉	〃　10.0　2.7　3.6	11.0	枚	490	5,390	
	ぬき，根がらみぬき・振れ止め，雨押え　〃	〃　1.3　9.0　〃	93.0	〃	230	21,390	(11＋16＋1＋65枚)
	2階根太　北洋松	〃　10.5　4.5　1.8	101.0	本	430	43,430	
	胴縁　杉	〃　4.5　1.3　3.6	196.0	〃	120	23,520	
	天井・軒天野縁・押入根太・回縁　エゾ松	〃　4.0　3.0　3.8	193.0	〃	230	44,390	(157＋28＋8本)
	押入野縁・つり木　〃	〃　3.0　2.1　〃	20.0	〃	120	2,400	(12＋8本)
	(下地板)						
	下地合板(床)　コンパネ	1.2(cm)　91.0×182.0(cm)	27.0	枚	980	26,460	
	〃　(野地板)　ラワン	T1　0.9　〃　〃	69.0	〃	1,270	87,630	(63＋6枚)
	〃　(天井下地 押入床)　〃	T2　0.55　〃　〃	36.0	〃	630	22,680	(22＋14枚)
	〃　(押入床)　〃	T1　〃　〃　〃	1.0	〃	660	660	
	〃　(〃 天井)　〃	T2　0.25　〃　〃	5.0	〃	350	1,750	
	〃　(〃 壁板)　〃	〃　0.4　〃　〃	28.0	〃	520	14,560	
	木ずり(ラス下地板)　杉小幅板	特1等　1.1 × 8.0(cm)　3.6(m)	189.0	m²	560	105,840	
	石こうボード	0.95　91.0 × 182.0(cm)	61.0	枚	360	21,960	
	石こうラスボード	0.7　〃　〃	77.0	〃	210	16,170	
	けいカル板　無石綿タイプII	0.5　〃　〃	10.0	〃	780	7,800	

○○工務店

No.

工　事　費　内　訳　明　細　書　(6)

工事名	○○邸新築工事

No.	名　称	内　容	数量	単位	単　価	金　額	備　考
	(内外部仕上材)						
	パーケットフロア（寄木）	1.2(cm)　30.3×182.0(cm)	13.0	坪	11,500	149,500	
	バスリブ	浴室天井	1.0	〃	15,200	15,200	
	天井吸音板	(実付)　1.2(cm)　30.3×60(cm)	5.0	〃	5,700	28,500	
	〃	(突付)　〃　〃　〃	6.0	〃	2,800	16,800	
	ピーリング合板	0.5　60　270	10.0	枚	5,500	55,000	
	目透天井（敷目）板	45cm 幅	6.0	坪	10,000	60,000	
	さお縁天井板	〃	4.0	〃	8,000	32,000	
	さお縁	(赤松丸太)　3.6m	6.0	本	5,500	33,000	
	化粧合板（突付）	0.5(cm)　60×240(cm)	17.0	枚	4,800	81,600	
	床の間セット	(松・貼)	1.0	組	25,000	25,000	
	床の間天井板	(合板台網代組) 0.4(cm)　91×182(cm)	1.0	枚	5,100	5,100	
	〃　無双	杉・無節　1.82m	1.0	本	1,000	1,000	
	(内外部造作材)						
	敷居・かもい　米ヒバ	無節　4.5×10.5(cm)　3.0(m)	1.0	本	6,380	6,380	
	〃　〃	上小節　〃　〃　〃	1.0	〃	3,540	3,540	
	〃　〃	〃　〃　〃　1.8	12.0	〃	2,130	25,560	
	〃　〃	〃　4.0　10.0　〃	22.0	〃	1,800	39,600	

○ ○ 工 務 店

No.

工　事　費　内　訳　明　細　書　(7)

工事名	○○邸新築工事

No.	名　称	内　容	数量	単位	単　価	金　額	備　考
	サッシ外枠　米ヒバ	上小節　4.0×5.2(cm)　3.8(m)	11.0	本	1,980	21,780	
	付けかもい　〃	無節　3.6　4.0　〃	5.0	〃	2,460	12,300	
	天井回縁（和室）　〃	〃　4.0　4.5　〃	13.0	〃	3,080	40,040	
	畳寄せ　〃	小節　〃　〃　〃	5.0	〃	1,230	6,150	
	大壁出入口枠メラピー	〃　10.5　4.0	15.0	〃	4,030	60,450	
	〃　〃	3.4　10.0　〃	3.0	〃	3,260	9,780	
	額縁　〃	〃　4.5　〃	3.0	〃	1,470	4,410	
	〃　〃	2.4　3.4　〃	25.0	〃	780	19,500	
	幅木　〃	〃　7.5　〃	15.0	〃	1,730	25,950	
	大壁サッシ枠　〃	〃　8.5　〃	17.0	〃	1,960	33,320	
	〃　〃	〃　10.5　〃	1.5	〃	2,420	3,630	
	〃　〃	〃　14.0　〃	1.0	〃	3,230	3,230	
	内庭化粧胴差　〃	〃　12.0　〃	3.0	〃	2,760	8,280	
	天井回縁（洋室）　〃	〃　4.5　〃	28.0	〃	1,040	29,120	
	カーテンボックス　〃	〃　9.0　〃	7.0	〃	2,070	14,490	
	〃　〃	1.8　18.0　〃	3.0	〃	3,110	9,330	
	〃　〃	〃　〃　3.0	1.0	〃	2,330	2,330	
	玄関框　ケヤキ	突板貼　10.5　15.0　1.8	1.0	〃	8,600	8,600	

○ ○ 工 務 店

No.

工事費内訳明細書 (8)

工事名	○○邸新築工事

No.	名称	内容	数量	単位	単価	金額	備考
	台所上り框　ラワン	4.5×10.5(cm)　3.0(m)	1.0	本	3,100	3,100	
	庇（力板）　〃	2.4　21.0　4.0	4.0	枚	4,400	17,600	
	鼻かくし　杉	特1等　2.1　〃　3.6	14.0	〃	870	12,180	
	広小舞　〃	〃　〃　9.0　〃	14.0	〃	370	5,180	
	出窓皿板ローズウッド	貼物　3.4　50.0　2.7	1.0	〃	28,000	28,000	
	〃　〃	〃　〃　〃　0.9	1.0	〃	9,500	9,500	
	長押し　スプルース	貼　9.0　3.0	7.0	〃	2,100	14,700	
	〃　〃	〃　〃　3.8	5.0	〃	2,990	14,950	
	便所化粧棚	集成加工材　3.4×30.0　1.82	1.0	〃	19,500	19,500	
	押入雑布摺（よせ）　杉	無節　0.7　3.0　〃	30.0	本	190	5,700	
	階段側板　タモ集成材	3.6　24.0　3.0	1.0	枚	17,600	17,600	
	〃　〃　〃	〃　35.0　1.2	2.0	〃	10,300	20,600	
	〃 ササラ桁　〃	7.2　24.0　3.0	1.0	〃	43,000	43,000	
	〃 段板　〃	4.5　〃　1.0	7.0	〃	9,000	63,000	
	〃 箱廻り段板　〃	〃　103.0　1.03	2.0	組	54,900	109,800	
	〃 蹴込板　〃	0.6　24.0　0.9	1.0	枚	1,170	1,170	
	〃 手摺用幕板メラピー	3.4　33.0　2.0	1.0	〃	5,390	5,390	
	〃 廻階段支材　〃	6.0　12.0　〃	6.0	本	3,460	20,760	

○○工務店

No.

工事費内訳明細書 (9)

工事名	○○邸新築工事

No.	名称	内容	数量	単位	単価	金額	備考
	階段デッキ手すり土台・笠木	タモ集成材　6.0× 9.0(cm)　4.0(m)	2.0	本	21,400	42,800	
	〃　〃　親柱	〃　10.5　10.5　1.5	1.0	〃	24,800	24,800	
	〃　〃　子柱	〃　4.5　4.5　1.1	29.0	〃	3,100	89,900	
	〃　階框	〃　6.0　9.0　0.9	1.0	〃	5,350	5,350	
	出窓桁　米松	特1等　3.6　24.0　4.0	1.0	〃	1,870	1,870	
	ぬれ縁（既製品）	W1800×D450×H500 (mm)	1.0	ヵ所	36,800	36,800	
	（木材費小計）		1.0	式	—	(3,140,060)	（ぬれ縁を除く）
	補足材	木材費の３％	1.0	〃	—	94,202	(3,140,060×0.03)
	釘・金物・接着剤費		119.3	m²	720	85,896	18kg/m²×400円/kg=720円/m²
	大工手間		155.1	人	21,600	3,350,160	1.3人工×119.3m²≒155.1（人工）
	建前（とび）手間		15.5	〃	17,400	269,700	0.13×119.3m²≒15.5
		（3．木工事計）				(6,940,018)	

○○工務店

No.

工 事 費 内 訳 明 細 書 (10)

工事名	○○邸新築工事

No.	名　称	内　容	数量	単位	単　価	金　額	備　考
4	屋根・板金工事						
	カラーベスト板葺き	シングル・寄棟　4寸勾配	94.6	㎡	4,300	406,780	下ぶき・役物共
	軒どい取付	塩ビ製　105(mm)　半円型	38.8	m	1,250	48,500	受金物共
	たてどい 〃	〃　75　丸型	24.4	〃	1,400	34,160	つかみ金物共
	あんこう（集水ます）取付	〃　105　〃	4.0	ヵ所	3,020	12,080	呼どい，エルボ共
	玄関ひさし屋根	カラー鉄板　0.35mm厚　幅1.0(m)	1.9	m	3,990	7,581	
	勝手口，出窓屋根	〃　〃　〃0.65	7.3	〃	2,800	20,440	(3.7+3.6m)
	霧除	〃　〃　〃0.4	4.2	〃	2,200	9,240	(1.8+1.4+1.0m)
	戸袋内部カラー鉄板張	〃　〃	11.0	ヵ所	3,800	41,800	
	雨押え，水切り	〃　〃	14.0	m	1,090	15,260	
	屋根換気部雨押え包み板	〃　〃　糸尺130mm	3.0	〃	1,090	3,270	
	流し台まわりステンレス板張り	厚0.4mm	3.0	㎡	8,380	25,140	
		（4．屋根・板金工事計）				(624,251)	

○ ○ 工 務 店

No.

工 事 費 内 訳 明 細 書 (11)

工事名	○○邸新築工事

No.	名　称	内　容	数量	単位	単　価	金　額	備　考
5	石・タイル工事						
	玄関(ポーチ共)床タイル張り	磁器質タイル100角　無釉	4.7	㎡	6,500	30,550	
	同上　役物タイル	〃　役物　〃	5.7	m	2,400	13,680	
	同上　幅木タイル	〃　幅木　〃	4.3	〃	2,400	10,320	
	浴室床タイル張り	炻（せつ）器質タイル75角　施釉	1.8	㎡	9,300	16,740	
	同上壁タイル張り	陶器質タイル　100角　〃	11.1	〃	7,300	81,030	
	同上役物タイル張り	〃　役物　〃	9.5	m	1,500	14,250	
	内庭玄昌石幅木	300角　平面張	2.7	㎡	7,000	18,900	
	内庭砂利敷	寒水（敷込共）	25.0	袋	2,000	50,000	(8.4㎡×3袋/㎡=25袋)
	〃 沓石据付	（据付共）	1.0	ヵ所	—	60,000	
	〃 敷面石〃	大小（　〃　）	6.0	個	4,500	27,000	
5		（5．石・タイル工事計）				(322,470)	

○ ○ 工 務 店

No.

工 事 費 内 訳 明 細 書 (12)

工事名	○○邸新築工事

No.	名　称	内　容	数量	単位	単　価	金　額	備　考
6	左官工事						
	和室　京壁仕上	塗厚15mm　ラスボード下地	48.9	㎡	3,900	190,710	
	スタッコ吹付仕上	合成樹脂エマルジョン系上塗2回	67.3	〃	2,000	134,600	
	タイル下地モルタル塗	刷毛引き（ラス張り共)	11.5	〃	3,300	37,950	
	外壁ワイヤラス張	♯20（下地フェルト8kg共)	134.6	〃	870	117,102	
	軒天メタルラス張	♯24（　〃　）	26.6	〃	840	22,344	
	外壁下地モルタル塗	塗厚20mm刷毛引き	161.2	〃	3,180	512,616	
	〃アクリル系複層模様吹付	主材2回吹き，仕上3回塗	161.2	〃	2,300	370,760	
		（6．左官工事計)				(1,386,082)	

○ ○ 工 務 店

No.

工 事 費 内 訳 明 細 書 (13)

工事名	○○邸新築工事

No.	名　称	内　容	数量	単位	単　価	金　額	備　考
7	建具工事						
	（1階)						
	AD-1　玄関入口戸	ランマ付親子戸　(W × H) (m) 1.257 × 2.525	1.0	本	—	250,000	ドアチェック・チェーン共
	2　浴室　〃	片開戸　0.75　1.785	1.0	〃	—	30,000	
	3　勝手口　〃	〃　枠付　0.802　1.843	1.0	〃	—	55,000	枠付・ドアチェーン共
	AW-1　洗面室窓	引違い　16509	1.0	〃	—	22,700	面格子付
	2　台所　〃	〃　出窓　16507	1.0	〃	—	53,300	〃
	3　浴室　〃	〃　11909	1.0	〃	—	18,900	〃
	4　便所　〃	〃　07409	1.0	〃	—	14,700	〃
	5　和室　〃	〃　掃出窓　16518	1.0	〃	—	55,900	防音雨戸付（外付)
	6　居間　〃	〃　肘掛　16509	1.0	〃	—	36,900	〃　(内付)
	7　〃 出窓	〃　4本引　25618	1.0	〃	—	84,100	〃　(〃)
	8　内庭窓	〃　掃出窓　16518	1.0	〃	—	24,900	
	8’内庭窓	〃　高窓　16509	1.0	〃	—	13,200	ランマ部分
	網戸（AW1-8分)	8窓分	1.0	式	—	38,690	
	取付調整費	AD1～3，AW1～8　11窓分	3.3	人	21,600	71,280	(玄関入口　0.55 11窓分×0.25人＝)
	WD-1　洗面室 台所，居間入口戸	片開フラッシュ戸　(W × H) (m) 0.8 × 1.79	3.0	本	13,000	39,000	
	2　便所　〃	〃　〃　〃	1.0	〃	—	45,000	10cm額共

○ ○ 工 務 店

No.

工 事 費 内 訳 明 細 書 (14)

工事名	○○邸新築工事

No.	名　称	内　容	数量	単位	単 価	金 額	備 考
	WD-3 便所 地袋戸	引違い (W × H)(m) 0.9 × 0.8	2.0	本	6,000	12,000	
	4 和室入口戸	引違い（片面ふすま） 0.9 1.76	2.0	〃	13,000	26,000	片面：樹脂合板 片面：ふすま（上新鳥の子）
	5 居間・内庭境戸	1本引戸 1.8 2.3	1.0	〃	—	50,000	片面ビニール壁紙貼
	同上建具金物費	WD1-2開戸	4.0	〃	4,500	18,000	
	〃	〃3-5引戸	5.0	〃	1,500	7,500	
	同上建具吊込費	〃1-2開戸	1.0	人	—	14,600	（4カ所×0.25人＝1.0人）
	〃	〃3-5引戸	0.5	〃	14,600	7,300	（3 〃 ×0.15＝0.45人）
	F-1 和室押入	上新鳥の子 (W × H)(m) 0.9 × 1.76	2.0	本	13,000	26,000	金物・吊込費共
	2 〃（天袋）	〃 〃 0.42	2.0	〃	8,000	16,000	〃
	S-1 和室（内庭側）	大荒組（スプルス） 〃 1.76	2.0	〃	14,600	29,200	金物費・紙貼共
	2 〃（掃出）	〃（〃） 〃 1.76	2.0	〃	14,600	29,200	〃
	障子吊込費		4.0	〃	1,700	6,800	
	（1階分小計）					(1,096,170)	
	（2階）						
	AD-1 吹抜デッキ入口戸	片開戸 (W × H)(m) 0.65 × 1.755	1.0	本	—	33,000	パネルはめ込戸
	AW-1 洋室A・B肘掛窓	引違い（内付） 16509	3.0	〃	36,900	110,700	防音雨戸付
	2 便所窓	〃 16511	1.0	〃	—	27,500	面格子付，FWガラス共
	3 和室前室高窓	〃（外付） 16509	1.0	〃	—	36,900	防音雨戸付

○ ○ 工 務 店

No.

工 事 費 内 訳 明 細 書 (15)

工事名	○○邸新築工事

No.	名　称	内　容	数量	単位	単 価	金 額	備 考
	AW-4 和室前7帖肘掛窓	引違い（内付） 16513	2.0	本	42,200	84,400	防音雨戸付
	5 洋室B掃出窓	〃（内付） 16518	1.0	〃	—	55,900	〃
	6 和室7帖掃出窓	〃（外付） 16518	1.0	〃	—	55,900	〃
	7 吹抜デッキ窓	〃 16518	1.0	〃	—	24,900	FWガラス共
	網戸（AW1～7分）	10窓分	1.0	式	—	37,530	
	取付調整費	AD-1，AW1～7（11窓分）	2.8	人	21,600	60,480	（11窓×0.25人＝2.75人）
	WD-1 便所入口戸	片開き (W × H)(m) 0.6 × (1.76+0.5)	1.0	本	—	20,800	上部FIX共
	2 洋室押入戸	引違い天袋共 0.9（1.76＋0.45）	4.0	〃	13,500	54,000	裏面ふすま雲竜がけ程度
	3 〃 入口戸	片開き 0.8 1.79	2.0	〃	13,000	26,000	
	4 前室 〃	〃 〃 1.76	1.0	〃	—	13,000	
	同上建具金物費	WD1，3，4開戸	4.0	〃	4,500	18,000	
	〃	WD2 引戸	4.0	〃	1,500	6,000	
	同上建具吊込費	WD1，3，4開戸	1.0	人	14,600	14,600	（4ヵ所×0.25人＝1.0人）
	〃	WD2 引戸	0.3	〃	14,600	4,380	（2ヵ所×0.15人＝0.3人）
	F-1 前室，7帖押入	上新鳥の子 (W × H)(m) 0.9 × 1.76	2.0	本	13,000	26,000	金物，吊込費共
	〃 〃 〃 〃（天袋）	〃 〃 0.45	2.0	〃	8,000	16,000	〃
	2 前室，7帖境戸(4枚建)	〃 0.67 1.76	4.0	〃	17,000	68,000	〃
	S-1 前室高窓障子	大荒組（スプルス） 0.9 0.9	2.0	〃	8,400	16,800	金物費・紙貼共

○ ○ 工 務 店

No.

工事費内訳明細書（16）

工事名	○○邸新築工事

No.	名称	内容	数量	単位	単価	金額	備考
	S-2 前７帖肘掛窓障子	大荒組（スプルス） (W × H)(m) 0.9 × 1.39	4.0	本	12,100	48,400	金物費・紙貼共
	3 和室７帖丸窓引分け	吾妻障子（ 〃 ） 0.45 0.9	2.0	〃	16,000	32,000	たてしげ，ガラス別途
	4 〃 〃掃出窓障子	大荒組（ 〃 ） 0.9 1.76	2.0	〃	14,600	29,200	（金物費・紙貼共）
	障子吊込費		10.0	〃	1,700	17,000	
	（２階分小計）					(937,390)	
	水切	ℓ＝1.82m	3.0	枚	2,600	7,800	
	〃	ℓ＝0.91m	2.0	〃	1,400	2,800	
	段窓目板	ℓ＝1.82m	1.0	〃	—	2,280	
	ガラス S_3	２階便所入口，和室吾妻障子分	1.1	㎡	3,500	3,850	
	〃 F_4	〃 そでガラス	1.6	〃	3,900	6,240	
	〃 $PW_{6.8}$	パラライン（階段）	1.1	〃	22,500	24,750	
		（７．建具工事計）				(2,081,280)	

○○工務店

No.

工事費内訳明細書（17）

工事名	○○邸新築工事

No.	名称	内容	数量	単位	単価	金額	備考
8	内外装工事						
	クッションシート張り	1.8mm厚 接着張，耐湿工法	14.1	㎡	2,280	32,148	（材工共）
	カーペット敷	タフテッドカーペット接着張	8.3	〃	7,100	58,930	（ 〃 ）
	畳敷き	３級上，寸法取り敷込共	13.0	帖	19,300	250,900	
	ビニルクロス貼	壁，普通品，無地，接着貼	72.3	㎡	1,500	108,450	（材工共）
	〃	〃，難燃品，〃，〃	12.5	〃	1,800	22,500	（ 〃 ）
	〃	天井，普通品，〃，〃	7.5	〃	1,550	11,625	（ 〃 ）
		（８．内外装工事計）				(484,553)	

○○工務店

No.

工 事 費 内 訳 明 細 書 (18)

工事名	○○邸新築工事

No.	名　称	内　容	数量	単位	単　価	金　額	備　考
9	塗装工事						
	オイルステン（OS）２回塗	外部（鼻かくし，出窓，庇）	52.1	m	550	28,655	
	〃　（〃）　〃	内部（フラッシュ戸小口塗）	61.4	〃	400	24,560	
	オイルステンワニス（OSV）〃	〃（幅木　H7.5cm）	53.4	〃	620	33,108	
	〃　（〃）　〃	〃（出入口枠，額縁10.5cm）	104.9	〃	750	78,675	
	〃　（〃）　〃	〃（窓枠　8.5cm）	65.7	〃	620	40,734	
	〃　（〃）　〃	〃（回り縁、洋室4.5×2.4cm）	92.5	〃	400	37,000	
	〃　（〃）　〃	〃（カーテンボックス）	13.0	〃	920	11,960	
	〃　（〃）　〃	〃（台所上り框　10.5cm）	1.7	〃	620	1,054	
	ビニルペイント(VP)２回塗	〃（けい酸カルシウム板）	14.6	m²	1,500	21,900	
	クリヤラッカー(CL)３回塗	階段・デッキ手摺，磨丸太	24.1	〃	1,750	42,175	
	和室清め洗い	アク洗い	29.7	〃	1,500	44,550	
		（9．塗装工事計）				(364,371)	

○ ○ 工 務 店

No.

工 事 費 内 訳 明 細 書 (19)

工事名	○○邸新築工事

No.	名　称	内　容	数量	単位	単　価	金　額	備　考
10	雑工事						
	グラスウール断熱材敷込	50mm厚，壁・天井分（材工共）	199.4	m²	460	91,724	
	防腐剤塗り	土台，ラス下（GLより1.0mまで）	59.4	〃	2,190	130,086	
	軒天用換気口	防火ダンパー付200×250mm	6.0	ヵ所	6,500	39,000	
	棟用　〃	丸型スチールφ150	4.0	〃	7,500	30,000	
		（10．雑工事計）				(290,810)	
	A．建築本体工事計	（1～10の合計）				(14,206,922)	

○ ○ 工 務 店

工事費内訳明細書（20）

No.

工事名	○○邸新築工事

No.	名称	内容	数量	単位	単価	金額	備考
B	設備工事費						
1	住宅設備工事						
	システムキッチン（ステンレスI型）	流し台（セミジャンボシンク），オーブン，調理台，吊戸棚　間口2700mm	1.0	組	—	408,000	据付費共
	台所換気扇	ブーツ型レンジフード，防火ダンパー付250角	1.0	台	—	16,100	枠および取付費共
	床下収納庫	幅1200mmタイプ一体型　FC24	1.0	〃	—	45,000	取付費共
	下駄箱	幅1700×奥行き400×高700mm	1.0	〃	—	98,100	〃
	洗面化粧台・鏡	洗面台　LDA755BMR 化粧鏡　LMA753SH	1.0	組	—	123,000	〃
	アルミバルコニー	柱建て式　3.65×0.91(m)　カラー	2.0	セット	206,960	413,920	〃
	アルミ窓手すり	規格品　3.65×0.6　〃	1.0	〃	—	38,400	〃
	台所・浴室吸気口	スチール製15φ	2.0	ヵ所	10,750	21,500	〃
		（1．住宅設備工事計）				(1,164,020)	

○○工務店

工事費内訳明細書（21）

No.

工事名	○○邸新築工事

No.	名称	内容	数量	単位	単価	金額	備考
2	衛生器具設備工事						
	洋風便器	ウォシュレット一体型　CES9052E	2.0	セット	148,500	297,000	
	洗面器	L-230Dそで付	1.0	〃	—	14,300	
	浴槽（ステンレス）	BH2-120SR　1200×740×650半埋込式	1.0	台	—	87,000	
	シングルレバー混合栓	TLJ31U1DRX（台所，洗面室）	2.0	個	19,200	38,400	
	サーモスタットシャワー金具	TMG40J（浴室）	1.0	〃	—	29,360	
	ホーム水栓	NR13（洗面室(1)浴室(1)　1，2F便所(2)）	4.0	〃	2,200	8,800	
	散水栓	T27NH13　ボックス共	2.0	組	2,120	4,240	
	床排水トラップ	YTB450S（浴室）	1.0	個	—	11,700	
	洗濯機用防水パン	PWP640P　トラップ共	1.0	枚	—	11,200	
	紙巻器	YH55	2.0	個	4,400	8,800	
	同上衛生器具取付費	配管工手間	7.2	人	17,800	128,160	消耗品・雑材料費含む
		（2．衛生器具設備工事計）				(638,960)	

○○工務店

No.

工 事 費 内 訳 明 細 書 (22)

工事名	○○邸新築工事

No.	名称	内容	数量	単位	単価	金額	備考
3	給排水・給湯工事						
	給水管配管工事	塩ビライニング鋼管 (SGP-VB) 20A	18.7	m	2,550	47,685	継手接合材・支持金物共
	〃 〃	硬質+C436塩ビ管 (VW) 20A	22.4	〃	1,440	32,256	〃 〃
	給湯管 〃	銅管 3/4B 20A	16.0	〃	2,445	39,120	〃 〃
	排水管 〃	硬質塩ビ管 (VU) 100A	32.3	〃	4,025	130,008	〃 〃
	〃 〃	〃 (〃) 75A	16.1	〃	3,045	49,025	〃 〃
	〃 〃	〃 (〃) 50A	28.4	〃	1,980	56,232	〃 〃
	はつり・穴あけ・補修工事		1.0	式	—	8,000	
	根切・埋戻し工事	(給水・給湯) 深0.45× 幅0.3(m)	32.9	m	900	29,610	(580+250円)
	〃	(排水) 〃0.5 ～1.0 〃0.45	51.2	〃	2,260	115,712	(1,460+550円)
	防蝕工事 (給水SGP管・土中分)	アスファルトジュート巻 プライマー塗	17.0	〃	740	12,580	
	保温工事 (給水管)	グラスウール保温筒20mmいんぺい	7.2	〃	1,870	13,464	
	〃 (給湯管)	〃 〃 暗渠	16.0	〃	2,000	32,000	
	排水ます (雨水ます)	300×300mm 栗石基礎とも	3.0	ヵ所	7,500	22,500	
	汚水ます (インバート仕上)	360×360mm 〃	5.0	〃	8,500	42,500	
	2管式湯沸器付風呂釜	13号, リモコン付	1.0	台	—	182,700	
	メーターボックス	中, メーターテーパー共	1.0	組	—	16,000	
	止水栓	丙, 20φ	1.0	個	—	10,000	

○ ○ 工 務 店

No.

工 事 費 内 訳 明 細 書 (23)

工事名	○○邸新築工事

No.	名称	内容	数量	単位	単価	金額	備考
	(3. 給排水・給湯工事のつづき)						
	申請手続費	上下水道	1.0	式	—	100,000	
		(3. 給排水・給湯工事計)				(939,392)	

○ ○ 工 務 店

工事費内訳明細書 (24)

No.

工事名	○○邸新築工事

No.	名称	内容	数量	単位	単価	金額	備考
4	電気設備工事						
	引込幹線工事	W.H 単相三線式SV14□　申請料共	1.0	カ所	—	45,000	
	分電盤工事	3P50A　8回路	1.0	〃	—	45,000	
	電灯配線	白熱灯および螢光灯	28.0	灯	2,750	77,000	
	配線器具取付	コンセント（1個）2P15A	5.0	個	2,750	13,750	
	〃	$_2$　〃　（2個）〃	20.0	〃	2,950	59,000	
	〃	$_E$　アース付コンセント	2.0	〃	4,950	9,900	
	〃	スイッチ　（1P10A）	17.0	〃	2,750	46,750	
	〃	$_3$　3路スイッチ（3P10A）	3.0	〃	4,920	14,760	
	照明器具取付	$_{CL}$　シーリングライト（器具別途）	9.0	灯	2,400	21,600	
	〃	コードペンダント（　〃　）	2.0	〃	1,260	2,520	
	〃	$_{WP}$　壁付灯（　〃　）	4.0	〃	2,400	9,600	
	〃	$_{DL}$　ダウンライト（　〃　）	8.0	〃	3,150	25,200	
	〃	螢光灯直付（　〃　）	3.0	〃	1,990	5,970	
	〃	壁付螢光灯直付（　〃　）	2.0	〃	1,990	3,980	
	テレビ配線	T.V.　同軸ケーブル　ボックスプレート共	3.0	カ所	11,200	33,600	
	電話配管	TEL　ボックスプレート共	2.0	〃	10,500	21,000	
	インターホン設置	機器とも	1.0	組	—	30,000	

○○工務店

工事費内訳明細書 (25)

No.

工事名	○○邸新築工事

No.	名称	内容	数量	単位	単価	金額	備考
		（4．電気設備工事計）				(464,630)	
	B．設備工事計	（1～4の合計）				(3,207,002)	

○○工務店

No.

工 事 費 内 訳 明 細 書 (26)

工事名	○○邸新築工事

No.	名　称	内　容	数量	単位	単　価	金　額	備　考
C	諸経費	(A+B) の15%	1.0	式	—	2,612,363	17,415,754×0.15
	合計	(A+B+C)			—	20,028,117	
	消費税	合計の5%				1,001,406	20,028,117×0.05

索　　引

お

か

き

く

け

こ

す

せ

そ

た

ち

つ

て

と

な

に

ぬ

ね

の

は

ひ

ふ

へ

参 考 文 献

「木造住宅工事共通仕様書」住宅金融公庫監修／㈶住宅金融普及協会
「木造住宅の施工(公庫仕様書サブノート)」住宅金融公庫監修㈶住宅金融普及協会
「建築数量積算基準・解説」建築積算研究会／建設工業経営研究会
「建築工事内訳書標準書式」建築積算研究会／建設工業経営研究会
「標準工事歩掛要覧」工事歩掛研究会／㈶経済調査会
「建設省建築工事積算基準の解説(建築工事編)」建設大臣官房官庁営繕部監修／㈳営繕協会
「建築工事の積算」建築工事積算研究会／㈶経済調査会
「建築設備工事の積算」建築設備工事積算研究会／㈶経済調査会
「建築士教室通信教育テキスト(建築計画)(建築構造)(建築設計製図)(建築施工)」㈶日本建築技術者指導センター
「通信教育テキスト　積算講座　第Ⅰ講～第Ⅱ講」㈶経済調査会通信教育部
「木造住宅図解　建築工事の進め方」山室滋著／市ケ谷出版社
「図解木造住宅　住宅設計の進め方」山室滋著／市ケ谷出版社
「工事単価積算資料」全建総連東京都連積算委員会
「月刊　積算技術　各号」積算技術編集委員会／㈶経済調査会
「月刊　積算資料」㈶経済調査会
「建築施工単価」㈶経済調査会
「積算資料ポケット版総合編」㈶経済調査会
「積算資料ポケット版リフォーム編」㈶経済調査会
(名称は参考当時のもの)

〔転載許可および図版・写真等の提供者〕(順不同)

山室滋氏／㈶住宅金融普及協会／全国建設労働組合総連合東京都連合会積算委員会／㈳全国中小建築業団体連合会(全建連)／㈳東京都木材団体連合会／建設工業経営研究会／㈱市ケ谷出版社／壁装材料協会／日本経済新聞社／日本住宅新聞社／松下電工㈱／Ｂ＆Ｌ㈱／三菱電機㈱／㈱クボタ／永大産業㈱／㈱ウッドワン／TOTO／前澤給装工業㈱／日本板硝子㈱／新日軽㈱／YKK AP㈱／タキロン㈱／旭化成建材㈱／クリオン㈱／㈱ベネックス

著者紹介

阿　部　正　行（あべまさゆき）

略　歴　1939年大分県生まれ
日本大学地理学科中退，1964年財団法人経済調査会入社，沖縄事務所長，工事積算調査室長，情報開発室長を経て，現在，著述業，日本住宅新聞社編集委員，木造住宅コスト研究会を主宰

現住所　〒108－0073 東京都港区三田2－8－20－508

著　書　「入門／木造住宅の積算実務」彰国社
「改訂　リフォーム工事の見積り」財団法人経済調査会
「木材活用辞典」（共著）産業調査会
「木工事の見積り・コスト」産業調査会
「木造住宅建築コストダウン」日本住宅新聞社
「大工・工務店の時代」日本住宅新聞社

新訂（しんてい） 木造住宅（もくぞうじゅうたく）の見積（みつも）り　定価3,800円（本体3,619円＋税）

昭和63年7月10日　初版発行　（検印廃止）
平成3年2月8日　改訂版発行
平成15年4月20日　改訂版第19刷発行
平成18年2月1日　新訂版発行
平成20年12月1日　新訂版第4刷発行
平成22年9月10日　新訂版第5刷発行

著　者　阿（あ）　部（べ）　正（まさ）　行（ゆき）

発行所　財団法人　経済調査会
〒104-0061 東京都中央区銀座5-13-16
電　話（03）3542-9343（編集）
電　話（03）3542-9291（販売）

印刷所　株式会社　第一印刷所

ISBN4-87437-859-5 C2052